HANS GEBHARDT

INDUSTRIE IM ALPENRAUM

ERDKUNDLICHES WISSEN

SCHRIFTENREIHE FÜR FORSCHUNG UND PRAXIS
HERAUSGEGEBEN VON EMIL MEYNEN
IN VERBINDUNG MIT
GERD KOHLHEPP UND ADOLF LEIDLMAIR

HEFT 99

FRANZ STEINER VERLAG STUTTGART
1990

HANS GEBHARDT

INDUSTRIE IM ALPENRAUM

ALPINE WIRTSCHAFTSENTWICKLUNG
ZWISCHEN AUSSENORIENTIERUNG
UND ENDOGENEM POTENTIAL

FRANZ STEINER VERLAG STUTTGART
1990

CIP-Titelaufnahme der Deutschen Bibliothek
Gebhardt, Hans:
Industrie im Alpenraum : alpine Wirtschaftsentwicklung
zwischen Aussenorientierung und endogenem Potential / Hans
Gebhardt. - Stuttgart : Steiner, 1990
  (Erdkundliches Wissen ; H. 99)
  ISBN 3-515-05397-2
NE: GT

Jede Verwertung des Werkes außerhalb der Grenzen des Urheberrechtsgesetzes ist unzulässig und strafbar. Dies gilt insbesondere für Übersetzung, Nachdruck, Mikroverfilmung oder vergleichbare Verfahren sowie für die Speicherung in Datenverarbeitungsanlagen. Gedruckt mit Unterstützung der Deutschen Forschungsgemeinschaft. © 1990 by Franz Steiner Verlag Wiesbaden GmbH, Sitz Stuttgart.
Druck: Druckerei Peter Proff, Starnberg.
Printed in the Fed. Rep. of Germany

VORWORT

Das Thema der vorliegenden Untersuchung hat mich seit Anfang der achtziger Jahre beschäftigt. Trotz Infrastrukturausbau und Wirtschaftsförderung sind die Peripherregionen immer mehr ins wirtschaftliche Abseits geraten, werden durch Entscheidungen aus den Verdichtungsräumen „fremdgesteuert". Eine logische Folge dieser Entwicklung ist die Forderung nach einer „endogenen" Regionalpolitik.

Das Problem wirtschaftlicher Entwicklung „zwischen Außensteuerung und endogenem Potential" zeigt sich im Alpenraum mit besonderer Deutlichkeit. Traditionelle Lebens- und Wirtschaftsformen verschwinden immer mehr, an ihre Stelle tritt ein stetig zunehmender, inzwischen auch an ökologische Grenzen stoßender Fremdenverkehr, der über das Wohl und Wehe vieler Talschaften und Siedlungen fast alleinig bestimmt.

In dieser Situation erschien es mir notwendig und wichtig, einmal den Stellenwert und die Entwicklungsmöglichkeiten der nichttouristischen Wirtschaft im Alpenraum, insbesondere der Industrie, etwas genauer zu analysieren. Im Unterschied zu vorliegenden Ländermonographien ist die Arbeit länderübergreifend-vergleichend angelegt; sie behandelt in ihrem empirischen Teil Fallbeispiele aus Österreich, Italien und der Schweiz.

Über mehrere Jahre hinweg haben mich zahlreiche Institutionen, Behörden und Einzelpersonen bei der Beschaffung von Unterlagen und der Erhebung von Daten unterstützt. Zu danken habe ich hier vor allem den Stellen, über die meine Industriebefragungen abgewickelt werden konnten:
- den Kammern der gewerblichen Wirtschaft in Vorarlberg und in Tirol,
- dem Amt der Vorarlberger Landesregierung, Raumplanungsstelle,
- dem Kantonalen Amt für Industrie, Gewerbe und Arbeit in St. Gallen,
- dem Delegierten für Wirtschaftsförderung, Graubünden,
- der Industriekammer des Fürstentums Liechtenstein,
- der „Société Valaisanne de Recherches Economiques et Sociales",
- dem „Ufficio delle Ricerche Economiche" im Kanton Tessin,
- dem Verband der Industriellen der Autonomen Provinz Bozen-Südtirol.

Weitere Institutionen, die mir während meiner Geländeaufenthalte im Alpenraum geholfen haben, sind am Ende des Literaturverzeichnisses genannt. Nicht zu vergessen sind hier auch die Geographischen Institute der Universität Innsbruck und der ETH Zürich. Besonderen Dank schulde ich natürlich den rd. 670 Industrieunternehmen, die die Fragebogen beantwortet haben, sowie den knapp 100 Betrieben, die ich persönlich besuchen konnte.

Während der Ausarbeitung waren mir Anregungen und Unterstützung meines wissenschaftlichen „Umfeldes" in Köln eine große Hilfe. Herzlich danken möchte ich:
- Herrn Prof. Schweizer für sein anhaltendes Interesse an der Arbeit, seine Anregungen und die Schaffung eines erfreulichen Arbeitsklimas an seinem Lehrstuhl,

- den Kollegen am Geographischen Institut in Köln, die in Kolloquien, Forschungsseminaren und bei informellen Zusammenkünften Ergebnisse meiner Arbeit mit mir diskutiert haben,
- den studentischen Hilfskräften Udo Beckmann, Ulrike Frach, Hartmut Helms, Bettina Laub, Manfred Nutz, Dieter Rappenhöner und Bruno Walter, die mich bei der Datenauswertung, insbesondere bei Arbeiten im Rechenzentrum, unterstützt haben und mir über das „Dienstliche" hinaus zu Freunden geworden sind,
- den Kartographen des Geographischen Instituts, insbesondere Jürgen Kubelke, für die gemeinsame Arbeit an der Umsetzung meiner Kartenentwürfe.

Schließlich habe ich der Deutschen Forschungsgemeinschaft für die finanzielle Förderung des Forschungsprojektes sowie den Druckkostenzuschuß zu danken; mein Dank gilt auch den Herausgebern für die Aufnahme der Arbeit in die Reihe „Erdkundliches Wissen".

Das Manuskript der als Habilitationsschrift eingereichten Untersuchung wurde im Sommer 1987 abgeschlossen und für den Druck etwas gekürzt und umgestellt. Leider ist zwischen Abschluß und Drucklegung mehr Zeit verstrichen, als ich mir gewünscht hätte. Die grundlegenden Ergebnisse der Studie sollten jedoch, so hoffe ich wenigstens, „über den Tag hinaus" Bestand haben.

Köln, im Dezember 1989   Hans Gebhardt

GLIEDERUNG

1. **FRAGESTELLUNG UND UNTERSUCHUNGSZIELE** 13
1.1. Inhaltlicher Rahmen: Alpine Wirtschaftsentwicklung zwischen „Fremdbestimmung" und „endogenem Potential" 13
— Die Alpen als zentraler Fremdenverkehrsraum in Europa, S.13; — Gewerbe und Industrie im Alpenraum, S. 15; — Endogene Entwicklungsstrategien, S. 16
1.2 Methodischer Rahmen 17
1.2.1. Forschungsansätze: Topoi der Industriegeographie im Wandel 17
1.2.2. Forschungsmethoden: Qualitative Neubesinnung nach der quantitativen Revolution 20
1.3. Untersuchungsziele der Arbeit und durchgeführte Erhebungen 22

2. **PROBLEMFELDER WIRTSCHAFTLICHER ENTWICKLUNG UND RÄUMLICHER ORDNUNG IM ALPENRAUM** 27
2.1. Erhaltung der Landwirtschaft im Berggebiet 27
2.2. Belastbarkeit des Hochgebirges durch den Fremdenverkehr 30
2.3. Wirtschaftsentwicklung jenseits von Landwirtschaft und Tourismus 31
2.4. Demographische Entwicklung und zentralörtliche Struktur 33

3. **INDUSTRIE IM ALPENRAUM: STANDORTVORAUSSETZUNGEN UND LEITLINIEN DER ENTWICKLUNG** 37
3.1. Räumliche Orientierungen 37
— Französische Nordalpen, S. 48; — Italienische Alpen, S. 48; — Österreichische und Schweizer Alpen, S. 50; — Randalpine Bereiche der Bundesrepublik Deutschland und Jugowlawiens, S. 52
3.2. Phasen der Industrialisierung 53
3.2.1. Rohstoff- und arbeitskräfteorientierte Industrialisierung im 19. Jahrhundert 53
3.2.2. Energie- und verkehrsorientierte Industrialisierung nach der Jahrhundertwende 57
3.2.3. Beispiele politisch motivierter Industrieansiedlung in der Zwischenkriegszeit 62
3.2.4. Zweigwerkindustrialisierung in den Hochkonjunkturphasen der Nachkriegszeit 65
3.3. Industriegeographischer Vergleich und Ausblick 66

4. **DIE QUANTITATIVE INDUSTRIEANSIEDLUNGSPOLITIK DER NACHKRIEGSZEIT** 73
4.1. Wirtschaftsförderung und Industrieansiedlung im Alpenraum 75
4.1.1. Die Ansiedlungspolitik der Alpenstaaten im Überblick 75
4.1.2. Wirtschaftsförderung im Berggebiet am Beispiel der Schweiz 76

Gliederung

4.1.3. Flächenwidmungsplanung/Zonenplanung und ihre Bedeutung für die Industrieansiedlung 80
4.2. Die Entwicklung in den Untersuchungsgebieten bis Anfang der achtziger Jahre 81
4.2.1. Tessin: „Border Industries" und Monostrukturen 82
— Industrieansiedlung in der Folge der Industriegesetze von 1951 und 1971, S. 85; — Betrieblicher Flächenbedarf und die „Industriezonen von Landesinteresse", S. 87; — Die Problematik des Grenzgängerwesens, S. 92; — Fazit, S. 94
4.2.2. Vorarlberg, St. Gallen, Liechtenstein: Industrie im grenzüberschreitenden Wirtschaftsraum 95
— Divergenzen der jungen Industrieentwicklung in den Teilräumen des Rheintales, S. 98; — Industrieflächen und Betriebsansiedlungen, S. 101; — Grenzgänger und Perzeption der Grenzraumsituation durch die Betriebe, S. 106, — Ausblick, S. 109
4.2.3. Wallis und Graubünden: Bergkantone zwischen Fremdenverkehr und „nouvelle politique d'industrialisation" 109
— die „nouvelle politique d'industrialisation" im Wallis, S. 110; — Industrielandreserven und späte Industrieförderung im Kanton Graubünden, S. 119; — Fazit: Mentalitäts- und Arbeitsmarktprobleme im engeren Berggebiet, S. 120
4.2.4. Südtirol: Auslandsgründungen im mehrsprachigen Italien 121
— Industrialisierungspolitik und „Industriezonen von Landesinteresse", S. 123; — Betriebsansiedlungen in den sechziger und siebziger Jahren, S. 126; — Die aktuellen Probleme der Südtiroler Industrie, S. 129
4.2.5. Nord- und Osttirol: Gewachsene Industrie mit Strukturproblemen 131
— Industrieansiedlung in peripheren Räumen Tirols, S. 133; — Strukturprobleme der Tiroler Industrie, S. 137
4.3. Die Industrialisierungsphasen der Nachkriegszeit: eine Zwischenbilanz industrieräumlicher Probleme aus raumordnerischer Sicht 138
4.3.1. Die Gefahr industrieräumlicher Monostrukturen — ein statistischer Überblick 141
4.3.2. Flächenengpässe und Nutzungskonkurrenzen im Gebirge 144
4.3.3. Industrielle Umweltbelastung im Fremdenverkehrsraum 149
4.3.4. Grenzgänger und Grenzeinflüsse in Alpenregionen 152

5. STANDORTPROBLEME UND STANDORTBEWERTUNG 156
5.1. Betriebliche Ansiedlungsmotive und Persistenz von Standortentscheidungen 156
— Historische und aktuelle Standortwahlmotive an Beispielen, S. 157; — Ex-post-Beurteilung der Standortentscheidungen, S. 166
5.2. Regional- und standortspezifische Streßfaktoren 168
5.2.1. Arbeitsmarkt und Ausbildungsprobleme 174
5.2.2. Agglomerationsferne der Betriebe 182
5.2.3. Ausdehnungsmöglichkeiten und „Industrieklima" 184
5.3. Betriebliche Standortbewertungen im Alpenraum im Vergleich mit außeralpinen Peripher- und Verdichtungsräumen 186
— Zusammenfassung, S. 192
5.4. Anpassungshandlungen und Innovationsfähigkeit der Unternehmen 192

5.4.1. Stillegungen, Verlagerungen und Erweiterungen als unternehmerische Anpassungshandlungen 195
5.4.2. Überlebensstrategien von Industriebetrieben im Gebirge 198
5.4.3. Innovationspotential und räumliche Innovationsdisparitäten 202
— Zusammenfassung, S. 207

6. ENDOGENES POTENTIAL UND ALTERNATIVE STRATEGIEN DER REGIONALPOLITIK 208
6.1. Traditionelle und „alternative" Strategien zur wirtschaftlichen Entwicklung und Sicherung peripherer Regionen 208
6.1.1. Die traditionelle Förderpolitik in der Krise 208
6.1.2. Die Strategie einer selektiv eigenständigen Entwicklung peripherer Regionen 210
6.1.3. Konsequenzen 212
6.2. Innerregionale vs. interregionale Wirtschaftskreise 214
6.2.1. Formen industrieller Verflechtungen 215
6.2.2. Mehrbetriebsverflechtungen und Probleme der Zweigwerkindustrialisierung 218
6.2.3. Kauf- und Absatzbeziehungen 225
6.2.4. NP-Tätigkeiten und funktionale Arbeitsteilung zwischen Gebirge und Vorlandregionen 236

7. ZUSAMMENFASSUNG DER ERGEBNISSE 243

8. SUMMARY 281

VERZEICHNIS DER KARTEN, ABBILDUNGEN UND FIGUREN

1. Untersuchungsgebiete 26
2. Die Alpen: Politische Gliederung 28
3. Bevölkerungsentwicklung im Alpenraum nach Gemeindegröße und Höhenlage 1975—1982 34
4. Die Alpen: Städte und zentrale Orte 36
5. Industrie im Alpenraum 1980 39
6. Industrie und Gewerbe in den Alpen um 1850 40
7. Französische Nordalpen. Industriestandorte 49
8. Industriedichte in Österreich und in der Schweiz 51
9. Ausbreitung der Baumwollindustrie in der Ostschweiz und im westlichen Österreich 56
10. Eisenbahnstrecken durch die Alpen und deren Marktanteile (%) am Güterverkehr zwischen Italien und Nordeuropa 58
11. Wasserkraftwerke im Alpenraum 1980 60
12. Mehrbetriebsverflechtungen Vorarlberger Industriebetriebe innerhalb Vorarlbergs 67
13. Mehrbetriebsverflechtungen von Industriebetrieben im Kanton Tessin 68
14. Mehrbetriebsverflechtungen von Industriebetrieben in Bozen-Südtirol 69
15. Bergregionen und wirtschaftlich bedrohte Regionen in der Schweiz 77
16. Wandlungen der Raumorganisation im Kanton Tessin im Zuge der Verkehrsentwicklung 83
17. Kanton Tessin. Industriebeschäftigte in den Gemeinden 1979 84
18. Beschäftigte in Industriebetrieben, die seit 1976 im Kanton Tessin angesiedelt wurden 88
19. Industrie- und Gewerbeflächen in der Magadino-Ebene (Kanton Tessin) 90
20. Alpenrheingebiet. Industriebeschäftigte in den Gemeinden 1979 96
21. Abweichungsanalyse (Shift-Analyse) der Industriebeschäftigtenentwicklung im Kanton St. Gallen 97
22. Regionalisierung im Alpenrheingebiet 99
23. Zweigbetriebe Liechtensteinischer Industriebetriebe im Alpenrheingebiet 99
24. Raumordnung Fürstentum Liechtenstein 105
25. Perzeption der Grenzeigenschaften durch Industriebetriebe im Alpenrheingebiet ...107
26. Kanton Wallis. Industriebeschäftigte in den Gemeinden 1979 111
27. Herkunft, regionale Verteilung und Branchenstruktur neuer Industriebetriebe im Kanton Wallis (nach Beschäftigten, Stand 1973) 113
28. Neue Industriebetriebe und Beschäftigtenentwicklung in den Regionen des Kantons Wallis seit 1951 115
29. Räumliche Verteilung der Industriebeschäftigten in Südtirol 1954 und 1979 122
30. Provinz Bozen-Südtirol. Industriebeschäftigte in den Gemeinden 1979 124
31. Herkunft, Branchen- und Betriebsgrößenstruktur neuer Industriebetriebe in Südtirol (nach Beschäftigten, Stand 1971 bzw. 1979) 127
32. Tirol. Industriebeschäftigte in den Gemeinden 1980 132
33. Industrielle Großbetriebe (> 900 Besch.) und Einpendlerzentren im Unteren Inntal 1979/80 134
34. Industriebetriebe nach Gründerjahr 139
35. Südtirol. Flächennutzung im Bereich der Talsohlenflächen 145
36. Flächennutzungsgefüge im Unterwallis 146
37. Fluorkonzentrationen in Blättern von Obstbäumen und Weinstöcken im Rhônetal ...151
38. Gründe für die Standortwahl von Industriebetrieben im Alpenraum 161
39. Motive für Standortentscheidungen in der Bundesrepublik Deutschland und im Alpenraum 165
40. Standorteinschätzung und Persistenz der Standortentscheidung im Gebirge 166

41. Verlauf unternehmerischer Standortentscheidungen 168
42a. Standortbeurteilung von Industriebetrieben in den Alpen. Regionen 171
42b. Standortbeurteilung von Industriebetrieben in den Alpen. Branchen 172
42c. Standortbeurteilung von Industriebetreiben in den Alpen. Betriebsgrößenklassen 173
43. Quantitative und qualitative Beurteilung des Arbeitsmarktes 175
44. Wohnorte der Beschäftigten bei den ALUSSUISSE-Betrieben in Chippis/Sierre 1942 und 1979 178
45. Fahrzeiten mit öffentlichen Verkehrsmitteln im Kanton Wallis 180
46. Pendlereinzugsbereiche kleiner Industriebetriebe im Gebirge 181
47. Ausgaben für Zulieferungen und externe Dienstleistungen der Fa. ALUSUISSE (Wallis) 183
48. Standortnachteile im Gebirge 188
49. Standortnachteile in Verdichtungsräumen und Peripherregionen 189
50. Betriebliche Standortbeurteilungen im Alpenraum und im Raum Dortmund 190
51. Standortbeurteilung von Industriebetrieben in Peripherräumen 191
52. Traditionelle und innovationsorientierte Regionalpolitik 194
53. Persistenzsicherung von Unternehmen durch innovationsorientierte Regionalpolitik 213
54. Formen industrieller Verflechtungen 217
55. Mehrbetriebsverflechtungen von Industriebetrieben im Alpenrheingebiet 220
56. Mehrbetriebsverflechtungen von Industriegebieten im Kanton Wallis 222
57. Mehrbetriebsverflechtungen von Industriebetrieben in Tirol 223
58. Räumliche Orientierung von Zuliefer- und Absatzverflechtungen im Alpenraum (Talbereiche) 227
59. Räumliche Orientierung von Zuliefer- und Absatzverflechtungen im Alpenraum (nur Berggebiete im engeren Sinn) 228
60. Zulieferbeziehungen der Industriebetriebe in den Kantonen Tessin und Wallis 230
61. Zulieferbeziehungen der Industriebetriebe im Alpenrheingebiet 231
62. Zulieferbeziehungen der Industriebetriebe in Tirol und Südtirol 232
63. Absatzorientierung der Industriebetriebe in den Kantonen Tessin und Wallis 234
64. Absatzorientierung der Industriebetriebe im Alpenrheingebiet 235
65. Absatzorientierung der Industriebetriebe in Tirol und in Südtirol (Summenauswertung) 237
66. Ursachen der funktionalen Arbeitsteilung zwischen Regionen 238
67. Entwicklung des NP-Anteils (Anteils des nicht-produktiven Personals) in Industriebetrieben in der Schweiz 1971—81 239
68. Lokalisierungsquotient und Entwicklung der NP-Beschäftigten der Industrie in den Kantonen der Schweiz 241

VERZEICHNIS DER TABELLEN

1. Betriebsbefragungen im Mittleren Alpenraum: Rücklaufquoten und erfaßte Beschäftigte 25
2. Anteile der einzelnen Alpenrländer an der Fläche und Bevölekrung des Alpenraumes (Stand 1970) 38
3. Erwerbstätige nach Wirtschaftsbereichen im Gebiet der ARGE ALP 71
4. Betriebe, die seit 1976 im Kanton Tessin neu gegründet wurden 87
5. Gewerbe- und Industrieflächen im Kanton Tessin (Stand 1976) 89
6. Zukünftiger Flächenbedarf bestehender Industriebetriebe im Kanton Tessin (in ha) 91
7. Industriegebiete von kantonalem Interesse im Tessin 92
8. Gründe für die Standortwahl von Industriebetrieben im Tessin 93
9. Industrieschäftigte in Regionen des Kantons Tessin 1979 93
10. Betriebe und Beschäftigte in der Vorarlberger Industrie nach Betriebsgrößenklassen 100

11. Standortsituation der Groß- und Mittelbetriebe in Vorarlberg 102
12. Bestehende und geplante Betriebsflächen in den Gewerbegemeinden Vorarlbergs 102
13. Siedlungsgebiet und Betriebsflächen im Fürstentum Liechtenstein (Stand 1980) 104
14. Produktionswerke der HILTI AG in Schaan 106
15. Arbeitnehmer im Gebiet des Arbeitgeberverbandes Rheintal 1980 108
16. Betriebe und Beschäftigte in den Kantonen Wallis und Graubünden 110
17. Betriebsflächen in Regionen des Kantons Wallis nach Zonenplänen der Gemeinden (Stand 1981) 116
18. Industrielandreserven im Kanton Graubünden 119
19. Industriebeschäftigte nach Volksgruppen in Südtirol 122
20. Industriezonen von Landesinteresse in Südtirol (Stand 1981) 125
21. Beschäftigte in Betrieben mit ausländischem oder teilweise ausländischem Kapital 126
22. Standortwahl der Betriebe zum heutigen Zeitpunkt (Tirol, Südtirol, Wallis) 130
23. Industriebetriebe und -beschäftigte in Nord- und Südtirol 131
24. Gewerbe- und Industrieflächen in Regionen des Bundeslandes Tirol 137
25. Betriebe nach Gründungsjahr 140
26. Industriebeschäftigte nach Branchen in den Beispielregionen des mittleren Alpenraumes 141
27. Beschäftigte nach Betriebsgrößenklassen und Betriebstypen 142
28. Beschäftigtenstruktur in den Untersuchungsgebieten 143
29. Lage der Betriebe im Flächennutzungsplan 147
30. Flächenbilanzen in den Untersuchungsgebieten 148
31. Gründe für die Standortwahl von Industriebetrieben in Beispielgebieten des Alpenraumes 158
32. Motive für Standortentscheidungen in verschiedenen Gebietskategorien der Bundesrepublik Deutschland 164
33. Überwiegend negative Beurteilung des Gebirgsstandorts 167
34. Gebirgsspezifische Streßfaktoren 169
35. Pendler in Tirol nach Wirtschaftsabteilungen und durchschnittlichen Pendlerreichweiten 179
36. Präferenzen bezüglich des zukünftigen Ausbaus von Fremdenverkehr und Industrie in Südtirol 186
37. Umweltschutzauflagen in den Befragungsgebieten 192
38. Investitionen in neue Gebäude (in %) 195
39. Standortpräferenzen bei Betrieben mit Erweiterungsabsicht (in %) 196
40. Standortvoraussetzungen am neuen Standort (bei Betrieben mit Erweiterungsabsicht in einer neuen Standortgemeinde) 197
41. Durchschnittliche Erweiterungen und zukünftiger Flächenbedarf (in qm) 198
42. Änderungen des Produktionsprogramms; Ersatz- und Rationslisierungsinvestitionen in Tiroler Industriebetrieben (Angaben in %) 203
43. Produkt- und Verfahrensinnovationen bei Industriebetrieben in Tirol (Angaben in %) 204
44. Forschung und Innovation in Nord- und Südtirol (Angaben in %) 204
45. Innovationshindernisse bei Industriebetrieben in der Schweiz (%) 206
46. Betriebsformen in den Untersuchungsgebieten des mittleren Alpenraumes 219
47. Gründe für Standortspaltungen bei Mehrbetriebsunternehmen 224

VERZEICHNIS DER FOTOS

1. Papierfabrik in Lancey (Grésivaudan), eine der ältesten Industriegründungen in den französischen Nordalpen 41
2. Erzberg bei Eisenerz (Steiermark), die letzte größere Abbaustelle im Alpenraum 41
3. LONZA AG in Visp (Wallis), ein Großbetrieb der chemischen Industrie aus der Zeit der hydroelektrischen Erschließung der Alpen 42

4. Umweltbelastender Betrieb der traditionellen Holzindustrie (Fa. EGGERS) in Vorarlberg 42
5/6. Blick über die Bozener Industriezone aus den dreißiger Jahren mit Unternehmen der Eisen-/Stahlherstellung, Aluminium- und Magnesiumerzeugung und des Fahrzeugbaus 43
7. Chemische Grundstoffindustrie (EMSER-WERKE) in Domat-Ems (Graubünden), eine Kriegsgründung im Gebirge aus der Zeit des Zweiten Weltkriegs 44
8. SCINTILLA AG (Metallverarbeitung), einer der wenigen Mittelbetriebe im engeren Berggebiet (Mattertal, Wallis) 45
9. Maschinenfabrik G. WILLY, ein jüngerer industrieller Mittelbetrieb in Graubünden 46
10. Décolletage S. A. in St. Maurice (Wallis), Beispiel eines arbeitskräfteintensiven, wenig störenden Betriebs 46
11. Industriezone Lana, ein Beispiel eines jungen, industrieparkähnlichen Ansiedlungsgebiets in Südtirol 47
12. Moderne Betriebsansiedlung im Industriegebiet Lana 47

1. FRAGESTELLUNG UND UNTERSUCHUNGSZIELE

1.1. INHALTLICHER RAHMEN: ALPINE WIRTSCHAFTSENTWICKLUNG ZWISCHEN „FREMDBESTIMMUNG" UND „ENDOGENEM POTENTIAL"

Leitmotiv des Verständnisses von Hochgebirgsräumen war bis in die jüngste Zeit deren „ISOLATION" (Gumuchian et al., 1980) und die hieraus resultierende „Eigenart" der Entwicklung. Gebirge waren wissenschaftlich vor allem als Rückzugsräume ethnischer und sprachlicher Reliktgruppen interessant, im Vordergrund standen u.a. Untersuchungen der Besiedlungsgeschichte und Bevölkerungsentwicklung, Probleme der vertikal weit gespannten Landnutzung an der Grenze der Ökumene oder die Analyse von Gebirgen als politisch-geographische „Kabyleien" (Bobek, 1962; de Planhol, 1968). Eine Renaissance erlebten Arbeiten zur Isolation im Gebirge in jüngerer Zeit unter stärker psychologischen Gesichtspunkten; Themen sind die Wahrnehmung der Lebenssituation, die Persistenz überkommener Wertvorstellungen sowie Kommunikationshindernisse und sozialräumliche Barrieren[1].

Erst jüngere wirtschaftsgeographische Arbeiten trugen den zunehmenden ABHÄNGIGKEITEN ZWISCHEN GEBIRGE UND VORLAND, den vielfältigen und sich wandelnden Außenbeziehungen, in stärkerem Maße Rechnung[2]. Damit treten andere Fragestellungen in den Vordergrund: stetig anschwellende Touristenströme aus extramontanen Verdichtungsräumen, internationale Verbundsysteme bei der Elektrizitätswirtschaft und bei industriellen Mehrbetriebsunternehmen, zunehmender Austausch von Waren und Dienstleistungen über weite Entfernungen, eine rasch einsetzende Arbeitsemigration als Agentien einer immer stärkeren Einbindung der Gebirgsräume in fernorientierte Wirtschaftskreisläufe.

Die Alpen als zentraler Fremdenverkehrsraum in Europa

Die zunehmende Einbindung der Gebirge in wirtschaftliche Aktivitäten der Vorländer wird auch in der Diskussion um die Raumordnungspolitik im Alpenraum deutlich. Als zentraler Erholungsraum „im Herzen Europas" sind die Alpen heute nicht nur emotionaler und kultureller „Besitz" der Einheimischen, sondern auch von Millionen von Gebietsfremden.

Die künftige Wirtschafts- und Regionalentwicklung der Alpen wurde seit den sechziger Jahren als wichtiges, auf überregionaler und -nationaler Ebene zu lösendes Raumordnungsproblem erkannt. Hier herrschte lange Zeit jedoch die Interessensicht „von außen" vor, die sich deutlich in Resolutionen und Leitvorstellungen der auf übernationaler Ebene vom Europarat während der siebziger Jahre veranstalteten

---

1 Gumuchian et al. (1880).
2 Vgl. u.a. Gebhardt (1984b/c) und Grötzbach (1984).

Projekte und Tagungen widerspiegelt[3]. Als Globalziel der zukünftigen Raumentwicklung wurde meist formuliert, die Alpen im Rahmen einer „großräumigen funktionalen Arbeitsteilung" zur zentralen Erholungslandschaft für die Metropolen und Verdichtungsräume Mitteleuropas weiterzuentwickeln[4].

Inzwischen allerdings rückt in der wissenschaftlichen und raumordnerischen Diskussion die Sicht der Betroffenen, der Alpenbewohner, wieder stärker in den Vordergrund, nicht zuletzt aufgrund der offenkundigen ökonomischen Grenzen und ökologischen Negativfolgen der Fremdenverkehrswirtschaft. Die alpinen Talschaften und Höhenstockwerke sind für ihre Bewohner zunächst Lebens- und Arbeitsraum, nicht Erholungsraum. Einheimische müssen an einer langfristigen Sicherung der natürlichen Lebensgrundlagen interessiert sein, nicht an der kurzfristigen Ausbeutung der ökologischen Ressourcen und des „Humankapitals" im Gebirge (vgl. DANZ, 1974, S. 47). Als Ziel der Raumordnungspolitik wird nunmehr formuliert, „multifunktionale Lebensräume im Interesse der dort lebenden Bevölkerung und unter Ausnutzung der dort gegebenen Produktivkräfte anzustreben" (GANSER, zit. nach HAUBNER, 1979, S. 6). Multifunktionalität beinhaltet dabei drei Leitperspektiven, d.h. die Berggebiete sind gleichzeitig[5]:

— LEBENSRÄUME FÜR DIE EINHEIMISCHE BEVÖLKERUNG.

In den Berggebieten müssen zunächst die Grundbedürfnisse (Daseinsgrundfunktionen) der einheimischen Bevölkerung erfüllt werden (sichere Arbeitsplätze, genügend preiswerte Wohnungen, genügendes Angebot an Bildungs- und Kultureinrichtungen, bedarfsgerechte Naherholungs- und Verkehrsangebote).

— ERGÄNZUNGSRÄUME FÜR DIE BEVÖLKERUNG AUSSERHALB.

Für die gebirgsfremde Bevölkerung sollen Urlaubsquartiere, Naherholungseinrichtungen, Transitverbindungen zwischen den europäischen Staaten geschaffen werden, für Verdichtungsräume Europas stellen die Alpen Energie und Trinkwasser bereit.

— ÖKOLOGISCHE AUSGLEICHSRÄUME INNERHALB EINES WIRTSCHAFTLICH HOCH ENTWICKELTEN EUROPA.

Die Berggebiete verfügen über lebenswichtige natürliche Ressourcen, die es in anderen Gebieten entweder nicht gibt oder die dort weitgehend erschöpft sind (sauberes Trinkwasser, reine Luft, reichhaltige Tier- und Pflanzenwelt).

3   Der Europarat formulierte seit den siebziger Jahren Prinzipien einer integrierten Entwicklungspolitik für die europäischen Bergregionen, die neben der weiteren Entwicklung des Tourismus die Erhaltung der natürlichen Umwelt gewährleisten sollten. Im Juni 1978 wurde in Grindelwald (Schweiz) ein wichtiges Europa-Seminar abgehalten mit dem Ziel, eine globale Bestandsaufnahme der Berggebietsprobleme in den europäischen Ländern zu erarbeiten (EUROPARAT, 1979). Weitere übernationale Konferenzen fanden im September 1978 in Lugano und im Oktober 1978 in Brixen statt (o.V. (1978): AKTUELLE PROBLEME DES ALPENRAUMES); beide Veranstaltungen führten jedoch kaum über politische Verlautbarungen hinaus. In den achtziger Jahren reduzierte sich der europäische Tagungstourismus zu diesem Thema deutlich. DANZ/HENZ (1981, S. 84 ff.) geben einen Überblick über die wichtigsten Aktivitäten im Rahmen der europäischen Gemeinschaft.
4   Vgl. u.a. GANSER (1978); HAUBNER (1979, S. 6).
5   Etwas verändert nach DANZ/HENZ (1981, S. 10).

1.1. Inhaltlicher Rahmen

Das Leitbild, den Alpenraum primär als multifunktionalen Lebensraum weiterzuentwickeln, verbunden mit der Erkenntnis, daß die Berglandwirtschaft zukünftig weder im reinen Berggebiet noch in den randalpinen Übergangszonen von größerer wirtschaftlicher Bedeutung sein wird und daß die Fremdenverkehrswirtschaft, konjunkturempfindlich und immer deutlicher „außengesteuert", nicht unbegrenzt weiter ausgebaut werden kann, schließlich die Gefahr der wirtschaftlichen und sozialen Erosion einzelner Täler bzw. Höhenstufen — solche Komponenten wirtschafts- und sozialgeographischen Strukturwandels führten dazu, daß man in vielen Alpenländern heute wieder verstärkt über nichttouristische Arbeits- und Lebensmöglichkeiten nachzudenken beginnt. Vor allem in föderalistischen Staaten wie der Schweiz, aber auch in Österreich und Norditalien, wird die Schaffung bzw. Erhaltung von Arbeitsplätzen im produzierenden Gewerbe und im nichttouristischen tertiären Sektor, besonders im engeren Gebirgsraum, zu einer wichtigen Aufgabe der Raumordnung und Regionalpolitik. Ausdruck dieser Umorientierung sind nicht zuletzt auch wissenschaftliche Tagungen oder Forschungsprojekte wie das Nationale Forschungsprogramm „Regionalprobleme in der Schweiz", das sich schwerpunktmäßig mit Entwicklungsperspektiven des Berggebietes, in einem Teilprojekt speziell mit „nicht-touristischen Entwicklungsmöglichkeiten", auseinandersetzt (ELSASSER et al., 1982).

Gewerbe und Industrie im Alpenraum

Gewerbe und Industrie haben in den Alpen teilweise recht alte Wurzeln. Das vorindustrielle Gewerbe (Holz, Metall, Textilien) und die frühen Industriegründungen des 19. und beginnenden 20. Jahrhunderts auf der Basis von Rohstoffvorkommen (z.B. Metallerzeugung in der Steiermark), Hydroenergie (Metallurgie in den französischen Westalpen) und Arbeitskräftepotential (Textilindustrie in den Realteilungsgebieten der Ostschweiz und Vorarlbergs) wurden während der Hochkonjunkturphasen der Nachkriegszeit durch Ansiedlungen ergänzt, die auch etwas abgelegenere Talschaften einbezogen (siehe ausführlich Kap. 3.1.). Motor war die Suche nach freien Arbeitskräften, unterstützt wurde diese Entwicklung durch eine aktive Industrialisierungspolitik einzelner Regionen, die durch Werbung, günstige Grundstücksangebote und Steuererleichterungen Betriebe anzulocken suchten (z.B. Wallis und Südtirol).

Diese Ansiedlungspolitik konnte so lange Erfolg haben, wie aufgrund von „Spillover-Prozessen" Aktivitätsverlagerungen aus den Agglomerationen bzw. Wachstumspolen bis in die peripheren Regionen reichten (vgl. STÖHR, 1981; LEIBUNDGUT, 1984). Während der Hochkonjunkturphasen der Nachkriegszeit brachte bei steigender Gesamtnachfrage und steigenden öffentlichen Ressourcen die Außenorientierung und Einbindung der Peripherregionen in fernorientierte Wirtschaftskreisläufe — entsprechend der dieser Entwicklung zugrundeliegenden Exportbasistheorie — den Gebirgsregionen durchaus einen quantitativen Erfolg, was Beschäftigtenzahlen, Umsätze und regionale Wirtschaftskraft anbetrifft. Mittelfristig führte diese Entwicklung allerdings zu einer zunehmenden „funktionalen Desintegration"[6] der Peripherwirtschaft, die heute als schmerzlich empfunden wird.

Seit den Konjunktureinbrüchen der siebziger Jahre ist die Regionalwirtschaft in den Alpen, wie in vielen Peripherräumen, in Schwierigkeiten geraten, die sich (noch) weniger im Bereich des Tourismus zeigen, deutlicher schon in der Landwirtschaft und der gewerblichen Wirtschaft. Neugründungen finden kaum mehr statt, vielmehr werden Betriebe geschlossen, Arbeitsplätze abgebaut, Firmen umstrukturiert. Institutionen der Wirtschaftsförderung sind vollauf damit beschäftigt, die „Persistenz" der bestehenden Unternehmen einigermaßen zu sichern.

Endogene Entwicklungsstrategien

Unter Rezessionsbedingungen wird man sich vielfach wieder bewußt, wie abhängig die alpinen Regionen in wirtschaftlicher Hinsicht von den großen Agglomerationsräumen geworden sind[7]. Entscheidungen mit weitreichenden regionalen Folgen — „Investitionsentscheidungen über die Errichtung von Touristikzentren, Großkabinenbahnen, Fernschnellstraßen, Kraftwerken..." (DANZ, 1976, S. 3), aber auch Beschlüsse über Stillegung von Betrieben, Umstrukturierungsmaßnahmen etc. — werden in weit entfernten Gremien und Konzernzentralen getroffen, ihre Folgen allerdings: Landschaftsveränderungen, neue Verkehrsströme oder umgekehrt Entlassungen, Arbeitslosigkeit, Rückgang des kommunalen Steueraufkommens werden primär vor Ort sichtbar und wirksam.

Seit einigen Jahren wird daher zunehmend eine „alternative Regionalpolitik selektiver Eigenständigkeit" gefordert, die sich primär um „endogene" Entwicklungspotentiale zu kümmern habe[8]. Schlagworte wie „Regionalismus", „regionale Regionalpolitik", „regionale Identität" kennzeichnen dabei eine Strategie, bei der „die breitest mögliche Mobilisierung regionaler Ressourcen (anstatt nur ihrer international nachgefragten Segmente)" (STÖHR, 1981, S. 5) angestrebt wird.

„In relativ kleinräumigem Kontext wird dabei den qualitativen Aspekten der Lebensgestaltung dominierende Bedeutung zugemessen, gleichzeitig jedoch für hochintegrierte Volkswirtschaften eine intakte regionale Wettbewerbsfähigkeit als notwendig erachtet und der Staat wird auf die Zielsetzung verpflichtet, unerwünschte interregionale Disparitäten abzubauen und gleichzeitig erwünschte Diffe-

---

6   Unter funktionaler Desintegration läßt sich verstehen der zunehmende Gegensatz zwischen den extramontanen KERNRÄUMEN mit einer tendenziellen Spezialisierung auf wirtschaftliche Aktivitäten mit hohen Fixkosten (kapital- und technologieintensiven Produktionen), einer Konzentration wirtschaftlicher Schlüsselfunktionen (Forschung, Entwicklung) und einer hierarchisch gegliederten Zentrenstruktur und den peripheren GEBIRGSRÄUMEN mit enger wirtschaftlicher Basis, dominant Aktivitäten mit variablen Kosten (arbeitsintensive Produktionen) und einer Minderausstattung übergeordneter Schlüsselbereiche (vgl. STÖHR, 1981).
7   Vgl. DORFMANN (1983, S. 6): „Les régions rurales périphériques et en particulier de montagne, éloignées des grand marchés de consommation, des centres d'information et des résaux de pouvoirs économiques et politiques, sont progressivement réduites au rôle de zone complémentaire et de compensation des agglomérations urbaines."
8   Vgl. für die Alpen u.a. BRUGGER (1981, 1984); DORFMANN (1981, 1983).

renzierungen und regionale Eigenständigkeit und Entscheidungsfähigkeit aufzubauen." (BRUGGER, 1982, S. 162)

Gerade im Alpenraum werden solche Konzepte inzwischen relativ breit diskutiert. Erinnert sei an Untersuchungen von STÖHR und Mitarbeitern über Peripherräume Österreichs, an zahlreiche Teilprojekte im Rahmen des Schweizerischen Nationalen Forschungsprogramms „Regionalprobleme" sowie an die Arbeiten von DORFMANN (1981, 1983), die sich schwerpunktmäßig auf die Westalpen beziehen.

Damit ist der inhaltliche Rahmen und die Zielsetzung meiner Untersuchung abgesteckt. Thema ist, Möglichkeiten und Grenzen der Entwicklung des produzierenden Gewerbes, die spezifische Standortsituation im „Peripherraum" Hochgebirge und Möglichkeiten der Persistenzsicherung industrieller Unternehmen für verschiedene Alpenländer vergleichend zu untersuchen. Leitmotiv ist, dies aus der Interessensicht der Einheimischen zu tun, unter den Rahmenbedingungen der inzwischen zur „Regel" gewordenen ungünstigen Konjunkturverläufe und der Prämisse einer auf das „endogene Potential" und die Stärkung „regionaler Identität" abzielenden Regionalpolitik.

1.2. METHODISCHER RAHMEN

1.2.1. Forschungsansätze: Topoi der Industriegeographie im Wandel

Ein Konsens über Gegenstand und Aufgaben der Kulturgeographie ist angesichts der sehr heterogenen Basistheorien wie auch der disziplinären Realität nicht mehr möglich[9]. Unbeschadet der u.a. von SEDLACEK (1982) betonten Notwendigkeit des normativen Diskurses in der Kulturgeographie mit dem Ziel, „den faktischen Pluralismus (der Grundperspektiven; der Verf.) zugunsten eines gemeinsamen und transsubjektiv begründeten Verständnisses zu überwinden" (ebd., S. 14), wurde die praktische Nutzlosigkeit normativer Setzungen im vielfältig auseinanderlaufenden Wissenschaftsbetrieb immer deutlicher und die Kulturgeographie begann sich im Nebeneinander unterschiedlicher, wenig miteinander verbundener Basiszugriffe einzurichten: Geography is what geographers do, oder als Handlungsanweisung für zukünftige Forschung: „Geographie ist, was wir tun werden" (BAHRENBERG, 1979, S. 67). Ein gewisser Konsens besteht allenfalls, daß die zentralen begrifflichen Kategorien „Raum" und „Standort" die Themen geographischer Untersuchungen auf standort- und raumrelevante Probleme hin zentrieren.

Vereinfacht lassen sich mit SCHAMP (1983, erg.) derzeit mindestens sechs nebeneinanderlaufende WIRTSCHAFTSGEOGRAPHISCHE FORSCHUNGSANSÄTZE unterscheiden:

— der FUNKTIONALE ANSATZ.

Funktionale Wirtschafts- und Sozialgeographie dominierte vor allem in den sechziger Jahren. Die knapp gehaltene Definition ... „events are explained by stating

---

[9] Vgl. u.a. die Darstellungen bei HARD (1973), BAHRENBERG (1979), SEDLACEK (1979, 1982) und BARTELS (1980).

the functions they fulfill in some system" (ABLER/ADAMS/GOULD, 1977, S. 52) verweist auf die mehrdeutigen Forschungsaspekte des Funktionalismus. Funktionale Betrachtung bedeutet zugleich die Untersuchung von:
— Wechselwirkungen zwischen Objekten und Räumen, im Sinne von Regelkreisen,
— Rollen von Objekten und Räumen, einschließlich ihrer Substitution durch andere,
— Ziele des Systems, einschließlich möglicher Zielkonflikte (SCHAMP, 1983, S. 78).

Mit der Übernahme sozialwissenschaftlicher Datengewinnungs- und Aufbereitungsverfahren gewann die so verstandene funktionale Anthropogeographie eine auch von den Nachbarwissenschaften und der „Gesellschaft" akzeptierte „Relevanz", die sich in angewandten Fragestellungen, u.a. im Bereich der Zentralitätsforschung, niederschlug.

— der RAUMWIRTSCHAFTLICHE ANSATZ.

Dieser, aus der anglo-amerikanischen „Regional Science" seit Anfang der siebziger Jahre in die Wirtschaftsgeographie integrierte Ansatz sucht, „eine ökonomische Erklärung für die räumliche Ordnung der Wirtschaft zu geben" (SCHAMP, 1983, S. 75; vgl. SCHÄTZL, 1974, 1978). Als Erklärungsfaktoren werden meist nur solche einbezogen, die nicht im unterschiedlich motivierten Handeln des Menschen liegen, d.h. es wird ökonomisch rationales Verhalten unterstellt.

— der VERHALTENS- UND ENTSCHEIDUNGSTHEORETISCHE ANSATZ.

Im Unterschied zum raumwirtschaftlichen Ansatz wird die räumliche Differenzierung der Wirtschaft nicht über den „homo oeconomicus", den „optimizer", zu begründen versucht, sondern mit dem subjektiv rationalen Handeln des Menschen, also dem Menschenbild des „satisfizers", erklärt. Raumrelevantes Handeln hat seine Begründung in der mentalen und psychischen Struktur des Menschen (Informationen werden selektiv wahrgenommen und individuell bewertet) bzw. in der Organisationsstruktur und im Präferenzsystem von Gruppen und Organisationen (beispielsweise multinationalen Konzernen).

— der „WOHLFAHRTSANSATZ".

Er betont die sozialen Ziele wissenschaftlichen Arbeitens und macht die Grunderfahrung von regionalen Benachteiligungen in einer räumlich arbeitsteiligen Gesellschaft zu seinem Ausgangspunkt (siehe BARTELS, 1978). Auf der Basis persönlicher Betroffenheit gehören zu den Aufgaben einer so verstandenen „engagierten" Geographie: Identifizierung von unterprivilegierten Gruppen, Messung der Abweichung von „gerechten" Lebensbedingungen, Erarbeitung von Maßnahmen der Abweichung von „gerechten" Lebensbedingungen, Erarbeitung von Maßnahmen und Strategien, mit deren Hilfe die ungleichen Leensbedingungen ausgeglichen werden können (SCHAMP, 1983, S. 79).

— der „NEO-HERMENEUTISCHE ANSATZ".

Er gründet, im Gegensatz zur analytischen, positivistischen Wissenschaftstheo-

1.2. Methodischer Rahmen

rie, auf der Vorstellung, daß es „eine objektive, vom erkennenden Subjekt losgelöste Erkenntnis nicht geben kann, sondern nur Interpretation von Welt" (POHL, 1986, S. 211). Das traditionelle hermeneutische „Verstehen" (im Sinne eines W. DILTHEY) gewinnt im Rahmen der qualitativen Sozialforschung derzeit wieder an Bedeutung (siehe Kap. 1.2.2.). Als wissenschaftsgeographisches Arbeitsziel ließe sich definieren, die „Wirklichkeit" des Wirtschaftslebens „richtig" zu erfassen und zu verstehen.

Umbrüche und das Nebeneinander verschiedener Forschungsansätze kennzeichnen auch die Fragestellungen und Problemzugriffe der INDUSTRIEGEOGRAPHIE als Teildisziplin der Wirtschafts- und Sozialgeographie.

Relativ früh schon wurden, insbesondere im anglo-amerikanischen Raum (KRUMME, 1972; HAMILTON, 1974), verhaltens- und entscheidungstheoretische Ansätze in die Industriegeographie integriert. Hatte zunächst, im Kontext des raumwissenschaftlichen Ansatzes, die Weiterentwicklung von Industriestandorttheorien (Raumwirtschaftstheorien) sowie die Analyse industrieräumlicher Potentiale eine zentrale Rolle gespielt (SCHÄTZL, 1974, 1981; HOTTES, 1976), so rückten jetzt die „Entscheidungsträger" in den Blick[10]. „Decision-making in industry", d.h. das Entscheidungsfindungsverhaltens von Einzelunternehmern oder multinationalen Konzernen, die Wahrnehmung von „Standortstreß" und raumrelevante Reaktionen darauf wurden zu zentralen Themen einer verhaltensgeographisch orientierten Industriegeographie (SCHAMP, 1978; WEBER/MAIER, 1979).

Mit dem Wandel der gesamtwirtschaftlichen Rahmenbedingungen in Europa, vor allem den Konjunktureinbrüchen 1973 und 1975/76, änderten sich auch die Problemstellungen angewandter industriegeographischer Forschung. Standen zu Zeiten der Hochkonjunktur Fragen der industriellen Mobilität (Ansiedlungen, Verlagerungen, Zweigwerkgründungen) im Vordergrund (vgl. GROTZ, 1971; VON ROHR, 1971; THÜRAUF, 1975), so interessieren inzwischen verstärkt die „Persistenzbedingungen" bestehender Unternehmen unter ungünstigen ökonomischen Rahmenbedingungen (SCHAMP, 1981; HAAS et al., 1983).

„Persistenz bedeutet hier . . . das Überleben eines Industriebetriebes an einem bestimmten Standort. Zu untersuchen ist in diesem Fall vor allem, welche Faktoren eine Rolle spielen, um einen Unternehmer bei geänderten raumwirtschaftlichen Bedingungen zu veranlassen, seinen bisherigen Betriebsstandort aufzugeben bzw. beizubehalten, und welche Anpassungshandlungen er dazu unternimmt." (HAAS et al., 1983, S. 8)

Wie auch andere Zweige der Wirtschaftsgeographie hat sich die Industriegeographie in den letzten 10 Jahren verstärkt angewandten Fragestellungen zugewandt. Hierzu gehören Flächenbedarfsermittlungen verschiedener Industriebetriebstypen im Gefolge technologischer Neuerungen (HOTTES/KERSTING, 1977; MARANDON, 1980; GROTZ/KOHLER, 1984), Auswirkungen der Automatisierung auf industriegeographische Strukturen (GROTZ, 1982b), industriell bewirkte Flächennutzungskonkurrenzen (QUASTEN/SOYEZ, 1976), Analyse räumlicher Kontakt-, Liefer- und Informationssysteme (GROTZ, 1979, 1980; SCHICKHOFF, 1981; STAUDACHER, 1984; SCHAMP, 1986),

---

10 Siehe u.a. die Abhandlungen von KRUMME (1972), FORTSCH (1972), GAEBE/HENDINGER (1980) und SCHAMP (1981).

räumliche Aspekte technologischer, organisatorischer und den Markt betreffender Innovationen (vgl. GIESE/NIPPER, 1984), Umweltbelastung durch die Industrie und Belastungswahrnehmung (QUASTEN, 1980). Generell sind an die Stelle großräumiger industriegeographischer Übersichten verstärkt empirische Fallstudien auf der topologischen Dimensionsstufe getreten.

1.2.2. Forschungsmethoden: Qualitative Neubesinnung nach der quantitativen Revolution

Als gemeinsamer Nenner der meisten jüngeren „approaches" (Verhaltens- und Entscheidungstheorie, „Wohlfahrtsansatz", Handlungsforschung) läßt sich ein zunehmendes Unbehagen an der Forschungspraxis eines szientistischen Wissenschaftsverständnisses konstatieren[11]. Seit den siebziger Jahren wuchs allenthalben das Unbehagen an der „herrschenden" Lehre. Fragestellungen und Ergebnisse der „Fließbandproduktion" sozialwissenschaftlicher und kulturgeographischer Forschung wurden immer häufiger als leere Routine empfunden. Selbstkritisch sprach man von einer „zunehmenden Blindheit für die wirklich relevanten Faktoren, vom Scheitern instrumenteller Prognosen und von einem hohen Niveau trainierter Inkompetenz" (GOFMANN, 1983, zit. nach WIRTH, 1984, S. 74). Kurz: Die „Diskrepanz zwischen dem von uns ausgearbeiteten theoretischen und methodischen System und unserer Fähigkeit, irgend etwas wirklich Bedeutsames über die Ereignisse auszusagen, die um uns herum geschehen" (HARVEY, 1973, zit. nach DICKEN/LLOYD, 1984, S. 14), wurde unübersehbar.

Damit scheint auch für die Wirtschaftsgeographie inzwischen ein Weg vorgezeichnet weg von großen Mengen und quantifizierbaren Daten hin zur Erfassung individueller Raumorganisation von Wirtschaft und Lebensschicksalen. Im Mittel-

---

11 Mit „Szientismus" werden dabei „solche Positionen in der Wissenschaftstheorie (bezeichnet), die ihr methodisches Vorgehen am Vorbild der Naturwissenschaften orientieren" (SEDLACEK, 1982, S. 188). Sachverhalte werden dadurch erklärt, daß man sie unter Einbezug spezieller Rand- und Rahmenbedingungen auf allgemeine Gesetzmäßigkeiten (Theorien) zurückführt. Erklären meint dabei vor allem das Testen von Hypothesen über regelhafte Zusammenhänge zwischen zwei oder mehreren Ereignissen. Grundlegendes Prinzip ist die Intersubjektivität der Ergebnisse. In die Wirtschafts- und Sozialgeographie waren auf den Grundsätzen des „Kritischen Rationalismus" und des „Logischen Empirismus" gründende Methoden erst mit dem fachtypischen „time lag" gekommen. Von einem „Methodenmonismus" wie in Teilen der empirischen Soziologie (HOFFMANN-RIEM, 1980, S. 340) konnte sicher zu keinem Zeitpunkt die Rede sein. Immerhin wurde sehr rasch das Standardinstrumentarium der empirischen Wirtschafts- und Sozialwissenschaften übernommen (Auswertung von Statistiken, Umfragen), zeitweise beherrschten quantitative Techniken der Datenerhebung und -auswertung das Feld.
12 Handlungsforschung/Handlungstheorie sieht sich als Gegenposition zur empirisch-analytischen Sozialwissenschaft. Sie geht über das „technische" Erkenntnisinteresse (HABERMAS, 1969) des Szientismus hinaus und versteht sich als systematische Fortführung der Lebenspraxis (vgl. SCHWEMMER, 1981, S. 103). An die Stelle des Kausalitätsprinzips tritt das Zweck- bzw. Sinnrationalitätsprinzip (SEDLACEK, 1982, S. 202 f.). Ein Handeln gilt dann als verstanden, wenn die Gründe dafür rekonstruiert sind (vgl. KAMBARTEL, 1981, S. 11 ff.).

punkt jüngerer handlungstheoretischer Konzeptionen[12] steht das Alltagshandeln von Einzelpersonen oder Gruppen. Ziel ist die Erfassung der „Tiefenstruktur" von Interaktionsprozessen. Im Unterschied zur „instrumentenorientierten" Methodologie der traditionellen Wirtschafts- und Sozialforschung, bei der meßtechnische Fragen und die Diskussion von Operationalisierungsverfahren häufig die eigentliche Problemstellung überlagern, suchen „gegenstandorientierte" Methodologien (WITZEL, 1982, S. 36) ihre Prämissen aus den Gegebenheiten ihres Untersuchungsbereiches abzuleiten.

Die Reichweite und Bedeutung qualitativer Verfahren in den Wirtschafts- und Sozialwissenschaften ist allerdings umstritten (vgl. NIEDZWETZKI, 1984). Insbesondere gibt es kaum Verfahren, die angefallenen Datenmengen (Tonbandprotokolle, Tagebücher...) adäquat auszuwerten. Die Spannweite diskutierter Möglichkeiten reicht von einfachen Verfahren der Quantifizierung qualitativer Daten bis hin zu zeitaufwendigen Versuchen einer „objektiven Hermeneutik" (OEVERMANN et al., 1979). Aufgrund des Auswertungsaufwandes werden solche Methoden nie eine Repräsentativität im statistischen Sinne erreichen; damit besteht die Gefahr subjektiver Interpretation spektakulärer Einzelbefunde, im Extremfall der Stilisierung privater Vorurteile zu wissenschaftlichen Ergebnissen.

Eine praktische Konsequenz aus diesen Erörterungen könnte sein — ohne daß die wissenschaftstheoretischen Implikationen eines solchen Vorgehens hier weiter erörtert werden sollen[13] —, durch Kombination verschiedener Erhebungs-, Analyse- und Darstellungsverfahren einen dem konkreten Forschungsproblem möglichst adäquaten Zugriff zu erreichen. So können z.B. auf quantitativen Analysen beruhende Ergebnisse den nötigen „explanatorischen" Rahmen liefern, innerhalb dessen qualitative Befunde erst sinnvoll zu interpretieren und in ihrer Reichweite zu relativieren sind, während umgekehrt qualitative Fallstudien über die quantitativen Befunde hinausgehende Einblicke in Wirkungszusammenhänge vermitteln und zu „handlungs- und steuerungsrelevanten Erkenntnissen" (NIEDZWETZKI, 1984, S. 77) zu führen vermögen.

Die Anwendung kombinierter Forschungs- und Erhebungsmethoden in meiner Arbeit, wie sie im folgenden Abschnitt skizziert wird, fühlt sich einem solchen „pragmatischen" und „heuristischen" Methodenpluralismus verpflichtet, natürlich im Wissen um die eingeschränkte theoretische Absicherung eines solchen Vorgehens.

_{Ziel ist allerdings nicht, wie bei der klassischen Hermeneutik und Phänomenologie, das subjektive Einfühlen in den Sinn von Handlungen und deren individuelle Deutung, sondern eine „rationale Rekonstruktion von Handlungssituationen" und damit eine gewisse „Transsubjektivität" der Ergebnisse. Erfaßt werden soll nicht so sehr das Alltagshandeln von Einzelpersonen als vielmehr „relativ stabile() und/oder relativ verbreitete() Muster des Handelns und Denkens" (HOPF, 1979, S. 17), die in ihrem kulturellen, wirtschaftlichen, sozialen und historischen Kontext zu verstehen sind (KAMBARTEL, 1981, S. 14).}

13 Die Basisperspektiven einer szientistischen Raumwissenschaft und einer handlungsorientierten Sozialwissenschaft schließen sich in ihrem Wissenschaftsverständnis wie ihren gesellschaftstheoretischen Implikationen streng genommen aus. Auf der „praktischen" Ebene der Forschungsmethoden scheint jedoch eine wechselseitige Ergänzung analytisch-quantitativer und verstehend-qualitativer Verfahren durchaus sinnvoll.

1.3. UNTERSUCHUNGSERGEBNISSE DER ARBEIT UND DURCHGEFÜHRTE ERHEBUNGEN

Gewerbliche Betriebe sind, wie Kap. 1.1. deutlich gemacht hat, auch in einer Fremdenverkehrsregion wie den Alpen unverzichtbar, angesichts eines überbordenden, an ökonomische und ökologische Grenzen stoßenden Fremdenverkehrs, angesichts einer nur schwer konkurrenzfähigen Berglandwirtschaft und angesichts der damit verbundenen Abwanderung von Bevölkerung mit entsprechenden demographischen „Siebungseffekten". Auch wenn Flächennutzungskonkurrenzen im meist kleingekammerten alpinen Lebensraum und zusätzliche ökologische Belastungen nicht immer auszuschließen sind, so kann wohl im Interesse der Erhaltung bzw. Wiederbelebung der „Multifunktionalität" auf nichttouristische Erwerbsalternativen, die ein verbreitertes Spektrum an Berufen, an Entfaltungsmöglichkeiten und Lebenschancen innerhalb der Heimatregion eröffnen, nicht verzichtet werden. Von Interesse sind dabei vor allem Erwerbsmöglichkeiten, die wenigstens selektiv die endogene Entwicklung der Region stärken und eine weitere wirtschaftsräumliche Peripherisierung und Außensteuerung vermeiden.

Damit sind die Ziele einer gegenwartsbezogenen, „angewandten" industriegeographischen Monographie des Alpenraumes abgesteckt. Zu untersuchen sind Möglichkeiten und Grenzen der Entwicklung bzw. Erhaltung von Betrieben des produzierenden Gewerbes unter den spezifischen Standortbedingungen im „Peripherraum" Hochgebirge. Aus der generellen Fragestellung leiten sich die Themen der einzelnen Kapitel der Arbeit ab:

Kap. 3 befaßt sich in historisch-genetischer Sicht mit den Standortvoraussetzungen und der Entwicklung der Industrie auf der Maßstabsebene der Alpen insgesamt:
— Welche Standortvoraussetzungen ermöglichten zu verschiedenen Zeiten die industriell-gewerbliche Entwicklung, wie haben sich die Rahmenbedingungen inzwischen verändert?

Kap. 4 und 5 untersuchen auf „mittlerer" Maßstabsebene, ausgehend von eigenem empirischem Material (Kartierungen, Betriebsbefragungen) für ausgewählte Beispielgebiete in Österreich, der Schweiz und Italien die zentralen Struktur- und Standortprobleme der Industrie. Im Mittelpunkt stehen dabei:
a) die Analyse der quantitativen Industrieansiedlungspolitik der Nachkriegszeit und ihrer Erfolgsbilanz:
— Wie wirkte sich die Förderpolitik in den verschiedenen Alpenstaaten auf die industrielle Entwicklung der Nachkriegszeit aus?
b) die Untersuchung alpenspezifischer Strukturprobleme und räumlicher Disparitäten:
— Diskutiert werden u.a. industrielle Monostrukturen, Flächenengpässe und Nutzungskonkurrenzen, Fragen industrieller Umweltbelastung sowie Grenzeinflüsse in grenznahen bzw. -überschreitenden Wirtschaftsräumen der Alpen.
c) die Untersuchung der spezifischen Standortsituation der Industrie im Gebirge, im Vergleich zu andersgearteten Peripher- bzw. Verdichtungsräumen, und die Analyse betrieblicher Anpassungshandlungen unter Standortstreß:

1.3. Untersuchungsziele und durchgeführte Erhebungen

— Wie werden die gegenüber den Hochkonjunkturphasen veränderten Standortvoraussetzungen im Gebirge von den Betrieben wahrgenommen, in welcher Form reagieren sie darauf?
— Wie sieht die Innovationsbereitschaft und -fähigkeit der Betriebe aus, welche Möglichkeiten ergeben sich daraus für eine innovationsorientierte Regionalpolitik?

Kap. 6 befaßt sich mit Aspekten regionalspezifischer Industrieförderung, insbesondere mit Möglichkeiten und Grenzen endogener Entwicklung im Gebirge. Auch hier stehen die geographischen, d.h. raumbezogenen Probleme im Vordergrund:

a) Analyse industrieräumlicher Verflechtungen (Mehrbetriebsverflechtungen sowie Zukauf-/Absatzbeziehungen):
— In welchem Maße sind die Betriebe autochthon und in ihrer Standortregion verwurzelt, in welchem Maße außengesteuert und mit Räumen außerhalb des Gebirges verflochten. Gibt es im Bereich der Industriewirtschaft regionalorientierte „forward and backward linkages", die gestärkt und gefördert werden können?

b) Typen industrieller Entwicklung und industrieräumlicher Beziehungen im Alpenraum und daraus abgeleitete regionsspezifische Entwicklungsstrategien.

Eine eindeutige, scharfe Abgrenzung der Untersuchungsgebiete erschien nicht sinnvoll. Ist es doch gerade ein Mangel vieler wirtschaftsgeographischer Monographien im Alpenraum, daß sie sich strikt an vorgegebene Verwaltungs- oder Staatsgrenzen halten und dabei übergreifende Phänomene aus dem Blick verlieren. Industrie im Alpenraum wird in der vorliegenden Untersuchung auf drei Maßstabsebenen betrachtet, die je nach Fragestellung wechseln:

— GROSSRÄUMIGE, ÜBERREGIONALE EBENE: Gesamtgebiet der Alpen innerhalb der orographischen Alpengrenze.
— REGIONALE EBENE: Beispielregionen im „mittleren", zentralen Alpenraum (Wallis, Tessin, Graubünden, St. Gallen, Vorarlberg, Tirol, Südtirol).
— KLEINRÄUMIGE, LOKALE EBENE: Einzelne Talschaften, Beispielgemeinden, Industriebetriebe.

Die angewandten Methoden wechseln mit der Maßstabsebene. Auf der GROSSRÄUMIGEN EBENE dominieren Literatur- und Quellenstudien, Auswertung von Karten, Luftbildern und Planungsstudien, d.h. Sekundäranalysen. Ziel ist die historisch-genetische Untersuchung industrieräumlicher Entwicklungen und ihrer Bestimmungsgründe (siehe Kap. 3).

Im Zentrum der Arbeit steht die mittlere, REGIONALE EBENE. Engeres Untersuchungsgebiet ist der zentrale Teil des Alpenbogens zwischen Genfer See und Inntal/Etschtal. Als Beispielgebiete für empirische Erhebungen wurden fünf Alpenregionen ausgewählt, die sich hinsichtlich Alter und Standortvoraussetzungen der Industrie, Lage im Gebirge, Industrialisierungsgrad und staatlicher Zugehörigkeit unterscheiden und damit das Spektrum an industriellen Entwicklungen möglichst breit abdecken.

— Die Region ALPENRHEIN auf der Alpennordseite und ihr Pendant in den Südalpen, der Kanton TESSIN, gehören zu den alpinen GRENZ- und RANDREGIONEN, die nur noch sekundär durch den Fremdenverkehr geprägt sind und

sowohl naturräumlich wie staatlich Übergangsräume darstellen. Am Alpenrheingebiet haben drei Staaten Anteil: Österreich, die Schweiz und Liechtenstein.
— Die beiden Schweizer Bergkantone WALLIS und GRAUBÜNDEN sind alpine KERN- und BERGREGIONEN, d.h. inneralpine Talschaften fernab der rand- und voralpinen Verdichtungsräume. Hier lassen sich Probleme der Ansiedlung gewerblicher Betriebe in peripheren Wirtschaftsräumen wie auch deren Auswirkungen auf die Arbeits- und Lebenssituation der Bevölkerung am deutlichsten erkennen. Trotz vergleichbarer natur- und lagemäßiger Voraussetzungen haben die beiden Kantone eine sowohl in der Vergangenheit wie Gegenwart deutlich verschiedene industrielle Entwicklung durchlaufen, die einen industriegeographischen Vergleich lohnend macht.
— Am Beispiel der heute POLITISCH GETRENNTEN, aber kulturell und HISTORISCH EINHEITLICHEN Wirtschaftsräume NORD- und SÜDTIROL lassen sich exemplarisch staatliche Einflüsse, insbesondere die Auswirkungen der nationalen Wirtschaftspolitik, auf die industrielle Entwicklung verfolgen.

Auf der regionalen Ebene wurde überwiegend mit empirischen Erhebungsmethoden gearbeitet, insbesondere schriftliche Umfragen bei allen Industrieunternehmen mit 20 und mehr Beschäftigten.

Alle Umfragen und Erhebungen erfolgten in den Jahren 1980—82. Mit Hilfe der Deutschen Forschungsgemeinschaft konnten drei längere Forschungsreisen durchgeführt werden (nach Vorarlberg, St. Gallen und Graubünden im Sommer 1980, in die Schweizer Kantone Wallis und Tessin im Sommer 1981, nach Nord- und Südtirol 1982). Um ein ausreichendes Interesse und aussagekräftige Rücklaufquoten zu erreichen, fanden die Befragungen in enger Zusammenarbeit mit staatlichen Stellen und Interessenverbänden der Wirtschaft in jeweils 2 Befragungskampagnen über 1— 2 Monate statt[14]. Insgesamt konnten dank der sehr weitgehenden Unterstützung durch Dienststellen in den jeweiligen Regionen sehr gute Rücklaufquoten erzielt werden. Nach Ablauf der Befragungsaktionen lagen 640 auswertbare Bogen vor, die am

---

14 Um die Bereitschaft der Betriebe zur Kooperation zu erhöhen und eine bessere Rücklaufquote zu erzielen, wurden die schriftlichen Umfragen in enger Zusammenarbeit mit Behörden und Wirtschaftsverbänden im jeweiligen Untersuchungsgebiet durchgeführt, die auch als Postadresse für die einlaufenden Fragebogen dienten.
In Vorarlberg war dies die Kammer der gewerblichen Wirtschaft und das Amt der Vorarlberger Landesregierung, Raumplanungsstelle und Landesstelle für Statistik. In ST. GALLEN wurden die Erhebungen vom Kantonalen Amt für Industrie, Gewerbe und Arbeit und von den Arbeitgeberverbänden Rheintal und Werdenberg-Sargans unterstützt, in GRAUBÜNDEN von der Bündner Industriekammer und dem Delegierten für Wirtschaftsförderung, in LIECHTENSTEIN von der Industriekammer.
Im Kanton WALLIS gewährleistete die „Société Valaisanne de Recherches Economiques et Sociales (SVRES), eine vom Kanton finanzierte, halbstaatliche Stelle zur Wirtschaftsförderung, die technische Abwicklung der Erhebungen, im TESSIN das „Ufficio delle Ricerche Economiche" (URE), eine Abteilung des „Dipartimento dell'economia pubblica". Die beiden letztgenannten Stellen übernahmen dankenswerterweise auch die französische bzw. italienische Übersetzung der Fragebogen.
In TIROL unterstützte die Kammer der gewerblichen Wirtschaft, Sektion Industrie, die Umfragen, in SÜDTIROL der Verband der Industriellen der Autonomen Provinz Bozen-Südtirol.

1.3. Untersuchungsziele und durchgeführte Erhebungen

Rechenzentrum der Universität Köln überwiegend mit SPSS (Social Package for the Social Sciences) bearbeitet wurden.

Auf der KLEINRÄUMIGEN, LOKALEN EBENE wurde vorwiegend qualitativ gearbeitet. Im Mittelpunkt standen Betriebsbesuche und ausführliche Gespräche mit Firmenvertretern, aber auch mit Beauftragten verschiedener Interessengruppen (Industriellenverbände, Behörden, Arbeiterkammern etc.). Um eine möglichst adäquate Dokumentation und Auswertung der teilweise sehr langen Gespräche zu gewährleisten, wurde jeweils unmittelbar danach ein Tonbandprotokoll erstellt, das dann später im genauen Wortlaut übertragen wurde. Insgesamt konnten 78 Betriebe persönlich aufgesucht und überwiegend auch besichtigt werden.

Tabelle 1: Betriebsbefragungen im Alpenraum: Rücklaufquoten und erfaßte Beschäftigte

Untersuchungs-raum	Befragte Unternehmen	Rücklauf absol.	%	Auswertbare Fragebogen absol.	% des Rückl.	% der Befr.
St. Gallen	115	74	64,3	70	94,6	60,8
Graubünden	44	37	84,1	34	91,9	77,3
Tessin	320	199	62,2	171	85,9	53,4
Wallis	111	47	42,3	44	93,6	39,6
Liechtenstein	20	14	70,0	14	100	70,0
Vorarlberg	186	118	63,4	114	96,6	62,9
Tirol	162	95	58,6	93	97,9	57,4
Südtirol	150	107	71,3	100	93,5	66,7
INSGESAMT	1 108	691	62,4	640	92,6	57,8

Untersuchungsraum	Zahl der Fragebogen	Zahl der ausgewerteten Fälle*	Beschäft. in diesen Betrieben	Erfaßte Beschäftigte
St. Gallen	70	72	12 112	
Graubünden	34	34	4 745	93.3%
Tessin	171	180	16 569	86.6%
Wallis	44	45	3 248	29.6%
Liechtenstein	14	17	5 107	93.2%
Vorarlberg	114	127	22 141	66,9%
Tirol	93	95	14 537	37,5%
Südtirol	100	100	12 211	63,2%
INSGESAMT	640	670	90 670	

* Die Zahl der Fälle liegt höher als die Zahl der Fragebogen, da Unternehmen mit mehreren Produktionsstätten im Untersuchungsgebiet auf einem Fragebogen getrennte Angaben für jeden einzelnen Betrieb machen konnten.

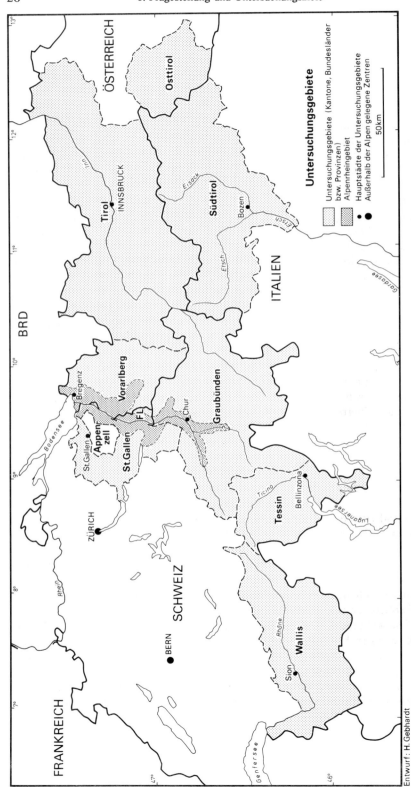

Abb. 1

2. PROBLEMFELDER WIRTSCHAFTLICHER ENTWICKLUNG UND RÄUMLICHER ORDNUNG IM ALPENRAUM

Aus der Sicht mitteleuropäischer Verdichtungsräume sind die Alpen insgesamt ein ländlicher, peripherer Raum mit eher niedriger Bevölkerungsdichte, relativ geringem Wirtschaftspotential und kaum eigenständigen Agglomerationen und Zentren. In der Perspektive der Alpenländer hingegen gewinnen die regionalen Unterschiede an Gewicht. Entwicklungspolen kleiner bis mittlerer Größenordnung wie Innsbruck, Villach, Bozen, Meran, Feldkirch, Brig, Sion, Aosta stehen inneralpine Abwanderungsgebiete und Problemräume gegenüber. Regionale Konflikte entstehen vor allem als Folge der räumlichen Nachbarschaft von unterentwickelten neben relativ hoch verdichteten Gebieten (Danz/Henz, 1981, S. 34).

Aus der spezifischen Raumsituation der Alpen als „Peripherie im Herzen Europas" resultieren die aktuellen Probleme der Wirtschaftsentwicklung und Raumordnung. Im Mittelpunkt der wissenschaftlichen Diskussion stehen derzeit die Problemkreise „Fremdenverkehr und seine (ökologischen und ökonomischen) Belastungsgrenzen", „traditionelle und alternative Formen der Landwirtschaft im Berggebiet (Bergbauernproblem)" sowie in einem übergeordneten Verständnis „Demographische Entwicklung und regionale Identität". Obwohl es sich dabei um länderübergreifende, gebirgsspezifische Probleme handelt, wurden sie bisher fast ausschließlich auf nationaler Ebene diskutiert und kaum einmal wenigstens auf die Ebene grenzüberschreitender Planungsgemeinschaften (ARGE ALP) gehoben. Ziel des folgenden Überblicks ist damit auch, für die Alpen als ganzes einige zentrale Wirtschafts- und Raumprobleme skizzieren, in die die Entwicklungsmöglichkeiten der nichtagrarischen Wirtschaft, vor allem der Industrie, eingebettet sind.

2.1. ERHALTUNG DER LANDWIRTSCHAFT IM BERGGEBIET

Die Landwirtschaft ist überall in den Alpen durch drastisch zurückgehende Betriebs- und Beschäftigtenzahlen und durch den Zwang zur Rationalisierung gekennzeichnet. Ackerbau spielt, abgesehen von den Sonderkulturen (Wein, Obstbau), nirgendwo mehr eine Rolle, die Grünlandwirtschaft hingegen entwickelte sich in den letzten Jahrzehnten regional sehr unterschiedlich. Eine Aufgabe von Weideflächen in den Höhenregionen bei gleichzeitiger Intensivierung der Nutzung talnaher flacher Bereiche ist vor allem für Österreich und die Schweiz charakteristisch (vgl. Penz, 1984), während wir in den französischen Alpen und teilweise in den Südalpen eine exzessive Brachlandentwicklung und damit einen in allen Stockwerken zunehmenden Verfall der alpinen Kulturlandschaft antreffen (siehe zusammenfassend Leibundgut, 1972, S. 39 ff.).

Betriebsauflösungen aufgrund unzureichender Erträge und schwindender Rentabilität der Berglandwirtschaft verändern nicht nur das gewohnte Bild der alpinen

28 2. Problemfelder wirtschaftlicher Entwicklung und räumlicher Ordnung

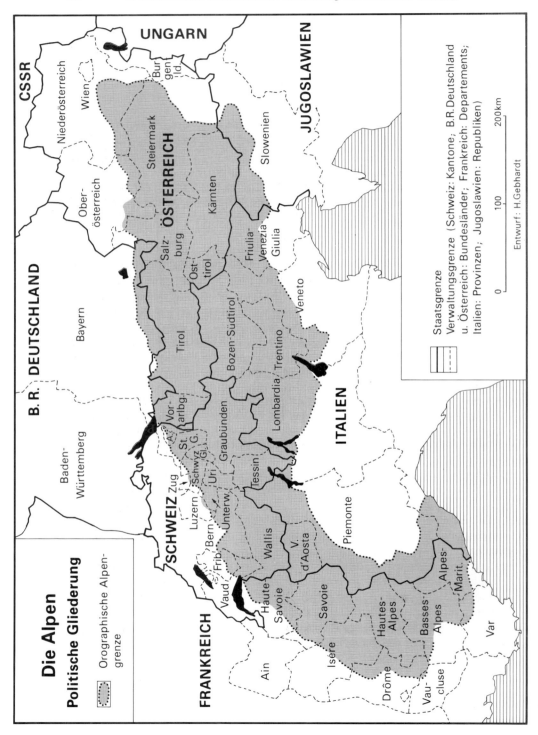

Abb. 2

Kulturlandschaft, sondern führen auch zum Austrocknen der infrastrukturellen und soziokulturellen „Substanz", solange nicht andere, nichtlandwirtschaftliche Erwerbsquellen das Familieneinkommen sichern. Solche Zusammenhänge lassen sich recht plastisch am Beispiel Grindelwalds verdeutlichen.

„Die historischen Arbeiten im Rahmen des MAB-6-Grindelwald haben gezeigt, daß um 1760 bei den damaligen Preisen für Landwirtschafts-, vor allem Milchprodukte, ein Bauer in Grindelwald mit drei bis vier Kühen ein Einkommen herauswirtschaften konnte, das etwa demjenigen eines Handwerksmeisters entsprach. Heute müßte er dazu 20—30 Kühe und die entsprechende Futterbasis haben ... Wenn um 1760 in Grindelwald an die 1500 Einwohner von der Landwirtschaft leben konnten, dazu kamen noch viele Arme, so könnten heute geschätzt höchstens etwa 150 Menschen im Tal in Grindelwald auf rein landwirtschaftlicher Basis existieren. Das ergibt im Berggebiet eine zu geringe Dichte, um ein politisches und gesellschaftliches Leben und die nötigen Dienstleistungen aufrechtzuerhalten. Es gäbe vielleicht noch eine einklassige Primarschule mit etwa 10—15 Schülern und nicht mehr, wie heute, eine vollausgebaute Sekundarschule und sieben regionale Primarschulen" (GROSJEAN, 1982, S. 82 f.).

Die Abkehr von der Landwirtschaft erfolgte zugleich von „unten" wie von „oben"; „die Industrialisierung (leitete) den Wandeln von den Tälern aus ein, während die Umformung durch den Fremdenverkehr von ‚oben' ausging." (LICHTENBERGER, 1979, S. 407). Zu Problemgebieten wurden zunehmend jene Regionen bzw. Höhenstufen, die weder eindeutig in die Industrie- und Dienstleistungsentwicklung der Täler noch in den intensiven Tourismus an der alten Dauersiedlungsgrenze integriert werden konnten, die „moyenne montagne", das „mittlere" Höhenstockwerk.

Sicher, ein gewisser Rückgang der Berglandwirtschaft ist unbedenklich, ja wünschenswert, solange alternative Erwerbsmöglichkeiten im Bereich des Tourismus oder des produzierenden Gewerbes offenstehen und es zu keiner regelrechten Entleerung und damit Zerstörung der alpinen Kulturlandschaft kommt (vgl. RIEDER, 1981). Einem weitergreifenden Bedeutungsverfall muß jedoch, schon um der Erhaltung der alpinen Landschaft willen, durch staatliche Eingriffe entgegengewirkt werden. Alpine Landwirtschaft ist heute rein nach den Grundsätzen von Produktivität und Rentabilität kaum mehr möglich; alle Alpenstaaten kennen daher Formen der Berggebietsförderung und der Subventionierung (vgl. zusammenfassend ERLWEIN, 1982, S. 26 ff.).

In den letzten Jahren wird dabei verstärkt über „alternative" bzw. innovative Formen der Landwirtschaft diskutiert (vgl. LEIBUNDGUT, 1981; RIEDER, 1984). Die in der Schweiz getesteten Ansätze — kommerzielle Haltung von Damhirschen in Extremlagen als arbeitsextensive Nutzungsform, Haltung von Milchschafen oder Milchziegen im alpinen Stockwerk, spezialisierter Beerenbau, Kultivierung von Arznei- oder Genußmittelpflanzen in Gunstlagen (z.B. Puschlav) — wirken indes eher wie zusätzliche bunte Arabesken denn wie ernsthafte Produktionsalternativen. Überdies werden durch die herrschende Subventionierungspraxis innovative und spezialisierte Formen der Landwirtschaft eher behindert als gefördert (LEIBUNDGUT, 1982, S. 31). Die nach wie vor dominante Grünlandwirtschaft in den Alpen steht gerade in den Nicht-EG-Ländern angesichts des europäischen Wettbewerbsdrucks in einer prekären Konkurrenzsituation.

2.2. BELASTBARKEIT DES HOCHGEBIRGES DURCH DEN FREMDENVERKEHR

Von charakteristischen Ausnahmen in der Schweiz und Österreich abgesehen (Grindelwald, Bad Ischl, Badgastein, Semmering . . .) entwickelte sich die boomartige touristische Nachfrage im Alpenraum erst nach dem Zweiten Weltkrieg. Gebieten besonders dynamischen Wachstums wie den Bayerischen Alpen, dem Berner Oberland und der Zentralschweiz sowie z.T. dem südlichen Alpenrand stehen Regionen verspäteter oder verlangsamter Fremdenverkehrsentwicklung gegenüber (östliche Ostalpen, französische Südalpen). Entsprechend der unterschiedlichen Siedlungsstruktur, Bevölkerungsdynamik, Fremdenverkehrsausprägung (Sommer-/Wintersaison) und Herkunft der Investoren (Einheimische, Fremde) entwickelten sich fremdenverkehrsgeographische Strukturen in den Ost- und Westalpen deutlich verschieden. Während der Ausbau sowohl des Sommer- wie des Wintersportangebots in Österreich, Deutschland und der Schweiz vielfach an die bestehenden Dörfer anschloß (vgl. HERBIN, 1980) und es nur vereinzelt zu einem Ausgreifen der Siedlungen in die Almzone kam (am deutlichsten noch in der Schweiz), entstanden in Frankreich abseits der traditionellen Dauersiedlungen in schneesicherer Lage am Reißbrett geplante Wintersportorte verschiedener Generationen (GROSJEAN, 1982; HANNSS, 1982).

Die ökonomische Bedeutung der Fremdenverkehrswirtschaft ist in vielen Alpenregionen hoch. In Tirol stammen rund 45%, in Graubünden über 50% des BIP direkt oder indirekt aus dem Tourismus (TSCHURTSCHENTALER, 1983). Für den Kanton Wallis kamen BELLWALD et al. (1983) zu dem Ergebnis, daß zwei Arbeitsplätze im Fremdenverkehrsgewerbe (Tätigkeiten in Beherbergungsbetrieben, bei Seilbahnen . . .) im Schnitt drei weitere indirekte Beschäftigungsmöglichkeiten (im Baugewerbe, Handel, Transportgewerbe) stimulieren.

Nach Jahren eines exzessiven Ausbaus der Fremdenverkehrsinfrastruktur werden seit rund einem Jahrzehnt zunehmend die ökonomischen und ökologischen Grenzen dieser Entwicklung offenkundig (vgl. WICHMANN, 1972; KRIPPENDORF, 1975). In den großen Fremdenverkehrszentren hat der Grad und das Ausmaß freizeitorientierter Erschließung inzwischen Formen angenommen, die die Funktion dieser Einrichtungen, die Erholung, in Frage stellen[15].

---

15 Ein Gutachten des Europarates über „Probleme der Belastung und Raumplanung im Berggebiet" aus dem Jahre 1978 nennt stichpunktartig die wichtigsten Probleme:
— Fremdenverkehrseinrichtungen sind räumlich zu stark konzentriert. Übererschlossenen Regionen stehen Gebiete gegenüber, in denen der Fremdenverkehr eine weniger wichtige Rolle spielt. So konzentrieren sich z.B. in Graubünden 66% der Übernachtungen auf nur 7 von insgesamt 220 Gemeinden.
— In den Hauptfremdenverkehrsgebieten ergeben sich Kapazitätsengpässe bei der Verkehrsinfrastruktur. Ein großzügiger Ausbau entsprechender Einrichtungen — in der Regel auf die Talgebiete konzentriert — zerstört die wertvollen und raren Talflächen und damit potentielle Siedlungsgebiete und landwirtschaftliche Nutzflächen.
— Viele Gemeinden leiden unter zunehmender Verschuldung. Die Erschließung zum Fremdenverkehrsort erfordert umfangreiche Investitionen der Gemeinden zu einem Zeitpunkt, wo Einnahmen aus dem Fremdenverkehr für die Kommunalhaushalte noch nicht zu Buche schlagen.

Im Zentrum der öffentlichen und wissenschaftlichen Diskussion steht derzeit, nicht zuletzt aufgrund der jüngsten Häufung von schweren Überschwemmungen und Naturkatastrophen (Veltlin, Ötztal), die Umweltbelastung durch den Fremdenverkehr (vgl. u.a. das Projekt „Man and Biosphere" der UNESCO; siehe WEISS, 1981, LUKSCHANDERL, 1982 und andere). Zwei Problembereiche sind hier vor allem zu nennen: die ZERSIEDLUNG und damit der rasch zunehmende Landschaftsverbrauch, verbunden mit entsprechenden Entsorgungsproblemen (Gewässerverschmutzung) sowie die massiven Eingriffe in die Landschaft durch die Erschließung mit SKIPISTEN und SEILBAHNEN, was zu einem Zurückdrängen der notwendigen Bannwälder führt. Erst in jüngerer Zeit geschärft wurde das Bewußtsein für die soziokulturellen und sozio-psychologischen Folgen der Fremdenverkehrswirtschaft, die sich aus dem Aufeinandertreffen unterschiedlicher Lebensformen und Gesellschaftsgruppen ergeben können (vgl. KRIPPENDORF, 1982; ROCHLITZ, 1986). Vor allem in fast reinen Alpenstaaten wie der Schweiz wird im Zuge des überbordenden Tourismus die Bewahrung der „regionalen Identität", d.h. Erhaltung regionaler Spezifika (Lebensart, Architektur, Landschaft, Sprache) zunehmend als wichtig erachtet (vgl. MEIER-DALLACH, 1982; BASSAND, 1984).

Tourismusentwicklung im Gebirge muß heute im Spannungsverhältnis zwischen ÖKONOMISCHEN Interessen (Leitziel: optimaler Einsatz der Ressourcen), GESELLSCHAFTLICHEN Interessen (Leitziel: Gleichgewicht von Bedürfnissen der Einheimischen und der Touristen) und Auswirkungen auf die UMWELT (Leitziel: Gleichgewicht von touristischer Nutzung und Landschaftshaushalt) begriffen werden.

2.3. WIRTSCHAFTSENTWICKLUNG JENSEITS VON LANDWIRTSCHAFT UND TOURISMUS

Die touristische Entwicklung in vielen Alpenregionen kurbelte zwar insgesamt die Regionalwirtschaft an, sie schuf aber oft sehr einseitige Wirtschaftsstrukturen und ein enges Segment an Beschäftigungsmöglichkeiten (touristische „Monostrukturen"). Vor allem die wenig differenzierten touristischen Arbeitsmärkte führten inzwischen zu einem Nachdenken über alternative, nicht-touristische Erwerbsmöglichkeiten.

Mit am umfassendsten wurde dieser Themenbereich im Rahmen eines Forschungsprojektes des Schweizer Nationalfonds untersucht (ELSASSER et al., 1982). Die Änderung des Projekttitels von ursprünglich „ENTWICKLUNGSALTERNA-

— Damit in Zusammenhang steht auch das spezifische Problem der Zweitwohnsitze. Abgesehen von der zunehmenden Zersiedlung mit entsprechend negativen Folgen für das alpine Landschaftsbild kommen mittelfristig beträchtliche finanzielle Belastungen auf die Gemeinden zu, die die kurzfristigen wirtschaftlichen Vorteile meist überwiegen.
— Touristische Monostrukturen schaffen einseitige und krisenanfällige Arbeitsplätze. Der Fremdenverkehr bietet vorwiegend einfache, ungelernten Kräften vorbehaltene Arbeitsplätze, die zudem starken saisonalen Schwankungen unterliegen. Berufliche Ausbildungsmöglichkeiten sind einseitig, die Aufstiegsmöglichkeiten gering.

TIVEN zur touristischen Entwicklung im Berggebiet" (ELSASSER et al., 1981) zum Titel des Abschlußberichts „Nicht-touristische ENTWICKLUNGSMÖGLICHKEITEN im Berggebiet" macht deutlich, daß es wirkliche Alternativen zur touristischen Entwicklung im Gebirge nicht gibt. Realistisch ist allenfalls, Ergänzungen zu einem wohl auch auf längere Sicht dominierenden Fremdenverkehr zu suchen, welche dessen charakteristische Schwachstellen — saisonale und überwiegend unqualifizierte Arbeitsplätze, kurzfristiges Wachstum auf Kosten des langfristigen Humankapitals einer Region, Verlust der „regionalen Identität" durch zunehmende Überfremdung — vermeiden. Wichtig sind vor allem Erwerbsmöglichkeiten, die die Tourismuswirtschaft sektoral und regional ergänzen, eine zusätzliche Palette an Berufen anbieten und damit erweiterte Möglichkeiten schaffen, den Beruf oder Arbeitgeber zu wechseln, ohne deswegen die Region verlassen zu müssen.

Möglichkeiten nichttouristischer Entwicklung im Gebirge existieren bisher außer in sehr geringem Maße im Bereich der Landwirtschaft (siehe Kap. 2.1.) ansatzweise in der Urproduktion, in ausgewählten Segmenten des tertiären Wirtschaftssektors, im Bereich des Baugewerbes sowie teilweise im Handwerk. Das zitierte Forschungsprojekt des NFP kommt dabei zu folgenden Ergebnissen:

— Im Bereich der FORSTWIRTSCHAFT scheinen in vielen Alpenländern, aufgrund der problematischen Erschließung mit Zufahrtswegen, längst nicht alle Möglichkeiten genutzt zu werden. Für die Schweiz kann davon ausgegangen werden, daß im inneren Alpenraum nur zwischen 50% und 75% des langfristigen natürlichen Holzzuwachses genutzt werden (LEIBUNDGUT, 1982, S. 99 f.), wobei das im Vergleich zu anderen Waldgebieten dramatische Waldsterben im Alpenraum hier schon in wenigen Jahren eine ganz neue Situation schaffen kann. Forstwirtschaft bietet allerdings nur sehr wenige, darüberhinaus eng spezialisierte Arbeitsplätze; bedeutsamer sind ihre Sekundäreffekte: Größere regionale Holzangebote bilden die Grundlage eines strukturell verbesserten Sägereigewerbes wie auch verschiedener kunstgewerblicher Produktionen. Im Bereich der URPRODUKTION bestehen gewisse Entwicklungsmöglichkeiten bei der Natursteinindustrie (vgl. SCHWARZ, 1980), die in ihrer gesamtwirtschaftlichen Bedeutung aber als marginal anzusehen sind.

— Auch im Bereich des nicht-touristischen TERTIÄREN WIRTSCHAFTSSEKTORS müssen die Entwicklungsmöglichkeiten eher bescheiden eingeschätzt werden (vgl. ELSASSER et al., 1982, S. 178 ff.). Dies gilt vor allem für den privatwirtschaftlichen Bereich; bei öffentlichen Betrieben und Institutionen (Schulstandorte, Post, sonstige Verwaltung, aber auch z.B. Eisenbahnwerkstätten, Werkhöfe von Tiefbauämtern, Abfertigungsstellen der Zollverwaltung) wären prinzipiell auch Standortentscheidungen unter primär regionalpolitischen Gesichtspunkten möglich. Allerdings setzt hier die Forderung nach zentraler Lage und günstiger Erreichbarkeit der Standortwahl im Gebirge enge Grenzen.

— Das BAUGEWERBE wie auch größere Teile des selbständigen HANDWERKS sind sehr eng mit der touristischen Entwicklung verflochten. Gerade der Bausektor bietet eine Reihe von die Beschäftigung im Wintersport auch saisonal ergänzenden Berufen. Ein idealtypisches „mittleres" Fremdenverkehrswachstum mit einer damit verbundenen kontinuierlichen Bauwirtschaft wurde allerdings fast nie erreicht. Die starken regionalen und konjunkturellen Schwankungen führen dazu, daß zu Boomzeiten überwiegend von regionsfremden Großunternehmen und ausländischen Saisonarbeitskräften gebaut wird. Angesichts des allmählich zurückgehenden Baus an Ferienhäusern, Zweitwohnungen etc. kann in Zukunft insgesamt mit einer Reduzierung des vielfach aufgeblähten Bausektors gerechnet werden.

Eng mit dem Fremdenverkehr bzw. dem Baugewerbe gekoppelt sind viele handwerkliche Kleinbetriebe (Bauhilfsgewerbe). Deren regionalwirtschaftliche Bedeutung und Zukunftsaussichten gestalten sich sehr unterschiedlich; in höherem Maße als in der gewerblichen Wirtschaft insgesamt haben solche Betriebe Schwierigkeiten, notwendige Produkt- und Verfahrensinnovationen durchzuführen[16].

2.4. DEMOGRAPHISCHE ENTWICKLUNG UND ZENTRALÖRTLICHE STRUKTUR

Anders als in „normalen" Peripherräumen hat die Bevölkerungszahl im Alpenraum in den vergangenen Jahrzehnten zugenommen. Vor 40 Jahren noch lebten in den Alpen rund 3 Mio. Menschen, heute sind es 7,5 Mio. Die von Siedlungs- und Verkehrsflächen eingenommenen Areale waren 1978 viermal so umfangreich wie im Jahre 1938 (Angaben nach: Der Alpenraum als europäische Aufgabe und Herausforderung, 1974).

Die Bevölkerungsbilanzen fallen allerdings für einzelne Staaten, Regionen oder gar Talschaften sehr unterschiedlich aus.

Für ÖSTERREICH ist im überregionalen Maßstab ein deutliches Ost-West-Gefälle charakteristisch; zwar unterscheiden sich die Bevölkerungsdichten der westlichen Landesteile (Vorarlberg, Tirol, Salzburg) nur wenig von den östlichen (54% Ew./qkm gegenüber 50,0 Ew./qkm im Jahre 1981), die Bevölkerungsdynamik ist aber sehr verschieden. Zunahmen im Westen von 18,3% (1961—71) bzw. 8,8% (1971—81) steht eine weitgehende Stagnation in der östlichen Landeshälfte gegenüber (+ 3,7% bzw. — 0,7%). Generell war das Bevölkerungswachstum, aufgrund der dynamischen Fremdenverkehrsentwicklung im letzten Jahrzehnt, im Gebirge mit 3,3% höher als im gesamten Land (1,3%). Zum wichtigsten Aktivraum ist das kleine westliche Bundesland Vorarlberg geworden (Angaben nach HERBIN/REMMER, 1984, und SAUBERER, 1985).

In den FRANZÖSISCHEN ALPEN fällt der krasse Nord-Süd-Gegensatz ins Auge, der letztlich aus den günstigeren klimatischen und lagemäßigen Voraussetzungen der nördlichen Departemente für den Tourismus resultiert. Die Daten der mittleren Bevölkerungsdichte 1981 markieren diese Unterschiede: 48,7 Ew./qkm im Norden gegenüber 13,8 Ew./qkm in den Südalpen. Erst in den letzten Jahren ist dort der Trend stetiger Abwanderung, im Zuge einer verspäteten Fremdenverkehrsentwicklung und diverser Ausstrahlungseffekte von der Mittelmeerküste gekippt (MEYZENQ, 1984, S. 43 ff.). Vor allem in den alpinen Bereichen der Haute Montagne steigt die Bevölkerungszahl inzwischen wieder, zwischen 1975 und 82 um 9,8% (Durchschnitt der Departements Alpes de Haute-Provence, Haute-Alpes und Alpes Maritimes) (Angaben nach MEYZENQ, 1984).

---

16 Vgl. ABT et al. (1981); LEIBUNDGUT (1982, S. 2): „Es bereitet den Kleinunternehmen schon erhebliche Mühe, die regionalen Märkte zu durchleuchten, geschweige denn überregionale Märkte zu erschliessen. Zur dringend erforderlichen Pflege der Beziehungen fehlt den Kleinunternehmern die nötige Zeit und oft auch die Anregung."

Für die SCHWEIZ und ITALIEN lassen sich generelle Trends nicht herausarbeiten. Abgesehen vom Gegensatz Mittelland—Berggebiet (Schweiz) bzw. Voralpen—Alpen (Italien) mit jeweils unterschiedlicher bevölkerungsgeographischer Dynamik korrespondiert gerade in der Schweiz die Bevölkerungsentwicklung eng mit der regional differenzierten Wirtschaftsdynamik (WANNER/DORIGO, 1983). So verzeichnen Fremdenverkehrsgemeinden oft Bevölkerungszunahmen von 50% und mehr innerhalb von 10 Jahren, während vom Fremdenverkehr wenig erfaßte Ortschaften im gleichen Zeitraum mitunter mehr als die Hälfte ihrer Einwohner verlieren. Auf der Basis von Fremdenverkehr und Dienstleistungen sowie industriellen Wachstums in den regionalen Zentren entwickelten sich die Kantone Wallis und Tessin (Sottoceneri) sowie das Rheintal zu den Hauptzuwandergebieten, während in den Nebentälern des Tessin und Graubündens, insbesondere den Südtälern, sowie im Kanton Glarus mit seiner niedergehenden Textilindustrie die Bevölkerungszahlen rasch zurückgingen (BILLET/ ROUGIER, 1984).

Wichtig ist im dreidimensionalen Hochgebirgsraum die „hypsometrische" Komponente, die Bevölkerungsdynamik in verschiedenen Höhenstufen. Zur Haupt-

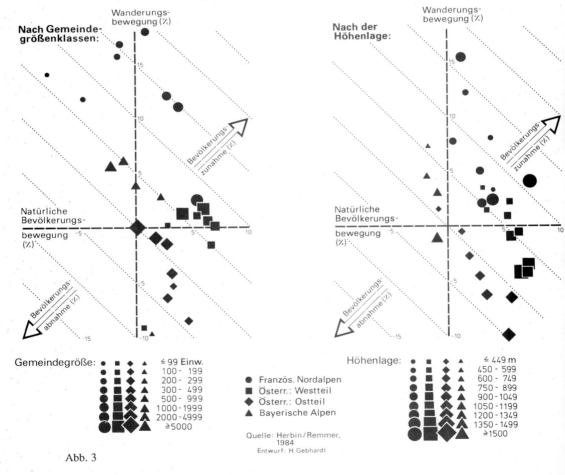

Abb. 3

abwanderungszone ist in allen Alpenstaaten die „moyenne montagne" geworden, während es in den Talbereichen, aber auch in der „Tourismuszone" in der Nachbarschaft der Höhengrenze der alten Dauersiedlungen, zu einer relativen Verdichtung kommt.

Abb. 3 zeigt die verhältnismäßig geringe Bevölkerungsdichte in der „moyenne montagne". In der Schweiz liegen fast 45% der Gemeinden zwischen 750 und 1350 m, doch nur 22% der Bevölkerung leben dort (BILLET/ROUGIER, 1984, S. 12). In Österreich finden wir über 20% der Gemeinden in einer Höhenlage zwischen 900 und 1500 m, ihr Bevölkerungsanteil liegt bei 7,8%, in Frankreich schließlich sind es 27% der Gemeinden mit 17% der Einwohner (HERBIN/REMMER, 1984, S. 30).

Auch im Alpenraum bestimmt „der Wandel von der flächenbezogenen Agrargesellschaft hin zur standortgebundenen Industrie- und schließlich zur zentrenorientierten Dienstleistungsgesellschaft" in zunehmendem Maße die Raumstruktur (RUPPERT, 1979, S. 34). Aufgrund der Bündelung von Infrastruktureinrichtungen und zentralörtlichen Funktionen in den Haupttälern entwickelten sich dort z.T. Bevölkerungsverdichtungen, die europäische Spitzenwerte aufweisen. So lebten 1938 pro qkm Nettosiedlungsfläche (nur 11% der Alpen können als Dauersiedlungsland gelten) 150 Menschen, im Jahre 1978 waren es bereits mehr als 390 (Angaben nach: Der Alpenraum als europäische Aufgabe und Herausforderung, 1974, S. 2).

Trotz der zunehmenden Zentrenorientierung des Wirtschaftsgeschehens existiert im Alpenraum gleichwohl kein einigermaßen regelhaftes und hierarchisches zentralörtliches System (vgl. FEURSTEIN, 1979; RUPPERT, 1979). Überragende Oberzentren (O II in Abb. 4) liegen alle außerhalb des Alpenbogens. Einzige Ausnahmen bilden in den Ostalpen Innsbruck und Bozen, in Frankreich Grenoble. Eine echte Hierarchie zentraler Orte existiert fast nirgendwo, von Südtirol mit den drei Zentren Bozen, Meran und Brixen einmal abgesehen. Insbesondere fehlt ein System von Unter- und Mittelzentren, was sehr ausgeprägte Konzentrationen von Bevölkerung, Diensten und Infrastruktur in den wenigen großen Städten bedingt. In der Stadt Salzburg lebt ein Drittel der Einwohner des Landes Salzburg, in Innsbruck über ein Fünftel der Tiroler Bevölkerung.

Großräumig betrachtet und grob typisierend lassen sich mit RUPPERT (1979, S. 37) derzeit drei Formen bevölkerungsgeographischer Dynamik und zentralörtlicher Struktur im Alpenraum unterscheiden:
A. Gebiete stärkerer Bevölkerungsschwerpunktverlagerung und z.T. Abwanderung. Rückgang der Landwirtschaft, besonders hohe Verdichtung in Kernstrukturen.
  Beispiele: Französische Alpen, westliche italienische Alpen, z.T. Südschweiz (Tessin).
B. Gebiete geringerer Bevölkerungsverlagerung, z.T. Abwanderung. Noch bedeutende Landwirtschaft, mäßige Verdichtung in Kernstrukturen.
  Beispiele: Ostschweiz, Österreich, Südtirol und Bundesrepublik.
C. Gebiete starker Bevölkerungsverlagerung, Reduzierung der Landwirtschaft, Zunahme des sekundären Sektors, gleichzeitig starke Verdichtung.
  Beispiel: Slowenische Alpen.

36   2. Problemfelder wirtschaftlicher Entwicklung und räumlicher Ordnung

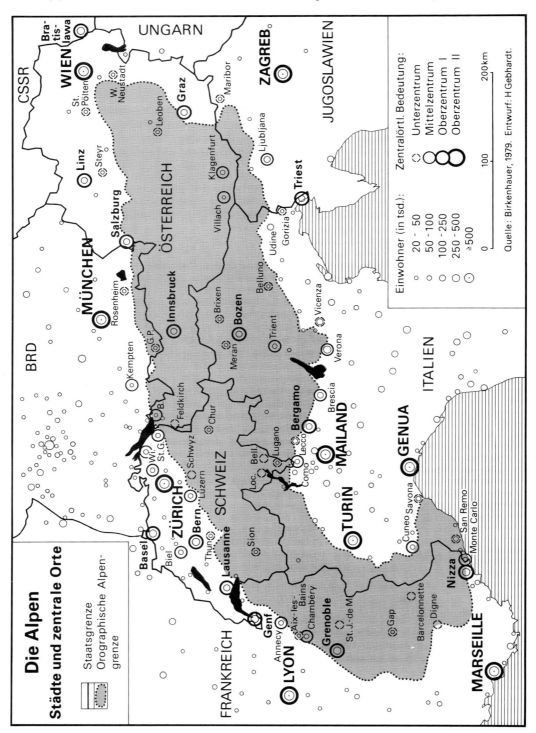

Abb. 4

3. INDUSTRIE IM ALPENRAUM: STANDORTVORAUSSETZUNGEN UND LEITLINIEN DER ENTWICKLUNG

Industrie im Alpenraum, das sind im Bewußtsein der Einheimischen wie auch der Durchreisenden, wohl vor allem flächengreifende Betriebe der Grundstoff- und Produktionsgüterindustrie in den Haupttälern, die sich durch ihre verkehrsgeographische Lage, Größe und häufig auch Umweltbelastung nachdrücklich in Erinnerung rufen. Selbst dem eiligen, auf Bergsteigen, Erholung und „Almwirtschaft" gestimmten Touristen werden auf der Durchfahrt durch das Alpenrheintal, das Inntal, das Tal der Isère, Rhône- oder Etschtal die zahlreichen Industriebetriebe nicht entgehen, die ihn oft noch weit ins Gebirge hinein begleiten und an manchen Stellen (z.B. Mur-Mürztal, Raum Bozen, Grésivaudan, Raum Domodossola) die Kulturlandschaft auch physiognomisch deutlich prägen (Foto 1—7). Nicht weniger wichtig, wenngleich weniger auffällig, sind danben jüngere Ansiedlungen der Nachkriegszeit, vorwiegend Klein- und Mittelbetriebe, die zwischen Wohngebieten, Infrastruktureinrichtungen und Verkehrswegen versteckt, dem Reisenden wohl nur selten in den Blick geraten (Foto 8—10).

Natürlich sind die Alpen, abgesehen von einigen wenigen Standortkonzentrationen in größeren Siedlungen oder längs natürlicher Leitlinien (größere Flüsse), kein industrialisierter Raum, werden es auch nie sein können und sollen. Aber die „übliche" Wahrnehmung des Gebirges als Erholungsraum verstellt doch etwas den Blick auf die Bedeutung nichttouristischer Erwerbsmöglichkeiten. Immerhin sind in einem so bekannten Ferienland wie Vorarlberg rund 60% der Erwerbstätigen im produzierenden Gewerbe tätig, weitaus mehr als in der Fremdenverkehrswirtschaft. Auch Bergregionen wie das Aostatal, ja sogar das Tessin, sind überwiegend durch den sekundären Wirtschaftssektor geprägt.

Ist die Industriedichte im Alpenraum auch niedrig, verglichen mit den Verdichtungsräumen im Vorland (München, Mailand, Lyon...), so ist sie doch hoch, im Vergleich zu anderen Hochgebirgsräumen Europas oder gar Außereuropas (siehe GRÖTZBACH, 1982, 1984). Die Alpen weisen eine lange Siedlungskontinuität mit relativ hohen Bevölkerungsdichten auf (vgl. PAULI, 1980), die gute Verkehrsdurchlässigkeit und -erschließung schuf schon früh den Fernhandel, aber auch die handwerkliche und gewerbliche Entwicklung begünstigende Standortvoraussetzungen. Die politisch-geographische Situation, insbesondere die Einbindung vieler Bergregionen in kleine Staaten wie die Schweiz oder Österreich, schuf die Notwendigkeit und Voraussetzung einer forcierten wirtschaftlichen Entwicklung auch in den Berggebieten.

3.1. RÄUMLICHE ORIENTIERUNGEN

Abb. 5 zeigt in vereinfachter Form die gegenwärtige Standortverteilung der Industrie im Alpenraum. Betriebe konzentrieren sich naturgemäß an einzelnen

Punkten (städtische Siedlungen) oder längs natürlicher Leitlinien, vor allem natürlich in alpenrandnahen Räumen am Ausgang der großen Talsysteme. Industrielle Verdichtungen finden sich in den durch Eisenbahnlinien bzw. das Fernstraßennetz verkehrsgeographisch gut erschlossenen Längs- und Quertälern. Zu nennen sind:
— die FRANZÖSISCHEN NORDALPEN (Raum Grenoble, Drac-Tal, Maurienne, Grésivaudan) mit Betrieben der Metallerzeugung und -verarbeitung (Aluminiumindustrie, elektrische Geräte und Turbinen), der Textilindustrie und Holzverarbeitung,
— die OBERSTEIERMARK (Mur-Mürz-Furche) mit Unternehmen vergleichbarer Branchen,
— das ALPENRHEINTAL (Vorarlberg, Fürstentum Liechtenstein, Teile der Kantone Graubünden und St. Gallen) mit Betrieben der Textilindustrie und Metallverarbeitung,
— das UNTERINNTAL (Tirol) zwischen Kufstein und Innsbruck mit Fabriken sehr unterschiedlicher Branchenausrichtung.

Industrieräume von etwas geringerer Bedeutung liegen südlich des Alpenhauptkamms: der Raum BOZEN mit Großbetrieben der Grundstoffindustrie und des Fahrzeugbaus aus den dreißiger Jahren (siehe Foto 5 + 6), die südlichen Teile des Kantons TESSIN mit Bekleidungsindustrie, der Raum DOMODOSSOLA sowie das AOSTATAL und die BERGAMASKER Alpen. In der Schweiz finden wir daneben in nennenswertem Maße Industrie in den Bergkantonen WALLIS und GLARUS (alte Textilindustrie).

Die Bedeutung der alpinen Industrieregionen im Kontext der jeweiligen Nationalstaaten ist sehr unterschiedlich. In Frankreich und Italien umfassen die Alpen nur einen randlichen Teil des Staatsgebiets (6% bzw. 11% der Fläche), während die Schweiz und Österreich Alpenstaaten mit jeweils mehr als 50% Gebirgsanteil sind.

Tab 2: Anteile der einzelnen Alpenländer an der Fläche und Bevölkerung des Alpenraumes (Stand 1970)

LAND	Österreich	Schweiz	Italien	Frankreich	BRD	Jugoslawien	Liechtenstein
FLÄCHE							
Alpenanteil in qkm	53 000	22 700	35 000	32 000	5 500	3 300	160
% der Gesamtfläche	63	55	11	6	2	1	100
BEVÖLKERUNG							
Alpenanteil in Mio.	2,6	1,9	1,45	0,85	0,3	0,1	0,02
% d. Gesamtbevölk.	35	30	3	2	1	1	100
ANTEIL DES STAATES IN % AN DER							
Fläche der Alpen	35	15	23	21	4	2	0
Bevölkerung d. Alpen	36	26	20	12	5	2	0

Quelle: Der Alpenraum als europäische Aufgabe und Herausforderung (1974, S. 150 f.); DANZ/HENZ (1981, S. 16 f.).

3.1. Räumliche Orientierungen

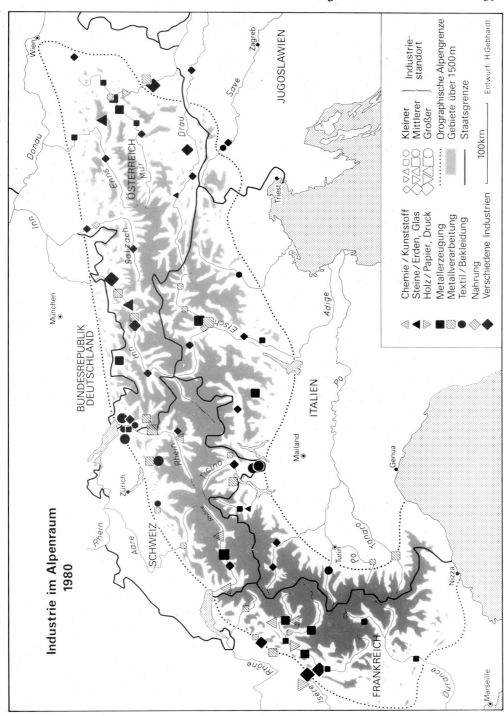

Abb. 5

3. Industrie im Alpenraum

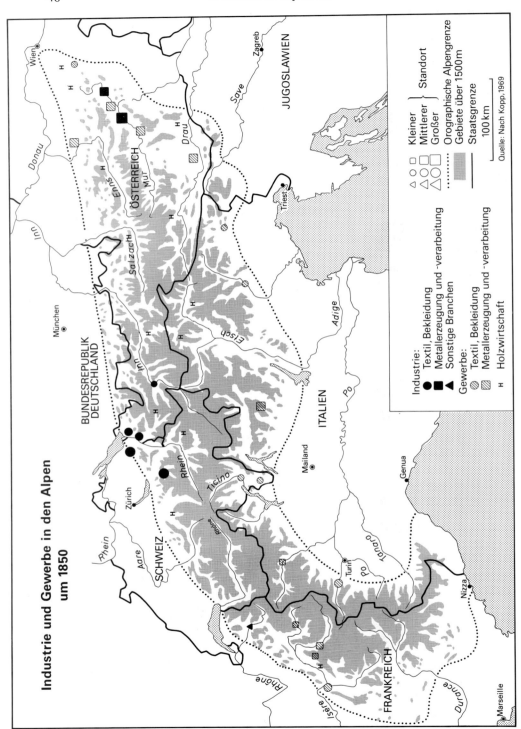

Abb. 6: Industrie und Gewerbe in den Alpen um 1850

Foto 1: Papierfabrik in Lancey (Grésivaudan), eine der ältesten Industriegründungen in den französischen Nordalpen.
Aufn.: GEBHARDT 1985

Foto 2: Erzberg bei Eisenerz (Steiermark), die letzte größere Abbaustelle im Alpenraum
Aufn.: GEBHARDT 1972

Foto 3: Lonza AG in Visp (Wallis), ein Großbetrieb der chemischen Industrie aus der Zeit der hydroelektrischen Erschließung der Alpen
(Aufn.: GEBHARDT 1981)

Foto 4: Umweltbelastender Betrieb der traditionellen Holzindustrie (Fa. Eggers) in Vorarlberg
Aufn.: GEBHARDT 1980

Foto 5/6: Blick über die Bozener Industriezone aus den dreißiger Jahren mit Unternehmen der Eisen-/Stahlherstellung, Aluminium- und Magnesiumerzeugung und des Fahrzeugbaus
Aufn.: GEBHARDT 1982

Foto 7: Chemische Grosslautfabrik in Aussig (Georg v. Wedel) in Donau-Eger (Gondüider) eine.

Foto 8: Szintilla AG (Metallverarbeitung), einer der wenigen Mittelbetriebe im engeren Berggebiet (Mattertal, Wallis)
Aufn.: GEBHARDT 1981

Foto 9: Maschinenfabrik G. Willy, ein jüngerer industrieller Mittelbetrieb in Graubünden
Aufn.: GEBHARDT 1980

Foto 10: Décolletage S. A. in St. Maurice (Wallis), Beispiel eines arbeitskräfteintensiven, wenig störenden Betriebs
Aufn.: GEBHARDT 1981

Foto 11: Industriezone Lana, ein Beispiel eines jungen, industrieparkähnlichen Ansiedlungsgebiets in Südtirol
Aufn.: GEBHARDT 1982

Foto 12: Moderne Betriebsansiedlung im Industriegebiet Lana
Aufn.: GEBHARDT 1982

Französische Nordalpen

Die französischen Nordalpen bilden einen alten, bis heute bedeutenden und relativ konzentrierten Industrieraum, nicht so sehr innerhalb des Raumgefüges Südostfrankreichs mit seinen bedeutenden Agglomerationen und Industriestandorten Lyon und Marseille, wohl aber innerhalb des Alpenbogens. Manche Städte und Regionen (z.B. Raum Ugine, Oisans) sind physiognomisch in einem Maße durch industrielle Großbetriebe geprägt wie kaum andere in den Alpen.

Die Industrie der französischen Nordalpen ist durch drei Branchengruppen unterschiedlichen Alters geprägt: die METALLINDUSTRIE mit rund 60 000 Beschäftigten, zu der vor allem Betriebe des Maschinen- und Apparatebaus, Elektroindustrie und Uhrenindustrie gehören, die ELEKTROCHEMIE und -METALLURGIE mit rund 18 000 Beschäftigten, die ihre Standorte meist in den inneren Gebirgstälern fand (Maurienne, Tarantaise) sowie die PAPIERINDUSTRIE mit rund 10 000 Beschäftigten. Wichtige Industrieräume sind neben Grenoble und den altindustrialisierten inneren Tälern der „sillon alpin" mit dem Grésivaudan und dem Raum Ugine/Albertville.

Den alten, energieständigen Großbetrieben der Elektrometallurgie und -chemie im inneralpinen Raum, die unter den heutigen Standortvoraussetzungen sicher nicht mehr errichtet würden, stehen junge, arbeitskräfte- und technologieintensive Mittelbetriebe der Elektronik, Kunststoffverarbeitung und Feinmechanik am Alpenrand sowie in den großen Agglomerationen gegenüber (DAVID, 1980). Beispiele sind Thonon, Annemasse, Aix-les-Bains, Chambery (Sportbekleidung), Annecy, Voiron (Skiherstellung) sowie vor allem Grenoble. Die Wachstumsrichtung dieser Städte Richtung Vorland (Agglomeration Lyon) ist unverkennbar, nirgendwo dringt die Industrie mehr in benachbarte Alpentäler ein.

Die Einbindung fast aller Produktionsstätten in nationale und internationale Unternehmensgruppen hat die Standortwertigkeit vieler Produktionsstandorte verändert. Die regionalen Investitionsschwerpunkte der Konzerne liegen heute nur noch selten im alpinen Raum, andererseits kann nicht übersehen werden, daß nur die Zugehörigkeit zu multiregionalen Großunternehmen vielen Fabriken bis heute das Überleben gesichert hat.

Italienische Alpen

Die Industriestruktur in den wenigen stärker industrialisierten Tälern der italienischen Alpen — Dora Riparia (Piemont), Dora Baltea (Aostatal), Etschtal (Bozen—Trient), Täler in den Bergamasker und Brescianer Alpen — ist der in den französischen Alpen zum Teil vergleichbar. Neben einer alten, aus gewerblicher Erzeugung hervorgegangenen Textilindustrie (Piemont, Bergamo) finden wir ältere Betriebe der Grundstoffindustrie auf der Basis von Hydroenergie (Aosta, Bozen), denen sich in jüngerer Zeit arbeitskräfteorientierte Betriebe der Leichtindustrie (Metallverarbeitung, Maschinen und Apparate) zugesellen.

3.1. Räumliche Orientierungen

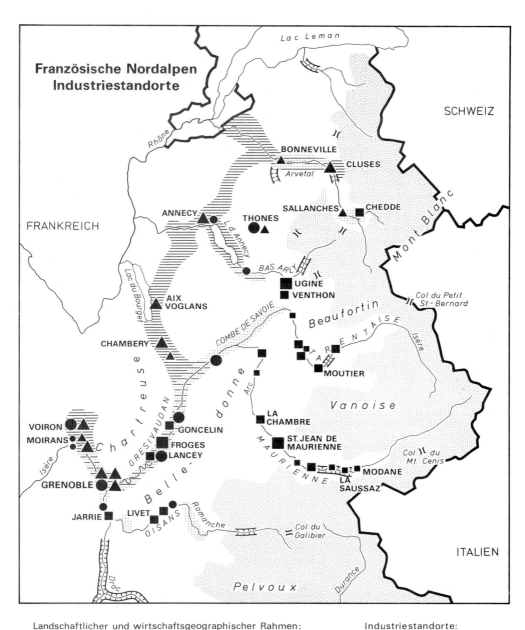

Abb. 7

Die Beziehungen Vorland—Gebirge sehen in Norditalien anders aus als in Südostfrankreich. In der Poebene liegt der wichtigste Wirtschaftsraum des ganzen Landes mit einer Städtereihe, die von Turin im Westen über Mailand, Bergamo, Brescia, Verona bis Udine reicht. Deren Wirtschaftskraft strahlt aber nur wenig nach Norden in die alpinen Täler aus, funktionsräumliche Beziehungen bestehen kaum. Im Alpenraum selbst gibt es keine Grenoble vergleichbare Metropole.

Insgesamt gehören die Südalpen zu den am wenigsten industrialisierten Teilen der Alpen. Im Westen, in den Tälern von PIEMONT, finden wir eine ältere Papier- und Textilindustrie, die die reichlich vorhandenen Wasserkräfte nutzt, sowie eine jüngere Metallverarbeitung (meist Zweigwerke Turiner Unternehmen). Charakteristisch für die jüngere Entwicklung in Regionen wie Cuneo ist die Verlagerung industrieller Betriebe ins Vorland, ausgelöst durch den Fernstraßenbau (autostradas) (siehe VALLEGA, 1972). Allerdings lassen sich auch hier expansive Großunternehmen innovativer Branchen nahezu an den Fingern einer Hand abzählen (MICHELIN in Cuneo oder die Produktionsstätten von OLIVETTI in Ivrea) (GABERT/GUICHONNET, 1965, S. 74 ff.). In den alpinen Tälern hat insgesamt ein „decollo industriale" eingesetzt (VALLEGA, 1972).

In den LOMBARDISCHEN ALPEN hat sich am Toce in Villadossola (südlich von Domodossola) ein kleines Zentrum der Elektrochemie entwickelt, in SONDRIO produzieren Betriebe der Elektrometallurgie. Die Größenordnung dieser Industrialisierung reicht aber nicht an die Entwicklung in den französischen Alpen heran. Die östlichen italienischen Alpen (Region FRIULI—VENEZIA—GIULIA und VENETO) sind, wie es oft im Rückzugsbereich inneralpiner Volksgruppen (Ladiner, Friauler) der Fall ist, weitgehend industrieleer.

Österreichische und Schweizer Alpen

Im Gegensatz zu Frankreich und Italien sind Österreich und die Schweiz Alpenstaaten, d.h. das Hochgebirge nimmt hier jeweils über die Hälfte des Staatsgebiets ein. Dies weist den Bergregionen im nationalen Kontext eine größere wirtschaftliche und emotionale Bedeutung zu. Auch die Industrie im Gebirge gewinnt einen anderen Stellenwert, sie wird zu einem wichtigen Bestandteil der gesamtstaatlichen Wirtschaftsstruktur. Gemeinsam ist den beiden Alpenstaaten ferner die wirtschaftspolitische Sonderstellung in Mitteleuropa, die Tatsache, daß Österreich und die Schweiz von EG-Ländern umgeben sind, selbst aber nicht zur europäischen Wirtschaftsgemeinschaft gehören.

Am Gebirgsrand bzw. im Gebirge selbst konzentrierte sich in der Schweiz vor allem die auf Wasser angewiesene Baumwoll- sowie die Stickereiindustrie. Letztere war ausschließlich im ST. GALLISCH—APPENZELLISCHEN verbreitet, die Baumwollspinnerei in GLARUS (und natürlich im Zürcher Oberland außerhalb des Gebirges). 1895 stand die Baumwollindustrie hinter der Seidenindustrie an zweiter Stelle aller Branchen des Landes. Auch chemische Betriebe kamen z.T. ins Gebirge (Wallis). In der Nachkriegszeit hat vor allem in den bisher schwach industrialisierten Kantonen der Industrialisierungsgrad deutlich zugenommen, darunter in den Bergre-

3.1. Räumliche Orientierungen

Industriedichte in Österreich und in der Schweiz
Industriebeschäftigte je 1000 Einw. in den politischen Bezirken Österreichs 1983

Quelle: Plitzka-Richter, 1984, S.105

Industriebeschäftigte je 1000 Einw. in den Berggebieten der Schweiz 1983

Quelle: Eidgen. Industriestatistik; ORL-Datenbank; zusammengest. von Elsasser (1982, unveröff.)

Abb. 8

gionen WALLIS und GRAUBÜNDEN sowie im TESSIN (siehe zusammenfassend Elsasser, 1977).

In den österreichischen Alpen finden wir alte, überwiegend monoindustrielle Standorte wie die Textilindustrie in VORARLBERG (bereits 1896 mit einem Industriebesatz von 250—300; BRUSATI, 1973), Bergbaubetriebe, Eisen- und Stahlindustrie in der OBERSTEIERMARK sowie verschiedene Branchen im UNTERINNTAL. Die übrigen Gebirgsstandorte haben sich erst in jüngerer Zeit entwickelt. Hierzu gehören die im Alpenraum liegenden Industriebetriebe des Bundeslandes SALZBURG, in dem eine nennenswerte Entwicklung erst nach 1960 einsetzte.

Bis heute werden in Österreich, wie Abb. 8 zeigt, die höchsten Industriedichten in einigen alten Industrieregionen im Alpenraum erreicht, nicht in den außeralpinen Großstädten mit ihrer vielfältigeren Wirtschaftsstruktur[17].

Randalpine Bereiche der Bundesrepublik Deutschland und Jugoslawiens

Die Bundesrepublik Deutschland ebenso wie Jugoslawien haben nur kleine Anteile am Alpenraum (2% bzw. 1% der Fläche, jeweils 1% der Bevölkerung). Entsprechend tritt die Bedeutung der Industrie im nationalen, aber auch im regionalen Kontext deutlich zurück.

Dies gilt vor allem für die BAYERISCHEN GEBIRGSGEBIETE, die zu den weniger industrialisierten Regionen der Alpen gehören. Dominant an der Erwerbsstruktur im Gebirge war und ist die Industrie nur in wenigen monostrukturierten Regionen mit älteren Betrieben. Hierzu gehören der Raum Sonthofen/Immenstadt/Blaichach mit Betrieben der Textil- und Lederindustrie (Immenstadt) sowie Elektrotechnik (Blaichach) oder die Gemeinden um Lindenberg im Allgäu mit Textil/Bekleidung und Nahrungs-/Genußmittelindustrie.

Neben einem dominanten Fremdenverkehr spielen Industriebetriebe eine gewisse Rolle längs der Verkehrsachse Murnau/Garmisch-Partenkirchen, im Raum Pfronten (Metallverarbeitung) und Füssen (neben alten Textilbetrieben einige Neuansiedlungen der Metallindustrie). In Bad Reichenhall und Berchtesgaden finden wir neben der Salzherstellung Betriebe des Baugewerbes. Ein größerer Elektrobetrieb wie die früheren KÖRTING-Werke in Grassau am Chiemsee stellt eine ausgesprochene Singularität dar.

Sehr viel bedeutsamer ist die Industrie im JUGOSLAWISCHEN ALPENTEIL, wo Slowenien mit Gründung des Staates in die Rolle eines wirtschaftlichen Vorrei-

---

[17] Industriedichten von 101 in Graz, 93 in Wien und Salzburg stehen die deutlich höheren Werte in Vorarlberg und im Mur-Mürz-Tal gegenüber (Dornbirn 163, Bludenz 103; Bruck a.d.M. 139, Judenburg und Mürzzuschlag 129, Leoben 125). Die alpinen Industrieregionen weisen jedoch zugleich auch die höchsten Branchenkonzentrationsziffern, also eine monoindustrielle Ausrichtung, auf.

In den Berggebieten der Schweiz finden wir ähnliche Industriedichten außer in der traditionellen Uhrenregion des Jura im Alpenrheingebiet (Thal hat mit 194 den Schweizer Maximalwert), im Glarner Hinterland mit seiner alten Textilindustrie sowie im Oberwallis (Chemische Industrie in Visp).

ters für das ganze Land geriet. Die industrielle Entwicklung in den slowenischen Alpen basiert z.T. auf ähnlichen Grundlagen wie in der Steiermark. Vorläufer war wie in den dortigen Bergbaugebieten ein rohstofforientiertes Gewerbe, insbes. Eisenhütten in Jesenice, Kranj oder Trzic, welche lokale Bohnerzlager ausbeuteten (siehe ZORN/SCHNEIDER, 1974; VRISER, 1984, S. 29 ff.).

Die wichtigsten Branchen im Alpenraum sind heute die metallverarbeitende Industrie mit 21,8% der Beschäftigten (1979), gefolgt von der Elektroindustrie (16,7%), der Textilbranche (13,9%) und der Holzverarbeitung (7,3%) (Angaben nach VRISER, 1984, S. 37). Die traditionellen Betriebe wurden z.T. umstrukturiert. Dennoch wird auch von jugoslawischen Autoren (VRISER, 1984) mangelnde Innovationstätigkeit und die einseitige Orientierung auf den Binnenmarkt mittelfristig als Problem dieser Industrie empfunden.

3.2. PHASEN DER INDUSTRIALISIERUNG

Die heutige Standortverteilung der Industrie ist das Ergebnis einer langen historischen Entwicklung (siehe u.a. DEZERT, 1975; REBOUD, 1975). Die Vielschichtigkeit der Branchen- und Betriebsgrößenstruktur erklärt sich aus der unterschiedlichen Entstehungszeit der Betriebe mit jeweils anderen wirksamen Standortmotiven. Dabei waren in mancherlei Hinsicht die Standortvoraussetzungen für gewerbliche Betriebe in den Alpen in der Vergangenheit günstiger als heute. Dies gilt für Industriegründungen auf der Basis der hydroelektrischen Erschließung um die Jahrhundertwende ebenso wie für die in den Hochkonjunkturphasen der Nachkriegszeit ins Gebirge gekommenen Unternehmen. Nicht wenige Betriebe lassen sich nur aus historischen Standortbedingungen verstehen, sie sind heute „Reliktformen". Für viele Alpentäler typisch ist bis heute das Nebeneinander von alten, stärker rohstoff- und energieorientierten Branchen und jungen, arbeitskräftebezogenen Betrieben innovativer Branchen.

Ein Vergleich der heutigen Standortverteilung mit einer Karte der historischen Gewerbe- und Industriestandorte Mitte des 19. Jahrhunderts (Abb. 6) macht deutlich, welche Branchen und Wirtschaftsräume im Gebirge historische Wurzeln haben. Vereinfacht lassen sich vier Phasen der Industrieentwicklung unterscheiden.

3.2.1. Rohstoff- und arbeitskräfteorientierte Industrialisierung im 19. Jahrhundert

Unbeschadet der fernorientierten Handelsbeziehungen und der relativ guten Verkehrserschließung auch schon in der frühen Neuzeit (vgl. RAFFESTIN, 1975; ZORN, 1977), war die bäuerliche und gewerbliche Produktion in den Alpen wie in allen Peripherräumen auf regionale Autarkie gerichtet und damit auf einen engen Raum begrenzt. Die Alpen sind „reich an armen Lagerstätten" — die mittelalterliche Verhüttung von Erzen mit angeschlossenem Metallgewerbe war durchaus bedeutsam (PAULI, 1980) —, hinzu kam der Reichtum an Holz und Wasserkräften mit zahlreichen Standorten des holzverarbeitenden Gewerbes. Erze, Holz und Wasserkräfte ermöglichten ein weit verbreitetes und vielfältiges Gewerbe für jeweils lokale, eng begrenzte und von anderen Märkten abgeschirmte Absatzgebiete. Einzige Ausnahmen bildeten in der frühen Neuzeit Teile der Westalpen (Savoien, Grenoble), wo calvinistische und hugenottische Initiatoren ein allochthones Textilgewerbe (Handschuhherstellung) und Feinmechanik (Uhren) aufbauten[18] sowie das Textilgewerbe in Form des Verlagswesens in Piemont, der Lombardei und Venetien[19].

All diese Produktionen waren jedoch handwerklich organisiert oder wurden in Heimarbeit betrieben. Nur in seltenen Fällen mündete das vorindustrielle Metall-, Holz- und Textilgewerbe in eine echte industrielle Produktion ein. Industriegebiete im engeren Sinne existierten Mitte des 19. Jahrhunderts nur zwei: die Region um den STEIRISCHEN ERZBERG, in der sich die Industrie allmählich gegen die traditionelle, jahrhundertealte gewerbliche Eisengewinnung und -verarbeitung durchsetzte, und die OSTSCHWEIZER TEXTIL-, speziell die BAUMWOLLINDUSTRIE, mit ihrem Ableger in Vorarlberg (NÄGELE, 1949; DÜRST, 1951).

Die eisenschaffende Industrie der STEIERMARK hat ihre Wurzeln in natürlichen Voraussetzungen, insbesondere in den zahlreichen Erzvorkommen rund um den steirischen Erzberg (Foto 2). Eisengewinnung, -verarbeitung und -handel lassen sich hier bis in die prähistorische Zeit zurückverfolgen (PAULI, 1980). Im Mittelalter lagen Hüttenwerke auf Holzkohlebasis, Eisenhämmer, Schmieden, Drahtziehereien und andere metallverarbeitende Betriebe in großer Zahl rings um den Erzberg. Eine strenge Zunftordnung, eine guteingespielte Organisation und die hervorragende Qualität der Erzeugnisse ließen dieses Gewerbe viele Jahrhunderte hindurch florieren. Noch in der zweiten Hälfte des 18. Jahrhunderts produzierte die Steiermark beinahe soviel Roheisen wie ganz England (SCHEIDL, 1963, S. 366).

Diese bis 1800 florierende Eisengewinnung und -verarbeitung in kleinen, dispers verteilten gewerblichen Betrieben verlor jedoch mit der rentableren Koksverhüttung und dem Aufkommen der Eisenbahn rasch an Bedeutung (siehe Kap. 3.1.1.). An deren Stelle traten industrielle Großbetriebe, die sich im Mur- und Mürztal zwischen Knittelfeld und Mürzzuschlag an Standorten mit Bahnanschluß konzentrierten und die neben Roheisen und -stahl Edelstähle und verschiedene Halbfertigwaren erzeugten.

Die metallerzeugende Industrie der Steiermark hatte schon bald nach der Jahrhundertwende mit ersten Schwierigkeiten zu kämpfen. Mit dem veränderten staatlichen Zuschnitt „Rumpf-Österreichs" nach 1918 und dem Verlust wichtiger Absatzgebiete schlugen die für die Grundstoffindustrie recht ungünstigen Standortvoraussetzungen im Gebirge voll durch (vgl. EDER, 1949; EISENHUT, 1960). Der junge Staat Österreich versuchte mit Schutzzöllen und staatlichen Infrastrukturvorleistungen seine „Schlüsselindustrien" zu schützen (siehe CHLUPAC, 1965, S. 79 ff.); in der reichsdeutschen Zeit (1938—45) wurden die wichtigsten Betriebe, zusammen mit dem neugegründeten Stahlwerk in Linz, zu den „Reichswerken Hermann Göring" zusammengeschlossen und erlebten im Rahmen der Kriegswirtschaft einen Aufschwung.

Nach dem Zweiten Weltkrieg blieb die steirische Industrie bezüglich Beschäftigten, Umsatzwerten und Produktionsziffern deutlich hinter dem österreichischen

---

18 Siehe hierzu die Arbeiten von BACCONNET (1956) und LEVEBVRE (1960).
19 Siehe GRIBAUDI (1937), BLANCHARD (1954) und STRASSOLDO (1975).

Durchschnitt zurück (SCHEIDL, 1963). In den letzten Jahren angestellte Rentabilitätsüberlegungen führten für die Eisen- und Stahlwerke in Donawitz, den größten Betrieb dieses Typs, zu der düsteren Erkenntnis, daß das von staatlicher Seite getragene Defizit inzwischen fast eine Größenordnung erreicht hat, die es erlauben würde, die Produktion einzustellen und dennoch die Beschäftigten weiterzubezahlen. Dies wirft ein bezeichnendes Licht auf die Situation einer ehemals rohstoffständigen, inzwischen extrem standortungünstigen Branche im Alpenraum.

Der zweite Typus alter Industrie im Alpenraum, repräsentiert in der Textilindustrie des Kantons Glarus und des Alpenrheingebiets, ist überwiegend arbeitskräfteorientiert. Der frühe Übergang zur einseitigen Graswirtschaft in beiden Gebieten schon seit dem Mittelalter, verbunden mit der Erbsitte der Realerbteilung, sorgten dafür, daß die alte Selbstversorgerwirtschaft auf landwirtschaftlicher Grundlage schon früh nicht mehr funktionierte (BODMER, 1952; NÄGELE, 1949). In dieser Situation waren die Voraussetzungen zur Aufnahme von Heimarbeit gegeben, die in anderen Teilen der Alpen zu diesem Zeitpunkt (noch) fehlten. Die großen städtischen Handelshäuser in der Zentralschweiz (Zürich) vergaben Arbeit in die Gebirgstäler (ETTER, 1939; BODMER, 1960), vor allem bei der protestantischen Bevölkerung stießen sie auf die Bereitschaft, mit dem Heimgewerbe die Einkünfte aus der Landwirtschaft zu verbessern.

Vor allem mit dem Übergang zur Mechanisierung und damit zur echten Industrialisierung setzte eine geradezu beängstigende Abwärtsentwicklung im „Manchester der Schweiz" ein, ein „Glarnerisches Wirtschaftswunder" (BODMER, 1952), das etwa von 1850—70 anhielt. Sozialgeographische Folge war eine rasch einsetzende Landflucht aus kleinen Bergtälern, eine Bevölkerungskonzentration in den Haupttälern mit Bildung eines Industrieproletariats (ohne Nebenerwerb in der Landwirtschaft)[20] sowie ein rascher Verfall der alten Gewerbe. Bereits im Winter 1864/65 arbeitete in den 44 Textilfabriken fast ein Drittel der Einwohner (rd. 10 000 Personen; Angaben nach BODMER, 1952). In keinem Kanton der Schweiz war damals die Fabrikarbeiterdichte so hoch wie in Glarus. Die Industrie war zwar im Hauptal konzentriert, dort aber durchaus dispers verteilt, „vom Jahre 1830 an (erhielt) fast jedes glarnerische Dorf seine Druckerei oder seine ‚Maschine' (Spinnerei oder Weberei)" (HÖSLI, 1948, S. 15).

Am Beispiel der Baumwollindustrie läßt sich zeigen, wie diese Branche sich in Form einer Innovationswelle von Westen nach Osten ausbreitete.

Ausgehend von Zürich und dem Schweizer Mittelland erreichte die Baumwollindustrie bereits im frühen 19. Jahrhundert Glarus. Zürcher Verleger vergaben zunächst in Heimarbeit Aufträge in das Linthtal, bald entstanden hier auch einheimische Betriebe (siehe BECKER, 1858; DÜRST, 1951), ebenso wie in der Folgezeit im Toggenburg und in Appenzell (RUESCH, 1978/79). Mit dem Übergang zur Fabrikindustrie und der Mechanisierung konzentrierte sich die Produktion allmählich auf Standorte im Linthtal. Dort und in einigen Seitentälern entstanden in rascher Folge Spinnereien, Webereien und Druckereien (BODMER, 1952; LANDOLT, 1961).

20 Siehe hierzu DÜRST (1951, S. 101): „Durch den Übergang zur Fabrikindustrie verstärkte sich dieses Abhängigkeitsverhältnis (zu den Arbeitgebern, Anm.). Nicht nur verloren dadurch die Arbeiter jeden Anteil an den Produktionsmitteln, sondern sie mußten zudem auf den landwirtschaftlichen Nebenerwerb verzichten ... Mit dem Wachsen der Betriebe wurden die Verhältnisse unpersönlicher und die Kluft zwischen Arbeitgeber und Arbeitnehmer größer."

Die nächste Phase der Innovation erreichte das Alpenrheingebiet. Direkt aus dem Schweizer Mittelland oder über Glarus wanderte die Baumwollverarbeitung in die Ostschweiz und konzentrierte sich dabei vor allem in St. Gallen. St. Gallener Verleger vergaben Lohnarbeit bis hinein nach Vorarlberg, es etablierten sich viele kleine und mittlere Textilbetriebe unter Leitung heimischer Unternehmerfamilien. Einen besonderen Aufstieg erfuhr die Stickerei, die bis heute in Vorarlberg verbreitet ist (BRÜSTLE, 1965; FITZ, 1976). Nach der Jahrhundertwende kamen zu den baumwollverarbeitenden Betrieben zahlreiche Unternehmen der Wirkerei und der Woll- und Seidenverarbeitung hinzu, wobei technische Innovationen (Mechanisierung) die industrielle Fertigung auf diesem Sektor ermöglichten.

Ein letzter Ausläufer der Innovationswelle erreichte nach 1800 Tirol; hier wurden Textilbetriebe vorwiegend von Vorarlberg aus gegründet.

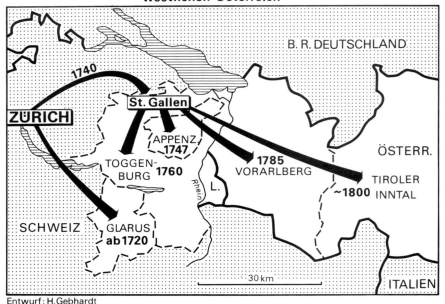

Abb. 9

Ähnlich wie die rohstofforientierten Branchen in Ostösterreich geriet auch die arbeitskräfteintensive Textilindustrie nach dem Ersten Weltkrieg in die Krise. Hauptursachen waren neben der Weltwirtschaftskrise die Abkehr vom herrschenden Modegeschmack, die die Stickerei in den Zusammenbruch führte (BEBIE, 1939). Besonders betroffen waren die zentrumsfernen Wachstumsspitzen der Branche in der Ostschweiz und in Vorarlberg, Folgen waren Arbeitslosigkeit und Abwanderung. Vor allem das St. Gallener Rheintal fiel damals in seiner wirtschaftlichen Entwicklung stark zurück, während in Vorarlberg mit seinen zahlreichen Nebenerwerbslandwirten die Krise weniger stark durchschlug (siehe MEUSBURGER, 1975).

Alle alten Industrieregionen im Alpenraum haben heute mit erheblichen wirtschaftlichen Schwierigkeiten zu kämpfen, die in der veränderten Standortsituation seit der Gründung zu suchen sind. Mit der Fernverkehrserschließung (Eisenbahn- und Straßenbau) und der Einbindung der Industrie in fernorientierte Wirtschaftskreisläufe (siehe Kap. 6.2.) verloren viele frühindustrielle bodenständige Gewerbezweige an Bedeutung. Die Textilregionen hingegen, auf das Arbeitskräftepotential ihrer Bevölkerung und den Wirtschaftsgeist ihrer Initiatoren gegründet, gerieten mit dem veränderten Modegeschmack in die Krise und unterliegen seit längerem den bekannten ungünstigen Marktbedingungen (Konkurrenz aus Billiglohnländern).

3.2.2. Energie- und verkehrsorientierte Industrialisierung nach der Jahrhundertwende

Die jüngere Industrieentwicklung im Alpenraum seit der Jahrhundertwende resultiert aus veränderten Standortvoraussetzungen. Technologische und verkehrsmäßige Innovationen veränderten Lagebeziehungen und Standortwertigkeit einzelner Alpentäler und trugen wesentlich zur Umgestaltung des bisherigen Wirtschaftsgefüges bei. An Stelle der Standortbindung der Industrie an Rohstoffe und lokale Märkte, wie sie auch für die Mittelgebirgsgewerbe in Deutschland typisch war (vgl. SCHAFFER/POSCHWATTA, 1982), trat eine stärkere Orientierung an der Verkehrserschließung und Energieversorgung.

Als wichtige Neuerung ist auch für den Alpenraum der EISENBAHNBAU zu nennen. Vor allem in den bereits stärker gewerblich geprägten Teilräumen bestand Interesse an einem raschen Eisenbahnanschluß, um Standortnachteile gegenüber außeralpinen Konkurrenten besser ausgleichen zu können[21]. Heute erschließen vier wichtige Transitrouten und einige weitere Transversalen das Gebirge (siehe Abb. 10). Zu nennen sind:
— die Strecke durch den Mont Cenis, erbaut von 1856—71, die großräumig gesehen die Agglomeration Turin mit Lyon verknüpft,
— die Strecke durch den Simplon, 1905 fertiggestellt, die von Genua bzw. Mailand nach Basel führt,
— die Strecke durch den St. Gotthard von Mailand nach Basel (seit 1882). Seit der Nachkriegszeit entwickelte sich die Gotthardstrecke zur wichtigsten Transitroute im Alpenraum, mit 33% des gesamten Verkehrsaufkommens während der sechziger Jahre und, trotz Konkurrenz durch den Mont Cenis, noch 26% im Jahre 1979,
— die Strecke über den Brenner von Verona nach München, fertiggestellt 1867.

Mit dem Ausbau des Eisenbahnnetzes verlagerte sich der Schwerpunkt wirtschaftlicher Entwicklung und bevölkerungsgeographischer Dynamik in die großen

---

21 „So unterstützten steiermärkische Industrielle den Bau der Semmeringbahn, die 1854 als erste Gebirgsbahn Europas fertiggestellt wurde. Dornbirner Unternehmer finanzierten den Ausbau der Arlbergstraße, um sich den innerösterreichischen Markt zu erschließen. Der Initiative glarnerischer Fabrikanten ist es zuzuschreiben, daß der größte Teil des Kantons bereits 1859 an das schweizerische Eisenbahnnetz angeschlossen war". (KOPP, 1968/69, S. 475).

58   3. Industrie im Alpenraum

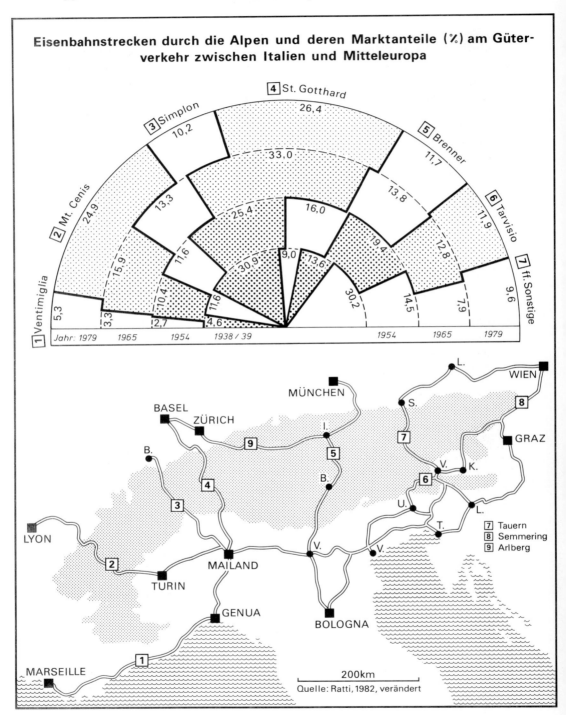

Abb. 10

Täler, während die Seitentäler mehr und mehr ins Abseits gerieten. Manche inneralpinen, paßbeherrschenden Städte wie Chur, Innsbruck oder Bozen wurden ihrer hauptsächlichen Funktion als Handelsplätze mit gewerblichen Ansätzen beraubt, während sich vor allem in den Westalpen (Französische Nordalpen, Aostatal, Wallis) die Transportkosten für industrielle Massengüter deutlich verringerten und, in Verbindung mit der Erschließung der Hydroenergie, günstige Voraussetzungen für die Entwicklung energie- und verkehrsständiger Standorte entstanden.

Die Erschließung der HYDROENERGIE kann als wichtigste wirtschaftsgeographische Innovation seit der Jahrhundertwende im Alpenraum angesehen werden. Jahrhundertelang waren die Alpen in energiewirtschaftlicher Hinsicht kaum genutzt, REBOUD (1975, S. 227) spricht von einer „période de sous-consommation énergetique justqu'aux environs de 1880". Lokal bedeutsame Kraftwerke entstanden etwa ab 1870. Nach dem Ersten Weltkrieg setzte der Aufbau von Anlagen der Fernversorgung ein, nach dem Zweiten Weltkrieg die Umgestaltung vieler Hochregionen mit Speicherseen, Pumpstationen und Kraftwerkzentralen. Heute ist der wirtschaftlich sinnvolle Ausbau der Hydroenergie in vielen Alpenländern abgeschlossen.

Die ersten Kraftwerke wurden, unter dem Einfluß von Unternehmern und Ingenieuren aus Grenoble, in den FRANZÖSISCHEN ALPEN installiert. Mit VEYRET (1970) und CHABERT (1978) lassen sich dabei drei Phasen unterscheiden:
— 1890—1920: Entwicklung kleiner Kraftwerke an den Talausgängen der als Hängetäler ausgebildeten Seitentäler. Die elektrische Energie wurde unmittelbar vor Ort genutzt, durch rasch sich entwickelnde Betriebe der Eisenmetallurgie.
— 1920—1945: Mit Verbesserung der Übertragungsmöglichkeiten durch Hochvoltleitungen entstanden größere Kraftwerkseinheiten, auch an Stellen mit geringerer Reliefenergie.
— seit 1945: Entstehung und Ausbau der nationalen und transnationalen Verbundsysteme.

Auch in der SCHWEIZ begann die Nutzung der Wasserkräfte schon früh, etwa seit 1880. Prädestinierter Standort der frühen Elektrizitätserzeugung war das Wallis. Auch hier war die hydroelektrische Erschließung eng mit einer frühen Industrialisierung verknüpft (Elektrochemie, Aluminiumindustrie). Bereits 1918 waren 32 Wasserkraftanlagen in Betrieb, deren Leistung etwa einem Fünftel der gesamten Schweizer Erzeugung entsprach (KAUFMANN, 1965). In der Schweiz stammen heute über drei Viertel der elektrischen Energie aus Wasserkraftwerken, potentielle Ressourcen sind nahezu vollständig ausgeschöpft.

Mit einer deutlichen zeitlichen Verzögerung setzte die Wasserkraftnutzung im Gebiet des heutigen ÖSTERREICH ein. Noch 1920 lieferten Dampfkraftwerke 50% der Energie (LICHTENBERGER, 1953). Erste Wasserkraftwerke wurden seit 1920 mit Schweizer Kapital in Vorarlberg errichtet (Illwerke), sie versorgten primär die dortige Textilindustrie. 1927 ging in Tirol das Achenseekraftwerk in Betrieb, das für mehr als 20 Jahre das größte Speicherkraftwerk Österreichs blieb. In den östlichen Landesteilen entstanden größere Wasserkraftwerke erst nach dem Zweiten Weltkrieg.

In ITALIEN entstanden Wasserkraftwerke vor allem in der faschistischen Zeit nach dem Ersten Weltkrieg (siehe TICHY, 1985, S. 180 f.); in Regionen wie dem Aostatal oder in Südtirol waren sie die Voraussetzungen einer staatlich geförderten Industrialisierung (Kap. 3.1.3.). JUGOSLAWIEN, dessen Potential noch nicht einmal zur Hälfte ausgeschöpft ist, und die BUNDESREPUBLIK DEUTSCHLAND können hier außer Betracht bleiben.

Insgesamt werden in Österreich rd. 25 Mrd. Kilowattstunden (kWh) aus Wasserkraftwerken erzeugt, gegenüber rd. 35 Mrd. kWh in der Schweiz. Frankreich produziert 75 Mrd. kWh, davon entfallen auf den engeren Alpenraum rd. 34 Mrd. kWh. Italien schließlich erreicht 54 Mrd. kWh (10 Mrd. kWh in den Alpen).

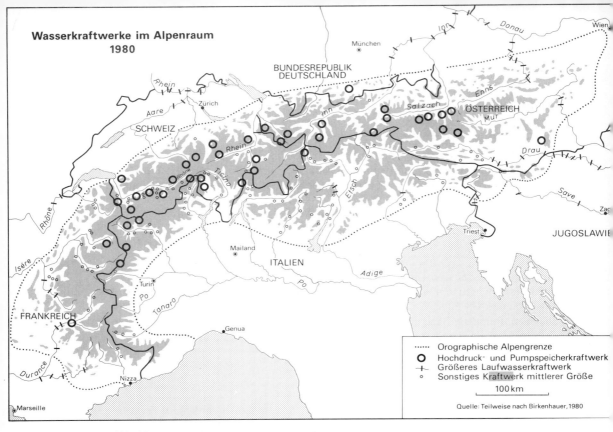

Abb. 11

Da in der Frühzeit der hydroelektrischen Erschließung der elektrische Strom nicht über weite Entfernungen transportiert werden konnte, fanden energieintensive Branchen wie die Elektrochemie (z.B. Karbiderzeugung) oder die Elektrometallurgie (z.B. Aluminiumerzeugung) in den Alpen selbst günstige Standortvoraussetzungen.

Diese Entwicklung setzte in der zweiten Hälfte des 19. Jahrhunderts in den FRANZÖSISCHEN NORDALPEN, im Grésivaudan, ein, wo 1869 bei Lancey die erste Hochdruckturbine der französischen Alpen installiert wurde (siehe Foto 1), sie setzte sich fort in den „inneren Tälern" (Oisans, Maurienne, Tarentaise), in denen die „houille blanche" eine sehr rasche und einseitige Industrialisierung gegen alle übrige Standortungunst bewirkte. In der wichtigsten Schweizer Region der Hydroenergie, dem WALLIS, begann die vor allem von außeralpinen Wirtschaftskreisen getragene Inwertsetzung der Wasserkräfte und Industrialisierung um die Jahrhundertwende (LONZA AG seit 1897, CIBA-GEIGY seit 1904, ALUSUISSE seit 1905). In NORDITALIEN setzte die Entwicklung nach dem Ersten Weltkrieg ein (COGNE im Aostatal, Magnesium- und Stahlwerk in Bozen).

Vor allem im unteren OISANS finden wir ein extremes Beispiel einer einseitig auf die Hydroenergie ausgerichteten Industrialisierung. Das untere Romanchetal wurde zum „Experimentierfeld" für die neue Technik; bereits 1912 war der Ausbau der Wasserkräfte praktisch abgeschlossen. Da der Strom zunächst kaum transportiert werden konnte, wurden vor Ort Betriebe der Elektrochemie und Elektrometallurgie (Karbid, Aluminium, Eisenlegierungen) gegründet. Allein im Industrieort Livet-et-Garet entstanden drei industrielle Komplexe.

Auch in SAVOIEN siedelten sich fast ausschließlich Großbetriebe der Elektrometallurgie und -chemie an. Einen Aktivraum der frühen Industrialisierung in den französischen Alpen bildet ferner das GRESIVAUDAN (Bacconnet, 1956; Breche/ Chavoutier, o.J.). Hier wurde zuerst Kapital investiert, von hier aus nahmen technische Innovationen (z.B. Bau von Hochdruck-Turbinen) ihren Weg in die übrigen Täler der französischen Alpen.

Die bedeutende industrielle Entwicklung im BAS ARLY ist schließlich, anders als im Grésivaudan mit seiner Nähe zu Grenoble, nicht räumlich-funktionalen Beziehungen zu einem benachbarten Agglomerationsraum zuzuschreiben, sondern letztlich der Initiative einzelner Persönlichkeiten.

Der sicher bedeutendste dieser Initiatoren, Paul Girod, begann 1904 den Aufbau einer Elektrostahlfabrik in Ugine. Im Gefällsbereich des Arly war die Erzeugung von Hydroenergie gut möglich, die Verkehrslage an der Cluse d'Annecy war seit dem Bau der Eisenbahn 1901 ebenfalls relativ günstig. Der frühe Bau von Talsperren ermöglichte zudem eine gleichmäßige Produktion über das ganze Jahr. In den vierziger Jahren war der Betrieb mit rund 3600 Beschäftigten der größte in den Westalpen, der Konzern UGINE-ACIERS entwickelte sich zum bedeutendsten alpinen Industrieunternehmen mit Zweigwerken verschiedener Branchen in den gesamten französischen Nordalpen.

Auch die erste Phase industrieller Entwicklung im WALLIS wurde durch die hydroelektrische Erschließung bestimmt (siehe Torrente, 1920; Gertschen, 1950). Zum wichtigsten Energieverbraucher vor Ort wurde die elektrochemische und -metallurgische Industrie, die sich vornehmlich an den Ausgängen der Seitentäler ansiedelte und in kurzer Zeit bäuerliche Flecken und Dörfer wie Visp, Gampel, Chippis oder Monthey in Industriezentren verwandelte. Von den 3827 Industriearbeitern im Jahre 1923 arbeiteten über 3/4 in den Großbetrieben der chemischen Industrie und in der Metallerzeugung.

Voraussetzung der industriellen Entwicklung war in allen genannten Fällen neben dem reichlich und billig zur Verfügung stehenden elektrischen Strom der frühe Bau von Eisenbahnlinien. So war im Wallis bereits 1859 mit dem Bau der Strecke bis Brig begonnen worden, die allerdings erst nach 1900 ihre Fortführung durch den Simplon nach Norditalien und den Lötschberg ins Berner Oberland erfuhr. Die Maurienne war 1871 bis Modane erschlossen, im Aostatal fuhr 1886 die erste Bahn. Überall galt, was Kaufmann (1965, S. 29) für das Wallis schrieb:

„Das Erscheinen der Eisenbahn löste einen eigentlichen Boom von Fabrikgründungen aus. Erst der Schienenweg erschloß dem Wallis ein Bezugs- und Absatzgebiet, welches industrielle Produktionsmethoden rechtfertigte."

Bereits bald nach der Jahrhundertwende fiel mit der Verbesserung der Übertragbarkeit von elektrischer Energie und der Schaffung transnationaler Verbundnetze der Standortvorteil nahe beim Energieproduzenten weg, ja verkehrte sich aufgrund der hohen Transportkosten im Gebirge in sein Gegenteil. Heute haben viele dieser ursprünglich energieständigen Unternehmen mit Standortnachteilen zu kämpfen. Die Tatsache, daß es sich in der Regel um Tochterbetriebe großer, z.T. multinationaler Konzerne handelt und daß die Investitionen für die Werksanlagen längst abgeschrieben sind, hat ihre Existenz bis heute gesichert. Allerdings blieb die günstige Verkehrsanbindung wirkungsmächtig, Folgeindustrien wie Maschinen- und Apparatebau (Turbinen, Elektrogeräte) entstanden vor allem in den Westalpen.

3.2.3. Beispiele politisch motivierter Industrieansiedlung in der Zwischenkriegszeit

In der Zwischenkriegszeit blieben wirtschaftliche oder technische Innovationen, die der Industrieentwicklung neue Impulse hätte verleihen können, weitgehend aus. Das Standortmuster der Vorkriegszeit hatte bis Ende der vierziger Jahre unverändert Bestand, was an neuen oder umstrukturierten Industrien hinzukam, läßt sich weniger mit ökonomischen Standortbedingungen als mit Veränderungen der politischen Raumstruktur und staatlicher Einflußnahme erklären.

Mit der politischen Neugliederung Mitteleuropas nach dem Ersten Weltkrieg und den neuen Grenzziehungen änderten sich Lage und relative Bedeutung mancher Industrieregionen. Österreich-Ungarn wurde zerschlagen; aus den Resten der Donaumonarchie entstand der fast reine Alpenstaat Österreich, anderen Alpenanteile fielen an das noch junge, erst 1861 als Staat gegründete Italien, die Slowenischen Gebiete an den neuen Staat Jugoslawien.

In ÖSTERREICH erhielt die alpenländische Industrie im Rahmen des neuen Kleinstaates einen veränderten Stellenwert[22]. Während manche Branchen, gerade auch wegen der stark protektionistischen Wirtschaftspolitik der Nachbarländer, von wichtigen Betriebsstoffen und Absatzgebieten abgeschnitten wurden, konnte sich der Maschinen- und Apparatebau, von der bisherigen Konkurrenz innerhalb Österreich-Ungarns befreit, besser entwickeln. Auch die nicht unwichtige Industrie in SLOWENIEN sah sich einer veränderten Situation im Gefüge des jugoslawischen Staates gegenüber.

„Slowenien stand im Jahrzehnt vor dem Umsturz auf der niedrigsten Stufe der österreichischen Industrialisierungsleiter. Der Umsturz 1918 hat diese Verhältnisse grundsätzlich verändert: Slowenien ist, sozusagen über Nacht, zum höchstindustrialisierten Gebiet des neu entstandenen Jugoslawien geworden. Neue Absatzgebiete öffneten sich, die noch fast völlig unausgeschöpft waren (VRISER, 1983, S. 33).

Die politischen Grenzziehungen nach dem Ersten Weltkrieg durchtrennten häufig gewachsene kulturelle und wirtschaftliche Verflechtungen und wiesen einheitliche Bevölkerungs- und Sprachgruppen verschiedenen Staaten zu (siehe Kap. 4.3.4.). Beispiele lassen sich längs der französisch-italienischen Grenze (französischsprachige Bevölkerung in Piemont; vgl. MINGHI, 1981), längs der österreichisch-italienischen Grenze, zwischen Jugoslawien und Italien (VALUSSI, 1981) sowie zwischen Jugoslawien und Österreich (KLEMENCIC, 1981) finden. Wenn sich inzwischen auch die politisch-geographischen Probleme im Zuge offener Grenzen in Mitteleuropa häufig auf nur noch zollpolitische Kuriositäten reduziert haben (zollfreie Gebiete wie Samnaun oder Livigno), so machen doch Beispiele wie das Aostatal in der Zwischenkriegszeit oder vor allem Südtirol deutlich, welches Konfliktpotential im Auseinanderklaffen von kultur- und staatsräumlicher Entwicklung stecken kann.

---

22 Vgl. SCHEIDL (1963, S. 367): „Die Industrie, die ungefähr ein Drittel der altösterreichischen Kapazität umfaßte, war für den verbliebenen heimischen Markt teils unterentwickelt, teils überdimensioniert."

3.2. Phasen der Industrialisierung

Die Autonomen Provinzen Italiens im Alpenraum, das Aostatal (Région Autonome de la Vallée d'Aoste) und Südtirol (Autonome Provinz Bozen-Südtirol) weisen denn auch eine Industrieentwicklung auf, die nur vor dem Hintergrund politisch-geographischer Interessen und staatlicher Einflußnahme zu erklären ist. Die Industrialisierung hatte in beiden Fällen das primär bevölkerungspolitische Ziel, die „Italienisierung" der beiden französisch- bzw. deutschsprachigen Berggebiete und damit deren engere Einbindung in das italienische Staatsgebiet voranzutreiben.

„(L'industrialisation; der Verf.) sera la meilleure grammaire de la langue italienne pour notre vallée", wie es im Aostatal hieß (nach JANIN, 1968, S. 194), oder im Falle Südtirols: „Nach den Absichten der faschistischen Machthaber sollten damit für Tausende von Italienern aus den alten Provinzen die Arbeitsplätze geschaffen werden und Bozen allmählich zu einer Stadt von 100 000 vorwiegend italienischen Einwohnern anwachsen. So glaubte man auch in der Italienisierungspolitik einen entscheidenden Schritt voranzukommen" (GRUBER, 1974, S. 205).

Die Industrieentwicklung verlief denn auch in beiden Regionen durchaus vergleichbar, wenngleich die Schärfe der Auseinandersetzungen zwischen Bevölkerung und faschistischen Machthabern bzw. auch dem demokratischen Staat nach dem Zweiten Weltkrieg in Südtirol eine ganz andere Dimension annahm.

Das AOSTATAL war ursprünglich ein französisch-sprachiges Gebiet (mit einer kleinen deutschen Sprachinsel im Gressoney); 1861, als das Tal an den neugebildeten Staat Italien fiel, gab es nur 4,7 % italienischsprechende Einwohner. Wirtschaftliche Bedeutung hatte die Handelsfunktion am Schnittpunkt der beiden Pässe nach Savoyen und ins Wallis (Großer und Kleiner St. Bernhard).

Nach dem Anschluß an Italien rutschte das Tal mehr und mehr ins wirtschaftliche Abseits. Trotz der sehr guten naturräumlichen Voraussetzungen für die hydroelektrische Erschließung setzte die Inwertsetzung der Wasserkräfte erst verhältnismäßig spät ein. 1914 waren erst 30 000 kW installiert (gegenüber fast 1 000 000 in den französischen Alpen). Doch in der faschistischen Zeit schuf dann der verstärkt einsetzende Aubau eine wichtige Voraussetzung für die Industrialisierung des Tales.

Als wichtigster Arbeitgeber und Instrument des Bevölkerungszuzugs aus Italien erwies sich ein staatlicher Großbetrieb, die „Societa Anonima Nazionale Cogne". Seit 1927 hatte der italienische Staat gezielt die ausländischen Beteiligungen an dem Unternehmen abgelöst und, wie auch im Falle anderer Betriebe in der faschistischen Zeit (vgl. MIKUS, 1981), eine nationalisierte Gesellschaft aufgebaut. Hauptproduktionsrichtungen waren der Abbau der Magnetite der Cogne (Eisenerze mit rund 50 % Eisengehalt) und deren Weiterverarbeitung in Elektrostahlbetrieben (mit eigenen Kraftwerken und Hydrozentralen). 1941 beschäftigte die Cogne im Aostatal fast 8000 Arbeitnehmer in verschiedenen Produktionsrichtungen, 15 % des Elektrostahls Italiens stammten aus dem Werk (Angaben nach JANIN, 1968, S. 208 ff.).

Wie in Südtirol handelte es sich im Aostatal um eine Industrialisierung von außen. Der Firmensitz der Cogne liegt in Turin, andere größere Betriebe firmieren in Mailand, in der übrigen Lombardei oder in Piemont (JANIN, 1968, S. 225).

Als Folge der Industrialisierung wurde die schon im 19. Jahrhundert einsetzende Abwanderung autochthoner Bevölkerung überlagert durch Zuwanderer aus den italienischen Provinzen. Damit verschoben sich, wie in Südtirol, die Sprachgruppen und die demographische Struktur. Gab es 1921 erst 9,6% italienischsprachige Bevölkerung, so waren Mitte der sechziger Jahre 27,8% der Bevölkerung (49% in der Stadt Aosta) außerhalb des Tales in einer der anderen 18 Provinzen Italiens geboren (darunter 70% in Norditalien).

Für SÜDTIROL sehen die bevölkerungsgeographischen Auswirkungen der staatlich forcierten Industrialisierung ganz ähnlich aus. Im Zuge des Ausbaus der Industriezone in Bozen stieg der italienische Bevölkerungsanteil, der noch 1921 im Land 8,3%, in Bozen aufgrund der Versetzung italienischer Beamter 27,2% betragen hatte, drastisch an. Bereits 1939 waren in Bozen 62% erreicht und bis 1946 war der italienische Bevölkerungsanteil in der Stadt, bedingt durch die starken Zuzüge im Gefolge der Kriegswirtschaft, auf knapp 80% gestiegen (Angaben nach CHRISTL, 1963).

Diese Zahlen lassen allerdings auch eine sehr viel stärkere Polarisierung der Bevölkerungsgruppen in Südtirol erkennen. Zwar konzentrieren sich auch im Aostatal die Zuwanderer in den industriellen Großbetrieben und in der Stadt Aosta, aber die einheimische Bevölkerung stand der Industrialisierung nicht so strikt ablehnend gegenüber und ging ebenfalls in die Betriebe. Auch die Nachkriegsentwicklung ist in höherem Maße durch eine wechselseitige räumliche Überschichtung und Durchdringung der Gruppen geprägt, wie JANIN (1968, S. 533) am Beispiel der Verteilung der Zuwanderer auf die verschiedenen Höhenstockwerke deutlich macht (Zuwanderer nicht nur im Tal, sondern auch in der „Haute Montagne"). Demgegenüber entstand in Südtirol ein sehr deutlicher Stadt-Land-Gegensatz, der nicht zuletzt aus dem beruflichen Gegensatz Bauer—Industriearbeiter herrührte. Die zwischen 1921 und 1943 ins Land gekommenen 74 000 Italiener (Zahlen nach LEIDLMAIR, 1958, S. 248) gingen fast alle in die großen Städte (Bozen, Meran), während die deutschsprachige Bevölkerung noch in sehr viel stärkerem Maße als in Nordtirol in agrarischen Tätigkeiten verblieb (Mitte der dreißiger Jahre noch immer rund 60% gegenüber 35% in Nordtirol)[23].

Die faschistische Wirtschaftspolitik schuf, konzentriert auf Bozen, innerhalb weniger Jahre ein industrielles Zentrum, das sich staatlich gestützt zunächst gegen jede Standortvernunft entwickelte (siehe ZANETTI, 1959; CHRISTL, 1963). In die Bozener Industriezone, die ab 1935 aufgebaut wurde, kamen ähnliche Betriebe wie ins Aostatal, d.h. vorwiegend Zweigwerke norditalienischer Konzerne der Grundstoffindustrie. Die wichtigsten waren:

— das Stahlwerk ACCIAIERIE DI BOLZANO S.p.A., eine Filialgründung einer Mailänder Firmengruppe, und der wichtigste Konkurrent der Cogne im Aostatal.
— das Zweigwerk der LANCIA & Co S.p.A. (IVECO) mit Stammsitz in Turin
— die INDUSTRIA NAZIONALE ALLUMINIO, ein Zweigwerk des Montecatini-Konzerns mit Sitz in Mailand
— die SOCIETA ITALIANA PER IL MAGNESIO E LEGHE DI MAGNESIO S.p.A. mit Firmensitz in Rom, sowie einige kleinere Unternehmen.

23 Vgl. PIXNER (1983, S. 15): „Die Landwirtschaft blieb der deutschen und ladinischen Bevölkerung vorbehalten, die gewerbliche Wirtschaft, vor allem die Industrie, wurde immer mehr zu einer Domäne der italienischen Volksgruppe . . . Sie hatte zur Folge, daß die deutsche Bevölkerung lange Zeit jegliche Industrialisierung spontan ablehnte, weil sie darin ein Symbol der Italienisierung sah."

Um die Standortnachteile im Gebirge, weitab von den norditalienischen Wirtschaftszentren, auszugleichen, bewilligte die Regierung für alle Betriebe, die innerhalb von 10 Jahren errichtet würden, Subventionen in beträchtlicher Höhe, daneben diverse Frachttariferleichterungen und Befreiung von Abgaben[24].

In den rund 20 vor 1943 entstandenen Betrieben waren etwa 6000 Arbeitnehmer beschäftigt (Angaben nach PIXNER, 1983, S. 14). Wie im Aostatal stammten sie kaum aus Süditalien, sondern überwiegend aus den übrigen Alpenprovinzen Italiens (Veneto, Trentino).

Nach dem Krieg gerieten sowohl die Betriebe in Südtirol wie im Aostatal in Schwierigkeiten und konnten sich zeitweise nur mit offenen oder verdeckten Subventionen (Militäraufträge...) über Wasser halten. Durch die Eröffnung des Straßentunnels durch den Mont Blanc und den Großen St. Bernhard im Aostatal, durch den Bau der Brenner-Autobahn und die Einbindung Südtirols in den europäischen Wirtschaftsraum der EG hat sich die Standortsituation der Industrie in beiden Tälern heute deutlich verbessert.

3.2.4. Zweigwerkindustrialisierung in den Hochkonjunkturphasen der Nachkriegszeit

Die bis zum Zweiten Weltkrieg für die Alpen charakteristische räumliche Konzentration rohstoff- und energieständiger oder arbeitsintensiver Branchen auf wenige Standorte in verkehrsgünstigen Längs- und Quertälern wurde in den fünfziger und sechziger Jahren durch Ansiedlungen ergänzt, die in bisher kaum von der Industrialisierung erfaßte Gebirgsräume gingen und die räumlichen Lücken einer bisher nur punktuellen Industrialisierung zu füllen begannen. Jetzt erst wurden auch abgelegene Talschaften und Berggebiete im engeren Sinn erfaßt (siehe die Beispiele Wallis, Südtirol und Vorarlberg in Kap. 4).

Die quantitativen Effekte dieser gewerblichen Entwicklung im Gebirge werden gerne unterschätzt. Immerhin entstanden z.B. im Schweizer Kanton Wallis in neu gegründeten Betrieben mehr Arbeitsplätze, als in den traditionellen Betrieben der Elektrochemie und -metallurgie angeboten werden (MEIER/ELSASSER, 1979), ebenso arbeiten in Südtirol in den nach dem Zweiten Weltkrieg ins Land gekommenen Unternehmen mit rund 8500 Beschäftigten mehr Menschen als in der Großindustrie der Bozener Industriezone (knapp 6000 Arbeitnehmer) (nach PIXNER, 1983).

Viele dieser neuen Betriebe sind allerdings unselbständige Zweigbetriebe, die eine einfache bis rudimentäre Betriebsstruktur aufweisen. Häufig fehlen Abteilungen

---

24 An Vergünstigungen wurden u.a. wirksam:
— Baustoffe, Maschinen etc., die nicht in Italien hergestellt wurden, konnten zollfrei aus dem Ausland bezogen werden,
— neu errichtete Betriebe wurden für 10 Jahre von der Einkommensteuer befreit,
— zur Förderung von Neuanlagen und Umbauten wurden staatliche Subventionen bewilligt,
— für alle Bahntransporte aus bzw. nach dem Süden wurden Frachttariferleichterungen gewährt, die die Transportkosten auf dasselbe Niveau reduzierten, als läge der Betrieb im Bereich der Poebene.

für selbständigen Einkauf oder Vertrieb, für Verwaltung und Entwicklung. Im Extremfall handelt es sich um „verlängerte Werkbänke" für eine technisch anspruchslose Produktion durch ungelernte Kräfte. Fabrikationsstätten vor allem der Textil- und Bekleidungsindustrie wurden oft nur provisorisch in Nebenzimmern von Gaststätten, leerstehenden Schulen oder ähnlichen Räumen untergebracht. Der Anteil unselbständiger Betriebsstätten erhöhte sich in vielen Teilen der Alpen kontinuierlich aufgrund von Standortspaltungen und Übernahme bestehender Produktionsstätten durch außeralpine Konzerne (siehe Kap. 6.1.; vgl. MIKUS, 1979).

Vereinfacht lassen sich zwei Formen der Zweigwerkindustrialisierung im Alpenraum unterscheiden:
— NAHORIENTIERTE Filialgründungen durch gebietsansässige Betriebe in bereits industrialisierten Gebirgsregionen (Beispiel Vorarlberg)
— FERNORIENTIERTE Gründungen bzw. Betriebsübernahmen durch gebietsfremde, außeralpine Unternehmen oder Konzerne (Beispiel Südtirol).

VORARLBERG bildet ein Beispiel des ersten Typus. Aufgrund des Arbeitskräftemangels während der Hochkonjunktur gingen die überwiegend im Rheintal ansässigen Mittel- und Großbetriebe der Textilindustrie in den peripheren Teilen des Bundeslandes „auf Standortsuche für ihre Zweig- und Filialbetriebe" (Titel der Arbeit von SCHNEIDER, 1968). Neben den Betriebsgründungen in Ostösterreich (siehe Kap. 6.2.2.) entstanden bis Ende der sechziger Jahre in Vorarlberg selbst rund 50 Zweigbetriebe (allerdings nur teilweise industrieller Größenordnung). Sie konzentrieren sich, wie Abb. 12 zeigt, im Bregenzer Wald, im Walgau, Montafon und sonstigen abseits des Rheintals gelegenen Regionen.

Viele dieser kleinen, oft nur in gemieteten Räumen untergebrachten Betriebe sind inzwischen, im Zuge der Absatzkrise der Textilindustrie, wieder aufgegeben worden. Von den ursprünglich 34 Betriebsgründungen industrieller Größenordnung konnten sich nur 8—10 längerfristig halten (DANZ, 1974).

Fernorientierte Filialgründungen prägen vor allem einige südlich des Alpenhauptkamms gelegene Bergregionen (Tessin, Südtirol), daneben begannen sie zumindest bis Mitte der siebziger Jahre in vielen Gebirgsregionen die bestehende Industriestruktur zunehmend zu überlagern (z.B. Wallis, Alpenrheingebiet; siehe Kap. 4.2.). So konzentrieren sich im TESSIN in Grenznähe zu Italien zahlreiche Zweigbetriebe der Bekleidungsindustrie, deren Stammhaus meist im Schweizer Mittelland liegt (Abb. 13). Wesentliches Standortmotiv ist die Beschäftigung von Grenzgängerinnen aus dem benachbarten Italien (siehe Kap. 4.2.2.). SÜDTIROL mit seinem überwiegend deutschsprachigen Arbeitskräftepotential wurde in den sechziger Jahren vor allem für Investoren aus der Bundesrepublik Deutschland interessant, nicht zuletzt aufgrund der damals noch relativ niedrigen Lohnkosten.

3.3. INDUSTRIEGEOGRAPHISCHER VERGLEICH UND AUSBLICK

Das aktuelle Standortmuster der Industrie im Alpenraum wird, wie die Ausführungen gezeigt haben, durch unterschiedliche Entwicklungsstränge bestimmt, unter denen alte, rohstofforientierte Branchen der Grundstoffindustrie, arbeitskräfteinten-

3.3. Industriegeographischer Vergleich und Ausblick

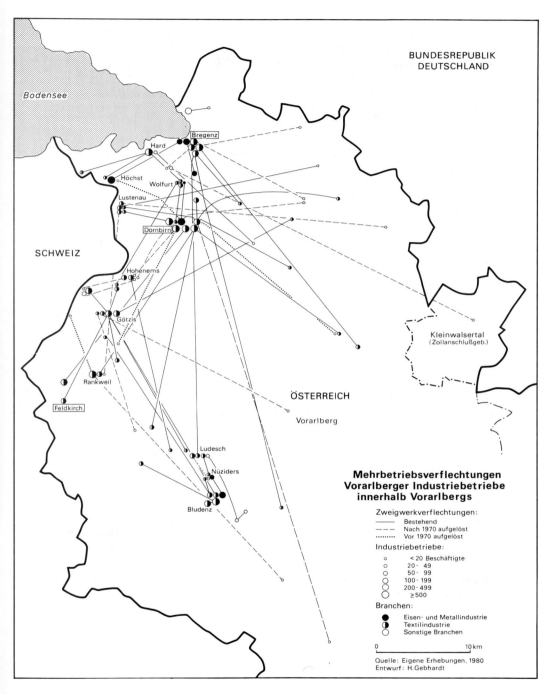

Abb. 12

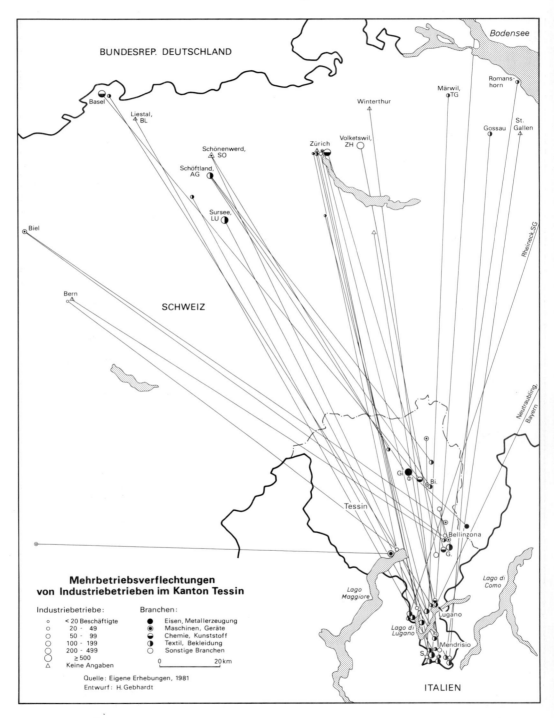

Abb. 13

3.3. Industriegeographischer Vergleich und Ausblick

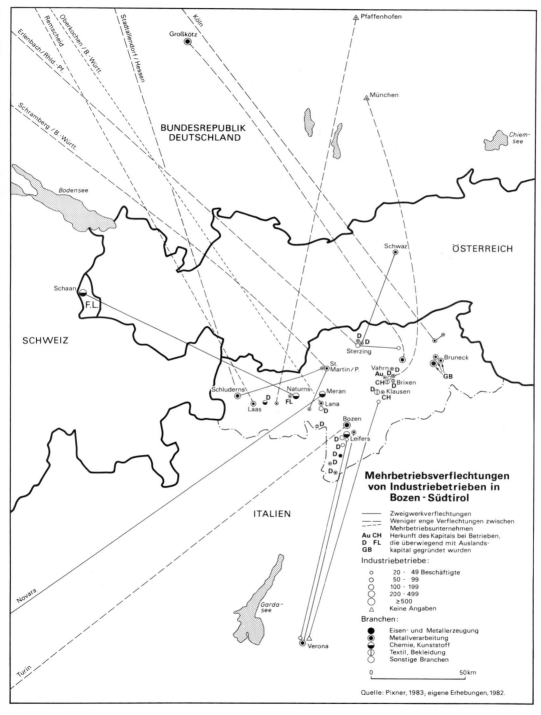

Abb. 14

sive technisch einfache Produktionen der Konsumgüterbranchen (Textil, Bekleidungsindustrie) und unselbständige oder teilselbständige Filialbetriebe der Investitionsgüterbranchen (v.a. Metallverarbeitung) als wichtigste zu nennen sind. Daneben spielten politisch-geographische, besonders bevölkerungspolitische Aspekte in der Zwischenkriegszeit eine nicht unwichtige Rolle für die gewerbliche Entwicklung.

Es ist allerdings schwierig, die absolute und relative Bedeutung der Industrie gegenüber den anderen Wirtschaftssektoren vergleichend für verschiedene Alpenregionen herauszuarbeiten und mit Zahlen zu belegen. Zu unterschiedlich aufbereitet und überdies nur mangelhaft regionalisiert ist das statistische Datenmaterial.

Einen der seltenen Versuche, für alle Alpenregionen einige industriestatistische Maßzahlen zu berechnen und damit wenigstens einen groben länderübergreifenden industriegeographischen Vergleich zu ermöglichen, unternahm KOPP (o.J.). Auf der räumlichen Bezugsbasis von Bundesländern (A), Provinzen (I), Kantonen (CH) bzw. Departementen (F) erstellte er Karten der INDUSTRIEDICHTE (Industriebeschäftigte pro qkm produktiver Fläche) und des INDUSTRIEBESATZES (Industriebeschäftigte in % der Gesamtzahl der Erwerbstätigen) für das Gesamtgebiet der Alpen.

Seine Abbildungen machen deutlich, daß wir einen Industriebesatz von über 50% vor allem in den altindustrialisierten Regionen finden, in Glarus und Vorarlberg sowie in Liechtenstein und im unteren Aostatal. Noch relativ hohe Werte von 40—50% werden im französischen Departement Isère, im übrigen Aostatal sowie in Tirol und den steirischen Industrieregionen erreicht. Schon unter 40% liegen die Werte für die übrigen französischen Alpen und die meisten anderen Gebiete. Ausgesprochen industriearm (unter 10%) sind bis heute viele Bergtäler in den italienischen Südalpen geblieben. Genauere Aussagen lassen die teilweise doch recht groben räumlichen Bezugseinheiten bei KOPP jedoch leider nicht zu.

Länderübergreifende statistische Daten auf kleinräumiger Bezugsbasis (Gemeinden bzw. Teilregionen) wurden 1974 für das Gebiet der ARGE ALP von der Arbeitsgemeinschaft Alpenländer zusammengestellt[25]. Da die Angaben auf der Datenbasis von Großzählungen errechnet wurden, die in den beteiligten Alpenstaaten etwa zum selben Zeitpunkt erfolgten[26], ergibt sich eine recht gute Vergleichbarkeit für einzelne, auch kleinräumige Gebiete.

Tab. 3 belegt die Bedeutung des produzierenden Gewerbes vor allem für einzelne Bezirke bzw. Talabschnitte. In VORARLBERG liegen die Werte in zwei Bezirken sogar bei rund 2/3 der Erwerbstätigen, auch im peripheren Bezirk Bludenz werden noch über 50% erreicht. Die Bezirke des TIROLER Zentralraums erreichen demgegenüber 40—50%, während Osttirol mit seiner späten und bis heute rudimentären Industrialisierung zu den, neben den Südtiroler Bezirken, wenigen noch stärker von landwirtschaftlicher Erwerbstätigkeit geprägten Gebieten gehört. In SÜDTIROL setzte die gewerbliche Entwicklung vielfach erst nach 1970 ein, hier zeigen die statistischen Daten den bis dahin noch geringen Industrialisierungsgrad des Landes, auch im Vergleich zum südlich anschließenden

25 STRUKTURDATEN DER ALPENLÄNDER. Zusammengestellt und herausgegeben im Auftrag der Arbeitsgemeinschaft Alpenländer. — o.O. 1974.
26 Die Zahlen für BAYERN entstammen der Volks- und Arbeitsstättenzählung 1970 bzw. der Fremdenverkehrsstatistik ausgewählter Berichtsgemeinden für das Fremdenverkehrsjahr 1972/73, für ÖSTERREICH der vergleichbaren Zählung aus dem Jahre 1971. In den SCHWEIZER Regionen wurden die Daten der Volkszählung 1970 sowie der Eigen. Fremdenverkehrsstatistik für das Fremdenverkehrsjahr 1972/73 zugrundegelegt, in ITALIEN die Volkszählung von 1971 sowie die Daten des Landesfremdenverkehrsamtes (Südtirol) bzw. einzelner Fremdenverkehrsorte.

3.3. Industriegeographischer Vergleich und Ausblick 71

TRENTO. Der Summenwert für das Gebiet der ARGE ALP, immerhin rund 785 000 Arbeitsplätze (45%) im produzierenden Gewerbe, macht deutlich, welchen Stellenwert diesem Wirtschaftsfaktor im Gefüge der alpinen Wirtschaft auch statistisch gesehen zukommt.

Tab. 3: Erwerbstätige nach Wirtschaftsbereichen im Gebiet der ARGE ALP

Gebiet	Erwerbstätige				Gästeankünfte/
	Insgesamt	im prod. Gewerbe	% im prod. Gewerbe	% in d. LW	Jahr
BAYERISCHER ALPENANTEIL	530 102	221 255	42	15	3 614 321
SALZBURG	167 753	60 020	36	12	2 894 345
TIROL	210 427	78 053	37	11	4 113 526
Politischer Bezirk					
— Innsbruck/S.	47 313	13 450	28	1	558 518
— Innsbruck/L.	38 616	16 898	44	11	600 360
— Schwaz	22 816	10 561	46	16	540 117
— Kufstein	27 639	11 763	43	14	487 948
— Reutte	10 472	4 989	48	9	324 134
— Lienz	16 088	4 597	29	25	297 084
VORARLBERG	112 407	66 442	59	6	911 393
Politischer Bezirk					
— Bregenz	39 468	21 034	53	10	392 697
— Dornbirn	26 158	17 842	68	2	34 995
— Feldkirch	28 133	18 022	64	3	87 883
— Bludenz	18 648	9 544	51	8	395 818
GRAUBÜNDEN	76 372	28 806	38	14	1 187 760
— Bezirk Unterlandquart	8 130	3 361	41	18	21 199
— Kreis Chur	14 453	5 328	37	1	99 720
— Kreis Fünf Dörfer	4 587	2 141	47	10	9 843
BOZEN-SÜDTIROL	153 969	47 050	31	20	1 399 447
Bezirk					
— Bozen	57 499	18 939	33	11	335 576
— Eisacktal	19 707	5 814	30	23	137 983
— Pustertal	22 179	7 023	32	26	287 095
TRENTO	151 121	64 314	43	14	819 020
— Bezirk Valle dell'Adige	48 064	17 872	37	10	160 389
LOMBARDIA (Regione Montana)	346 562	218 909	63	7	230 432
— Sondrio (Reg. Mont.)	59 670	28 363	48	13	57 992
GEBIET DER ARGE ALP	1 748 713	784 849	45	—	—

Quelle: Strukturdaten der Alpenländer. — o.O. 1974.

Die regionale Betrachtung der einzelnen von Industrie geprägten Gebiete im Alpenraum hat zwar eher individuelle industrieräumliche Entwicklungstendenzen aufgezeigt, gleichwohl lassen sich diese zu einigen übergeordneten räumlichen Trends generalisieren.

Durchgängig festzustellen war eine SCHWERPUNKTVERLAGERUNG industrieller Aktivräume AN DIE NÖRDLICHEN UND SÜDLICHEN ALPENRÄNDER sowie an die Talausgänge. Dies wird in altindustrialisierten Regionen wie Glarus deutlich (Neuansiedlungen nur im unteren Talabschnitt), in den französischen Nordalpen mit einer sehr divergenten Entwicklung zwischen Sillon alpin und inneren alpinen Tälern (als industrielle Problemräume) gegenüber den Alpenrandstädten (Voiron, Annecy, Chambery), im Wallis mit seinen neuen Branchen im unteren Rhônetal (im Gegensatz zur alten Grundstoffindustrie im Oberwallis) ebenso wie im Aostatal (z.B. OLIVETTI am Talübergang in die Ebene), in Piemont oder den Slowenischen Alpen. Die Standortbedingungen dieser Entwicklung liegen auf der Hand und wurden erörtert.

Parallel hierzu zeigt sich auch, sowohl großräumig wie innerhalb einzelner Länder, eine SCHWERPUNKTVERLAGERUNG VON OST NACH WEST (vgl. KOPP, 1968/69, S. 485 f.). Zu ausgesprochenen Passivregionen im Alpenraum sind die Bundesländer im östlichen Österreich geworden (Steiermark, Kärnten), gegenüber Tirol und dem wirtschaftlichen Aktivraum Vorarlberg (vgl. LEIDLMAIR, 1979). Nicht in gleicher Schärfe, aber im Trend ähnliche Entwicklungen lassen sich in den italienischen Südalpen feststellen (Piemont gegenüber dem Veneto), selbst in der Schweiz. Diese Ost-West-Verlagerung hängt nicht zuletzt mit verkehrsgeographischen Umorientierungen in Mitteleuropa und mit einem Wertwandel der außeralpinen Verdichtungsräume zusammen, insbesondere mit einem Bedeutungsverlust der Räume Venedig/Triest und Linz/Wien gegenüber den auch politisch-geographisch („Eiserner Vorhang") zentraler gelegenen Agglomerationen Turin/Mailand oder Genf/Zürich, und unterstreicht damit einmal mehr die engen Wechselwirkungen und Verflechtungen zwischen Gebirge und Vorland.

4. DIE QUANTITATIVE INDUSTRIEANSIEDLUNGSPOLITIK DER NACHKRIEGSZEIT

Seit den sechziger Jahren setzte in fast allen europäischen Staaten mit der Erkenntnis, daß zunehmende wirtschaftsräumliche Disparitäten und Unterschiede in der „Lebensqualität" einzelner Regionen nicht mehr durch ausschließlich sektorale Fördermaßnahmen korrigiert werden können, erstmals eine primär regional ausgerichtete Wirtschaftspolitik ein (RAUMORDNUNG UND REGIONALPLANUNG IN DEN EUROPÄISCHEN LÄNDERN, 1980; SCHLIEBE, 1985). Ziel war, durch räumliche Umverteilung von Investitionen und Infrastrukturleistungen regionale Entwicklungsdisparitäten zu mildern und „gleichwertige Arbeits- und Lebensbedingungen" zu schaffen. Sektoral setzte diese Politik meist beim sekundären Sektor an, sie war zu einem großen Teil Industrieförderung.

Diese „quantitative", vor allem auf Zuwachs an Industriebetrieben und Arbeitsplätzen ausgerichtete Industrieförderung der sechziger und frühen siebziger Jahre ging implizit aus von der Prämisse eines kontinuierlich wachsenden Potentials an Unternehmen, Arbeitsplätzen und Investitionen, d.h. einer andauernden Ausweitung industrieller Aktivitäten mit vorwiegend standardisierter Massenproduktion (vgl. BRUGGER, 1981; GIESE/NIPPER, 1984, S. 203). Entwicklungsprozesse werden dabei in den Verdichtungsräumen in Gang gesetzt und diffundieren über die Zentrenhierarchie von dort allmählich in die Peripherräume (HAHNE, 1980, S. 35). Aufgabe der Regionalpolitik war dabei letztlich nur, diesen Prozeß durch geeignete „incentives" zu stützen und zu fördern. Hierzu dienten direkte und indirekte Subventionen (Investitionsbeihilfen, Steuervergünstigungen, zinsverbilligte Kredite) sowie die Erstellung wirtschaftsnaher Infrastruktur (Verkehrsausbau, Ausweisung erschlossener Industriegebiete etc.) durch die öffentliche Hand. Zu Zeiten der Hochkonjunktur mit Arbeitskräftemangel und Flächenengpässen in den Verdichtungsräumen erwies es sich als nicht allzu schwierig, Betriebe über die attraktiven Ballungsrandzonen hinaus auch in periphere Wirtschaftsräume zu locken[27].

Die QUANTITATIVEN ERFOLGE dieser Politik waren zunächst nicht unerheblich. So entstanden in der Bundesrepublik Deutschland zwischen 1967 und 1975 mit Mitteln der Gemeinschaftsaufgabe „Verbesserung der regionalen Wirtschaftsstruktur" rund 670 000 neue Arbeitsplätze, daneben wurden 400 000 beste-

---

27 Siehe BRENNEISEN (1961, S. 50 ff.); EVERS/WETTMANN (1978, S. 468); vgl. auch GIESE/NIPPER (1984, S. 203): „Wachstum wurde eigentlich nur durch den Mangel an Arbeitskräften und Industriegelände in den traditionellen Verdichtungsgebieten behindert. Von daher gesehen bestand ein ‚natürlicher Druck' für die Unternehmen, mobil zu sein. Diese Mobilitätsbereitschaft wurde und wird noch heute durch die Förderungsmaßnahmen der Regionalpolitik (z.B. durch die Gemeinschaftsaufgabe ‚Verbesserung der regionalen Wirtschaftsstruktur') unterstützt.

hende gesichert. In den siebziger Jahren gingen diese Zahlen jedoch deutlich zurück: nach 1980 kamen auf 10 neu geschaffene Arbeitsplätze bereits mehr als 50 Arbeitsplatzverluste (GIESE/NIPPER, 1984, S. 204). Ähnliche Erfahrungen machten andere europäische Länder wie Frankreich mit seiner Politik der „decentralisation industrielle" (WACKERMANN, 1980), Italien mit der Ansiedlungspolitik im Mezzogiorno (MIKUS, 1981; FAINI/SCHIANTAVELLI, 1982) oder Großbritannien (DAVID, 1980). Überall wurden die spärlich gewordenen Ansiedlungserfolge immer häufiger durch Arbeitsplatzeinbußen und Betriebsaufgaben überschattet.

Es wurde offenkundig, daß die räumliche Umverteilung des „Überflusses" durchaus möglich war, die Steuerung des „Mangels" im Zuge wirtschaftlicher Rezession sich jedoch als sehr schwierig erwies. Immer deutlicher traten auch die QUALITATIVEN DEFIZITE der traditionellen Regionalpolitik hervor. In die Peripherräume kamen zwar Betriebe, aber es waren vorwiegend unselbständige Zweigwerke — zwischen 1968 und 1979 in den Förderregionen der BRD allein 62% (GIESE/NIPPER, 1984, S. 204) —, Unternehmen der Nichtwachstumsbranchen (Textilindustrie, einfache Metallbearbeitung, Nahrungs- und Genußmittelindustrie) und solche mit vorrangigem Bedarf an unqualifizierten Arbeitskräften und weitgehend standardisierter Produktion, d.h. gerade diejenigen Branchen und Betriebstypen, die sich als immer stärker krisenanfällig und innovationsunfähig erweisen (siehe ausführlich Kap. 5). Die geringe Steuerwirkung der traditionellen Regionalpolitik, ihr oft nur auf „Mitnahmeeffekte" einer durch andere Faktoren bestimmten Standortentscheidung reduzierter Einfluß, wurde immer deutlicher (FREUND/ZABEL, 1978).

Auch alle ALPENSTAATEN durchliefen, wie die meisten europäischen Länder, Phasen quantitativer Industrieansiedlungspolitik, wenngleich natürlich deutliche Unterschiede zwischen den mehr föderalistisch und den mehr zentralistisch regierten Ländern bestehen und in manchen Fällen (z.B. französische Alpen) von einer regional orientierten Politik nur sehr bedingt die Rede sein konnte. In manche Alpenregionen kamen jetzt erstmals Industriebetriebe und eine noch landwirtschaftlicher oder auch saisonaler Tätigkeit im Fremdenverkehr verhaftete Gebirgsbevölkerung wurde mit Möglichkeiten, aber auch Anforderungen industriewirtschaftlicher Arbeit konfrontiert, ein Prozeß, der im Gebirge angesichts der Mentalitätsunterschiede gegenüber „draußen", aber auch zwischen einzelnen Regionen, in anderer Form ablaufen mußte als in außeralpinen Peripher- oder in Verdichtungsräumen.

Nachdem in Kap. 3 der Gang der Industrialisierung bis in die Nachkriegszeit unter historisch-genetischen Gesichtspunkten herausgearbeitet wurde, haben die folgenden zentralen Abschnitte meiner Untersuchung zum Ziel, Planung, Realisierung und Erfolgsbilanz der primär auf industrielles Wachstum gerichteten Ansiedlungspolitik seit den sechziger Jahren nachzuzeichnen. Datengrundlage ist überwiegend eigenes empirisches Material, neben Unterlagen und Informationen von staatlichen Institutionen der Wirtschaftsförderung vor allem die Ergebnisse der schriftlichen Unternehmensbefragungen (siehe Kap. 1.3.) sowie Angaben aufgrund persönlicher Betriebsbesuche.

4.1. WIRTSCHAFTSFÖRDERUNG UND INDUSTRIEANSIEDLUNG IM ALPENRAUM

4.1.1. Die Ansiedlungspolitik der Alpenstaaten im Überblick

Besonders deutlich sektoral und kaum regional ausgerichtet war bis Mitte der sechziger Jahre die Wirtschaftsförderung in FRANKREICH (vgl. Ochel, 1975); eine auf die Gebirgsregionen der Alpen oder Pyrenäen zugeschnittene Regionalpolitik existierte nicht einmal in Ansätzen[28]. Erst in den siebziger Jahren wurden auch regionale Entwicklungsvorstellungen formuliert, die aber nach wie vor „zu sektoral oder zu sehr von außen kommend... nicht immer mit den wirklichen lokalen Bedürfnissen überein(stimmten)" (Herbin, 1986, S. 31 f.) und die, angesichts des anhaltenden Zentralismus in Frankreich nicht verwunderlich, auch von einer impliziten „philosophie sous-jacente" von „oben herab" getragen waren, die Barruet et al. (1984) recht treffend mit der Formel „nous occupons de vous" (ebd., S. 332) umschreiben. Mehr ins Zentrum wirtschaftspolitischen Interesses gerieten die Gebirgsregionen erst nach 1981, als im Kontext der Regierungsübernahme durch die Sozialisten regionalpolitische Leitvorstellungen formuliert wurden, die sich stärker an einer autozentrischen, endogenen Entwicklung orientieren (siehe o.V.: Rapport fait au nom..., S. 44 ff.). 1985 wurde das „loi montagne", das „Gesetz über die Entwicklung und den Schutz des Gebirges" veröffentlicht, das in seinen grundlegenden Prämissen Ähnlichkeiten mit der Berggebietsförderung in der Schweiz aufweist (vgl. Herbin, 1986; siehe Kap. 4.2.).

In ÖSTERREICH wurden im Rahmen des 1981 von der ÖROK (Österreichische Raumordnungskonferenz) beschlossenen Raumordnungskonzeptes entwicklungsschwache Problemgebiete ausgewiesen, um damit die wenig abgestimmten regionalpolitischen Maßnahmen der Gebietskörperschaften zu koordinieren und zu einer gemeinsamen Förderung von Bund und jeweiligem Land zu gelangen (siehe u.a. Glatz, 1979; Barnick, 1986). Sektorale Hilfen für die Industrie existieren seit 1969 mit dem „Gesetz zur Verbesserung der industriellen Struktur". In der Regel beschränkt sich staatliche Einflußnahme in Österreich jedoch weitgehend auf konkrete Einzelfallhilfe, es gibt keine wirtschaftspolitischen Aktivitäten, die der „Gemeinschaftsaufgabe zur Verbesserung der regionalen Wirtschaftsstruktur" in der Bundesrepublik oder der „Investitionshilfe im Berggebiet" der Schweiz vergleichbar wären (vgl. Weber, 1981). Insgesamt war auch in Österreich „in den letzten zwanzig Jahren die Regionalpolitik im Disparitätenabbau nicht erfolgreich" (Glatz, 1979, S. 177). Einen regional- und arbeitsmarktpolitisch bedeutsamen Sonderfall bilden allerdings die unmittelbar nach dem Krieg verstaatlichten Betriebe der Eisen- und Stahlindustrie (siehe Kap. 3.2.1.), die in jüngster Zeit in große Schwierigkeiten geraten sind.

In ITALIEN hatte schon in der Vergangenheit neben den privaten Unternehmen die öffentliche Hand direkt die industrielle Entwicklung unterstützt und gesteuert (Tichy, 1985, S. 451 ff.). Viele Eisenhütten und Stahlwerke in Entwicklungsregionen Italiens sind aufgrund staatlicher Einflußnahme gebaut worden (siehe die Beispiele

---

28 Vgl. Barruet et al. (1984, S. 330): „En France, la législation est en principe unitaire: les mêmes normes sont appliquées sur tout le territoire par grands secteurs d'activités".

im Aostatal und Südtirol, Kap. 3.2.2.). Daneben hat der Staat, vor allem in der faschistischen Zeit (1922—43), über die Banken indirekt die industrielle Entwicklung beeinflußt. In der Nachkriegszeit setzte eine regional orientierte Wirtschaftspolitik in den sechziger Jahren ein (FAINI/SCHIANTAVELLI, 1982, S. 98 ff.). Sie konzentrierte sich schwerpunktmäßig auf die Industrialisierung Süditaliens, die seit 1957 durch zahlreiche Gesetze gefördert wurde (siehe im einzelnen MARANDON, 1977; WAGNER, 1977). Eine gewisse Umorientierung der Industriepolitik begann nach der Ölkrise 1973; das Hauptgewicht wurde nunmehr auf die „Rekonstruktion" bestehender Industrien auch in den nördlichen Provinzen des Landes gelegt (vgl. MIKUS, 1981, S. 301 ff.). Regionale Industriefördergesetze wie in Südtirol (siehe Kap. 4.2.4.) bauen auf dieser grundsätzlichen Strategie auf.

Sehr weitgehend und stark regional ausgerichtet, allerdings fast ausschließlich mit indirekten incentives arbeitend, ist die Industrieförderung in der SCHWEIZ. Aufgrund des föderalistischen Staatsaufbaus muß hier deutlich zwischen gesamtstaatlicher, kantonaler und gemeindlicher Ebene unterschieden werden. Die Steuer- und Einflußmöglichkeiten sind sicher auf der regionalen Ebene (Kanton, Gemeinden) am breitesten; der Bund schaltete sich erst mit dem Investitionshilfegesetz im Berggebiet 1975 in die Wirtschaftsförderung ein. Da die Wirtschaftsförderung in der Schweiz exemplarisch zeigt, was unter der Prämisse einer quantitativ-mobilitätsorientierten, aber behutsamen und indirekten Förderung im Gebirge möglich und denkbar ist, wird sie im folgenden ausführlicher behandelt[29].

4.1.2. Wirtschaftsförderung im Berggebiet am Beispiel der Schweiz

Für die Wirtschaftsförderung und Raumentwicklung der Schweiz gilt durchgängig das Prinzip, notwendige Eingriffe auf ein Mindestmaß zu beschränken und marktkonform zu halten (LEIBUNDGUT, 1981, S. 27). Im Bereich der Agrarpolitik werden diese Grundsätze allerdings schon seit längerem sehr extensiv ausgelegt. Insbesondere die Berglandwirtschaftsförderung profitiert hiervon.

Den wichtigsten Impuls regionaler Wirtschaftsförderung lieferte das 1970 veröffentlichte „Gesamtwirtschaftliche Entwicklungskonzept für das Berggebiet" (FLÜCKIGER, 1970). Es stellt u.a. fest, daß zum damaligen Zeitpunkt die Maßnahmen des Bundes zu einseitig die Landwirtschaft betrafen und regional kaum koordiniert waren. Regionalpolitik sollte daher in Zukunft „gesamtwirtschaftlich" sein (d.h. nicht nur die Agrarwirtschaft fördern), sie sollte auf regionale Besonderheiten Rücksicht nehmen und die Förderung in regionale Entwicklungskonzepte einbinden (ELSASSER, 1984, S. 2). Ihre rechtliche Grundlage fand sie im Bundesgesetz über „Investitionshilfe für Berggebiete" vom 28.6.1974 (in Kraft seit 1975). Das IHG beinhaltet eine stark ausgleichsorientierte Komponente (HESS, 1979, S. 26), im Vordergrund steht das demographische Ziel der „Gewährleistung einer angemessenen Besiedlung der Bergregionen".

---

29 Zur Wirtschafts-, insbesondere zur Berggebietsförderung in der Schweiz ist in den letzten Jahren eine umfangreiche Literatur erschienen (u.a. MÜHLEMANN, 1977; GYGI, 1979; HESS, 1979; LEIBUNDGUT, 1981; REY, 1983 und HUBER, 1984).

4.1. Wirtschaftsförderung und Industrieansiedlung

Durch gezielte Investitionshilfen für Infrastrukturvorhaben sollen die Existenzgrundlagen in förderungswürdigen Regionen (Alpen, Voralpen, Jura) verbessert werden[30]. Hierfür wurden zwischen 1975 und 1984 Mittel in Höhe von 500 Mio. Franken bereitgestellt. In der jüngeren Diskussion wird eine stärkere Einbettung der Berggebietsförderung in eine gesamtschweizerische Regionalpolitik gefordert (siehe z.B. ELSASSER, 1978).

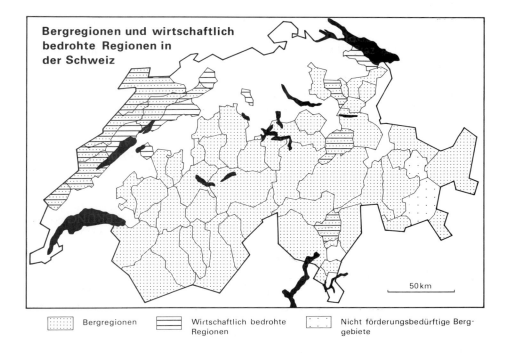

Abb. 15

30 Auf der Ebene des Bundes existieren in der Schweiz zwei Typen von Problem- bzw. Förderregionen:
— Regionen im Sinne des zitierten Gesetzes über Investitionshilfe für das Berggebiet. Bis Ende 1985 waren in den Alpen, den Voralpen und im Jura 54 solche Regionen anerkannt (siehe Abb. 15). Dabei zählen die beiden Berggebiete Davos und Oberengadin nicht zu den IHG-Regionen, da sie gemäß Investitionshilfegesetz nicht als förderungswürdig gelten.
— Regionen gemäß Bundesbeschluß über Finanzierungsbeihilfen zugunsten wirtschaftlich bedrohter Regionen vom 6.10.1978. Dieses Programm bezweckt vor allem den Abbau von industriellen Monostrukturen und fördert, über Bürgschaften, Zinskostenbeiträge und Steuervergünstigungen, private Unternehmen. Dabei handelt es sich um Gebiete mit einseitigen industriellen Strukturen, die teilweise auch IHG-Regionen sind. Wirtschaftlich bedrohte Regionen wurden bisher in 12 Kantonen ausgeschieden, überwiegend im Jura (Uhrenindustrie).

Maßnahmen des BUNDES zur Industrie- und Gewerbeförderung sind vor allem als Start- und Überbrückungshilfen gedacht. Es wird davon ausgegangen, daß gewerbliche Betriebe im Gebirge danach ohne Unterstützung eine konkurrenzfähige Position erreichen können. Im einzelnen sind an Förderungsmöglichkeiten zu nennen: Direkte Unterstützung bei der Kapitalbeschaffung auf der Basis des Bundesgesetzes über Bürgschaftsgewährung im Berggebiet von 1977[31] und der Finanzierungshilfen zugunsten wirtschaftlich bedrohter Regionen sowie die oben erwähnte indirekte Unterstützung im Rahmen der Infrastrukturförderung des Bundes (Straßenbau, regionaler Infrastrukturausbau; vgl. FREY, 1979, S. 101 ff.).

Umfangreicher und zugleich spezifischer sind die Fördermaßnahmen auf der Ebene der KANTONE. SCHWARZ/STEINMANN (1982) unterscheiden hierbei mehrere Phasen, „wobei der Übergang von einer Phase zur nächsten gekennzeichnet ist durch Veränderungen bei den rechtlichen, finanziellen, instrumentellen und/oder institutionellen Grundlagen" (ebd., S. 35).

Vereinzelten frühen Fördermaßnahmen im Gefolge der Weltwirtschaftskrise folgten nach dem Zweiten Weltkrieg zunächst halbstaatliche, teilweise auch gänzlich private Initiativen.

„Träger der Wirtschaftsförderung in dieser Phase waren Einzelpersonen, welche über Kontakte zu expansionskräftigen und -willigen Unternehmen in industrialisierten Gebieten verfügten. Sie betrachteten es als ihre Aufgabe, mittels Überzeugungsstrategien Betriebe anzuwerben, d.h. sie übernahmen es, den im Mittelland ansässigen, mit Problemen des Arbeitskräftemangels und des hohen Lohnniveaus konfrontierten Unternehmen Ausweichmöglichkeiten in Form einer Errichtung von Zweigbetrieben im Berggebiet aufzuzeigen. Als ‚Lockvögel' dienten dabei der Überschuß an fleissigen, treuen und zuverlässigen Arbeitskräften, das relativ niedrige Lohnniveau und günstige Landpreise." (SCHWARZ/STEINMANN, 1982, S. 36).

Ein Musterbeispiel dieses Typs kantonaler Wirtschaftsförderung bildet die „nouvelle politique d'industrialisation" im Wallis, die von einer halbstaatlichen Organisation, der Société valaisanne de recherches économique et sociales, mit einem sehr aktiven Leiter getragen wurde (siehe Kap. 4.2.3.).

In der zweiten Hälfte der siebziger Jahre wurden solche privaten oder halbstaatlichen Institutionen zunehmend abgelöst durch die Etablierung entsprechender Behörden („Delegierter für Wirtschaftsförderung"). Hatte sich die Mitwirkung der Kantonsregierungen zunächst auf die Finanzierung der halbstaatlichen Träger beschränkt[32], entstanden jetzt kantonale Wirtschaftsfördergesetze und ein entsprechender Behördenapparat. Von 1976 bis 1981 schufen nicht weniger als 10 Kantone rechtliche Grundlagen für die Wirtschaftsförderung. Mitte der achtziger Jahre hatten

---

31 Siehe WALTHER (1978). Das Bürgschaftsgesetz dient als flankierende Maßnahme im räumlichen Geltungsbereich des IHG mit dem Ziel, die private Investitionstätigkeit vor allem bei Klein- und Mittelbetrieben im industriell-gewerblichen Sektor anzukurbeln.
32 Beispiele sind die „Vereinigung zur Förderung industrieller Arbeitsplätze im Kanton Graubünden", die „Oberwalliser Vereinigung zur Förderung der Industrie", die „Société valaisanne de recherches économiques et sociales", das „Office vaudois pour le développement du commerce et de l'industrie" und andere.

4.1. Wirtschaftsförderung und Industrieansiedlung

13 Kantone ein eigenes Wirtschaftsfördergesetz, bei drei weiteren befand es sich in Vorbereitung[33].

Die bislang jüngste Phase kantonaler Wirtschaftsförderung ist geprägt von der Erkenntnis, daß die finanzielle Unterstützung von Investitionen aufgrund der häufig zu beobachtenden „Mitnahmeeffekte" nicht mehr allein ausreichend ist, daß überdies Probleme der Kapitalbeschaffung gegenüber „Innovationsproblemen" in ihrer Bedeutung als Engpaßfaktor zurücktreten (siehe hierzu ausführlich Kap. 6). Damit im Gefolge setzte eine gewisse „Rückverlagerung" der Initiativen auf die halböffentliche oder kollektiv-private Ebene ein. „Träger der neugeschaffenen Institutionen wurden Branchenorganisationen, kantonale Handelskammern ... sowie bestehende Organisationen im parastaatlichen Bereich." (SCHWARZ/STEINMANN, 1982, S. 40).

Nicht unterschätzt werden sollte in der Schweiz die Bedeutung der GEMEINDEN als Planungsträger und Förderinstitutionen. Die weitreichenden Kompetenzen der politischen oder der Bürgergemeinde in wesentlichen Bereichen des öffentlichen Lebens kann geradezu als „ein besonderes Merkmal der politischen Struktur der Schweiz" (ELSASSER, 1980, S. 14) betrachtet werden. Im industriellen Bereich vermögen die Gemeinden vor allem durch die Zonenplanung (Flächennutzungsplanung) die Standortwahl zu beeinflussen (siehe Kap. 4.1.3.), wobei entsprechende Maßnahmen allerdings in der Regel nicht kurzfristig wirksam werden.

Quer zur politischen Gliederung in Bund, Kantone und Gemeinden liegen die in jüngerer Zeit unternommenen Versuche, regionale Wirtschaftsförderung auf der Basis von Raumeinheiten zu implementieren, die dem ZENTRUM-PERIPHERIE-ANSATZ folgen[34].

Die Wirtschaftsförderpolitik der Schweiz setzt auf allen räumlichen Aggregationsstufen (Bund, Kantone, Gemeinden) primär auf die Schaffung von gewerblichen und industriellen Arbeitsplätzen vor Ort, daneben auf Fremdenverkehrsförderung. Dieses Ziel soll erreicht werden einerseits durch Kapitalhilfen und diverse finanzielle Anreize sowie andererseits durch Infrastrukturförderung, z.B. Maßnahmen zur Erschließung von Industriegelände, Verkehrsinvestitionen, aber auch Förderung haushaltsorientierter Infrastruktur oder Investitionen im Bildungsbereich (HANSER, 1985, S. 29 ff.).

Alle diese Fördermaßnahmen zielen auf eine überwiegend finanziell vermitttelte Kompensation von Produktionsnachteilen peripherer Standorte, d.h. sie entsprechen

---

33 Als erste hatten die Kantone Wallis, Tessin und Appenzell-Außerrhoden entsprechende Gesetze verabschiedet. Hinzu kamen in den siebziger Jahren die Kantone Thurgau, Solothurn, Glarus, Neuenburg, Nidwalden, St. Gallen, Graubünden, Basel-Land, Uri und Appenzell-Innerrhoden. In Vorbereitung befindet sich die Gesetzgebung in Genf, Waadt und Freiburg (Stand 1985).

34 Siehe SCHULER/NEF (1983). Dabei wird das Staatsgebiet in 106 sogenannte „mobilité-spatiale-Regionen" (MS-Regionen) untergliedert, wobei 12 Raumtypen unterschieden werden: 1 (Großstadtzentren), 2 (Wohnumland der Großstadtzentren), 3 (Arbeitsplatzumland der Großstadtzentren), 4 (Tertiäre Mittelzentren), 5 (Industrielle Mittelzentren), 6 (Industrielle Kleinzentren), 7 (Industrielle Peripherie), 8 (Tertiäre Kleinzentren), 9 (Touristische Zentren), 10 (Agrarisch-touristische Peripherie), 11 (Agrarische Peripherie), 12 (Agrarisch-industrielle Peripherie). Als „Problem-Raumtypen", in denen Fördermaßnahmen vor allem ansetzen müßten, erweisen sich die industrielle und die agrarische Peripherie, in eingeschränkterem Maße die agrarisch-touristischen und agrar-industriellen Mischtypen.

weitgehend einer mobilitätsorientierten, vom ökonomischen Denken neoklassischer Tradition beeinflußten Ansiedlungsstrategie (BUTTLER et al., 1977, S. 61). Grundlegende Voraussetzung für deren Funktionieren ist ein weitgehend von staatlichen Einflüssen freies, quasi selbsttragendes Wirtschaftswachstum.

4.1.3. Flächenwidmungsplanung/Zonenplanung und ihre Bedeutung für die Industrieansiedlung

Die räumliche Umsetzung der gesamtstaatlichen und regionalen Industrieförderung läuft vor allem über die Erstellung industrienaher Infrastruktur und die Erschließung von Industrieflächen. Der Erfolg mobilitätsorientierter Ansiedlungsstrategien muß zwangsläufig ausbleiben, „wenn nicht auf kommunaler Ebene rechtzeitig adäquate industrie- und gewerbelandpolitische Anschlußaktionen in die Wege geleitet werden" (HANSER, 1985, S. 44). In der Abstimmung zwischen den überlokalen Anreizinstrumenten und den kommunalen bodenpolitischen Bemühungen kommt der FLÄCHENNUTZUNGSPLANUNG, insbesondere der Ausweisung von Gewerbe-/Industriezonen, eine zentrale Bedeutung zu.

Dies gilt in besonderem Maße für den Alpenraum mit seinen räumlich beengten Tälern und den oft zersplitterten Grundbesitzverhältnissen vor allem in den Realteilungsgebieten. Vielfach muß hier erst über eine aktive Erschließungspolitik der Gemeinde eine Arrondierung entsprechender Ansiedlungsflächen vorgenommen und damit die Voraussetzung für eine erfolgreiche Werbung um neue Betriebe geschaffen werden.

Die überörtliche und die örtliche Raumplanung ist in den verschiedenen Alpenstaaten unterschiedlich organisiert. In ÖSTERREICH kommt dem Flächenwidmungsplan eine zentrale Stellung in der Raumplanung auf Gemeindeebene zu[35]. Die Einflußmöglichkeiten der Öffentlichkeit sehen dabei ähnlich aus wie in der Bundesrepublik Deutschland; im Gegensatz zu den Flächennutzungsplänen in Deutschland sind die Flächenwidmungspläne jedoch rechtsverbindlich für die Gemeindeorgane und auch für den einzelnen Bürger. Wie in Deutschland hinken sie in ihrer Ausgestaltung häufig der faktischen Bauentwicklung nach, da der Genehmigungsprozeß sehr langwierig ist. So hatten Anfang der achtziger Jahre eine Reihe von Gemeinden in Vorarlberg trotz eines schon fast ein Jahrzehnt laufenden Verfahrens noch keinen Flächenwidmungsplan, in Tirol besitzen inzwischen zwar „praktisch alle Gemeinden einen Flächenwidmungsplan, doch relativieren oft viel zu große Baulandausweisungen und ständige Änderungen ... die Wirksamkeit dieses wohl wichtigsten raumplanerischen Instruments" (BARNICK, 1986, S. 40).

In der SCHWEIZ gehören zu den Rahmennutzungsplänen in der Regel der Zonenplan sowie Sondernutzungspläne, Erschließungspläne und Enteignungspläne. Zonenpläne bilden ähnlich wie die Flächennutzungspläne das nutzungsrechtliche Grundinstrument; sie unterteilen den Planbereich in Gebiete unterschiedlicher Nut-

---

35 „Seine Aufgabe liegt darin, für das gesamte Gemeindegebiet eine möglichst zweckmässige Nutzungsordnung von Grund und Boden, unter Berücksichtigung überörtlicher Planungsvorhaben sowie der Planung der Nachbargemeinden, festzulegen" (WEBER, 1981, S. 7).

zungszwecke[36]. In ITALIEN, speziell in der Provinz Bozen-Südtirol, ist jede Gemeinde der Provinz zur Erstellung eines Bauleitplanes verpflichtet, dessen konstituierenden Teil der Flächenwidmungsplan darstellt[37].

In allen Alpenstaaten liegt das Ausscheiden von INDUSTRIEZONEN/BETRIEBSFLÄCHEN prinzipiell in der Kompetenz der Gemeinde, die aufgrund des kommunalen (so vorhanden) oder der kantonalen bzw. der Baugesetzgebung des Landes (der Provinz) hierzu ermächtigt ist (vgl. MOCK, 1971, S. 3 ff.). Als Industrieflächen werden, ähnlich wie in der Bundesrepublik, rechtskräftig ausgewiesene Gebiete „für industrielle Bauten oder Tätigkeiten, Deponie, Umschlag oder Lagerung" (BRUN, 1975, S. 3) bezeichnet. Darüberhinaus können in Industriezonen Betriebe des tertiären Sektors (Handelsbetriebe, reine Lagerbetriebe mit entsprechenden Verwaltungsarbeitsplätzen, Servicebetriebe etc.) untergebracht werden. In GEWERBEZONEN finden außerdem noch jene Betriebe einen Standort, die aufgrund geringer Emissionen auch in eine Wohn- oder Mischzone (Mischgebiet) passen würden.

Industrieflächenplanung wurde in allen Untersuchungsgebieten Italiens, Österreichs und der Schweiz schon früh zu einem zentralen Anliegen der Regionalpolitik, sei es in Form von „aree industriale delle interesse cantonale" wie im Tessin, als „Industriezonen von Landesinteresse" (Südtirol), Kataster der „Industriebaulandreserven des Kantons" (Graubünden) oder ähnlichem. Daß solche gemeindlichen bzw. regionalen Planungen oft den Bedürfnissen der Betriebe nur unzureichend entsprachen und überdies z.T. erst wirksam wurden, als dank des Konjunkturumschwungs Betriebsansiedlungen so häufig wie weiße Raben geworden waren, wird an späterer Stelle zu erörtern sein (Kap. 4.3.2.).

4.2. DIE ENTWICKLUNG IN DEN UNTERSUCHUNGSGEBIETEN BIS ANFANG DER ACHTZIGER JAHRE

In den folgenden Abschnitten werden Weg und Ergebnisse der Industrialisierungsbemühungen in den sechs Beispielregionen im mittleren Alpenraum[38] bis Anfang der achtziger Jahre nachgezeichnet[39]. In jedem Teilabschnitt werden die

---

36 Siehe zu rechtlichen und formalen Fragen in diesem Zusammenhang: EIDGEN. JUSTIZ- U. POLIZEIDEPARTEMENT. BUNDESAMT FÜR RAUMPLANUNG (Hrsg.) (1981): Erläuterungen zum Bundesgesetz über Raumplanung, S. 195.
37 Siehe AUTONOME PROVINZ BOZEN-SÜDTIROL (Hrsg.) (1981): Raumordnung und geförderter Wohnungsbau, S. 15 f.
38 Siehe zur Abgrenzung der Untersuchungsgebiete Kap. 1.3.
39 Statistische Angaben beziehen sich im folgenden, wenn nicht anders genannt, auf das Jahr 1979. Zu diesem Zeitpunkt konnte die quantitative Ansiedlungsphase in allen Untersuchungsgebieten als abgeschlossen gelten. Jüngere Daten werden nur wenn notwendig herangezogen, da aufgrund der verschiedenen Gewerbe- und Industriestatistiken in der Schweiz, Österreich und Italien eine direkte Vergleichbarkeit nicht gegeben ist. Für das Stichjahr 1979 hingegen wurden für die Untersuchungsgebiete aus (unveröffentlichten) Primärdaten (Betriebslisten) alle Unternehmen des verarbeitenden Gewerbes (ohne Bergbau, Energieversorgung und Baugewerbe) mit 20 und mehr Beschäftigten herangezogen und auf dieser Datenbasis ein einheitlicher Datensatz erstellt. Dieses Datenmaterial liegt auch den Branchenstrukturkarten der Industrie zugrunde.

Leitlinien der Förderpolitik und deren quantitative Ergebnisse, zum anderen die Raumsituation der Industrie (Industrieflächen und Flächenwidmungsplanung) analysiert. Eine kurze Zusammenfassung regionalspezifischer Probleme der Industrie schließt die Darstellung ab.

Da jede Region andere Besonderheiten aufweist und damit neue Facetten der Industrialisierungsproblematik im Alpenraum spiegelt, werden gleichwohl die thematischen Schwerpunkte in den einzelnen Abschnitten unterschiedlich gesetzt: Einseitige Branchenstrukturen, Flächenengpässe, Grenzgängerfragen, Schwierigkeiten auf dem Arbeitsmarkt oder Umweltbelastung durch die Industrie sind Problembereiche, die von Fall zu Fall in den Vordergrund rücken. Den speziellen Abschnitten des Kap. 4.2. wird in Kap. 4.3. eine systematische „Zwischenbilanz" gegenübergestellt; dort werden häufig wiederkehrende Probleme und überregional bedeutsame Aspekte und Folgen der mobilitätsorientierten Industrieansiedlung im Alpenraum zusammenfassend dargestellt.

4.2.1. Tessin: „Border industries" und Monostrukturen

In der zweiten Hälfte des vorigen Jahrhunderts war das Tessin zum unterentwikkeltsten und isoliertesten aller Schweizer Kantone geworden. Von der Zentralschweiz war das Land durch den Alpenhauptkamm getrennt, von seinem natürlichen Ergänzungsraum in Norditalien wurde es durch die protektionistische Handelspolitik des 1861 gegründeten Königreichs Italien abgeschnitten[40].

Diese Raumsituation änderte sich erst, als 1882 der Bau des Gotthard-Eisenbahntunnels abgeschlossen war (BRUNATI, 1957; URE, 1980). Bereits 1887 vermittelte die Gotthardbahn 70% des sich nunmehr rasch entwickelnden schweizerischen Transitverkehrs (SCHNEIDERFRANKEN, 1936, S. 25); auch die Saisonauswanderer zogen immer seltener nach Italien, mehr und mehr wurde die „Svizzera interna" ihr Ziel.

Dennoch entwickelte sich die Industrie nur zögernd, es fehlte an Kapital und an Investoren, sowohl aus dem Land selbst als auch von außen, wie ein Bericht des Nationalrats Künzli vom März 1891 treffend zusammenfaßt:

„Ich kann meinen Bericht nicht beendigen, ohne den Wunsch auszusprechen, es möchten sich diesseits des St. Gotthard Männer finden, welche sich entschließen würden, im Kanton Tessin industrielle Geschäfte ins Leben zu rufen. Die Bedingungen für eine günstige industrielle Entwicklung wären vorhanden: große Wasserkräfte, eine arbeitsame, nüchterne Bevölkerung, günstige Eisenbahnverbindungen mit den italienischen Häfen und die Gotthardbahn, . . . mittels der man in einigen Stunden Luzern, Zürich, Bern und Basel erreicht . . . Im Kanton Tessin selbst besteht zu wenig industrieller Unternehmungsgeist, und doch wäre es ein Glück, wenn ein grösserer Teil der tessinischen Bevölkerung im eigenen Lande seinen Lebensunterhalt gewinnen und wenn dadurch die Auswanderung eingeschränkt werden könnte" (zit. nach BONZANIGO, 1917, S. 2).

---

40 Vgl. BOTINELLI (1977, S. 25): „Le nouvel état italien . . . s'entoure en effet d'une barrière protectioniste qui provoque un aménuisement progressif des liens séculaires que le Tessin entretenait avec Como et sûrtout Milan qui étaient restées jusqu'alors ses véritables centres malgré son appartenance politique à la Suisse.

4.2. Die Entwicklung in den Untersuchungsgebieten

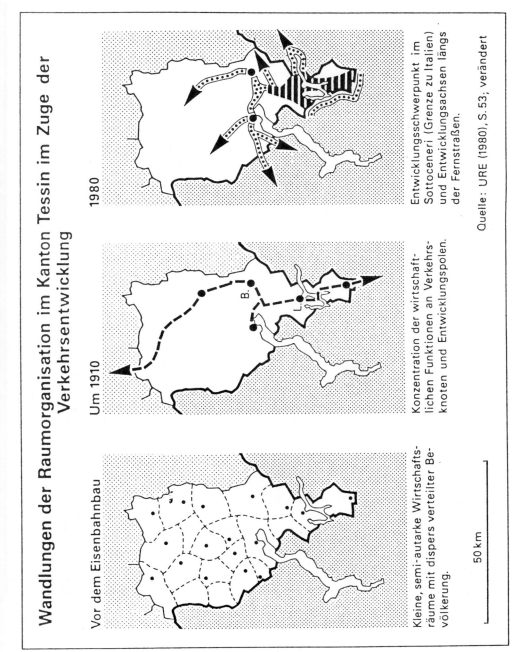

Abb. 16

84   4. Die quantitative Industrieansiedlungspolitik

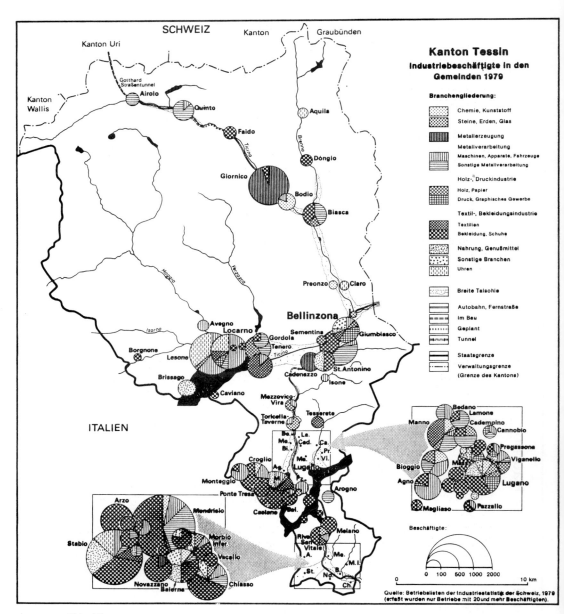

Abb. 17

4.2. Die Entwicklung in den Untersuchungsgebieten

Nur langsam wurden aus einheimischen Handwerksbetrieben kleine Fabriken[41], wichtiger waren schon damals, wie auch wieder in der Gegenwart, Industriegründungen von Deutschschweizern. Die Inwertsetzung der Hydroenergie zog nur wenige größere Betriebe der Elektrochemie ins Land, die allerdings für einige Täler des Sopraceneri (nördlich des Monte Ceneri) zu einem wichtigen Arbeitgeber wurden (z.B. die MONTEFORNO-Werke in Bodio und Giornico mit heute rd. 1000 Beschäftigten). Im ganzen prägt diese Branche den Kanton jedoch in weitaus geringerem Maße als dies in den Westalpen oder im Aostatal der Fall ist. Bei der Stromversorgung aus Wasserkraft nimmt der Kanton heute zwar in der Schweiz den 3. Rang hinter dem Wallis und Graubünden ein, aber nur rund 13% der erzeugten Energie werden im Tessin auch selbst verbraucht (ABT, 1967, S. 12 ff.).

In der Zwischenkriegszeit und nochmals nach dem Zweiten Weltkrieg stieg die Zahl der in der Industrie Beschäftigten jedoch deutlich an, von 9000 (1937) über 14 700 (1950) auf über 25 000 Mitte der siebziger Jahre. Der sekundäre Sektor (inklusive des aufgeblähten Bausektors) wurde damit zum dominanten Erwerbszweig mit rd. 50% der Erwerbstätigen.

Industrieansiedlung in der Folge der Industriegesetze von 1951 und 1976

Seit den sechziger Jahren wurden im Kanton Tessin die stetige Aufblähung des Dienstleistungssektors (vor allem Tätigkeiten in Banken und als Treuhänder), das große Gewicht des Bausektors (16%-Anteil Ende der sechziger Jahre) und die ungünstige krisenempfindliche Branchenstruktur der gewerblichen Wirtschaft zunehmend zum Problem[42]. Ein damals vielbeachtetes Gutachten von KNESCHAUREK (1964) sowie eine detaillierte Studie des Amtes für wirtschaftliche Forschung (URE, 1973) kamen zu einer sehr negativen Bewertung der Wirtschaftsstruktur des Landes, besonders seiner Industrie. Als wichtigste Mängel wurden angeführt:

— Überwiegend kleinbetriebliche Struktur (etwa 2/3 der Unternehmen haben weniger als 50 Beschäftigte).
— Hoher Frauenanteil an den Beschäftigten (fast 50%, überproportional vor allem in der Textil- und Bekleidungsindustrie), damit aufgrund von Heirat und Mutterschaft starke Fluktuation in den Belegschaften.
— Hoher Anteil an ausländischen Arbeitskräften. Ins Tessin kommen bevorzugt Betriebe, die eine hohe Arbeitsintensität aufweisen und von der Verfügbarkeit an billigen, aber wenig qualifizierten Arbeitskräften in Grenznähe profitieren (siehe unten).

---

41 Das dominante vorindustrielle Gewerbe war die Seidenindustrie, die Mitte des 19. Jahrhunderts noch über 60% der Tessiner Berufstätigen Verdienst gab und ihre Produkte nach Zürich und Basel lieferte (PFISTER, 1972, S. 86; SCHNEIDERFRANKEN, 1936, S. 122 ff.). Nach 1880 geriet die Branche wie auch die traditionelle Strohflechterei im Osornetal in die Krise. Bestehen blieben einige Nahrungsmittelbetriebe (Teigwaren) sowie mechanische Werkstätten für den lokalen Bedarf (vgl. URE, 1968, 1973).

42 Siehe unter den zahlreichen Publikationen zu diesem Thema u.a. BIANCARDI, 1958; HELBING, 1958; CAVADINI, 1966; ABT, 1967.

- Fehlende betriebliche Stabilität und Kontinuität in den Betrieben mit hohen Ausländeranteilen.
- Hohe Zweigwerkanteile und, bedingt durch den Mangel an betrieblicher Autonomie, eine geringe Investitionsbereitschaft. Nicht wenige Fabrikationsstätten verarbeiten ausschließlich von Auftraggebern außerhalb des Kantons zur Verfügung gestellte Erzeugnisse.
- Immer noch sehr hoher Anteil der Bekleidungsindustrie, also einer Branche, die eine besonders niedrige Investitionsquote aufweist.
- Mangel an qualifizierten Arbeitsplätzen.
- Geringe Aufwendungen für die Forschung, geringe Innovationsfähigkeit.
- Hohe Produktionskosten, die sich aus einer im Vergleich zur Gesamtschweiz niedrigen Produktivität ergeben.
- Einseitige Konzentration der Industrie in Sottoceneri (Mendrisio, Lugano) und damit Herausbildung regionaler Ungleichgewichte.
- Große Entfernung und Transportprobleme zu den wichtigsten Absatzmärkten jenseits des St. Gotthard.

Wichtigste Konsequenz aus dieser Diagnose war auf kantonaler Ebene im Jahre 1976 die Verabschiedung eines Gesetzes zur Förderung der Industrie („Legge sul promovimento delle attivita industriali e artignianali"), das ein älteres Gesetz zur „Förderung neuer Industrien" aus dem Jahre 1951 ablöste. Wie die meisten Fördermaßnahmen jener Jahre arbeitet das Tessiner Industriegesetz ausschließlich mit direkten und indirekten staatlichen Finanzhilfen[43].

Die Bilanz der Industrieansiedlungsmaßnahmen der Nachkriegszeit zeigt, daß die ursprünglichen Erwartungen nur z.T. erfüllt wurden bzw. daß die Entwicklung von der gesamtwirtschaftlichen Konjunktur, weniger von der Wirtschaftspolitik des Kantons, gesteuert wurde.

Im Rahmen des Industriegesetzes von 1951 waren zwischen 1951 und 1971 insgesamt 131 Betriebe unterstützt worden, überwiegend Neugründungen der Branchen Textil und Bekleidung (41%) sowie Metallverarbeitung und Uhren (23%), die zu über 75% in die Bezirke Mendrisio und Lugano gingen. Von diesen Unternehmen waren 1971 noch 89 (68%) tätig (Angaben nach VANINI, 1974).

In den siebziger Jahren ging die Zahl an neugeschaffenen Arbeitsplätzen aufgrund von Ansiedlungen bzw. dem Ausbau bestehender Unternehmen zurück[44]. Waren zwischen 1966 und 1970 noch 67 neue Betriebe (inkl. Kleingewerbe) mit rd. 2000 Arbeitsplätzen ins Land gekommen, so reduzierte sich diese Zahl im Zeitraum 1970—1976 auf 57 mit rd. 1600 Arbeitsplätzen. Zwischen 1976 und 1982 entstanden noch 33 Betriebe neu mit einer endgültigen Beschäftigtenzahl von rd. 1500 (siehe Tab. 4).

Dabei zeigten die Versuche, Betriebe vor allem in die im Norden des Landes gelegenen „Industriezonen von Landesinteresse" (siehe unten) zu lenken, insofern Wirkung, als von diesen 33 Unternehmen immerhin 17 in die Bergregionen bzw. die wirtschaftlichen Problemgebiete gingen (vor allem

---

43 Zu den direkten Maßnahmen gehören der Erlaß von Kantons- und Gemeindesteuern (bis zu 7 Jahre für Neugründungen, 3 Jahre für bestehende Unternehmen), staatliche Bürgschaften und in Einzelfällen direkte Subventionen (bis zu 25% für Bauten und 50% für Personalausbildung). Indirekte Hilfen gehen an die Gemeinden; bezuschußt werden Aufwendungen für Infrastruktureinrichtungen mit 30—50% der Investitionssumme (siehe im einzelnen VANINI, 1974).
44 Die Zahlenangaben stammen vom Dipartimento dell'economia pubblica.

4.2. Die Entwicklung in den Untersuchungsgebieten

Betriebe der Metallindustrie und Unternehmen des Chemie-/Kunststoffbereichs)[45]. Allerdings waren es fast ausschließlich Kleinbetriebe; nur 7 von 20 Betrieben hatten mehr als 50 Beschäftigte.

Tab. 4: Betriebe, die seit 1976 im Kanton Tessin neugegründet wurden

GRÖSSENKLASSE	Zur Zeit der Gründung		Erwartete Endzahl an Beschäftigten
	Betr.	Beschäftigte	
unter 20 Besch.	12	134	—
20–49	8	191	420
50–99	5	313	240
100 u. mehr Besch.	2	224	771
Insgesamt	27	862	1481

Quelle: Dipartimento dell'economia pubblica 1980

Überblickt man die Ansiedlungsfälle seit 1951, so wird deutlich, daß trotz des Bemühens um Wachstumsbranchen und deren Lenkung in bisher wenig industrialisierte Gebirgstäler vorwiegend kleine, kapitalschwache Unternehmen gekommen sind, die überwiegend in die schon stark besetzten Regionen, den Raum Stabio—Mendrisio—Chiasso (insbesondere die rasch wachsende Gewerbezone von Stabio) sowie die Region Lugano und die Magadino-Ebene gingen. Abb. 17 verdeutlicht diese starke Konzentration der Industrie in wenigen Zentren und Wachstumspolen. Regionale Disparitäten, insbesondere krasse Unterschiede in der Bevölkerungsdynamik und Wirtschaftskraft der Abwanderungsgebiete im Berggebiet sowie der Seitentäler gegenüber den rasch wachsenden Metropolen Bellizona, Locarno, Lugano und den Grenzgebieten zu Italien waren die Folge (vgl. Abb. 16).

Betrieblicher Flächenbedarf und die „Industriezonen von Landesinteresse"

Größere zusammenhängende Industrie- und Gewerbeflächen konzentrieren sich im Tessin auf die wenigen breiten Talsohlenflächen (Magadino-Ebene im Verlandungsbereich des Lago Maggiore), auf das Val d'Agno nördlich des Lago di Lugano sowie auf die äußerste, nicht mehr zum Berggebiet gehörende Grenzregion im Süden (Raum Chiasso—Mendrisio—Stabio). Insgesamt errechnet GEROSA (1979, S. 31) einen Gesamtumfang von 1031 ha Betriebsflächen im Kanton, darunter sind 845 ha in Zonenplänen ausgewiesen. Anfang der achtziger Jahre waren davon noch 69% (rund 583 ha) nicht bebaut.

Bedeutende Flächenreserven liegen, wie Tab. 5 zeigt, nicht nur in den Industrieregionen im Süden, sondern auch in den Bergtälern des Nordens. So werden für die Leventina im Sopraceneri immerhin 109 ha gewerblicher Flächen ausgewiesen, vorwiegend in Quinto (Piotta) und Bodio-Giornico.

45 Neben Neugründungen wurden im Rahmen des Industrieförderungsgesetzes 22 bestehende Betriebe unterstützt, die fast ausschließlich im Berggebiet liegen. Dank solcher Investitionshilfen konnten nach Angaben des Dipartimento dell' economia pubblica neben 300 neu geschaffenen Arbeitsplätzen 950 erhalten werden.

4. Die quantitative Industrieansiedlungspolitik

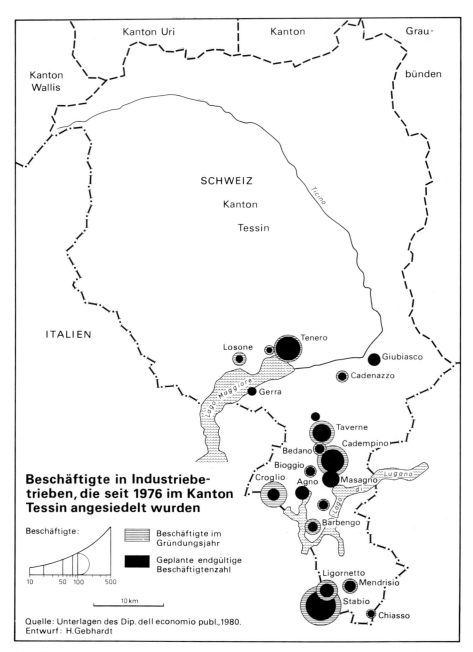

Abb. 18

4.2. Die Entwicklung in den Untersuchungsgebieten

Umfangreiche Areale mit beträchtlichen Flächenreserven befinden sich in der Magadino-Ebene zwischen Bellinzona und dem Lago Maggiore, im Raum Bellinzona vor allem bei Cadenazzo und Castione-Lumino (siehe Abb. 19), im Bezirk Locarno bei Tenero und Losone. Eine Zone mit zahlreichen Industrieflächen liegt ferner nördlich von Lugano, zwischen Agno und dem Monte Ceneri. Im Mendrisiotto konzentrieren sich größere Industrieflächen außer bei Rancate in unmittelbarer Grenznähe zu Italien, insbesondere bei Balerna und Stabio.

Tab. 5: Gewerbe- und Industrieflächen im Kanton Tessin

Region	Flächen (ha)	Region	Flächen(ha)
Leventina	109	Verzasca	7
Blenio	28	Locarnese	104
Riviera	97	Luganese	286
Bellinzonese	173	Mendrisiotto	182
Valmaggia	45	INGESAMT	1031

Quelle: GEROSA (1979, S. 28)

Angesichts solcher Flächenreserven, gerade auch in den von der Kantonsregierung besonders präferierten Gebieten im Norden des Landes, kann von flächenbedingten Ansiedlungshemmnissen sicher keine Rede sein. Im Gegenteil: Selbst wenn man die heute unrealistisch hohen, noch von der ausklingenden Wachstumseuphorie getragenen Prognosen der zukünftigen Wirtschaftsentwicklung im Kanton wie auch der allgemeinen Bevölkerungs- und Erwerbsquotenentwicklung zugrundelegt, sind die angebotenen 583 ha sicher bei weitem zu viel. Da eine solche (zumindest rein rechnerische) Diskrepanz zwischen bebauten und freien Flächen für die Flächennutzungsplanung in fast allen Untersuchungsgebieten typisch ist, sei sie am Beispiel des Tessin etwas genauer analysiert.

Selbst wenn man die dynamische und in dieser Form sicher einmalige Industrieentwicklung zwischen 1966 und 70 mit 2000 neuen Arbeitsplätzen (URE, 1970) und 1970 bis 74 mit 1600 (URE, 1976) bis zum Jahre 2000 hochrechnet, so ergibt sich nur ein Zuwachs von 9600 Arbeitsplätzen (GEROSA, 1979, S. 33).

Realistische Bevölkerungs- und Arbeitsplatzprognosen[46] reduzieren diesen Wert allerdings beträchtlich, natürlich nur unter der Prämisse, daß nicht weiterhin in steigendem Maße Ausländer beschäftigt werden sollen (siehe unten). Unter bestimmten Vorannahmen zu Struktur- und Standorteffekten der Tessiner Industrie[47] ergibt eine Prognose des URE hier zwar eine zusätzliche Zahl von 20 000 neuen Arbeitsplätzen im Kanton bis zum Jahre 2000, darunter aber nur noch 3000 im sekundären Sektor. Selbst die bereits Anfang der siebziger Jahre von ELSASSER (1972) vorgelegte Hochrechnung kommt nur auf eine Zahl von 5000 industriellen Arbeitsplätzen.

---

46 Für das Tessin wurden entsprechende Prognosen vom Ufficio delle ricerche economiche erstellt (URE, 1975, S. 38 ff.; URE, 1979; URE, 1981).

47 Entsprechende Prognosen werden auf der Basis bestimmter Vorannahmen zur künftigen Bevölkerungs- und Erwerbspersonenentwicklung einerseits und zur Arbeitsplatzentwicklung andererseits erstellt. Die Bevölkerungsentwicklung wird aufgrund demographischer Merkmale hochgerechnet, die Arbeitsplatzentwicklung über statistische Vergleiche mit größeren Raumeinheiten und bestimmten Vorgaben bezüglich von Struktur- und Standorteffekten, d.h. Abweichungen der regionalen von der gesamträumlichen Entwicklung, vorausgeschätzt.

4. Die quantitative Industrieansiedlungspolitik

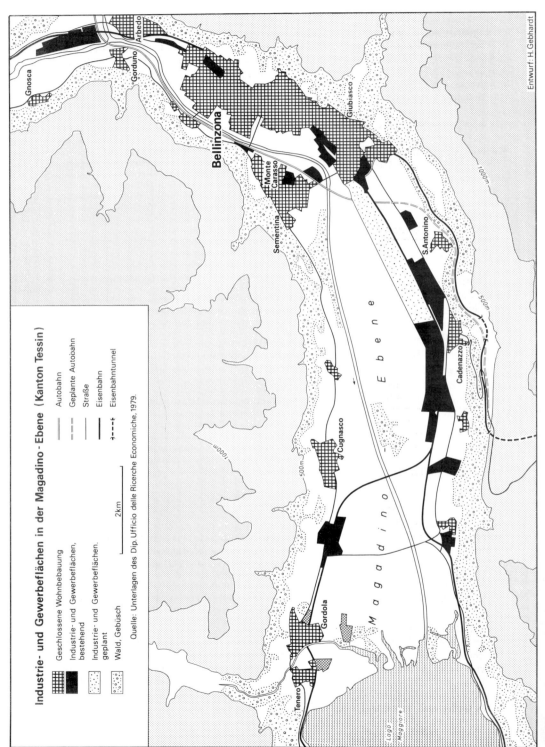

Abb. 19

4.2. Die Entwicklung in den Untersuchungsgebieten

Solche Zahlen — 3000 bis 9600 neue Arbeitsplätze in der Industrie — sind natürlich seit den Konjunktureinbrüchen der späten siebziger Jahre nur noch Makulatur. Doch selbst wenn man sie weiterhin zugrundelegen wollte, ergäbe sich dennoch nur ein zusätzlicher Flächenbedarf im Kanton zwischen 30 ha (bei 3000 zusätzlichen Arbeitsplätzen in arbeitskräfteintensiven Branchen mit einem durchschnittlichen Flächenbedarf von 100 qm/Besch.)[48] und 180 ha (bei 9000 Arbeitsplätzen in flächenintensiven Branchen mit 200 qm/Besch.), keineswegs aber eine Nachfrage nach den angebotenen 585 ha[49].

Natürlich ist hierbei der Ersatz- und Erweiterungsbedarf der bestehenden Betriebe noch nicht eingerechnet. Bei meinen Umfragen 1981 machten 47 Betriebe einen zusätzlichen Flächenbedarf in den kommenden 5 Jahren von insgesamt 230 000 qm geltend, eine Zahl, die sich wohl auch in Zukunft nicht wesentlich erhöhen dürfte. Überwiegend handelte es sich dabei um Flächen für kleinere Erweiterungsinvestitionen (typische Größenordnung: 2000 qm).

Tab. 6: Zukünftiger Flächenbedarf bestehender Industriebetriebe im Kanton Tessin (in ha)

Branche	Betriebsfl.	Bebaute Fläche	Reservefläche	Zukünft. Bedarf
Chemie/Kunstst.	15,9	5,4	3,6	1,6
Steine/Erden	15,5	2,3	3,3	0,6
Metallerzeugung	43,9	37,4	5,3	5,2
Masch./Apparate	21,8	8,1	4,2	5,0
Sonst. Metall	37,1	15,1	7,5	3,1
Holz/Papier	3,1	1,6	0,3	—
Druck/Graphik	1,7	1,1	0,1	—
Textil	7,7	2,8	0,6	0,5
Bekleidung	22,6	7,5	3,6	1,4
Nahrung/Genußm.	16,2	4,8	1,1	5,3
Uhren	2,9	0,8	0,2	0,1
Sonstige	4,8	0,7	0,4	—
INSGESAMT	193,2	87,7	34,0	22,7

Quelle: Eigene Erhebungen 1981

Die Modellrechnungen zur Arbeitsplatzentwicklung und zum zukünftigen Flächenbedarf im Tessin belegen, daß hier wie in allen Untersuchungsgebieten im Alpenraum ein beträchtlicher Überhang an in Zonenplänen ausgewiesenen Gewerbeflächen gegenüber dem faktischen Bedarf besteht. Im Tessin wie auch z.B. in Südtirol versucht die Wirtschaftsförderung daher, durch Förderung einiger weniger bevorzugter Ansiedlungsareale an besonders gut geeigneten Standorten einer weiteren räumlichen Zersplitterung der Industrieansiedlung entgegenzuwirken.

Dabei werden „Industriezonen von kantonalem Interesse" mit einer Mindestfläche von 30 ha und kleinere Zonen von „örtlichem Interesse", die eine Mindestgröße

---

48 Berechnungen des durchschnittlichen Industrieflächenbedarfs verschiedener Branchen sind problematisch, da der Flächenbedarf eng mit dem technologischen Entwicklungsstand des Betriebs (siehe MARANDON, 1979) und den spezifischen Produktionsvorgängen zusammenhängt und damit auch innerhalb einer Branche sehr stark variieren kann (GROTZ/KOHLER, 1984). Empirische Untersuchungen zu dieser Thematik stammen von HOTTES/KERSTING (1977), für die Schweiz von ELSASSER (1970).

49 Siehe hierzu GEROSA (1979, S. 32 ff.).

von 10 ha aufweisen müssen, unterschieden. Betriebe, die sich in einer der vier Zonen von kantonalem Interesse ansiedeln, erhalten als Hilfen von der Gemeinde zur Verfügung gestelltes Ansiedlungsgelände sowie Steuererleichterungen. Drei der vier Zonen liegen im Norden des Landes (Sopraceneri), also außerhalb des engeren Einpendlerbereichs von italienischen Grenzgängern. Dies zeigt die Stoßrichtung der kantonalen Politik, wegzukommen von den problematischen, starken konjunkturellen Schwankungen unterliegenden Ansiedlungen von „border industries" im äußersten Süden, und neue Arbeitsplätze vor allem in der Metall-, der Kunststoff- und Elektroindustrie zu schaffen.

Tab. 7: Industriegebiete von kantonalem Interesse im Tessin

Industriezone	Größe in ha	Denkbare Beschäftigtenzahl (Prognose)
Biasca	41	2000—4100
Piano di Magadino	315	16200—32500
Piano del Vedeggio	53	2600—5300
Mendrisiotto (Stabio)	78	3900—7800

Quelle: GEROSA (1979, S. 31)

Die Problematik des Grenzgängerwesens

Schon für Anfang der siebziger Jahre hatte eine Umfrage des URE (1973) bei einer Stichprobe von Unternehmen[50] ergeben, daß für 62% der Betriebe der Arbeitsmarkt (darunter für 56% die Grenzgänger) eine erhebliche Bedeutung als Standortmotiv aufwiesen, gefolgt von der persönlichen Verbundenheit mit dem Kanton (57%), der Verfügbarkeit an Boden zu günstigen Bedingungen (32%) und „industrieller Tradition" (22%). Besteuerung und öffentliche Förderung hingegen waren nahezu bedeutungslos (4% bzw. 6%).

Die Bedeutung der Grenzgängerbeschäftigung als Standortmotiv hat in der Folgezeit eher noch zugenommen, wie meine eigenen Erhebungen aus den achtziger Jahren zeigen. 72% aller Betriebe und 96% der neugegründeten Unternehmen nennen den Arbeitsmarkt als dominantes Standortmotiv, darunter 52% bzw. 64% speziell die Grenzgänger. Hohe Anteile an „persönlichen Gründen" und „sonstigen Gründen" legen darüberhinaus die Vermutung nahe, daß neben der Grenzgängerbeschäftigung kaum andere rationale Standortmotive existieren und die Unternehmen bei solchen Antworten möglicherweise ihre primären Beweggründe verschleiert hatten. Steuerniveau und öffentliche Unterstützung spielen eine etwas wichtigere Rolle als früher (10% bzw. 17%), unter den dominanten Motiven für Ansiedlungsentscheidungen sind sie gleichwohl nicht zu finden.

„Border industries" bestimmen in der Tat bis heute das Arbeitsplatzangebot. In den grenznahen Regionen Lugano und Mendrisio liegen die Grenzgängeranteile in der Industrie deutlich über 50%, im Textil- und Bekleidungssektor sogar bei über

---

50 Leider wird die genaue Zahl der Betriebe hier nicht angegeben, im Text ist von 35 die Rede.

70%. Mit 31 400 Grenzgängern (1981) hat der Kanton Tessin heute unter allen Grenzgängerregionen der Schweiz die höchste Zahl; sie liegt noch über denen der Agglomerationen Genf und Basel (26 000 bzw. 24 600).

Tab. 8: Gründe für die Standortwahl von Industriebetrieben im Tessin (Mehrfachnennungen möglich; Angaben in % der antwortenden Betriebe)

ANSIEDLUNGSMOTIV	TESSIN: Alle Betriebe (n = 173)		TESSIN: Nach 1970 gegr. Betr. (n = 47)	
	Nennungen	% aller Nenn.	Nennungen	% aller Nenn.
ausreichende, preisgünstige Flächen	38	22	13	28
Arbeitsmarkt, Arbeitskräftereserven	125	72	45	96
— darunter Grenzgängerbeschäftigung	90	52	30	64
Günst. Energieversorgung	10	6	3	6
Steuerniveau, öffentliche Unterstützung	37	10	18	17
Persönliche Gründe	83	49	18	38
Zufall, sonstige Gründe	31	18	6	13

Quelle: Eigene Erhebungen 1981/82

Tab. 9: Industriebeschäftigte in Regionen des Kanton Tessin 1979

	Regionen			
	Bellinzona	Locarno	Lugano	Mendrisio
Betriebe	53	64	211	207
Beschäftigte	2216	3921	8569	9674
Ausländer (% d. B.)	58,3%	54,4%	74,0%	85,0%
Grenzgänger (% d. B.)	15,4%	30,7%	54,7%	73,2%

Quelle: Industriestatistik der Schweiz 1979

Zwar hat die Ausländerbeschäftigung im Tessin durchaus Tradition — bereits 1913 arbeiteten in den Industriebetrieben des Kantons nur 3091 Schweizer, aber schon 3731 Italiener (SCHNEIDERFRANKEN, 1936, S. 40) —, das rasche Ansteigen der Grenzgängerzahlen seit den siebziger Jahren gegenüber den „Jahresaufenthaltern"[51] und den Saisonarbeitern (insbesondere im Bau- und Gastgewerbe) ist jedoch vor allem mit Veränderungen der Schweizer Ausländerpolitik zu erklären.

Bis 1963/65 hatte in der Schweiz eine relativ liberale Einwanderungspolitik geherrscht, wobei allerdings Dauer und Ort des Aufenthalts sehr strikt geregelt waren.

---

51 Nach einem Jahr können sie die Ehefrau und die minderjährigen Kinder nachfolgen lassen.

Ab Mitte der sechziger Jahre wurde jedoch eine Begrenzung der Zulassung ausländischer Arbeitskräfte durch betriebliche „Plafonierung", nach 1970 eine noch weitergehende Einschränkung der Ausländerzuzüge durch die „Globalplafonierung" verfügt (SCHULER, 1984, S. 243 ff.). Da Grenzgänger bis in die jüngste Zeit von diesen Restriktionen ausgenommen blieben, wurde es gerade für arbeitsintensive, auf wenig qualifizierte Kräfte angewiesene Unternehmen interessant, entlang der Landesgrenze Fabrikationsstätten zu errichten (vgl. MOHR, 1985). Insbesondere belebte sich wieder sehr rasch der Zuzug außerkantonaler, aus der Deutschschweiz stammender Firmen der Bekleidungs- und Uhrenindustrie (siehe Abb. 13). Ende der siebziger Jahre kamen bereits auf 9200 Jahresaufenthalter und 6000 Saisonarbeiter über 30 000 Grenzgänger mit Wohnsitz in Italien.

Die Beurteilung des Grenzgängerwesens unterscheidet sich natürlich in der Sicht der Entsende- und der Aufnahmeländer (vgl. RATTI et al., 1981). Ein positiver Effekt ist sicher, daß der Arbeitsmarkt der Aufnahmeländer flexibler wird und sich die Beschäftigungssituation in den Entsendeländern entspannt. Andererseits scheinen im Tessin doch die negativen Auswirkungen insgesamt als gravierender empfunden zu werden: ein deutlich niedrigeres Lohnniveau als im Schweizer Durchschnitt sowie eine niedrige Produktivität aufgrund der Spezialisierung auf arbeitsintensive einfache Produktionen, ein stark segmentierter, für Schweizer wenig attraktiver Arbeitsmarkt. Solche Probleme werden von der Wirtschaftsförderung, aber auch der Öffentlichkeit, zunehmend gesehen. Gerade während meiner Forschungsaufenthalte Anfang der achtziger Jahre wurde das Grenzgängerproblem auch in der Öffentlichkeit breit diskutiert.

Fazit

Die Industriepolitik im Tessin seit dem Zweiten Weltkrieg vermochte der „Eigengesetzlichkeit" der „border industries" im südlichen Grenzraum nur wenig gegenzusteuern, umsomehr als — vom Standortvorzug des Lohngefälles zwischen Italien und der Schweiz und der strukturellen Arbeitslosigkeit in der Lombardei abgesehen — alle übrigen Standortvoraussetzungen im Schweizer Südkanton eher negativ sind (periphere Lage zu den Schweizer Wirtschaftszentren, Transportprobleme[52]). Die Betriebe unterstrichen bei meinen Befragungen, deutlicher als in anderen Untersuchungsgebieten, die negativen Aspekte des Standorts Tessin, darunter auch mangelndes Verständnis für die Belange der Industrie und eine gewisse Industriefeindlichkeit in der öffentlichen Meinung. Gefordert wird insgesamt eine stärker an den wirtschaftlichen Realitäten ausgerichtete Raumplanung und Raumordnung.

---

52 Ein zentrales Problem der Industrie ist derzeit die noch unbefriedigende Straßenverkehrssituation auf der Strecke zum Gotthard-Straßentunnel (vgl. URE, 1979, 1980). Der Bau der Nationalstraße N2 von insgesamt 122 km verzögerte sich aufgrund des schwierigen Geländes im Norden und technischer Probleme immer wieder. Während die südlichen Teilstücke zwischen Chiasso und Lugano bereits 1968 und zwischen Lugano und Rivera 1973 fertiggestellt waren, sind einige Teilstrecken zwischen Bellinzona und Airolo, insbes. bei Biasca und zwischen Biasca und Quinto, auch Mitte der achtziger Jahre noch nicht fertiggebaut. Die engen Ortsdurchfahrten in Gemeinden wie Faido erweisen sich als regelrechte Nadelöhre für den Transitverkehr.

4.2.2. Vorarlberg, St. Gallen, Liechtenstein: Industrie im grenzüberschreitenden Wirtschaftsraum

Die industrielle Entwicklung im Alpenrheintal setzte Ende des 18. Jahrhunderts mit dem Aufbau der Textilindustrie, insbesondere der Baumwollspinnerei und -weberei, ein. Von Zürich war die Textilerzeugung und -verarbeitung in die Ostschweiz gewandert und konzentrierte sich dabei vor allem in St. Gallen (siehe Kap. 3.2.1.; Abb. 11). Baumwollstickerei sowie Feinspinnerei und -weberei wurden wichtige Erwerbszweige. 1790 waren rund 40 000 Stickereien — größtenteils in Heimarbeit — für die St. Gallener Industrie tätig (EICHENBERGER, 1981). Auf der anderen Rheinseite wurde bereits 1764 von einem Schweizer Unternehmer die erste Baumwollfabrik gegründet (nach GRABHER, 1965, S. 94 f.). In der Folgezeit entstanden rasch weitere Baumwollverarbeitungsbetriebe, deren Gründer Schweizer und Deutsche, teilweise sogar Engländer und Franzosen waren (vgl. NÄGELE, 1949; ZILGER, 1971). Auch die maschinelle Stickerei, die etwa ab 1880 neben die Baumwollindustrie trat und bis heute in Vorarlberg verbreitet ist, kam von St. Gallen nach Vorarlberg (BRÜSTLE, 1965; FITZ, 1976).

Vor allem die Stadt Dornbirn entwickelte sich zu einem Zentrum der Vorarlberger Textilindustrie (Dornbirner Messe). Viele der großen Unternehmen des Landes haben hier ihren Hauptsitz, so der älteste Vorarlberger Betrieb, die 1795 gegründete Fa. HERRBURGER & RHOMBERG, oder die Baumwollspinnereien und -webereien von Franz M. RHOMBERG und F. M. HÄMMERLE, deren Ursprünge auf die erste Hälfte des 19. Jahrhunderts zurückgehen (siehe GMEINER, 1976, S. 15 ff.).

Um die Jahrhundertwende wurde das Branchenspektrum ergänzt um Betriebe der Wirkwarenindustrie sowie der Woll- und Seidenverarbeitung. Manche Unternehmen konzentrierten sich auch auf die Textilveredlung oder eröffneten eigene Konfektionsabteilungen, z.B. Herstellung von Oberbekleidung (siehe GÄRTNER, 1970).

Die Stickereikrise der Zwischenkriegszeit wirkte sich auf die Wirtschaftsentwicklung der beiden Rheintalhälften unterschiedlich aus. Während in Vorarlberg ein durchgreifender Strukturwandel der gewerblichen Wirtschaft ausblieb und sich Arbeitslose mit der selten ganz aufgegebenen Nebenerwerbslandwirtschaft über Wasser halten konnten (MEUSBURGER, 1975, S. 308), führte die drastisch zunehmende Arbeitslosigkeit im St. Gallener Rheintal zu einer Abwanderungswelle mit negativen Folgen für die weitere demographische und wirtschaftliche Entwicklung in der Ostschweiz (demographische Siebungseffekte, schlechtes Image). In stärkerem Maße als in Vorarlberg bemühte man sich jedoch auch um nicht-textile Wachstumsbetriebe; mit der Ansiedlung einiger Großbetriebe (WILD HEERBRUGG AG, FLUG- UND FAHRZEUGWERKE ALTENRHEIN, VISCOSUISSE) war diese Strategie durchaus erfolgreich.

Das bedeutendste dieser neuen Unternehmen wurde die WILD HEERBRUGG AG. Heinrich Wild, ein bei Zeiss in Jena ausgebildeter schweizerischer Ingenieur, hatte bereits 1921 mit zwei örtlichen Geldgebern eine kleine Werkstätte für Feinmechanik und Optik gegründet. Arbeitskräfte, die allerdings erst mühsam ausgebildet werden mußten, wurden im Überfluß in der Stickerei freigesetzt. Das Unternehmen expandierte, als 1926 mit A. J. Schmidheini, einem ehemaligen Stickereifabrikanten, ein kaufmännisch versierter Unternehmer an die Spitze trat. Heute ist die WILD AG der größte

96   4. Die quantitative Industrieansiedlungspolitik

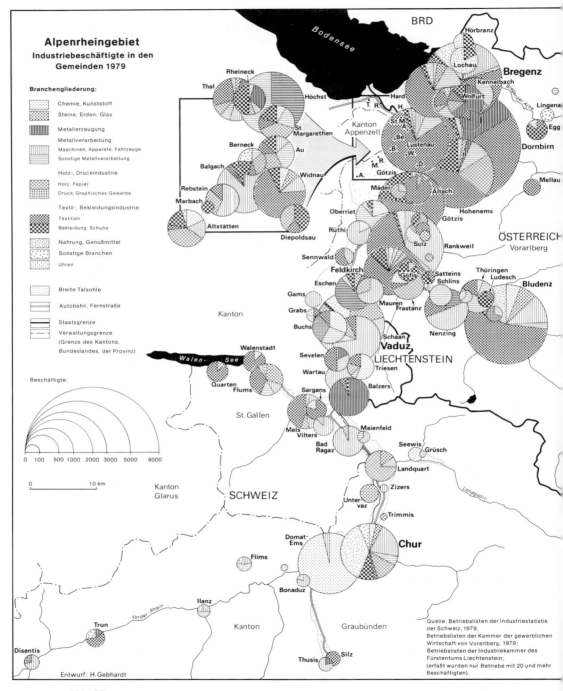

Abb. 20

4.2. Die Entwicklung in den Untersuchungsgebieten

optisch-feinmechanische Betrieb der Schweiz (Produktion von Ferngläsern, geodätischen Instrumenten, Mikroskopen) mit knapp 2300 Beschäftigten (darunter 990 Ausländer, vorwiegend Grenzgänger).

Die Folge solcher Entwicklungen im St. Gallener Rheintal ist heute ein höherer Anteil innovativer Branchen und ein insgesamt breiteres Branchenspektrum, was eine Shift-Analyse der Industriebeschäftigtenentwicklung deutlich macht (Abb. 21). Der Kanton konnte seinen Stellenwert gegenüber der Gesamtschweiz seit 1941 kontinuierlich verbessern. Überdurchschnittliche Regionalfaktoren (> 1,00) weisen dabei die Regionen „Rheintal" und „Werdenberg" auf, wobei positive Abweichungen inzwischen allerdings vornehmlich den Standorteffekten, weniger den Struktureffekten zugeschrieben werden.

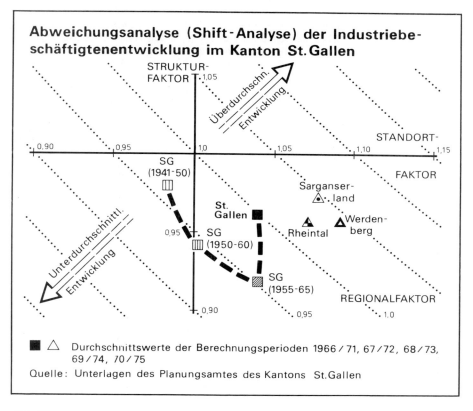

Abb. 21

Das Fürstentum Liechtenstein ist, ungeachtet seines Image als „Briefmarkenstaat" oder Hort von steuerbegünstigten Finanz- und Holdinggesellschaften, heute „das kleinste Industrieland der Welt" (RITTER, 1982, S. 389). 48% der unselbständig Beschäftigten arbeiten in den knapp 30 gewerblichen Unternehmen.

Der eigentliche Wandel zum Industrieland erfolgte erst nach dem Zweiten Weltkrieg. Voraussetzung hierfür waren nicht zuletzt die wirtschaftsfreundlichen Steuergesetze, die niedrigen Kapital- und Ertragssteuern, ein günstiger Geld- und Kapitalmarkt, die Zugehörigkeit zum währungspolitisch stabilen Schweizer Wirtschaftsraum sowie einige innovative Unternehmerpersönlichkeiten (BECK, 1969, S. 9 ff.; MEUSBURGER, 1981, S. 148). Zwischen 1941 und 1978 verfünffachte sich die Zahl an industriellen Arbeitsplätzen, in einigen technologisch hochstehenden Unternehmen der Metall-, Maschinen- und Kunststoffindustrie gab es 1978 sogar fast 24mal so viele Arbeitsplätze als 1941 (alle Angaben nach MEUSBURGER, 1981).

Hierunter fallen vor allem die heutigen Mittel- und Großbetriebe der Metallverarbeitung, des Maschinen- und Apparatebaus und der Kunststoffindustrie. Viele dieser Unternehmen sind aus handwerklichen Wurzeln entstanden, so die Fa. IVOCLAR (Zahnbedarf) in Schaan oder die aus einer seit 1868 bestehenden Schlosserei hervorgegangenen HOVALWERKE (Heizungstechnik) in Vaduz, auch die BALZERS AG (Hochvakuumtechnik) mit Werken in Balzers sowie im benachbarten Trübbach (Kanton St. Gallen) und schließlich die 1941 gegründete HILTI AG für Befestigungstechnik in Schaan (siehe Kap. 4.2.2.). Einziger Betrieb, der aufgrund seiner Produktion stärker mit der Landwirtschaft verflochten ist, ist die 1936 gegründete HILCONA AG (Lebensmittelverarbeitung).

Die seit drei Jahrzehnten andauernde dynamische Industrialisierung war nur möglich dank der Beschäftigung von Ausländern. Seit 1950 wurden Jahr für Jahr mehr Arbeitsplätze geschaffen als durch Inländer besetzt werden konnten (SCHLEGEL, 1981, S. 133); 1960 stammten bereits 3 von 4 leitenden Angestellten aus dem Ausland (MEUSBURGER, 1970). 1980 wurde ein Rekordwert von 37,3% ausländischer Arbeitnehmer erreicht, was einer absoluten Zahl von 10 000 entspricht (MEUSEBURGER, 1981).

Divergenzen der jungen Industrieentwicklung in den Teilräumen des Rheintales

Auch heute noch spielt im Alpenrheingebiet die traditionelle Textilindustrie eine wichtige Rolle. Allerdings ist ihre Bedeutung in den einzelnen Teilräumen sehr unterschiedlich. Im Fürstentum Liechtenstein gibt es kaum Textil- und Bekleidungsbetriebe, in St. Gallen ist es eine Branche neben anderen (rund 30% aller Beschäftigten), in Vorarlberg ist sie dominant.

Die unterschiedliche Wirtschaftsentwicklung im einheitlichen Kulturraum Alpenrheintal war schon in der Vergangenheit auf den Einfluß der verschiedenen Staatlichkeiten zurückzuführen (siehe Kap. 3.2.3.). Dies gilt auch für die Nachkriegsentwicklung.

VORARLBERG war nach dem Krieg gegenüber der benachbarten Schweiz zwar in einer ungünstigeren, gegenüber den anderen österreichischen Bundesländern aber in einer bevorzugten Situation. Während in Wien und Niederösterreich noch Industrieanlagen demontiert wurden, sorgte hier die bereits im September 1945 gegründete „Wirtschaftsstelle Vorarlberg-Schweiz" dafür, daß wieder Devisen flossen und dringend benötigte Rohstoffe eingekauft werden konnten. Zwar wurde das

4.2. Die Entwicklung in den Untersuchungsgebieten

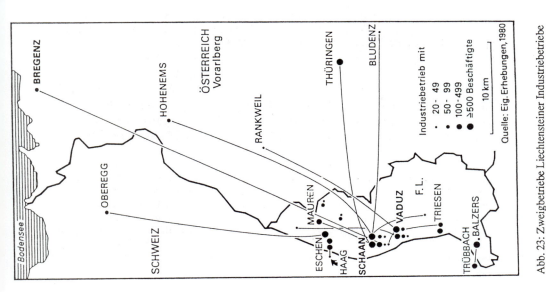

Abb. 23: Zweigbetriebe Liechtensteiner Industriebetriebe im Alpenrheingebiet

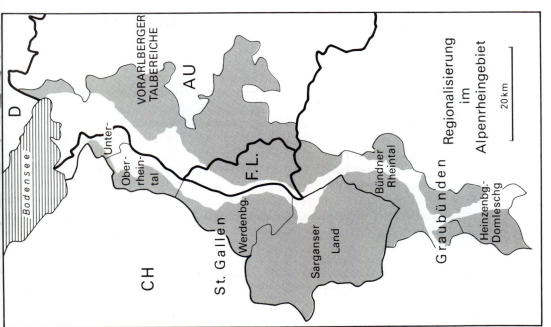

Abb. 22

Handelsabkommen mit der Schweiz bereits 1947 annuliert, da der Abschluß solcher Verträge nur dem Bund zustand, bis zu diesem Zeitpunkt hatte es jedoch der Vorarlberger Wirtschaft wieder auf die Beine geholfen und einen Neuanfang ermöglicht[53].

Die industrielle Expansion der fünfziger Jahre hatte noch vorwiegend die Textil- und Bekleidungsindustrie betroffen. Danach jedoch gingen deren Anteile langsam, aber stetig zurück. Umfaßte der nichttextile Bereich 1955 weniger als 25% der Beschäftigten, so lag er 1981 schon bei fast 50% (und einem Produktionswert von über 50%). Aufgefangen wurden die Arbeitsplatzverluste in der Textilbranche durch den Ausbau der Metall-, Maschinen- und Elektroindustrie, deren Beschäftigtenzahlen sich zwischen 1955 und 1978 um 261% erhöhten. Von den 1980 bestehenden 94 Unternehmen dieser Branche waren nur 15 vor dem Zweiten Weltkrieg gegründet worden[54].

Tab. 10: Betriebe und Beschäftigte in der Vorarlberger Industrie nach Betriebsgrößenklassen

Betriebs-größenklasse	Betriebe		Beschäftigte	
	1963	1975	1963	1975
unter 20 Besch.	216	252	1 345	1 858
20—100 Besch.	132	172	5 896	8 104
über 100 Besch.	62	72	22 526	27 026
INSGESAMT	410	494	29 767	36 988

Quelle: Statistische Unterlagen der Kammer der gewerblichen Wirtschaft für Vorarlberg

Die Industrie im ST. GALLENER RHEINTAL sah sich in der Nachkriegszeit einer gerade umgekehrten Situation gegenüber wie jene in Vorarlberg: Begünstigt gegenüber dem französisch besetzten Nachbarland mit seiner kriegsgeschädigten Wirtschaft, aber benachteiligt, aufgrund der Peripherlage, gegenüber anderen Schweizer Industrieregionen. Gleichwohl setzte sich die schon in der Zwischenkriegszeit eingeleitete Abkehr von der Textilindustrie fort. Bei einer Gesamtbeschäftigtenzahl, die nur rund einem Drittel der Vorarlberger Industrie entspricht, dominiert heute die Metallindustrie, gefolgt von der Textilindustrie sowie einigen weiteren Industriezweigen.

Der Kanton St. Gallen entwickelte in den siebziger Jahren ein zeittypisches System industrieller Förderung, das neben Steuererleichterungen und der Vermittlung von Bürgschaften die Einrichtung eines „Fonds für Wirtschaftsförderung"

---

53 Siehe zu diesem Thema MEUSBURGER (1982, S. 35 f.).
54 Regionaler Schwerpunkt der Nichttextilindustrie in Vorarlberg ist das untere Rheintal, insbesondere die Gemeinden Höchst, Bregenz, Schwarzach, Wolfurt und Lustenau. In Höchst haben zwei der bedeutendsten europäischen Hersteller von Möbelbeschlägen (BLUM, GRASS) ihren Standort, in Wolfurt der größte österreichische Produzent von Liftanlagen (DOPPELMAYR).

vorsah. Dieser sollte neben der Mitfinanzierung von Maßnahmen des Bundes auch autonome kantonale Fördermöglichkeiten bieten. Träger der Standortberatung und der Vermittlung von Ansiedlungshilfen wurde das Kantonale Amt für Industrie, Gewerbe und Arbeit. Das KIGA hatte Anfang der achtziger Jahre auch einen Industriestandortkataster erstellt, der die Grundstückssuche und -vermittlung erleichtern sollte.

Die Bedeutung der Industrie im Fürstentum LIECHTENSTEIN wird gerne unterschätzt. Der tertiäre Wirtschaftssektor reicht mit 41,5% der Beschäftigten nicht an die Bedeutung der Industrie heran (55%),der Bereich Handel, Banken, Versicherungen, Verkehr umfaßt nur 13,5% der Erwerbstätigen.

Aufgrund der hohen Ausländeranteile an den Beschäftigten von über 30% erwies sich, nach der geradezu boomartigen Expansion Liechtensteinischer Industriebetriebe in der Nachkriegszeit, ein weiteres industrielles Wachstum im Land selbst seit den siebziger Jahren als nahezu unmöglich[55]. Fast alle größeren Liechtensteinischen Industriebetriebe gründeten im letzten Jahrzehnt Filialen im benachbarten Vorarlberg und der Schweiz, später auch in anderen europäischen Ländern und in Außereuropa (siehe unten).

Industrieflächen und Betriebsansiedlungen

Viele Betriebe in VORARLBERG, darunter vor allem die größeren Textilunternehmen, sind relativ alt. Entsprechend ungünstig ist unter aktuellen raumordnerischen Gesichtspunkten die Lage der Betriebsareale im Flächennutzungsgefüge der Städte bzw. Industriegemeinden.

Die topographische Lage und Einbettung der Betriebe in ihre Umgebung wurde mit Hilfe von Flächenwidmungsplänen und Luftbildern (Befliegung von 1979 im Maßstab 1:10 000) quantitativ zu erfassen versucht[56]. Dabei zeigte sich, daß über 50% der Produktionsstandorte inmitten von dicht bebauten Gebieten liegen. Besonders deutlich wird dies bei den Textilbetrieben, die zu über 70% Standorte mitten im Stadtgebiet haben.

---

55 Die zahlreichen ausländischen Arbeitnehmer (insbes. Schweizer und Deutsche) in Liechtenstein bilden, anders als in den meisten europäischen Industriestaaten, nicht die Basis, sondern die Spitze der Qualifikationspyramide. Hingegen wurde, zumindest bis in die sechziger Jahre, der Bedarf an unteren und mittleren Qualifikationen durch Grenzgänger aus dem Nahbereich, d.h. aus Vorarlberg gedeckt. In jüngerer Zeit arbeiten in diesen Berufen natürlich zunehmend Italiener, Spanier und Jugoslawen. Insgesamt erreichen inzwischen die Schweizer den höchsten „Ausländeranteil", da sie bisher von den Maßnahmen zur Kontingentierung ausländischer Arbeitskräfte ausgenommen wurden, gefolgt von der früher bedeutsameren Gruppe der Österreicher sowie den Deutschen und Italienern mit etwa gleich großen Anteilen (10—15%). Der Anteil an Universitäts- und Fachhochschulabsolventen liegt unter den Ausländern fast dreimal so hoch wie unter den Einheimischen (MEUSBURGER, 1981, S. 153), was ein bezeichnendes Licht auf den sehr ungewöhnlich strukturierten Liechtensteinischen Arbeitsmarkt wirft.

56 Einbezogen wurden die 14 größten Gewerbegemeinden Vorarlbergs (außer Lustenau); erfaßt wurden alle Industriebetriebe mit über 100 Beschäftigten. Lustenau wurde ausgeklammert, weil hier aufgrund der dominierenden Stickereiindustrie sehr spezielle Verhältnisse herrschen.

Tab. 11: Standortsituation der Groß- und Mittelbetriebe in Vorarlberg
(Betriebe mit über 100 Besch. in den 14 größten Gewerbegemeinden)

Branche/ Betriebs- größe	LAGEMERKMALE						VERKEHRSANBINDUNG			
	inmitten dich- ter Bebauung		Stadt- rand		außerhalb der Siedl.		Auto- bahn	Schnell- straße	Stadt- straße	Gleis anschluß
	Zahl	%	Zahl	%	Zahl	%	(Zahl)	(Zahl)	(Zahl)	(Zahl)
Textil	15	71	2	10	4	19	3	5	14	6
Metall	8	57	3	22	2	22	4	2	7	4
Sonst.	6	67	1	11	2	22	2	1	7	1
1000 B.	2	40	2	40	1	20	1	—	4	—
300—999 B.	14	64	2	9	6	27	4	6	22	8
100—299 B.	9	75	2	17	1	8	3	2	8	3

Quelle: Flächenwidmungspläne bzw. -entwürfe der Gemeinden in Vorarlberg; Luftbilder 1:10 000

Aus dieser beengten Lage vieler Betriebe resultieren die häufigen Transport- und Verkehrsprobleme. Nur knapp die Hälfte der Textilbetriebe ist ohne längere Umwege durch dicht bebautes Siedlungsgebiet an eine Schnellstraße oder Autobahn angebunden. Ob diese Unternehmen im siedlungsgeographischen Kontext als störend anzusehen sind, hängt außer von der Größe und Branche vor allem von der unmittelbar benachbarten Nutzung ab. Die Interpretation der Luftbilder und Flächenwidmungspläne zeigt dabei, daß die Textilbetriebe zu 75% benachbart zu Wohn- und Mischgebieten liegen, in 15—20% benachbart zu Freiflächen[57]. Als Betriebsgelände im Sinne der österreichischen Flächenwidmungsplanung sind sie fast nie ausgewiesen. Deutlich verschieden ist das Nutzungsgefüge bei der Metallindustrie. hier hält sich die Zahl der Nachbarflächen, die die Kategorie BW/BM (Wohn-, Mischgebiet) bzw. BB/FF (Betriebsgebiet, Freiflächen) angehören, in etwa die Waage.

Tab. 12: Bestehende und geplante Betriebsflächen in den Gewerbegemeinden Vorarlbergs
(mit über 500 Industriebeschäftigten) (Stand 1981)

GEMEINDE	Einw.	Gesamt- fläche (ha)	Betr.- areale	BB in % d. Fläche	bebaut	Flächen (ha) in Beb.	Erwartung
Dornbirn	33 810	12 098,4	16	2,1	198,1	51,6	44,3
Feldkirch	24 466	3 432,9	—	3,2	86,8	24,7	23,6
Rankweil	10 115	2 189,3	8	3,5	70,1	5,6	19,8
Wolfurt	6 436	1 001,4	5	6,0	60,0	—	42,0
Hohenems	13 226	2 917,7	8	2,4	56,2	13,2	—
Hard	20 232	2 743,0	6	4,0	52,8	17,0	8,8
Frastanz	5 599	3 229,0	4	1,0	31,0	2,0	—
Bludenz	12 992	2 996,1	7	1,0	28,5	—	—
Nenzing	4 698	11 032,1	4	0,3	38,4	2,4	—
Bregenz	22 839	2 951,2	3	1,1	26,9	4,7	—
Höchst	5 765	2 016,1	5	1,3	21,8	4,0	6,3
Altach	4 527	531,2	3	2,7	8,7	5,7	3,0
Thüringen	1 683	566,6	3	1,3	7,2	—	—
Kennelbach	2 151	319,9	3	2,0	6,3	—	—

Quelle: Flächenwidmungspläne bzw. -entwürfe der Gemeinden in Vorarlberg

Über größere Flächenreserven verfügen nur einige wenige Standortgemeinden im Rheintal sowie in Walgau.

57 Aufgeteilt nach Gebietskategorien der Flächenwidmungsplanung in Österreich.

4.2. Die Entwicklung in den Untersuchungsgebieten

Der bedeutendste Industriestandort ist Dornbirn mit fast 200 ha bebauter Industriefläche und nochmals knapp 100 ha Reserveflächen bzw. Industrieerwartungsland. Dornbirn ist topographisch weniger eingeengt als die Standorte im Walgau und weniger durch politisch-administrative Grenzziehungen[58] behindert als die Landeshauptstadt Bregenz.

Über das größte Reservegelände an Industrieflächen verfügt in Vorarlberg die Gemeinde Wolfurt im Südosten von Bregenz. Hier entstand, im Zusammenhang mit dem neuen großen Güterbahnhof und in nächster Nähe zur Rheintal-Autobahn, ein Gewerbeareal von über 60 ha bereits bebauter Fläche und weiteren 42 ha Industrieerwartungsland. Wolfurt ist auch einer der wenigen Standorte, an denen größere geschlossene Flächen angeboten werden können, was aufgrund der zersplitterten Besitzverhältnisse im Realteilungsgebiet Vorarlberg sonst sehr schwierig ist.

Die Betriebsansiedlungen der sechziger und siebziger Jahre konzentrierten sich natürlich auf das Rheintal, daneben, stärker als erwartet, auf Standorte im Walgau.

So wurde ein Zweigwerk der HILTI AG aus Liechtenstein 1970 in Thüringen errichtet[59], nach Nenzing kamen 1972 eine Aluminiumfabrik[60] und 1977 eine Tochtergründung von LIEBHERR. Hauptgrund für die Standortwahl abseits des Haupttales waren, abgesehen von der Möglichkeit, Arbeitskräfte aus einigen in Konkurs gegangenen Unternehmen zu übernehmen und der Tatsache, daß dieser Raum weiter von der Schweiz und damit von „grenzgängerabsaugenden" Betrieben entfernt liegt, die relativ günstigen Grundbesitzverhältnisse. Die Agrargemeinschaft Walgau konnte allen neu angesiedelten Betrieben entsprechend arrondierte Grundstücke zur Verfügung stellen, die allerdings fast alle im Grundwassergebiet der Ill liegen und damit den Unternehmen zusätzliche Aufwendungen für den Gewässerschutz abverlangten.

Im Vergleich mit Gebirgsregionen wie Südtirol ist der Anteil an Großbetrieben, die unter ausländischem Einfluß stehen, relativ gering. Dennoch sind, nach Angaben von MEUSBURGER (1982) zwischen 1956 und 1978 insgesamt 66 Betriebe (inkl. Kleinbetriebe) von Ausländern errichtet worden, vor allem im Bereich der Metall- und Elektroindustrie. 96% der Gründer stammten aus den drei Nachbarländern Bundesrepublik Deutschland, Schweiz und Liechtenstein.

Die wichtigsten Industriegebiete im ST. GALLENER RHEINTALBEREICH liegen in der Region Unter- und Oberrheintal. Neue Gewerbe- und Industriezonen wurden in den Gemeinden Altstätten und Au eingerichtet, in einigen weiteren Rheintalgemeinden stehen freie Ansiedlungsflächen für zusätzliche Unternehmen zur Verfügung. Anders als auf der Vorarlberger Rheinseite sind die Flächen überwie-

---

58 In Vorarlberg hat nicht wie in der Bundesrepublik eine Kreis- oder Gemeindereform stattgefunden; entsprechend kleinräumig und problematisch sind die Verwaltungseinheiten.

59 Unter mehreren Standortalternativen (u.a. auch in Chur in Graubünden) gab den Ausschlag für Thüringen die Tatsache, daß dort ein kleines Produktionsgebäude übernommen werden konnte und daß die Agrargemeinschaft Walgau ein ausreichend großes arrondiertes Grundstück (75 000 qm) anbieten konnte. 1971, 1973 und 1979 erfolgten größere Erweiterungen der Produktionsfläche. In Betrieb erzeugen 500 Beschäftigte Produkte der Befestigungstechnik, die zur Weiterverarbeitung im Werk in Mauren/FL bestimmt sind.

60 Das ALUMINIUMWERK NENZING wurde 1972 gegründet; es handelt sich dabei um einen selbständigen Produktionsbetrieb eines norwegischen Konzerns (NORSK HYDRO) zur Herstellung von Aluminiumprofilen für Fenster (rd. 200 Besch., darunter 50 Frauen). Wichtigstes Standortmotiv war Marktnähe im Nicht-EG-Raum (2/3 der Produktion werden in Österreich und der Schweiz abgesetzt). Den Ausschlag für den Walgau unter mehreren Standortalternativen (u.a. in Hohenems und Klaus) gab wieder die Tatsache, daß die Agrargemeinschaft Walgau ein entsprechend arrondiertes Grundstück zu einem günstigen Preis zur Verfügung stellen konnte. Eine Rolle spielte auch die vergleichsweise günstige Arbeitsmarktsituation gegenüber dem Rheintal.

gend in Gemeindebesitz und können bei Bedarf entsprechend arrondiert werden. Die Ausstattung mit technisch-materieller Infrastruktur ist in der Regel gut; fast alle Gewerbeflächen liegen in nächster Nähe der Nationalstraße N 7 bzw. erreichen diese über eine direkte Zufahrt. Auch die topographische Situation der Industrie im St. Gallener Rheintal ist günstiger als auf der Vorarlberger Seite. Eingeengte, inmitten dichter Wohnbebauung liegende Betriebe gibt es kaum, wenn man von einigen älteren Zweigbetrieben der Textilindustrie und wenigen Sonderfällen absieht. Aufgrund des geringeren Alters der Betriebe und der anderen Branchenstruktur (kaum kleine Textilunternehmen) konzentriert sich ein beträchtlicher Teil der Industrie in ausgesprochenen Gewerbezonen, die in der Regel über Ausweitungsmöglichkeiten verfügen.

Seit 1971 wurden mit kantonaler Hilfe im Rheintal 14 Industrieunternehmen neugegründet, darunter auch einige Auslandsbetriebe aus der Bundesrepublik Deutschland[61]. Insgesamt entstanden rund 660 neue Arbeitsplätze, schwerpunktmäßig in der Maschinen- und Apparateindustrie sowie in der Chemie-/Kunststoffbranche (nach Angaben des KIGA St. Gallen).

Das wichtigste Gewerbegebiet LIECHTENSTEINS liegt nördlich von Schaan. Hier haben die Groß- und Mittelbetriebe IVOCLAR, HOVAL und das Hauptwerk von HILTI ihren Standort. Einige weitere Gemeinden, darunter die Landeshauptstadt Vaduz sowie Triesen und Balzers verfügen über kleinere Gewerbezonen.

Angesichts der sehr angespannten Arbeitsmarktsituation im Fürstentum haben die bestehenden Betriebe natürlich kein Interesse an weiteren Ansiedlungen[62]. Seit den siebziger Jahren wichen fast alle Unternehmen für Zweigwerkgründungen auf Standorte in benachbarten Regionen, später auch in andere europäische Länder und nach Außereuropa aus.

Tab. 13: Siedlungsgebiet und Betriebsflächen im Fürstentum Liechtenstein (Stand 1980)

GEMEINDE	Einw. 1979	Siedlungsgebiet (ha) (Bauzonen + Grünfl.)	Industrie-/ Gewerbegeb.	in % des Siedlungsgebiets
Vaduz	4 892	259,9	25,4	9,8
Schaan	4 636	304,7	46,1	15,1
Triesen	2 935	244,7	21,9	8,9
Balzers	3 234	180,8	18,2	10,1
Eschen	2 700	255,2	14,6	5,7
Nendeln	—	78,3	11,1	14,2
Gamprin	764	90.0	11,8	13,1
Mauren	2 584	165,1	2,6	1,6
Schaanwald	—	47,7	5,4	11,3
Rugell	1 102	133,2	3,7	2,8
Triesenbg.	2 099	167,1	2,5	1,5
Sonst. Gem.	862	114,9	—	—
INSGESAMT	25 808	2 072,9	163,3	7,9

Quelle: Landesplanung des Fürstentums Liechtenstein. Bericht und Analyse des Siedlungsraums. — Vaduz 1980 (masch.-schriftl.).

61 Beispiele solcher neuangesiedelter Betriebe liegen vor allem in Altstätten und Rüthi, so die WAGNER AG (Altstätten), die JOTA DENTAL AG und VDO (beide in Rüthi).
62 So stieß während meines Forschungsaufenthaltes sogar das Bestreben eines einheimischen, metallverarbeitenden Betriebs, in Rugell im Norden des Landes ein Zweigwerk zu errichten, auf ganz massiven Widerstand.

4.2. Die Entwicklung in den Untersuchungsgebieten

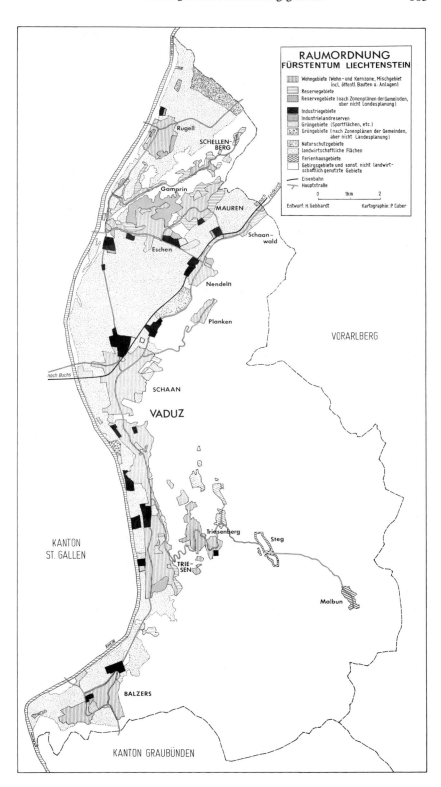

Abb. 24

An erster Stelle ist hier die 1941 gegründete HILTI AG für Befestigungstechnik zu nennen, ein Liechtensteinisches Unternehmen mit Stammsitz in Schaan, das seit den sechziger Jahren beträchtlich expandierte und heute neben Produktionsstätten in Liechtenstein, Vorarlberg und Süddeutschland auch Betriebe in Großbritannien und den USA umfaßt. Die Beschäftigtenzahl in der Produktion verdreifachte sich von 1967 bis 1978 von 873 auf 2 649 (nach HAGEN, 1979, S. 190), weltweit arbeiten rund 8000 Menschen (inkl. Marktorganisation und Vertriebsagenturen) für das Unternehmen.

Tab. 14: Produktionswerke der HILTI AG in Schaan

Standort	Gründung	Beschäft. 1979	Fabrikationsprogramm
Alpenrheingebiet			
— Schaan (FL)	1941	686	Bolzen, Nägel, Bohrhämmer.
— Mauren (FL)	1965	144	Endmontage
— Thüringen (VA)	1969	514	Teile für Bohrhämmer ...
BR Deutschland			
— Kaufering (Bayern)	1971	384	Motoren, Werkzeuge ...
— Strass (Bayern)	1975	97	Kunststoffteile
— Bielefeld (BRD)	1977	47	Heft- und Nageltechnik
Außereuropa			
— New Rochelle (USA)	1977	25	Heft- und Nageltechnik
— West Bromwich (GB)	1978	153	Metalldübel
— Tulsa (USA)	1979	227	Metalldübel, Bohrhämmer

Quelle: Firmeninformation 1980

Weitere Unternehmen, die Zweigwerke errichteten, sind die Fa. IVOCLAR (Filiale bei Naters in Südtirol), die Fa. HOVAL (Filialen in Vorarlberg) und einige weitere Betriebe (siehe Abb. 23).

Grenzgänger und Perzeption der Grenzraumsituation durch die Betriebe

Bei den Industriebetrieben im Alpenrheintal handelt es sich nicht, wie im südlichen Tessin, um ausgesprochene Grenzgängerindustrien auf der Suche nach billigen ausländischen Arbeitskräften. Dennoch spielt die Lage in Grenznähe als Standortfaktor natürlich eine wichtige Rolle und die Anteile ausländischer Arbeitnehmer sind auf der Schweizer Seite mitunter hoch.

Die Beurteilung der Grenzraumsituation durch die Betriebe links und rechts des Rheins ist fast reziprok, gleichwohl insgesamt erstaunlich positiv. Wie entsprechende Befragungen bei 259 Unternehmen in den verschiedenen Teilen des Rheintals erweisen[63], beurteilt nur eine Minderheit von 39,3% der Unternehmen die Lage an der Grenze eindeutig negativ.

Positiv wird von der exportorientierten Vorarlberger Industrie vor allem die Nähe und die günstige Verkehrsanbindung zu den Auslandsmärkten in der Schweiz und in Süddeutschland gesehen, während auf Schweizer Seite natürlich der Arbeitsmarkt,

---

63 Die Betriebe waren nach ihrer Selbsteinschätzung der Grenze gefragt und um eine Bewertung der wichtigsten positiven und negativen Grenzeigenschaften gebeten worden.

4.2. Die Entwicklung in den Untersuchungsgebieten

d.h. die Grenzgängerbeschäftigung, als herausragender Standortvorteil genannt wird (rd. 70% aller positiven Nennungen zur Grenze).

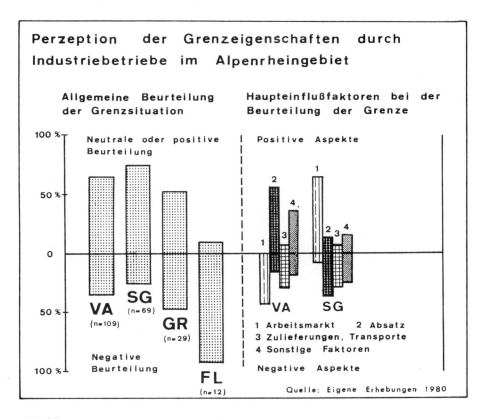

Abb. 25

Negativ werden hingegen, ganz anders als in Vorarlberg, die Peripherlage zu den Oberzentren im Schweizer Mittelland, fehlende Fühlungsvorteile und damit die langen Transportwege empfunden (rd. 1/3 aller Betriebe sehen darin einen im wesentlichen grenzbedingten Standortnachteil). Der Absatz der Betriebe im St. Gallischen Rheintal ist in höherem Maße als in Vorarlberg auf den Binnenmarkt ausgerichtet. Entsprechend wird die Nähe zu potentiellen Auslandsmärkten, einem wichtigen positiven Standortfaktor in Vorarlberg, neutral bis eher negativ eingeschätzt. Anders als im Nachbarland werden häufig Probleme mit Zollformalitäten und Grenzübertritten genannt, was vielleicht auch damit zusammenhängen mag, daß Lieferungen ins nahegelegene Süddeutschland gleich zwei Nationalgrenzen zu passieren haben. Daß in Vorarlberg auch zu Zeiten schleppender Konjunktur, während der meine Umfragen durchgeführt wurden, das Abwandern von Grenzgängern, verbunden mit einem Ausdünnen des Arbeitsmarktes und höheren Lohnkosten, als zentrales Problem angesehen wird, bedarf keiner eigenen Erwähnung.

Die sehr negativen Bewertungen im Fürstentum LIECHTENSTEIN bilden einen Sonderfall. Aufgrund des angespannten Arbeitsmarktes im Kleinstaat wird hier die enge Eingrenzung von den Industriebetrieben durchgängig sehr negativ wahrgenommen. Positive Eigenschaften liegen erwartungsgemäß in Besonderheiten des Steuersystems (43% der Nennungen) sowie in sonstigen, im einzelnen verschiedenen Gründen.

Natürlich ist die Beurteilung der Lage an der Grenze branchen-, betriebsgrößen- und betriebsspezifisch. Von überwiegend exportorientierten Unternehmen wird die räumliche Nähe zu den Auslandsmärkten als grenzraumbedingter Standortvorteil empfunden. Tendenziell recht negativ sehen ihre Lage an der Grenze vor allem Mittelbetriebe, die einerseits Grenzvorteile nicht in demselben Maße nutzen können wie große, multinational operierende Konzerne, sich gleichwohl aber auch nicht in Marktnischen unter Ausnutzung der örtlichen Besonderheiten einzurichten vermögen wie kleingewerbliche Unternehmen.

Grenzgängerströme von Vorarlberg nach St. Gallen haben ihre Ursache, anders als im Tessin, kaum im Fehlen von Arbeitsplätzen im Quellgebiet. Auch in der Vorarlberger Industrie war bis Anfang der achtziger Jahre der Arbeitskräftemangel das gravierendste Standortproblem (siehe Kap. 5.2.). Bis heute hat das kleine westliche Bundesland die mit Abstand niedrigsten Arbeitslosenzahlen und das höchste Lohnniveau innerhalb Österreichs.

Dennoch haben sich die Grenzgängerzahlen seit dem Krieg kontinuierlich erhöht und der Einzugsbereich hat sich deutlich ausgeweitet (vgl. MEUSBURGER, 1975, 1982). Einen ersten Höchststand erreichten sie 1957 mit 4400 Personen. Nach konjunkturbedingten Rückgängen wurden 1964 6000, 1974 9500 und 1981 rd. 10 000 Grenzgänger erreicht (darunter 6000 in die Schweiz, 2200 nach Liechtenstein und 1800 in die BRD; Angaben nach MEUSBURGER, 1982, S. 38 f.). Während sich in der unmittelbaren Nachkriegszeit noch über 80% der Grenzgänger auf drei Herkunftsgemeinden unmittelbar an der Grenze konzentrierten, weitete sich das Grenzgängerwesen in der Folgezeit räumlich immer weiter aus und erfaßte auch grenzferne Gemeiden bis hinein ins Montafon und den Bregenzer Wald. Bereits 1971 verzeichneten 85 der 96 Vorarlberger Gemeinden Grenzgänger; in Gemeinden wie Höchst oder Lustenau gibt es sie fast in jedem Zweiten oder Dritten Haushalt. Der früher hohe Frauenanteil bei den Grenzgängern (1948 noch rd. 80%) ist seit 1970 unter die 25%-Marke gesunken, das Durchschnittsalter der Grenzgänger wurde immer niedriger.

Tab. 15: Arbeitnehmer im Gebiet des Arbeitgeberverbandes Rheintal 1980

Nationalität	Beschäft. insges.	%	Arbeiter (%)	Frauen (%)
Schweiz	6 517	57,7	46,8	32,5
Österreich	2 894	25,7	26,8	26,2
Deutschland	240	2,2	0,8	1,5
Italien	829	7,3	14,5	11,4
Sonstige	814	7,2	11,1	11,4

Quelle: Unterlagen des Arbeitgeberverbandes Rheintal

4.2. Die Entwicklung in den Untersuchungsgebieten

Motor des Grenzgängerwesens ist neben der Tradition und dem Gefühl, in wirtschaftlichen Krisenzeiten dadurch besser abgesichert zu sein, vor allem das Netto-Lohngefälle zwischen Österreich und der Schweiz[64].

Lohnunterschiede resultieren dabei weniger aus den Bruttolöhnen, sondern vielmehr aus der „unternehmerfreundlichen Steuer- und Sozialpolitik sowie dem günstigeren Kapitalsangebot der Schweiz" (MEUSBURGER, 1975, S. 312). Insbesondere die sogenannten Lohnnebenkosten — Arbeitgeberanteil zu den Sozialversicherungsbeiträgen, Lohnsummensteuer, Urlaubs- und Weihnachtsgeld etc. — sind im „Land der Sozialpartner" (SEIDEL, 1985, S. 25) nach Italien die zweithöchsten aller Industriestaaten, während die Schweiz und Liechtenstein zu den Ländern mit den niedrigsten Lohnnebenkosten zählen. Damit erhält der Arbeitnehmer einen wesentlich höheren Nettolohn ausbezahlt, was offentlichlich gerade für jüngere Leute attraktiver ist als die langfristig bessere soziale Absicherung (siehe hierzu MEUSBURGER, 1969, 1975, 1982).

Ausblick

Das Alpenrheintal hat eine ähnliche Lage zum Alpenbogen wie das Tessin auf der Alpensüdseite. Die außerhalb des engeren Berggebiets günstigere Verkehrsanbindung zum außeralpinen Raum, die größere Bevölkerungsdichte und die ebenen Talsohlenflächen begünstigen die Ansiedlung von Industrie. Im Falle der Schweizer Regionen und Liechtensteins bildet die Grenzgängerbeschäftigung ein wichtiges Agens der industriellen Entwicklung.

In anderer Beziehung unterschieden sich Alpennord- und -südseite jedoch ganz wesentlich. Während das Alpenrheintal funktionsräumlich eng an das Bodenseegebiet und den süddeutschen Raum angebunden ist, bestehen zwischen Tessin und Italien solche Beziehungen kaum. Die grenzgängerbestimmte Industrie im Tessin ist arbeitskräfteintensiv, auf einfache Produktionsvorgänge gerichtet (Bekleidungsfabrikation) und nutzt den Lohnkostenvorteil am grenznahen Standort, im Alpenrheintal hat die Grenzgängerbeschäftigung eine lange Tradition, vielfältige Gründe und läßt sich heute nicht mehr nur mit ökonomischen Gegebenheiten erklären.

4.2.3. Wallis und Graubünden: Bergkantone zwischen Fremdenverkehr und „nouvelle politique d'industrialisation"

Die Schweizer Kantone Wallis und Graubünden liegen beide im Berggebiet im engeren Sinne. Die Entwicklung der Industrie verlief aber sehr unterschiedlich. Während sich im Wallis bereits um die Jahrhundertwende Großbetriebe ansiedelten, die die Hydroenergie nutzten (siehe Kap. 3.2.2), und nach dem Zweiten Weltkrieg zahlreiche Neuansiedlungen stattfanden, gehört der Kanton Graubünden, einer der größten der Schweiz, bis heute zu den am wenigsten industrialisierten. Den nur rund 6500 Bündner Industriebeschäftigten stehen über 13 000 im Wallis gegenüber.

---

64 Nach Untersuchungen von MEUSBURGER (1982, S. 39) arbeiten rd. 3/4 der Vorarlberger Grenzgänger ausschließlich wegen der höheren Löhne jenseits der Staatsgrenze.

4. Die quantitative Industrieansiedlungspolitik

Der Grund, daß auch die Nachkriegsentwicklung in den beiden Schweizer Bergkantonen sehr unterschiedlich verlief, muß vor allem in der verschiedenen Industriepolitik gesehen werden.

Tab. 16: Betriebe und Beschäftigte in den Kantonen Wallis und Graubünden

Branche	Chemie/ Kunstst.	Metall	Masch./ Fahrz.	Holz/ Druck	Textil/ Bekleid.	Nahrung/ Genußm.	Sonst.	INSG.
WALLIS								
Betriebe	15	33	28	44	17	18	34	189
Beschäft.	5 235	4 042	1 471	1 260	392	788	1 017	14 205
GRAUBÜNDEN								
Betriebe	6	17	16	18	17	16	14	104
Beschäft.	1 285	884	778	1 064	1 087	1 025	372	5 695
WALLIS								
Ausl. (%)	16,2	24,5	13,7	20,6	50,8	12,4	—	13,9
Grenzg. (%)	6,0	1,9	3,1	2,4	3,3	1,6	—	3,5
GRAUBÜNDEN								
Ausl. (%)	19,8	35,2	16,5	17,7	43,5	27,5	34,9	
Grenzg. (%)	0,5	5,9	1,0	—	9,2	—	—	

Quelle: Industriestatistik der Schweiz 1979

Die „nouvelle politique d'industrialisation" im Wallis

Die Industrie im Schweizer Kanton WALLIS ist heute geprägt durch einen „Dualismus" von alten Großbetrieben der chemischen und metallerzeugenden Industrie und jungen Kleinbetrieben verschiedener Branchen, unter denen die Metallindustrie und die feinmechanische Industrie die wichtigste Rolle spielen. Räumlich konzentriert sie sich auf den Unterlauf der Rhône vor der Einmündung in den Genfer See, daneben auf den Raum Sion-Sierre und den Oberwalliser Kernraum Brig-Visp.

Maßgeblich beteiligt an der jungen Industrialisierung der Nachkriegszeit war die sehr früh und wirkungsvoll einsetzende Industrieansiedlungspolitik, die beispielgebend für die Wirtschaftspolitik in den Schweizer Berggebieten wurde. Seit 1950 erfolgten rund 60 Neugründungen, 50 Zweigwerkgründungen sowie eine Reihe von Betriebsverlagerungen; Ende der siebziger Jahre waren ca. 5000 Arbeitnehmer in diesen neuen Unternehmen beschäftigt (bei einer Gesamtbeschäftigtenzahl im Kanton von über 13 000).

Als wichtigster Promoter der Industrieansiedlung erwies sich die 1951 gegründete „Société valaisanne de récherches écomiques et sociales" (SVRES), eine private Fördergesellschaft mit halboffiziellen Aufgaben und einem vor allem in den sechziger Jahren nachhaltigen Einfluß auf die Wirtschaftsentwicklung des Landes[65].

---

65 Siehe zur SVRES ROH (1970, 1976); MEIER/ELSASSER (1981); SVRES (1976).

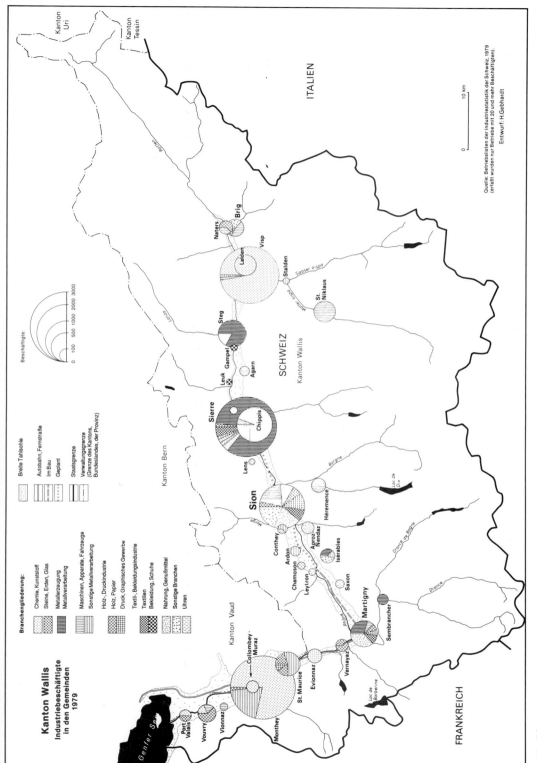

Abb. 26

Anlaß der Gründung war neben der Agrarkrise in der Nachkriegszeit (vgl. DINI, 1969, S. 122) vor allem der kriegsbedingte Rückgang der Fremdenverkehrswirtschaft mit katastrophalen Folgen für die Walliser Wirtschaft. Als Ziele der SVRES wurden definiert (nach ROH, 1976):

— Förderung einer Wirtschaftsstruktur im Kanton, die der Abwanderung entgegenwirkt, die Lebensqualität erhöht und Vollbeschäftigung ermöglicht.
— Förderung wissenschaftlicher und praktischer Untersuchungen zum Verständnis der Wirtschaftsprobleme des Kantons und zu ihrer Beseitigung.
— Informationspolitik innerhalb des Kantons, insbesondere Werbung für eine der Industrialisierung gewogene öffentliche Meinung.
— Publizität und Propaganda für das Wallis außerhalb des Kantons (Ausstellungen, Informationsschriften).
— Bildung von Industriekommissionen und Ausweisung von geeigneten Industrieflächen in den Gemeinden.
— Einzelfallbezogene Beratung und Unterstützung ansiedlungswilliger Unternehmen.
— Verbesserung der beruflichen Qualifikationen.

Auffallend an diesem Programm ist, aus heutiger Sicht, die starke Betonung nicht-finanzieller Aktivitäten. Die Politik der SVRES war von vornherein darauf ausgerichtet, qualitativ und einzelfallbezogen günstige Rahmenbedingungen industrieller Entwicklung zu schaffen, das „Humankapital" des Kantons (berufliche Qualifikationen...) optimal ins Spiel zu bringen und das „Image" draußen zu verbessern.

Die SVRES ist eine jener für die Frühphase der Wirtschaftsförderung in der Schweiz charakteristischen halbprivaten Institutionen (siehe Kap. 4.1.), deren Funktionieren in hohem Maße von einzelnen Persönlichkeiten, insbesondere der ihres Initiators Henri Roh abhing. Auf Initiative der SVRES wurde bereits 1954, d.h. lange vor den meisten anderen Kantonen der Schweiz, ein Gesetz zur Förderung der Industrie angenommen, mit dessen Durchführung die Société befaßt war. Es sah neben Staatsbeiträgen für die Erschließung von Industriezonen und für die Erstellung von Gebäuden und Infrastruktureinrichtungen sowie von Subventionen und Steuererleichterungen auch Fortbildungsmaßnahmen für Betriebsleiter und Direktoren vor (vgl. DINI, 1969, S. 131). Für wichtig erachtet wurde ferner die Standortwerbung und Information außerhalb des Kantons sowie die Schaffung eines günstigen Industrieklimas innerhalb des Landes.

Die quantitativen Erfolge der Walliser Industriepolitik sind weithin unbestritten (vgl. MEIER/ELSASSER, 1981). Zwischen 1951 und 1977 verdoppelte sich die Zahl der Industriebeschäftigten von 6994 auf 13 953, bis weit in die siebziger Jahre hinein erhöhten sich Beschäftigtenzahlen, Investitionen und Umsätze deutlich rascher als im Schweizer Durchschnitt.

Es ist allerdings etwas schwierig, Ursache und Wirkung auseinanderzuhalten und abzuschätzen, wie die industrielle Entwicklung im Wallis ohne Förderpolitik verlaufen wäre. MEIER/ELSASSER (1981) unternahmen in einer kurzen Studie den Versuch, mit Hilfe einer Shift-Analyse (Vergleich der Struktur- und Standortentwicklung mit der Gesamtschweiz), die Beschäftigtenentwicklung im Wallis in ihre einzelnen Komponenten zu zerlegen und den Anteil der Förderpolitik hieran abzuschätzen.

4.2. Die Entwicklung in den Untersuchungsgebieten

Bis 1973 waren nach Angaben der SVRES 5077 Arbeitsplätze in neu angesiedelten Betrieben geschaffen worden, hinzu kamen knapp 2000 neue Arbeitsplätze in den schon vorher existierenden Unternehmen. MEIER/ELSASSER gelangen dabei zu dem Ergebnis, daß von diesen rund 7000 neuen Arbeitsplätzen etwa 2000 Arbeitsplätze dem generellen, gesamtwirtschaftlichen Wachstum zu verdanken sind, 3000 auf das Konto von Struktureffekten (überdurchschnittlich viele Wachstumsbetriebe) gehen und weitere 2000 aufgrund von Standorteffekten bzw. Werbemaßnahmen entstanden. Da das Wallis gegenüber der Gesamtschweiz sicher keine komparativen Standortvorzüge aufzuweisen hat, müssen somit wenigstens 2000 Arbeitsplätze direkt den Industriefördermaßnahmen zugeschrieben werden.

Im Unterschied zu anderen Bergregionen ist durch die Neuansiedlungen in der Tat eine branchenmäßige Diversifikation der früher einseitig auf Metallerzeugung und Grundstoffchemie ausgerichteten Industrie gelungen. Vorwiegend kamen Wachstumsindustrien (53% nach der Typisierung einer Studie von KNESCHAUREK, 1971). An der Spitze bei den neu geschaffenen Arbeitsplätzen liegt die Metallindustrie, gefolgt von der Uhrenfabrikation und der Chemie/Kunststoffindustrie (siehe Abb. 27). Damit lagen die Strukturfaktoren der Walliser Industrie sowohl in den

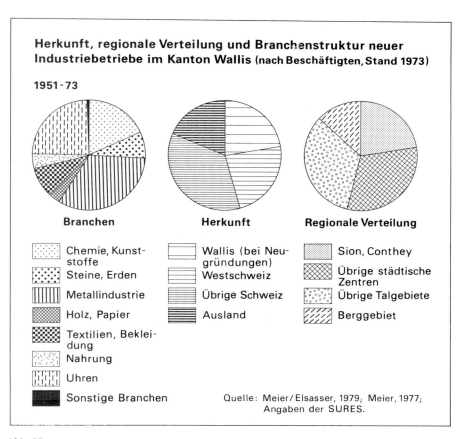

Abb. 27

fünfziger wie den sechziger Jahren deutlich über 1, sie war damit stärker wachstumsorientiert als die Schweizer Industrie insgesamt (Wert für 1955—65: 1,004; für 1967—72: 1,027; nach MEIER/ELSASSER, 1981, S. 38). Inzwischen sind diese Industrien allerdings teilweise in die Krise geraten, dies gilt in besonderem Maße für die Zweigbetriebe der Uhrenindustrie und die Décolletage (siehe unten).

Ungünstiger als die Branchenstruktur sind allerdings andere Strukturmerkmale der neuen Betriebe. Überproportional vertreten sind vor allem zwei Betriebstypen: Neugründungen von Walliser Unternehmen als Kleinbetriebe (72% aller neuen Arbeitsplätze) und Zweigwerkgründungen, deren Stammhäuser im Schweizer Mittelland bzw. im Ausland liegen (62% aller Beschäftigten; siehe Abb. 27). Hingegen waren wie in allen Peripherregionen Neugründungen von externen Investoren oder echte Betriebsverlagerungen sehr selten. Im gesamten Zeitraum fanden nur 8 Totalverlagerungen mit 338 Beschäftigten statt.

Die Betriebsstruktur im Wallis ist damit keineswegs krisensicher: Autochthone Kleinbetriebe mit dünner Kapitaldecke ebenso wie unselbständige Filialbetriebe sind in Phasen ungünstiger Konjunktur bekanntlich sehr rasch von Schließung bzw. Stillegung bedroht. Zwar hatte sich dieser Trend zum Zeitpunkt meiner Erhebungen (1981) noch nicht bestätigt, in vielen Filialen wurde aber die Absicht geäußert, mittelfristig die Betriebsgröße zu reduzieren oder, wenn möglich, nicht mehr notwendige Standortspaltungen aufzuheben. Verglichen mit anderen Untersuchungsgebieten (z.B. Südtirol) erwies sich die Persistenzbereitschaft der Betriebe als deutlich geringer (siehe Kap. 5.1.). Betriebe mit Verlagerungsabsichten liebäugeln vor allem mit Standorten im nahen und zentral zum Mittelland gelegenen Kanton Vaud bzw., im Falle der Feinmechanik, mit dem Jura, wo aufgrund der Freisetzungen aus der Uhrenindustrie ein Potential an qualifizierten Arbeitskräften lockt, das im Wallis weitgehend fehlt.

Abb. 27 und 28 schlüsseln die regionale Verteilung der neuen Betriebe auf. Die meisten Unternehmen gingen ins Rhônetal, nur 14% siedelten sich in einem der Seitentäler bzw. im engeren Berggebiet an. Wenn die Arbeitsmarkteffekte selbst nur weniger Betriebsgründungen abseits des Haupttales auch nicht verkannt werden sollen — Betriebe wie die SCINTILLA AG in St. Niklaus oder die frühere SODECO-SAIA SA in Heremence bzw. Entremont schöpfen den Arbeitsmarkt ihrer Standorttäler weitgehend ab (siehe Kap. 5.2.2) —, so ist doch nicht zu übersehen, daß die bevorzugten Ansiedlungen im Bereich des unteren Rhônetals die räumlich disparitäre Wirtschaftsentwicklung im Kanton noch verstärkt haben. Hierzu trug neben den unbestreitbar günstigeren Standortvoraussetzungen im Unterwallis (bessere Verkehrsanbindung, ausreichend Industrieflächen, Nähe zu den Wirtschaftszentren der Kantone Vaud und Genf) wohl indirekt auch die Förderpolitik der SVRES bei, die sich fast ausschließlich auf das französisch-sprachige Unterwallis konzentrierte und den deutschsprachigen Kantonsteil benachteiligte. Auf der anderen Seite kann ein gewisses Interesse der Oberwalliser Gemeinden zur Mitarbeit in kommunalen Industriekommissionen nicht verkannt werden. Erst nach 1967 trat mit der Bildung der „Oberwalliser Vereinigung zur Förderung der Industrie" hier ein Wandel ein.

Bestehende und geplante Betriebsflächen liegen bis heute fast ausschließlich im unteren Rhônetal (Regionen Martigny-Entremont und Monthey-St. Maurice) sowie

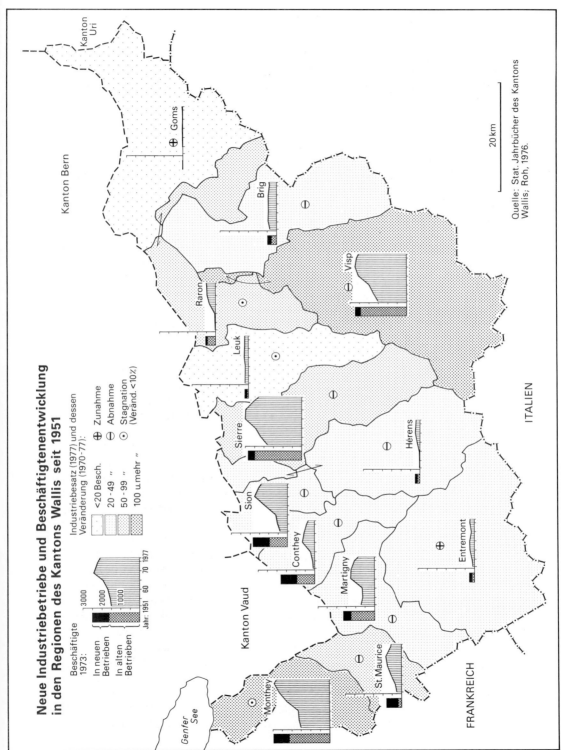

Abb. 28

im Mittellauf zwischen Sierre und Sion. Planungen für Erweiterungen beschränken sich weitgehend auf die Arrondierung bereits vorhandener Betriebsflächen, dennoch ist die Flächenbilanz auch hier durch einen Überschuß gekennzeichnet (siehe zusammenfassend Kap. 4.3.2.).

Tab. 17: Betriebsflächen in Regionen des Kantons Wallis nach Zonenplänen der Gemeinden (Stand 1981)

Region	Gesamtfläche (ha)	Wohnfläche (ha)	Betriebsfläche (ha)
Goms	521	485	35
Brig/östl. Raron	1 127	1 023	105
Visp/westl. Raron	1 560	1 351	209
Leuk	848	803	45
Sierre	2 885	2 722	163
Sion	4 250	3 778	472
Martigny-Entremont	2 810	2 543	267
Monthey-St. Maurice	2 120	1 836	384
INSGESAMT	16 221	14 541	1 680

Quelle: Unterlagen des Kantonalen Planungsamtes 1981

Zu den regionalen Disparitäten bei den Industrieansiedlungen und der eher geringen Persistenzbereitschaft mancher Filialen kommen nicht unwesentliche qualitative Unterschiede, was die Arbeitsplätze in den neu ins Land geholten Betrieben anbetrifft. Das Spektrum unterschiedlicher Betriebstypen läßt sich hier am besten an Hand einiger „typischer" Ansiedlungsfälle illustrieren.

Ein Beispiel für die zahlreichen arbeitskräfteorientierten Zweigwerkansiedlungen im Wallis bilden die beiden Filialbetriebe der MENRAD AG in Steg und Agarn, einem der wenigen ausländischen Unternehmen im Oberwallis. In den Betrieben waren 1982 160 ungelernte Arbeiter (darunter 80% Frauen) mit der Montage von Brillengestellen beschäftigt. Außer im Wallis hat MENRAD Montagebetriebe auf Malta und in Irland, was die Standortmotive solcher Unternehmen unterstreicht: Potential an ungelernten Arbeitskräften zu niedrigen Lohnkosten, Steuervergünstigungen sowie die relativ niedrigen Soziallasten in der Schweiz. Halbfertigteile zur Montage stammen ausschließlich aus der Bundesrepublik und Norditalien, die fertigen Brillengestelle gehen zu 100% ins Stammhaus nach Deutschland zurück. Unternehmen dieser Art haben in der Tat den Charakter der vielzitierten „verlängerten" Werkbank.

Einen technisch etwas höheren Standard erreichen die im Unterwallis angesiedelten Betriebe der Décolletage, eines ansonsten in den französischen Alpen (Arvetal) verbreiteten Betriebstyps. Entsprechende Unternehmen im Wallis gehen meist direkt auf Initiative von H. Roh zurück, der teilweise auch im Aufsichtsrat der Betriebe saß. Dies gilt für die 1965 gegründete ULTRA PRECISION in Monthey, ein Betrieb mit rund 80 Beschäftigten (darunter 30 Italienerinnen), die Teile für elektrische Steckverbindungen herstellen. Ein ähnlicher Betrieb in St. Maurice, die DECOLLETAGE ST. MAURICE, besteht seit den fünfziger Jahren als kleines Atelier (mit einem Zweigwerk in Isérables). Nach dem Konkurs des Betriebs in Regie der Industriekommission unter Leitung eines einheimischen Betriebsleiters wurde die Produktionsstätte von einem US-amerikanischen Konzern übernommen. 220 Beschäftigte fertigen Bauteile für die elektronische Industrie. Auch hier sind 2/3 der Belegschaft Frauen, davon die Mehrzahl Ausländerinnen (Italienerinnen, Spanierinnen).

Alle drei Unternehmen gehören damit einem Betriebstyps an, über den man im Kanton heute nicht mehr so glücklich ist, da überwiegend ungelernte, teilweise ausländische Arbeitskräfte beschäftigt werden. Das Gros der Zuliefer- und Absatzverflechtungen läuft über die Stammhäuser außerhalb des Gebirges und es gehen von ihnen kaum Wachstumsimpulse für das regionale Gewerbe oder Handwerk aus. Manche dieser Betriebe haben aufgrund der veränderten wirtschaftlichen Rahmenbedingungen inzwischen mit erheblichen Standortproblemen zu kämpfen. Die kompromißlose Suche nach neuen Arbeitsplätzen scheint hier den Blick für die längerfristigen Folgewirkungen solcher Betriebsansiedlungen etwas getrübt zu haben.

Betrieben dieses Typs stehen einige Ansiedlungen aus den fünfziger und sechziger Jahren gegenüber, die überwiegend mit einheimischen Arbeitskräften und etwas höheren Qualifikationen arbeiten und die damit für ihre Standortregion und den regionalen Arbeitsmarkt als Arbeitgeber ungleich wichtiger sind.

An erster Stelle sind hier die beiden abseits des Haupttales liegenden Mittelbetriebe zu nennen, die SCINTILLA AG in St. Niklas (270 Besch.) und die frühere SODECO-SAIA SA mit Filialen in Sembrancher und Heremence (120 bzw. 80 Besch.) (siehe ausführlich Kap. 5.2), daneben Kleinbetriebe im Raum Sierre und vor allem Sion, die ebenfalls auf die Initiative der SVRES zurückgehen.

Stellvertretend für eine Reihe von kleinen Unternehmen in der Industriezone von Ardon, Vetroz und Conthey westlich von Sion (siehe PAGE, 1967) sei die „FABRIQUE DES MOULES" angeführt, ein 1960 gegründetes Unternehmen, das nach längerdauernden Schwierigkeiten in den Besitz eines früheren Angestellten, H. Müller, kam. Zum Produktionsprogramm gehören Vorrichtungen (Metallformen) für verschiedene Plastikartikel wie Telephongehäuse, Kassettenrecorder etc. Von den 43 Beschäftigten im Jahre 1981 waren immerhin 40 gelernte Kräfte, überwiegend Werkzeugmacher und Mechaniker.

Mit sehr vielen Facharbeitern (80%) und überdies noch 12—15 Auszubildenden (bei insgesamt nur 80 Beschäftigten) arbeitet die Fa. METALLEGER in Sierre. Der Betrieb ist eines der wenigen Unternehmen, das Nähe und Fühlungsvorteile zu einem der Walliser Großbetriebe der Chemie bzw. Metallerzeugung nutzt. Ein ehemaliger Angestellter der ALUSUISSE gründete hier Ende der vierziger Jahre in unmittelbarer Nachbarschaft einen kleinen Betrieb zur Herstellung von Betonmischmaschinen aus Aluminiumteilen und Aluminiumfassaden für Gebäude, wobei die Rohmaterialien direkt von der Alusuisse bezogen werden. Während der fünfziger Jahre ging ein Großteil der Betonmischmaschinen in den Stauwerkbau im Wallis und später nach Graubünden, heute liegt der Absatzmarkt fast ausschließlich in der sonstigen Schweiz.

Industrieansiedlungen dieses Typs müssen sicher positiver gesehen werden als die unselbständigen Zweigwerke als verlängerte Werkbänke. Eine jüngst publizierte Erfolgskontrolle von Betriebsansiedlungen in der Schweiz, u.a. auch im Raum Sion (HANSER, 1985), betont, daß es sich bei diesen Unternehmen überwiegend um Betriebe aus früher nicht vorhandenen Branchen handelt und damit die Arbeitsplatzvielfalt erhöht wurde, daß deren handwerklich-gewerbliche Produktionsweise mit einem überdurchschnittlichen Facharbeiterbedarf verbunden ist, daß der Ausländeranteil sehr niedrig liegt und damit tatsächlich regionale Arbeitsmärkte bereichert werden, schließlich auch die Löhne dieser neuen Betriebe über dem regionalen Durchschnitt liegen (ebd., S. 185 f.).

Überblickt man die Entwicklung der Industrieansiedlung und -förderung im Wallis bis zur Gegenwart, so wird deutlich, daß deren Erfolge im wesentlichen an vier Bedingungen geknüpft waren:

— das PERSÖNLICHE ENGAGEMENT einzelner Persönlichkeiten, insbes. des Gründers der SVRES. Die Rekonstruktion von Standortwahl und -entscheidung vieler Unternehmen macht deutlich, daß hier weniger finanzielle Anreize oder ökonomisch-rationale Standortabwägungen eine Rolle gespielt haben als vielmehr die überregionale Standortwerbung der SVRES, persönliche Kontakte im Zusammenspiel von kantonaler Verwaltung und Gemeinden sowie unbürokratische Hilfen beim Beiseiteräumen diverser Hindernisse. In meiner Betriebsbefragung wurden von 50% der Unternehmen solche nicht-ökonomischen Motive (persönliche und „zufällige" Faktoren) als Grund für die Standortwahl im Wallis angeführt (siehe Kap. 5.1.2., insbesondere Tab. 33).

— der ZEITPUNKT DER FÖRDERMASSNAHMEN. Absehen vom großen persönlichen Engagement unterscheiden sich die Ansiedlungsmaßnahmen im Wallis nicht grundsätzlich von denen anderer Bergregionen, die Industrieförderung setzte aber bereits 20 Jahre früher ein. Erst mit dem Bundesgesetz über „Investitionshilfe in Berggebieten" von 1975 engagierte sich auch die überregionale Wirtschaftsförderung via Infrastrukturausbau und finanzieller Hilfen in der Industriepolitik (siehe Kap. 4.1.2.). Damit im Gefolge und mit dem allmählichen Übergang von Fördermaßnahmen auf kantonale Stellen (Delegierter für Wirtschaftsförderung) verlor auch die SVRES an Bedeutung. Ihr Verdienst bleibt jedoch, bereits zu einer Zeit Industrieförderung betrieben zu haben, als in kaum einer anderen Gebirgsregion hiervon die Rede sein konnte.

— die KOMBINATION verschiedener Förderinstrumente unter Betonung nichtfinanzieller Maßnahmen wie Standortwerbung, Imageverbesserung, Informationsveranstaltungen.

— die ENGE ZUSAMMENARBEIT mit den Gemeinden und deren Entscheidungsträgern. Bereits das Industriegesetz von 1954 gewährte primär den Gemeinden, nicht den beteiligten Unternehmen, finanzielle Unterstützung. Lokale Industriekommissionen, beraten von der SVRES, übernahmen die Aufgabe, geeignete Betriebsgrundstücke auszuweisen, aufzukaufen und potentiellen Interessenten anzubieten und damit eine der wesentlichen betrieblichen Schwierigkeiten aus dem Weg zu räumen (vgl. Kap. 5.2.3.).

Diese ausschließlich auf Ansiedlungsförderung ausgerichtete Politik mußte allerdings mit dem Nachziehen anderer Bergregionen und vor allem mit dem Ende des quantitativen Wirtschaftswachstums zwangsläufig in die Krise geraten. Wenn finanzielle Anreize, Steuerbefreiungen und Standortberatung quasi „ubiquitär" angeboten werden, heben sich die Anstrengungen per saldo wieder auf, wenn kein „Potential" an ansiedlungswilligen Betrieben mehr existiert, laufen entsprechende Fördermaßnahmen ins Leere. Die jüngeren Tätigkeitsberichte der SVRES spiegeln deutlich diese, noch durch den Tod des Gründers verstärkte Irritation über den zukünftigen Weg (siehe SVRES: Rapport de gestion 1978—1880. Continuité dans l'action). Andererseits enthielt die Industriepolitik im Wallis immer schon in stärkerem Maße als in anderen Regionen Elemente der Innovationsförderung und der Förderung des Humankapitals, die durchaus zukunftsträchtig erscheinen (z.B. Förderung der Untersuchung wirtschaftlicher Probleme und der Informationsverbreitung, Schulungen für Unternehmer und Führungskräfte). Eine neue, ähnlich richtungsweisende Strategie wie die Förderpolitik der fünfziger und sechziger Jahre zeichnet sich bisher allerdings noch nicht ab. Zwangsläufig sehen sich auch im Wallis die Institutionen der Wirtschaftsförderung überwiegend mit „Pannenreparatur" insbesondere im Bereich der kriselnden Uhrenindustrie und der Berggebietsbetriebe, befaßt.

Industrielandreserven und späte Industrieförderung im Kanton Graubünden

In Graubünden hat sich nennenswertes Gewerbe bzw. Industrie erst in jüngster Zeit angesiedelt. Noch 1950 waren nur 3,3% der Wohnbevölkerung (4648 Personen) in der Industrie tätig, gegenüber 21% im Kanton Glarus oder 12% in St. Gallen (Schweizer Durchschnitt 10,5%, Angaben nach CAVENG, 1959, S. 64). Unter den Branchen dominierten Kleinbetriebe der Holzverarbeitung. Der mit Abstand wichtigste Betrieb des Kantons, die EMSER-WERKE in Domat-Ems, entstand als ausgesprochene Kriegsgründung während des Zweiten Weltkriegs.

Abgesehen von Einzelfallhilfen setzte eine kantonale Industrieförderung erst in den siebziger Jahren ein. Eine der ersten Maßnahmen war die Erstellung eines sehr detaillierten Katasters der Industrielandreserven, mit kleinräumig aufbereiteten Daten bis hinab zu einzelnen Besitzparzellen[66].

Am Beispiel des Industrielandkatasters in Graubünden läßt sich besonders deutlich die für viele Gebirgsregionen charakteristische Diskrepanz zwischen in Zonenplänen ausgewiesenen und wirklich nutzbaren Industrieflächen erkennen. 1980 waren nur rund 56% der ausgewiesenen Gewerbe- und Industriezonen überbaut oder als Lagerfläche genutzt. An Reserveflächen standen 300 ha zur Verfügung, was nach Berechnungen der Kantonsverwaltung einem „Fassungsvermögen" von ca. 15 000 Arbeitsplätzen entsprechen würde (bei derzeit 6500(!) Industriearbeitsplätzen). 60% der Industrie- und Gewerbezonen sowie 64% der Industrielandreserven konzentrieren sich in der Region Bündner Rheintal. Dort setzt sich in Ansätzen das lockere „Industrieband" des St. Gallener und Vorarlberger Rheintals ein Stück weit nach Süden fort. Chur, Domat-Ems und Igis-Landquart sind die wichtigsten Standortgemeinden, daneben weisen Trimmis und Zizers umfangreiche freie Flächen aus. Erst in weitem Abstand folgen einige Gemeinden im Hinterrheingebiet (Bonaduz, Thusis).

Tab. 18: Industrielandreserven im Kanton Graubünden (Stand 1979)

Gemeinde	Areale I.+G.	Areale I.	Bebaute Flächen d. Betr.	Reserveflächen I.+G.	Reserveflächen I.	Besitzer Gemeinde	Besitzer privat
CHUR	—	4	274 494	36 000	—	407 302	13 800	32 985
Domat-Ems	1	1	405 612	—	112 030	213 000	86 578	25 453
Igis/Landq.	2	2	333 565	50 645	97 400	222 660	184 000	136 060
Bonaduz	3	3	237 928	60 000	28 217	25 000	50 864	2 353
Trimmis	1	3	113 805	—	98 529	229 300	227 500	100 320
Thusis	3	—	110 559	32 132	76 678	—	10 683	65 995
Untervaz	—	1	300 255	—	—	63 490	31 920	31 670
Zizers	3	1	54 613	6 000	176 104	10 269	184 809	1 564
Malans	1	—	24 540	9 000	58 000	—	55 770	2 230

Quelle: Industriestandortkataster der kantonalen Verwaltung Graubünden

66 Eine kurze Zusammenstellung des sehr umfangreichen Erhebungsmaterials wurde als Informationsbroschüre veröffentlicht (Dep. der Innern und der Volkswirtschaft (Hrsg.) (1980): Untersuchungen über die Industrielandreserven im Kanton Graubünden. — Chur.

Für die Industrieansiedlung in Frage kommen allerdings wohl nur die Rheintalgemeinden unterhalb von Chur, in denen freie Flächen wenigstens z.T. im Besitz der Gemeinde arrondiert sind (Zizers, Trimmis, Igis/Landquart). Die kommunale Bereitschaft zu weiteren Industrieansiedlungen ist hier indes mitunter besonders gering. In der Landeshauptstadt Chur hingegen besteht aufgrund der eingeengten Standorte vieler Betriebe eine beträchtliche Nachfrage nach Erweiterungsflächen, der aufgrund der wenigen in städtischem Besitz befindlichen Areale kaum entsprochen werden kann. Auf die 8 Berggebietsregionen entfallen zwar noch rd. 30% der kantonalen Reserven, aber nur ein Bruchteil (4% der im Kanton ausgeschiedenen Flächen) gehört den Gemeinden und wäre damit potentiell einer kurzfristigen gewerblich-industriellen Nutzung zugänglich (vgl. HANSER, 1985, S. 41).

Fazit: Mentalitäts- und Arbeitsmarktprobleme im engeren Berggebiet

Bei Betriebsbesuchen im WALLIS kommt das Gespräch meist sehr rasch auf Mängel der „humanen" Infrastruktur im öffentlichen Bereich. Hier sind bei den Gemeindebedarfseinrichtungen vor allem die Schulen und die Möglichkeiten der schulischen und beruflichen Weiterbildung zu nennen. Wie in vielen Gebirgsgebieten (vgl. Südtirol) fehlen Ausbildungsplätze sowie ein differenziertes schulisches Angebot für verschiedene Lehrberufe.

Vermißt wird, aus der Sicht der Betriebe, auch ein durchgehendes, leistungsfähiges Schnellstraßennetz. Diesbezügliche Pläne, insbesondere der autobahnähnliche Ausbau der N9 bis ins Oberwallis und der Bau eines Straßentunnels mit Verbindung zur Deutschschweiz (Rawyl-Projekt) liegen derzeit auf Eis, da ihre Notwendigkeit in der Öffentlichkeit stark umstritten ist. Häufig genannt wurde auch das Fehlen einer verbindlichen, nach Möglichkeit gemeindeübergreifenden Zonenplanung, die den Betrieben längerfristige Planungen ihrer Investitionsentscheidungen erlauben würde.

Spezifische Probleme der Betriebe im Kanton GRAUBÜNDEN liegen in der sehr ausgeprägten Gemeindeautonomie. Der Kantonsverwaltung bleibt in bezug auf Industrieförderung vor allem die Aufgabe, die Bestrebungen der Gemeinden zu unterstützen, indem sie für die Erschließung von Industrie- und Gewerbezonen besondere Beiträge leistet und Interessenten bei der Suche nach geeigneten Standorten hilft. Ferner fördert der Kanton Industrieansiedlungen durch Steuererleichterungen, im revidierten Gesetz über die Wirtschaftsförderung (Vorlage von 1979) sind darüberhinaus Zinskostenbeiträge und Darlehensmöglichkeiten vorgesehen.

Diese Maßnahmen haben aber, wie meine Umfrage bei neu gegründeten Industriebetrieben zeigte, kaum einen Einfluß auf die Standortwahl der Betriebe. Anders als im Wallis kamen die wenigen Industriebetriebe primär aufgrund persönlicher Kontakte und Zufälle zu ihren Standorten. Verbindungen zu einzelnen Gemeinden bzw. deren Vorstehern, Hilfen bei der Grundstückssuche durch einzelne Förderer oder ganz persönliche Ansiedlungsmotive sind sehr typische Erklärungen für das Standortwahlverhalten[67].

67 Beispiele sind die SIPLA-MASCHINENFABRIK, die ihren Standort aufgrund persönlicher Initiative des Leiters der Industrievereinigung fand, die Fa. HAMILTON in Bonaduz, deren Standort von einem bergbegeisterten Amerikaner eher zufällig ausgewählt wurde, oder das Zweigwerk der Fa. FISCHER-PLASTIK in Seewis.

4.2.4. Südtirol: Auslandsgründungen im mehrsprachigen Italien

Das heutige Bild der Industrie in Südtirol resultiert aus zwei verschiedenen Entwicklungssträngen. Neben die staatlich geförderte Ansiedlung von energie- und arbeitskräfteorientierten Tochterunternehmen norditalienischer Konzerne in Bozen während der dreißiger Jahre (siehe Kap. 3.2.3.) sind seit den sechziger Jahren Betriebsgründungen getreten, die vorwiegend von ausländischen Unternehmen aus der Bundesrepublik Deutschland, der Schweiz und Großbritannien ausgingen und die sich gezielt nicht in Bozen, sondern in den übrigen Städten des Landes ansiedelten (Lana bei Meran, Brixen, Bruneck).

Die faschistische Industriepolitik hatte in Südtirol eine räumlich, strukturell und arbeitskräftemäßig eng segmentierte Industrialisierung ausgelöst. Noch 1954 konzentrierten sich 62% der Beschäftigen (rund 7000) in den Bozener Großbetrieben. In der unmittelbaren Nachkriegszeit und bis in die sechziger Jahre hatten diese älteren Betriebe der Grundstoffindustrie mit erheblichen Schwierigkeiten zu kämpfen. Die LANCIA-Fabrik stand mehrmals vor der endgültigen Schließung — sie fand in Bozen sicher von allen Betriebsgründungen die am wenigsten günstigen Standortvoraussetzungen vor (weder ein qualifiziertes Arbeitskräftepotential noch nahegelegene Zulieferer) —, einige kleinere Unternehmen (Schuhfabrik ROSSI, Karosseriewerk VIBERTI, Masonitfabrik FELTRINELLI) wurden Anfang der sechziger Jahre liquidiert. Zu einem Zeitpunkt, als in Italien wie überall in Europa Hochkonjunktur herrschte, waren in Bozen Krisen, Streiks und Entlassungen an der Tagesordnung.

Die staatlich verordnete Industrialisierung warf ihre Schatten bis weit in die Nachkriegszeit. Aufgrund der Erfahrungen mit der faschistischen Politik in der Zwischenkriegszeit hatten lange Zeit alle Industrialisierungsbestrebungen mit erheblichen emotionalen Vorbehalten in der Bevölkerung zu kämpfen. Selbst 1981 stellt eine Studie „Die Meinungen der Bevölkerung Südtirols über ihre Wirtschaft und Industrie" (o.O., masch.-schriftl.) noch fest, daß „die Grundeinstellung der Südtiroler zu ihrer Industrie ... von einer merkwürdigen Widersprüchlichkeit, jedenfalls aber von einer gewissen Inkonsistenz gekennzeichnet" ist (S. 17). In den industriellen Mittel- und Großbetrieben des Landes arbeiten bis heute kaum deutschsprachige Südtiroler und Ladiner, der Anteil rein italienischsprachiger Arbeitnehmer hat sich in Bozen nur geringfügig von 97% 1955 auf 91% 1979 reduziert (PIXNER, 1983, S. 108).

Im Laufe der sechziger und siebziger Jahre machte die ursprünglich starke räumliche Konzentration der Südtiroler Industrie in Bozen und einigen größeren Städten des Landes (Brixen, Bruneck, Meran) einer etwas breiteren Streuung Platz. So haben die ländlichen Gemeinden mit einem Beschäftigtenanteil von 39,1% inzwischen mit der Hauptstadt gleichgezogen (38,5%), während die übrigen Städte 22,4% der Industriearbeiter auf sich vereinigen (siehe Abb. 29). Gut die Hälfte aller Gemeinden beherbergt inzwischen einen Industriebetrieb.

1979 arbeiteten nach Angaben von PIXNER (1983, S. 89) in den 17 alten, in der Zwischenkriegszeit entstandenen Betrieben nur noch 37% aller Südtiroler Industriearbeiter. Vor allem die deutschsprachigen Südtiroler fanden Beschäftigung in den neuen Klein- und Mittelbetrieben im Norden des Landes. Rund 40% der Industriebeschäftigten sind inzwischen außerhalb städtischer Siedlungsbereiche tätig (Abb. 29), 1955 waren es erst 21% (ebd., S. 86).

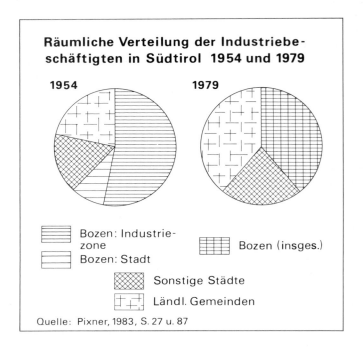

Abb. 29

Tab. 19: Industriebeschäftigte nach Volksgruppen in Südtirol

| | Anteile nach Volksgruppen (%) | | | | |
| | 1954 | | | 1979 | |
Betriebsgröße	Deutsche/Lad.	Italiener	Betriebsgröße	Deutsche/Lad.	Italiener
21— 50	34	66	20— 50	73	27
51—100	30	70	51—100	68	32
101—250	25	75	101—500	65	35
über 250	10	90	über 500	24	76

Quelle: LEIDLMAIR (1958, S. 254); PIXNER (1983, S. 106)

Die Branchenstruktur ist heute, im Vergleich mit anderen alpinen Räumen, verhältnismäßig differenziert. Dominant ist die metallschaffende und -verarbeitende Industrie, in der allerdings sehr unterschiedliche Tätigkeitsbereiche wie Maschinen–/ Fahrzeugbau, Metallwaren und Feinmechanik/Elektronik zusammengefaßt sind. In weitem Abstand folgen die Holz-/Möbelindustrie, Nahrungsmittelindustrie (Obstverwertung) und schließlich die Textilbranche. Einen Sonderfall bildet die metallschaffende Industrie mit über 3000 Beschäftigten in nur 3 Betrieben. Im Jahre 1979 arbeiteten in der Industrie Südtirols 19 313 Arbeitnehmer.

Anders als im Tessin spielt die Beschäftigung von außerhalb der Provinz stammenden Arbeitnehmern kaum eine Rolle. 1977 arbeiteten nur 6209 provinzfremde Personen im Land, überwiegend im Bau- und Gastgewerbe. Auf die Industrie entfielen davon nur gut 1000. Noch geringer sind die Ausländerzahlen: 1979 waren 443 Ausländer beschäftigt, davon 48% aus Österreich (PIXNER, 1983, S. 108). Das Problem der Balance der Volksgruppenverhältnisse setzt bei der Beschäftigung von Provinzfremden und Ausländern enge Grenzen.

Industrialisierungspolitik und „Industriezonen von Landesinteresse"

Eine rasche Geburtenzunahme vor allem der deutschsprachigen Bevölkerung, ein Überbesatz in der Landwirtschaft (versteckte Arbeitslosigkeit) in Verbindung mit der gesetzlichen Sicherung des Anerbenrechts im Jahre 1954 (PIXNER, 1983, S. 31) und die dadurch ausgelöste Abwanderung gerade junger und arbeitsaktiver Bevölkerung[68] machten seit den fünfziger und sechziger Jahren eine Verbreiterung der wirtschaftlichen Basis trotz aller Vorbehalte unumgänglich. Dabei wurde der Industrieansiedlung eine zunehmende Priorität eingeräumt. 1957 wurde ein Gesetz erlassen, das den größten Teil des Landes als Industrie-Förderzone einstufte und für diese Regionen eine zehnjährige Befreiung von der Einkommenssteuer gewährte. Die Einkommenssteuer betrug damals etwa 30% des Nettogewinns eines Unternehmens, was die Bedeutung dieser Fördermaßnahme unterstreicht. Hinzu kamen Darlehen an kleinere und mittlere Betriebe zu einem deutlich herabgesetzten Zinssatz.

In Südtirol lassen sich zwei Phasen der Ansiedlungspolitik unterscheiden:
— die räumlich dispersen Industrieansiedlungen der sechziger Jahre, als vorwiegend ausländische Unternehmen aus der Bundesrepublik oder der Schweiz Tochterbetriebe und Zweigwerke in Südtirol errichteten,
— die in gewerbeparkähnlichen „Industriezonen von Landesinteresse" konzentrierten Ansiedlungen der siebziger Jahre, die in stärkerem Maße von einheimischen Betrieben getragen waren.

Zwar hatte bereits der Raumordnungsplan von 1961 eine dezentralisierte industrielle Erschließung an geeigneten Entwicklungspolen vorgesehen, um unerwünschte Industrieballungen und Flächennutzungskonkurrenzen mit Landwirtschaft und Fremdenverkehr zu vermeiden und die gewerbliche Entwicklung auch in ausgewählten Seitentälern zu fördern. Da man aber gerade in der Anfangszeit um jeden Betrieb froh war, der neu ins Land kam, mußten zwangsläufig struktur- und raumordnungspolitische Überlegungen in den Hintergrund treten und es kam zu einer eher willkürlichen, letztlich zufälligen räumlichen Verteilung der neuen Betriebe.

68 Während der fünfziger Jahre verließen jährlich Tausende junger Südtiroler ihre Heimat, um als Berg- und Landarbeiter in der Bundesrepublik unterzukommen oder im Gastgewerbe und anderen Dienstleistungsbetrieben sowie als Hilfsarbeiter in der Schweiz oder dem übrigen Italien ihr Brot zu verdienen (FIORESCHY, 1958). Bis zum Jahre 1960 haben wohl rund 6000—8000 deutschsprachige Südtiroler das Land verlassen (TÖPFER, 1973, S. 11 ff.).

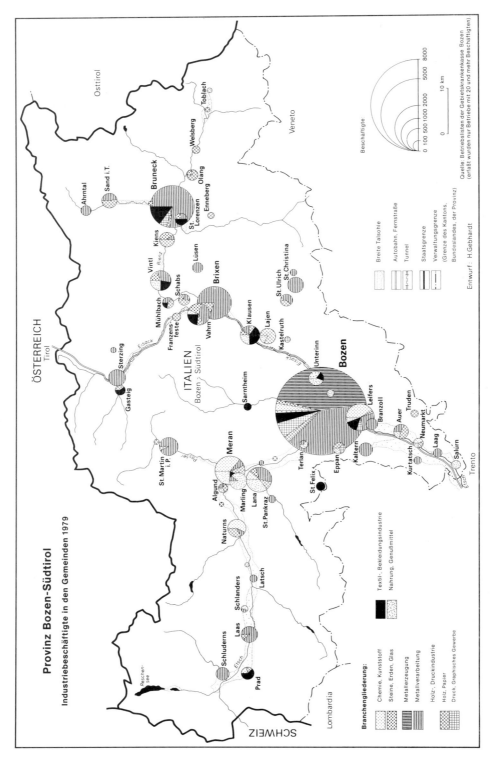

Abb. 30

4.2. Die Entwicklung in den Untersuchungsgebieten

Erst in den siebziger Jahren begannen entsprechende raumordnerische Konzeptionen zu greifen. In 14 „Industriezonen von Landesinteresse" übernahm das Land den Grundstückserwerb, die Erschließung und die Weitergabe der erschlossenen Flächen an die Betriebe und sorgte damit für eine deutliche Konzentration der jüngeren Ansiedlungen.

Realisiert wurde indes nur ein Teil der geplanten Industriezonen. Als erste war 1970 die Zone südlich von Brixen in Angriff genommen worden, sie ist inzwischen weitgehend erschlossen und bebaut. Auch in Lana bei Meran wurde in den siebziger Jahren ein sehr modernes Gewerbegebiet aufgebaut. Die übrigen Zonen befinden sich noch alle in Planung (Bruneck, Schlanders-Vezzan, Prad, Bozen-Süd, Sterzing). Fünf sehr verkehrsungünstig gelegene Areale wurden Anfang der achtziger Jahre ad acta gelegt (sie sind im Vorschlag Raumordnung der Tab. 20 nicht mehr berücksichtigt). Die Raumplanung in Südtirol zog damit Konsequenzen aus der seit den achtziger Jahren deutlich zurückgegangenen Nachfrage nach neuen Flächen.

Tab. 20: Industriezonen von Landesinteresse in Südtirol (Stand 1981)

Gemeinde	Industriezonen laut Bauleitplan			Vorschlag Raumordnung		
	Bruttofläche (ha)	bebaut/zugewiesen (ha)	frei (ha)	Gestrichene Flächen (ha)	Bruttofläche (ha)	frei (ha)
Brixen	50,75	50,15	0,60	—	50,75	0,60
Lana	30,70	19,00	11,70	—	14,70	7,00
Bozen/Süd	18,30	3,90	14,40	—	18,30	14,40
Bruneck II	13,71	—	13,71	—	13,71	13,71
Bruneck-Stegen	16,95	15,45	1,50	—	16,95	1,50
Schlanders	14,70	7,70	7,00	—	14,70	7,00
Sterzing	10,77	4,94	5,83	—	10,77	5,83
Lajen/Pont.	8,91	—	8,91	—	8,91	8,91
Toblach	14,31	—	14,31	14,31	—	—
Sand i.T.	8,30	—	8,30	8,30	—	—
Kastelruth	8,07	—	8,07	8,07	—	—
Neumarkt	5,20	1,50	3,70	5,20	—	—

Quelle: Unterlagen des Amtes für Landesraumordnung Bozen, 1981.

Die veränderte Konjunktur seit Mitte der siebziger Jahre hatte die Notwendigkeit staatlicher Unterstützung erneut evident gemacht. Mit einigen Jahren Verzögerung wurde im Herbst 1981 ein Industriefördergesetz verabschiedet (Landesgesetz vom 8.9.1981, Nr. 25: Beihilfe der Autonomen Provinz Bozen für Industrie und Gewerbe), das vor allem Umstrukturierungsmaßnahmen und Modernisierungen der Betriebe zum Ziel hatte, daneben rationellen Einsatz von Rohstoffen und Energie sowie Schutz der Umwelt. An Hilfen waren neben zinsbegünstigten Darlehen Zuschüsse für den Ausbau von Infrastruktureinrichtungen, für betriebliche Forschung und für Ausbildung und Umschulung des Personals vorgesehen.

Aufgrund der angespannten Kreditsituation in Italien Anfang der achtziger Jahre hatte das Gesetz jedoch den ungewollten Effekt, den Betrieben kurzfristig günstige

Kredite an die Hand zu geben (zu einem Zinssatz von 12—14% gegenüber sonst 20%), wodurch die Zielsetzung — Strukturverbesserung der Wirtschaft, nicht Konjunktursteuerung — konterkariert wurde. Neu und innovativ am Industriegesetz waren vor allem Maßnahmen zu Produktionsumstellungen, die die betriebliche Erneuerung anregen sollten. Für die Bereiche Kunststoff, Metall und Lebensmittel wurde zudem eine überbetriebliche Forschungsförderung initiiert, gerade in Südtirol ein besonderes Desiderat (siehe Kap. 5.4.3.).

Betriebsansiedlungen in den sechziger und siebziger Jahren

Aufgrund der Zugehörigkeit zum EWG-Markt und zum deutschen Sprachraum griffen die Bestrebungen der Wirtschaftspolitik seit den sechziger Jahren sehr rasch. Südtirol wurde vor allem für ausländische Investoren aus der Bundesrepublik und der Schweiz interessant. In diesen Ländern machte sich zu Beginn der sechziger Jahre bereits ein erheblicher Arbeitskräftemangel bemerkbar und Südtirol mit seinem unausgeschöpften Arbeitskräftepotential und den damals niedrigsten Lohnkosten innerhalb der EWG wurde als Industriestandort attraktiv.

Insgesamt waren bis 1972 34 Industriebetriebe mit Hauptkapital aus dem Ausland nach Südtirol gekommen, die zusammen 2880 neue Arbeitsplätze anboten (PIXNER, 1983, S. 40). Den Löwenanteil stellten mit rund 66% Unternehmen aus der Bundesrepublik Deutschland (siehe Tab. 21). Eine etwa gleich große Zahl an Beschäftigungsmöglichkeiten boten autochthone Südtiroler Handwerksbetriebe, die langsam in industrielle Größenordnung hineinwuchsen. Die meisten neuen Betriebe gehören arbeitsintensiven Zweigen der Metallverarbeitung und der mechanischen Industrie an, in der Anfangszeit auch der Textil- und Bekleidungsbranche.

Tab. 21: Beschäftigte in Betrieben mit ausländischem oder teilweise ausländischem Kapital (Stand 9.75; Betr. mit 20 u. mehr Besch.)

Überwiegende Kapitalherkunft	Gründung des Betriebs						INSGESAMT	
	vor 1965		1965—70		1971—75			
	Betr.	Besch.	Betr.	Besch.	Betr.	Besch.	Betr.	Besch.
— BRD	11	721	13	1137	5	287	29	2145
— Übrig. Ausl.	4	962	3	202	2	196	9	1360
INSGESAMT	15	1683	16	1339	7	483	38	3505

Quelle: Unterlagen des Assessorates für Industrie in Bozen 1981

Ein typisches Beispiel für solche Auslandsgründungen mit Produktionsstätten im ländlichen Raum Südtirols bildet die Fa. HOPPE KG mit ihrem Hauptbetrieb in Stadtallendorf (Hessen) und sechs weiteren Produktionswerken, darunter dreien im Alpenraum.
    HOPPE produziert mit zusammen 900 Arbeitskräften Beschläge und Türgriffe aus Aluminium, Messing und Kunststoff. In Südtirol stehen zwei Betriebe, das 1965 gegründete Werk in Schluderns (rd. 200 Besch.) und ein kleines Werk in St. Martin i.P. (errichtet 1972). Ebenfalls seit 1972 besteht ein Betriebe im nahelegenen Val Müstair in Graubünden.

4.2. Die Entwicklung in den Untersuchungsgebieten

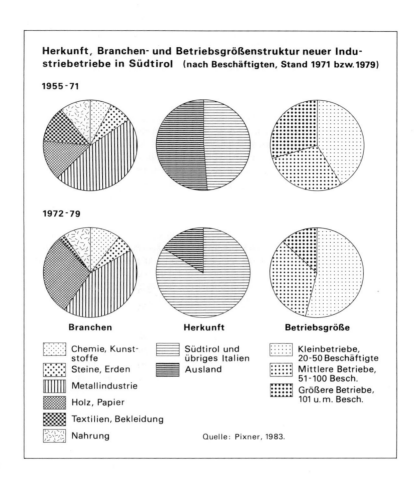

Abb. 31

Gründe für die Ansiedlung waren erwartungsgemäß die Arbeitskräftereserven im Gebirge und die niedrigen Lohnkosten für die anfallenden einfachen Tätigkeiten sowie die zehnjährige Steuerbefreiung. Die Standortspaltung in Südtirol wurde notwendig, da bei Schluderns kein geeignetes Erweiterungsgrundstück zu finden war. Vom Betrieb in St. Martin erfolgt der Vertrieb für die EG-Länder und Österreich, vom Val Mustair aus in die Schweiz und die EFTA-Länder, aber auch nach Frankreich und in die Beneluxstaaten.

Ein Beispiel für jüngere, in den Industriezonen von Landesinteresse konzentrierte Betriebsansiedlungen während der siebziger Jahre bildet der 1974 gegründete Tochterbetrieb der LEITZ-Firmengruppe in Lana bei Meran (1982 54 Beschäftigte). Es handelt sich hierbei um eine Tochtergründung der österreichischen LEITZ-Gruppe mit Stammsitz in Riedau (Oberösterreich).

Das Produktionsprogramm ist für einen alpinen Betrieb recht anspruchsvoll. Hergestellt werden vor allem Sonderserien und Einzelanfertigungen von Werkzeugen, z.B. spezielle Fräsköpfe und ähnliches. Entsprechend schwierig blieb bis heute die Arbeitsmarktsituation. Erst nach und nach, als im Betrieb selbst entsprechend Werkzeugmacher und Facharbeiter ausgebildet waren, konnte von sehr einfachen Produkten auf das heutige Fertigungsprogramm übergegangen werden. Hierzu wurden Südtiroler Arbeiter zu Weiterbildungskursen und Lehrgängen nach Deutschland (Oberkochen) und Riedau geschickt.

Grund für die Ansiedlung in Lana war, neben Absatzüberlegungen und der Steuerbefreiung, daß rasch und unbürokratisch ein Grundstück in der neuen Industriezone zur Verfügung gestellt wurde. Die räumliche Steuerung der Industrieansiedlung über die Bodenpolitik scheint, wie dieses und andere Beispiele belegen, durchaus erfolgreich zu sein, wenn entsprechende Prozesse rasch und für die Betriebe ohne Reibungsverluste ablaufen.

Eine der seltenen jüngeren Ansiedlungen im Süden des Landes, im Bozener Unterland, ist die Fa. SEEBER AG (Kunststofffabrik) in Leifers mit insgesamt 350 Beschäftigten. Das Unternehmen hat eine etwas längere Firmengeschichte als die oben genannten Betriebe. Bereits in den fünfziger Jahren hatte der aus Ostdeutschland stammende Alleinaktionär eine kleine Fabrik in Kardaun oberhalb von Bozen gegründet, 1973 wurde die Produktionsstätte in das Industriegebiet von Leifers, dem nächstgelegenen außerhalb der Bozener Industriezone, verlegt.

Hergestellt wurden in der Vergangenheit einfachste Kunststoffteile (z.B. Kehrbleche...), heute vornehmlich Zulieferteile für die Automobilindustrie (z.B. Kunststoffschläuche für die Heizung, Plastikbehälter für Scheibenwaschanlagen...). 232 der 350 Arbeitskräfte 1982 waren ungelernt; gearbeitet wird im Schichtbetrieb.

Die Belegschaftsstruktur hat sich, was ihre Sprachzugehörigkeit betrifft, seit den siebziger Jahren deutlich verändert. Waren in der Anfangszeit die deutschsprachigen Kräfte aus Kardaun der Verlagerung nach Leifers zu einem großen Teil gefolgt — trotz der Pendelzeiten von durchschnittlich 45 Minuten — so erhöhte sich bald der Anteil an italienisch-sprachigen Arbeitern, von 38,5% 1976 über 49% 1978 auf 52,5% 1982. Viele der ungelernten Kräfte kommen aus den Großbetrieben der Bozener Industriezone, manche waren auch aus dem Süden zugezogen.

Im Umland von Bozen lassen sich somit durchaus „Ausstrahlungseffekte" der bis in die jüngste Zeit sehr isolierten Bozener Industrie beobachten, auch ein Trend italienischer Zuwanderung von Süden. Die Industriezonen von Landesinteresse konzentrieren sich alle auf den Norden des Landes, wohl auch mit dem Ziel, solche Entwicklungen nicht noch zusätzlich zu fördern.

Nach 1972 ging die Zahl an ausländischen Ansiedlungen zurück. Bis 1979 kamen nur noch 8 neue Betriebe mit ca. 450 Arbeitsplätzen. Ungebrochen blieb zunächst noch der Zuwachs inländischer Unternehmen mit ca. 2300 neuen Arbeitsplätzen zwischen 1971 und 1979, die sich nunmehr stärker auf regionale Absatzmärkte konzentrierten (Holzverarbeitung, Kunststoff, Nahrungsmittel).

Auf regionale Märkte bezogen sind vor allem solche Industriebetriebe, deren Produkte mit der Fremdenverkehrswirtschaft bzw. der Baukonjunktur zusammenhängen. Neben Liftbaufirmen (z.B. LEITNER in Klausen) und Nahrungsmittelbetrieben sind Unternehmen zu nennen, die auf Installationsbedarf, den Bau von Schwimmbädern (ESTERGLAS) oder von Fertighäusern spezialisiert sind.

Einer dieser Fertighausbetriebe, die Fa. WIERER in der Industriezone von Brixen, besteht seit 1975. Es handelt sich hierbei um den Betrieb eines Südtiroler Unternehmers, der früher in handwerklichem Maßstab Dachplatten hergestellt hatte. Nach 1975 wurden Fertighäuser in Lizenz der deutschen Fa. OKAL für den norditalienischen und österreichischen Markt produziert. Neben Südtirol ist Norditalien der wichtigste Absatzmarkt; dort bestehen in den größeren Verdichtungsräumen jeweils Ausstellungsgelände mit Musterhäusern.

Die aktuellen Probleme der Südtiroler Industrie

Die Industrialisierungspolitik der sechziger und siebziger Jahre kann unter quantitativen Gesichtspunkten sicher als Erfolg gewertet werden, in qualitativer Hinsicht werden jedoch aufgrund der sehr ausgeprägten strukturellen Einseitigkeiten vor allem bei angespannter Konjunktur zahlreiche Probleme erkennbar.

Einige davon hängen mit der Zweigbetriebsstruktur in Südtirol zusammen. Zwar können mit PIXNER (1979) 77% der Unternehmen als Hauptwerke bezeichnet werden (in meiner etwas anders aufgebauten Typisierung sind es 73%), in ihnen arbeitet aber nur rund die Hälfte der Beschäftigten. Vor allem die Auslandsgründungen sind bei Schwierigkeiten mit Rückverlagerungs-Drohungen oft sehr rasch bei der Hand. Zu Beginn der Ansiedlungspolitik in den sechziger Jahren waren auch einige arbeitsintensive Betriebe (Konfektion ...) ins Land geholt worden, die baulich und maschinell nur wenig investierten und z.T. rasch wieder verschwanden.

Ein wesentliches Kennzeichen der Südtiroler Industrie ist bis heute die sehr niedrige Angestelltenquote von nur 17% der Beschäftigten (14% in den Zweigwerken); in Nord- und Osttirol liegt sie in den von mir befragten Betrieben bei immerhin 37,5%. Daraus wird erkennbar, daß viele Produktionsstätten über das Stadium „verlängerter Werkbänke" noch nicht hinausgekommen sind.

Die niedrigen Facharbeiter- und Angestelltenquoten sowie Probleme des Ausbildungswesens (siehe Kap. 4.3.2.) hängen außer mit dem fehlenden Angebot an entsprechenden Arbeitsplätzen auch mit der eher geringen finanziellen Attraktivität „mittlerer" Tätigkeiten in Italien zusammen. Die seit 1969 verfolgte Tarifpolitik der „Abflachung" führte dazu, daß die Tariflöhne der Facharbeiter nur geringfügig über denen der Ungelernten liegen[69]. Betriebe konnten Anfang der achtziger Jahre qualifizierte Kräfte nur bekommen oder halten, wenn sie außertarifliche Sonderzulagen zahlten.

Die ursprünglichen Standorterwartungen haben sich, wie meine Umfragen zeigten, wohl nur z.T. erfüllt. Im Zuge der Steuerreform verringerte sich nach 1973 der Steuervorteil für Neuansiedlungen um rund die Hälfte, die Grundstückspreise erfuhren eine erhebliche Verteuerung, die durch die bestehenden Fördergesetze nicht aufgewogen werden konnte, Lohnkosten stiegen nicht zuletzt aufgrund der Wirtschaftspolitik in Italien überproportional, Baulandumlegungen wurden im Zuge eines sich verschlechternden „Industrieklimas" vor allem gegenüber ausländischen Investoren immer schwieriger.

Zu Beginn der achtziger Jahre kam es zum ersten Mal zu einem nennenswerten Abbau von Arbeitsplätzen aufgrund von Betriebsschließungen. Während zwischen 1971 und 1975 nur 125 Arbeitsplätze verlorengingen und zwischen 1976 und 1978 127, lag die Zahl für die drei Jahre von 1979-82 bereits bei 450[70].

Aus Sicht der Betriebe wurden vor allem die beträchtlichen Lohnsteigerungen — die Lohnentwicklung war in Italien Anfang der achtziger Jahre an die Inflationsrate

---

69 1982 lag der Tariflohn in der niedrigsten Arbeiterkategorie bei 700 000 Lira, in der höchsten nur bei 750 000.
70 Angaben nach PIXNER (1983) sowie Unterlagen des Assessorats für Industrie in Bozen.

gekoppelt — zu einer Belastung. Sie trafen besonders die exportorientierten Unternehmen, die die erhöhten Produktionskosten nicht auf ihren Auslandsmärkten mit geringerer Inflationsrate über das verkaufte Produkt „hereinholen" konnten (Problem des Währungsverbundes innerhalb der EG)[71]. Daß zudem die Soziallasten in Italien die höchsten der EG sind und insgesamt einen höheren Wert ausmachen als die Lohnauszahlungen selbst, bewegt ausländische Tochterunternehmen ganz sicher nicht dazu, in Südtirol neu zu investieren.

Nicht zu unterschätzende Probleme bilden ferner der Ausbaustand der Verkehrsinfrastruktur und der Grundstücksmarkt, auch und gerade in den Industriezonen von Landesinteresse. So verzögert sich der Ausbau der von vielen Ortsdurchfahrten belasteten Straßenverbindung Reschen-Bozen aufgrund der Einsprüche von Interessengruppen (Bauernbund) schon seit Jahren.

Zumindest aus der Sicht der Betriebe ist auch die baurechtliche Seite der Vergabe von Industrieflächen sehr unbefriedigend gelöst. Das LEP 1980—82 suchte gezielt die Bautätigkeit in Südtirol zu bremsen. Da Betriebe in den Industriezonen nicht direkt Flächen kaufen können, sondern diese ihnen zugewiesen werden, erwiesen sich die nötigen Umlegungen oft als problematisch. Umgekehrt wurden Betriebe mit Flächenreserven mitunter enteignet, um der Bodenspekulation, auch für nichtindustrielle Nutzungen, entgegenzuwirken.

Diese hier überwiegend aus dem Blickwinkel der Industrie skizzierten Probleme sollten allerdings auch nicht überbewertet werden. Insgesamt kann die Branchenstruktur sicher als günstiger als in vielen anderen Alpenländern bezeichnet werden; der Anteil an wachstumsgehemmten Branchen ist noch relativ gering. Dies drückt sich auch in der im Vergleich zu anderen Untersuchungsgebieten günstigen ex-post-Einschätzung der ursprünglichen Standortwahl aus. Immerhin 2/3 der befragten Betriebe würden, hätten sie heute nochmals die Wahl, wieder denselben Standort im Gebirge wählen, ein Wert der z.B. im Wallis mit seiner früh einsetzenden und weitgehenden Industrieförderung nicht erreicht wird.

Tab. 22: Standortwahl der Betriebe zum heutigen Zeitpunkt (Tirol, Südtirol, Wallis)

Region	Wahl desselben Standorts im Gebirge	Wahl eines anderen Standorts	keine Angaben
Tirol (n = 95)	61,1%	28,4%	10,5%
Südtirol (n = 100)	66,0%	30,0%	4,0%
Wallis (n = 45)	57,8%	31,1%	11,1%

Quelle: Eigene Erhebungen 1981/82.

---

71 So war z.B. in der 1. Hälfte des Jahres 1982 die Lira gegenüber der DM um 6% abgewertet worden, auf der anderen Seite standen einer Inflation von 7% in der BRD 20% in Italien gegenüber. Diese hohen Zahlen haben sich inzwischen reduziert, der Abstand ist jedoch geblieben.

4.2.5. Nord- und Osttirol: Gewachsene Industrie mit Strukturproblemen

Erste Anfänge industrieller Tätigkeit in TIROL lassen sich bis ins ausgehende Mittelalter und die frühe Neuzeit zurückverfolgen (SCHAAR, 1947). Zu nennen sind hier vor allem der Bergbau (Silberbergwerke bei Schwaz, Magnesit im Zillertal, Saline Hall), aber auch Ansätze von Kleineisen- und Glasindustrie (Stubaital). Bereits 1762 wurde in Imst die erste Textilfabrik gegründet (STRELE'sche Baumwollfabrik). Viele der heutigen Tiroler Industriebetriebe haben in diesem Sinne „alte Wurzeln"[72].

So sind die MONTANWERKE BRIXLEGG, ebenso wie die JENBACHER WERKE, letzte Folgebetriebe des Schwazer Kupfer- und Silberbergbaus — seit 1463 besteht in Brixlegg eine Kupferhütte- sowie der im Schwazer Raum einstmals verbreiteten Nichteisenmetallerzeugung. Ihr Überleben bis heute wurde durch die Kriegswirtschaft (1938 Übernahme durch das Deutsche Reich) bzw. nach dem Krieg durch die Verstaatlichung gesichert (VEREINIGTE METALLWERKE RANSHOFEN-BERNDORF AG).

Neben der von Vorarlberg initiierten Textilindustrie (HERRBURGER & RHOMBERG, JENNY & SCHINDLER) entstanden früh auch Betriebe der Bauindustrie, so 1843 die erste Zementfabrik Österreichs bei Kufstein, aus der sich später das umfangreiche Unternehmen der PERLMOSER-ZEMENTWERK AG in Kirchbichl entwickelte (STRELE, 1951; KOCH, 1972). Weitere heute noch bestehende Branchen und Betriebe aus dieser Zeit sind die Holzindustrie (PAPIERFABRIK WATTENS) und die Metallverarbeitung (NIEMEYER, 1969).

Die heutige Branchenausrichtung resultiert damit, anders als in Südtirol, aus einer relativ langen Entwicklungsgeschichte. In Nordtirol arbeiteten bereits 1902 in 24 größeren Unternehmen (über 100 B.) knapp 6000 Beschäftigte, während in Südtirol damals nur 2 Mittelbetriebe mit jeweils knapp über 100 Beschäftigten produzierten (GOLLOB, 1962, S. 62).

Tab. 23: Industriebetriebe und -beschäftigte in Nord- und Südtirol

| Größen- | 1902 | | | | | | 1979 | | | | | |
| klasse | NORDTIROL | | | SÜDTIROL | | | NORDTIROL | | | SÜDTIROL | | |
	Betr.	Besch.	(%)	Betr.	Besch.	(%)	Betr.	Besch.	(%)	Betr.	Besch.	(%)
11— 50	100	2033	21	78	1500	67	262	8282	21	131	3956	20
51—100	24	1581	17	6	450	20	85	5877	15	55	4063	21
101—500	23	4640	49	2	302	13	74	14227	37	27	4895	25
über 500	1	1289	13	—	—	0	9	20549	27	5	6399	33

Quellen: GOLLOB (1982); PIXNER (1983); eigene Berechnungen

Insgesamt machte die industrielle Entwicklung Tirols jedoch nur sehr langsam Fortschritte. Ein gewisser, allerdings nicht mit den Verhältnissen in den Westalpen vergleichbarer Entwicklungsimpuls ging nach der Jahrhundertwende von der Erschließung der Hydroenergie aus, der einige energieintensive Unternehmen wie die DONAU-CHEMIE in Landeck oder die METALLWERKE PLANSEE ihre Entste-

---

72 Siehe hierzu auch die Fallbeispiele historischer Standortentscheidungen in Kap. 5.1.

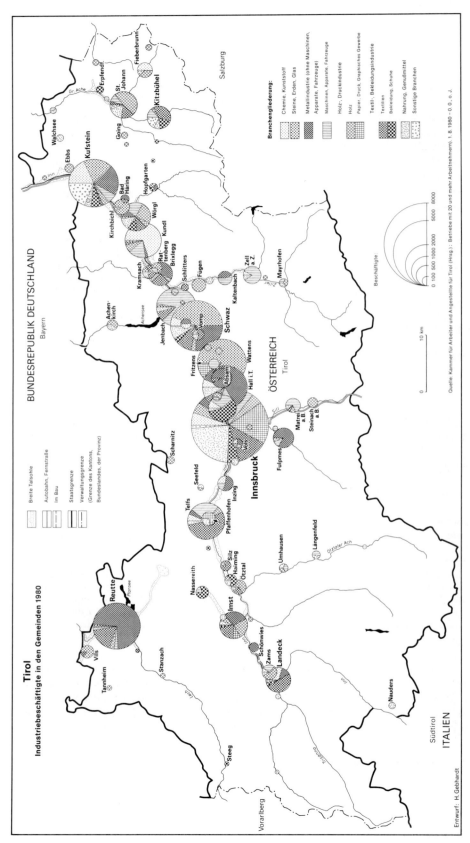

Abb. 32

hung verdanken (siehe Kap. 5.1.1). Kurzfristig wurde die Industrieentwicklung schließlich auch durch die Kriegswirtschaft während des Zweiten Weltkrieges angekurbelt[73].

Im Kontext der gesamtwirtschaftlichen Entwicklung der Nachkriegszeit gingen die Beschäftigtenzahlen in der Industrie behutsam nach oben (15% Zunahme an Arbeitsplätzen zwischen 1958 und 1973), bereits in den siebziger Jahren reduzierte sich deren Zahl jedoch um rund 1000. Anfang der achtziger Jahre verdienten rund 40 000 Arbeitnehmer ihr Brot im verarbeitenden Gewerbe, darunter ca. 30 000 in der Industrie im engeren Sinne.

Räumlich konzentriert sich die Industrie vor allem im unteren Inntalbereich zwischen Innsbruck und Kufstein sowie im Raum Telfs und Reutte. In den Bezirken Innsbruck, Schwaz und Kufstein arbeiten 2/3 aller Tiroler Industriebeschäftigten. An teilweise mit Industrie durchsetzten Gebieten kommen einige Seitentäler (Raum Kitzbühel, St. Johann, Zillertal, Stubaital) sowie der Raum um Landeck hinzu.

Industrieansiedlung in peripheren Räumen Tirols

Um die starke Konzentration von Industriebetrieben auf das Inntal zu mildern, wurden seit 1976 für die strukturell unterentwickelten Bezirke des Landes (Imst, Landeck, Osttirol sowie später Reutte) „Betriebsansiedlungs- und Betriebsentwicklungs-Fachkonzepte" im Sinne des Tiroler Raumordnungsgesetzes[74] erarbeitet; Neuansiedlungen sollten bevorzugt in die noch wenig industrialisierten Regionen Osttirols sowie den Westen und Norden des Landes gelenkt werden. Die je nach Region etwas unterschiedlich akzentuierten Ziele dieser Politik sehen an Fördermaßnahmen vor:

— auf BUNDESEBENE ERP-Kredite sowie Darlehen und Beihilfen des ERP-Sonderprogramms für wirtschaftlich benachteiligte Grenzregionen, in das 1977 der Bezirk Osttirol einbezogen wurde.
— auf LANDESEBENE verschiedene Kreditzuschüsse, Darlehen, Investitionshilfen und Bürgschaften. Ein vor allem für die wirtschaftlich benachteiligten Räume geschaffenes Förderinstrument ist das Raumordnungsschwerpunktprogramm zur Schaffung bzw. Erhaltung industriell-gewerblicher Arbeitsplätze und Fremdenverkehrsinfrastruktureinrichtungen (siehe BARNICK, 1986, S. 47).
- auf GEMEINDEEBENE Bereitstellung von günstigem Baugrund, in Einzelfällen auch finanzielle Zuschüsse.

---

73 Strategische Erwägungen begünstigen den Aufbau von Betrieben der Eisen- und Metallverarbeitung (Rüstung), an dem vor allem deutsche Großunternehmen des Flugzeugbaus beteiligt waren (HEINKEL in Jenbach, MESSERSCHMITT in Kematen). Einige dieser Unternehmen, deren besitzrechtliche Situation nach dem Zweiten Weltkrieg ungeklärt war, wurden zunächst verstaatlicht; als Sonderentwicklung aus jener Zeit gibt es in Tirol bis heute zwei genossenschaftlich geführte Industriebetriebe (siehe Kap. 5.2.2.).
74 Siehe das Tiroler Raumordnungsgesetz vom 6.12.1971, Abs. 4. Bisher wurden für vier Regionen „Betriebsansiedlungs- und Betriebsentwicklungs-Fachkonzepte für das produzierende Gewerbe und die Industrie" erstellt.

134   4. Die quantitative Industrieansiedlungspolitik

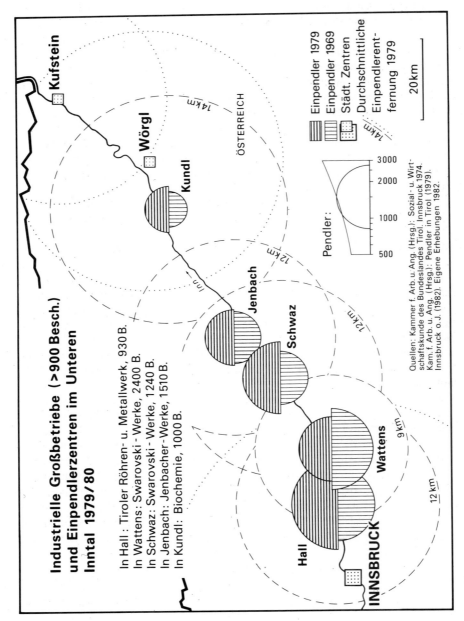

Abb. 33

Zum wichtigsten Ansiedlungsschwerpunkt wurde OSTTIROL. Bis zur Eröffnung der Felbertauernstraße im Jahre 1967 waren die Voraussetzungen wirtschaftlicher Entwicklung in dieser verkehrsgeographisch isolierten Region südlich des Alpenhauptkammes sehr schlecht (siehe u.a. GRÖTZBACH, 1981). Noch 1971 lag der Anteil der in der Landwirtschaft Beschäftigten bei 23,6%. Auf die Bezirkshauptstadt Lienz konzentrierten sich über 55% der nichtagrarischen Arbeitsplätze, bis Ende der siebziger Jahre gab es keinen einzigen Betrieb mit über 200 Beschäftigten und lediglich 2 Unternehmen des Baugewerbes mit mehr als 100 Beschäftigten. Die räumliche Disparität von Arbeits- und Wohnorten äußert sich bis heute in extraregionaler Erwerbstätigkeit mit fernorientierten Pendlerströmen, die im Wochen-, Monats- oder Saisonrhythmus nach Osttirol zurückkehren. Nach Erhebungen von GRÖTZBACH (1981, S. 79 ff.) waren noch 1976 über 14% der unselbständig Erwerbstätigen außerhalb Osttirols beschäftigt.

Betriebsansiedlungen wurden daher als dringlich erachtet; sie konzentrierten sich in den siebziger Jahren auf die Bezirkshauptstadt sowie die Räume Matrei und Sillian. Überwiegend kamen kleinere Gewerbebetriebe als Zweigwerke auswärtiger Unternehmen. Nach Angaben der Organe für die Angelegenheiten der Raumordnung ent-standen zwischen 1971 und 1982 in Osttirol 8 neue (bzw. umgesiedelte) Betriebe, die Anfang der achtziger Jahre rund 350 Personen beschäftigten. Das erscheint nicht sehr viel, ist in Verbindung mit der Schaffung weiterer Arbeitsplätze im produzierenden Gewerbe gleichwohl ein gewisser Erfolg. Insgesamt erhöhte sich zwischen 1971 und 1980 die Zahl an Arbeitsplätzen in Industrie und Gewerbe von rd. 1760 auf über 2500.

Das strukturelle und wirtschaftsräumliche Gegenstück zu Osttirol bildet der alpenrandnahe, aber abseits des Tiroler Zentralraums gelegene Bezirk REUTTE (siehe zur Wirtschaftsstruktur VOSS, 1971). Lediglich ein direkter Verkehrsweg über den Fernpaß verbindet den Außerfern mit dem übrigen Tirol, während von Bayern zahlreiche Straßen hineinführen. Die unmittelbare Grenzlage zur Bundesrepublik erzeugt eine Konkurrenz um Betriebe, wobei in den angrenzenden Landkreisen Ostallgäu und Garmisch-Partenkirchen über die Gemeinschaftsaufgabe „Verbesserung der regionalen Wirtschaftsstruktur" sowie über zusätzliche Investitionshilfen der öffentlichen Hand sehr viel mehr an Förderung betrieben wird als in Österreich.

Die nicht leichte Situation der Industrie im Außerfern wird indes konterkariert durch das dynamische Wachstum des METALLWERKS PLANSEE, des einzigen industriellen Großbetriebs im Bezirk (siehe BUZAS, o.J.). 28% aller im Reuttener Becken Beschäftigten arbeiten in dem 1921 gegründeten Betrieb, hinzu kommen mehr als 1000 Pendler aus den übrigen Talschaften der Region (Angaben nach KELLER o.J.). Das hohe Lohnniveau in einem stark forschungsorientierten Unternehmen und weitreichende Sozialleistungen sowie ein beachtliches betriebliches Schul- und Bildungsangebot (siehe Kap. 5.2.1.) haben zu einer nachhaltigen wirtschaftlichen Strukturverbesserung im Raum Reutte geführt.

Für den Außerfern insgesamt ergeben sich allerdings neben einer einseitigen Branchenausrichtung deutliche Entwicklungsunterschiede zwischen dem Raum Reutte und den übrigen Gebieten, insbesondere dem verkehrsmäßig schlecht angebundenen oberen Lechtal. Dennoch wurde der Bezirk nicht in das ERP-Sonderprogramm (Grenzlandförderung) aufgenommen.

Außer für Osttirol und Reutte wurden für die westlich Innsbrucks gelegenen Bezirke Imst und Landeck Betriebsansiedlungskonzepte erstellt. LANDECK war, ähnlich wie Osttirol, in den Nachkriegsjahren von starker Abwanderung betroffen. Nur 9 von 30 Gemeinden verzeichneten zwischen 1961 und 1981 keine Wanderungsverluste. Die relative Bedeutung der z.T. älteren Landecker Industrie ist seit dem Krieg kontinuierlich zurückgegangen, heute entfallen noch 1,5% der Tiroler Industriearbeitsplätze auf den Bezirk. Die Verschiebung hin zu einer deutlich vom Erholungs- und Fremdenverkehr (inkl. Baugewerbe) dominierten Wirtschaft führte verstärkt zu strukturellen Arbeitsmarktproblemen, insbes. einer starken saisonalen Arbeitslosigkeit im Winter. Bereits Mitte der siebziger Jahre wurden Arbeitslosenzahlen von 10% erreicht, gegenüber damals 4% im Tiroler Durchschnitt.

Trotz der evidenten Notwendigkeit industrieller Förderung waren solche Bemühungen gerade im Westen Tirols von wenig Erfolg gekrönt, nicht zuletzt aufgrund der bis in die jüngste Zeit ungünstigen Verkehrsanbindung (späte Eröffnung des Arlberg-Straßentunnels; auch Mitte der achtziger Jahre erst teilweise fertiggestellte Autobahn-Anbindung an das untere Inntal). Bestehende Betriebe gehören meist zu den Problembranchen (z.B. DONAU-CHEMIE in Landeck mit Karbiderzeugung); in Landeck und Umgebung bestehen praktisch auch keine Flächenreserven für eine umfassende Sanierung der Unternehmen.

Die quantitativen Erfolge der Tiroler Industrieförderung sind aufgrund der skizzierten Bedingungen geringer geblieben als in den anderen Untersuchungsgebieten. Nach Angaben der Beratungsstelle für Betriebsansiedlungen entstanden seit 1971 20 neue Industriebetriebe, von denen 13 beraten und gefördert wurden. Dabei handelt es sich um 5 Neugründungen, 12 Zweigwerkgründungen (darunter 6 von bestehenden Tiroler Unternehmen) und 3 Betriebsverlagerungen. Die Zahl an neu geschaffenen Arbeitsplätzen kann bei ca. 550 angesetzt werden (Stand 1979, ohne das früher gegründete, aber später ausgebaute Werk von LIEBHERR). Ein beträchtlicher Teil der Fördermaßnahmen entfiel auf Osttirol.

Bis heute beschränkt sich staatliche Wirtschaftsförderung und Industriepolitik wie vielfach in Österreich auf Einzelfallhilfe, d.h. Rettungsaktionen für akut in Schwierigkeiten geratene Unternehmen. Zu einem Zeitpunkt, als im Wallis oder in Südtirol bereits auf breiter Basis um Industrie geworben wurde, wurden in Tirol zaghafte Schritte zu einer Bestandsaufnahme und einem ersten, allerdings Makulatur gebliebenen Gewerbe- und Industriekonzept unternommen[75].

Solche, inzwischen von den „Organen für die Angelegenheiten der Raumordnung, Beratungsstelle für Industrieansiedlungen" fortgeschriebenen Kataster und Aufstellungen ergaben für 1982 insgesamt 374 ha in Flächenwidmungsplänen ausgewiesene Betriebsflächen. Angesichts des schon in der Vergangenheit geringen Zusatzbedarfs sind die Gewerbe- und Industrieflächen in Tirol wie in den anderen Untersuchungsgebieten deutlich überdimensioniert (vgl. BARNICK, 1986, S. 40).

---

75 Ein Katalog bestehender und geplanter Industrieflächen mit einer ergänzenden Analyse von Standortqualitäten (Infrastrukturausstattung) in den Gemeinden Tirols enthält ein von der Arbeitsgruppe „Industrialisierung" erarbeiteter „Bericht über den gegenwärtigen Stand der Industrialisierung" sowie ein darauf aufbauendes „Entwicklungsprogramm. Tiroler Gewerbe- und Industriekonzept. 1. Entwurf" (Innsbruck 1975). Siehe hierzu auch Raumordnungsinformation Tirol 2/1977, S. 5 ff.

Tab. 24: Gewerbe- und Industrieflächen in Regionen des Bundeslandes Tirol

Region	Dauersiedlungsfläche (ha)	Fläche für Gewerbe/Industrie (ha)
INNSBRUCK	34 356	81,3
Kufstein	25 585	81,6
Imst	13 026	38,7
Lienz	21 135	35,0
Schwaz	20 053	25,0
Kitzbühel	29 943	15,5
Reutte	15 728	9,0
Landeck	14 849	8,2
INSGESAMT	174 675	374,3

Quelle: Unterlagen der Geschäftsstelle der Organe für die Angelegenheiten der Raumordnung; SITRO: Strukturdaten Tirol.

Strukturprobleme der Tiroler Industrie

Die industrieräumliche Situation in Nordtirol unterscheidet sich, wie gezeigt wurde, in wesentlichen Punkten von der in Bozen-Südtirol. Das Inntal ist, aufgrund seiner Lage im Alpenraum und seiner Bedeutung als wichtige Verkehrsachse,[76] nicht zum Berggebiet im engeren Sinne zu rechnen. Der Tiroler Zentralraum unterhalb Innsbrucks wird durch seine durchgehende Autobahnverbindung und die schon 1858 eröffnete Eisenbahnlinie sehr direkt an den deutschen Voralpenraum und damit auch an den süddeutschen Markt angebunden.

Dies gilt vor allem für den Bezirk Kufstein, bei dem enge Verflechtungen mit dem Ballungsraum München bestehen (z.B. was die Nachfrage nach Dienstleistungen etc. anbetrifft). Das Arbeitskräfteproblem als zentrales Problem aller Peripherräume spielt aufgrund der langen gewerblichen Tradition in Tirol nicht jene entscheidende Rolle wie in anderen Gebirgsregionen. Dennoch sind mit Ende der Hochkonjunktur viele Betriebe in Schwierigkeiten geraten, was sich in Nordtirol sehr viel deutlicher als z.B. in Südtirol in drohenden und tatsächlichen Konkursen bzw. Vergleichen äußert. Betriebliche Schwierigkeiten haben im Norden eher strukturelle, im Süden stärker konjunkturelle Ursachen. Abgesehen von „typisch österreichischen Einzelschicksalen", wie die Zeitschrift TREND (5/1980) den Niedergang von KNEISSL[77] und einigen kleineren Unternehmen erklärte, stehen in Nordtirol Strukturprobleme

---

[76] 1984 gingen 71,6% des gesamten Güterverkehrs in Österreich über den Brenner. Gegenüber einem Transportvolumen der Bahn von 4,2 Mio. t laufen über die Autobahn jährlich 13,6 Mio. t, d.h. täglich rollen im Durchschnitt 3000 LKW durch Tirol (Angaben nach BARNICK, 1986, S. 47).

[77] Seit den siebziger Jahren war bei der Skifabrik KNEISSL in Kufstein eine überwiegend durch Tiroler Kreditinstitute finanzierte, technologisch aufwendige und anfänglich störanfällige Produktion von Vollkunststoffskiern aufgebaut worden, die sich auf dem hart umkämpften Wintersportmarkt nur schwer absetzen ließen. Die Kapazitäten bei KNEISSL waren über Jahre hinweg nicht einmal zu 2/3 ausgelastet. Nach dem Konkurs 1980 wurde der Betrieb vorläufig von einer französisch-schweizerischen Gruppe übernommen und die Produktion in stark verringertem Umfang, ergänzt um Tennisschläger, wieder aufgenommen.

der Textilindustrie (vor allem der historisch überkommenen Spinnereien und Webereien[78] sowie Innovationsrückstände der meisten übrigen Branchen im Vordergrund (siehe Kap. 5.4.2.).

Als typische Schwierigkeiten der Tiroler Betriebe schälen sich aus Gesprächen mit Unternehmern und Interessenvertretern der Wirtschaft heraus:

— Trotz Arbeitslosigkeit Mangel an qualifizierten Mitarbeitern für Forschung und Entwicklung, Verwaltung und Marketing. Der Grund hierfür wird meist in der Tatsache gesehen, daß es an der Universität Innsbruck keine technischen Studiengänge gibt. Fachleute des gehobenen technischen Bedarfs können nur in Ost-Österreich angeworben werden (Technische Hochschulen u.a. in Leoben und Graz). Auch Facharbeiter sind, wie in fast allen Alpenregionen, fast nur zu bekommen, wenn man sie selbst ausbildet.

— Große Entfernung zum wirtschaftlichen und politischen Zentrum Wien, deren Folgewirkungen häufig nur durch eigene Vertriebsbüros im Osten Österreichs gemildert werden können.

— keine Industrieförderung, die den Möglichkeiten in den Nachbarländern vergleichbar wäre.

4.3. DIE INDUSTRIALISIERUNGSPHASEN DER NACHKRIEGSZEIT: EINE ZWISCHENBILANZ INDUSTRIERÄUMLICHER PROBLEME AUS RAUMORDNERISCHER SICHT

Die Bilanz der mobilitätsorientierten Industrieansiedlungspolitik der Nachkriegszeit in den Untersuchungsgebieten fiel in quantitativer Hinsicht recht positiv aus. Von den 670 befragten Betrieben (die 58% aller Industriebetriebe mit 63% der Beschäftigten repräsentieren), waren nur 9,1% bereits im 19. Jahrhundert entstanden, weitere 4% in der Zeit bis zum Ende des Ersten Weltkriegs, 14,5% in der Zwischenkriegszeit, 21% bis zum Jahre 1959. Immerhin 44% aller befragten Unternehmen im Alpenraum existieren in der heutigen Form erst seit 1960. Am jüngsten sind die Betriebe in Südtirol mit 69% aller Unternehmen seit 1960, gefolgt vom Kanton Tessin (53,3%) und dem Wallis (49,2%); umgekehrt sind in Vorarlberg nur 25% der Betriebe nach 1960 entstanden. Die neuen Unternehmen sind allerdings vorwiegend Kleinbetriebe; 43,1% von ihnen haben unter 50 Beschäftigte, 32,3% gehören der Betriebsgrößenklasse von 50—99 an, nur ein Viertel hat über 100 Beschäftigte.

Ähnlich einseitig wie die BETRIEBSGRÖSSEN ist auch die BRANCHENVERTEILUNG der neuen Betriebe. Geringe Zuwachsraten bei der metallerzeugenden Industrie (18,2% der nach 1960 gegründeten Betriebe), der Textilindustrie (26,8%) sowie der Nahrungs- und Genußmittelindustrie (29,2%) und andererseits hohe Prozentzahlen bei der Maschinenindustrie (59%) und der sonstigen metallverarbei-

---

78 Der statistische Beschäftigtenrückgang dieser Betriebe wäre angesichts der eher geringen Bedeutung der Textilindustrie in Tirol sicher nicht so drückend wie z.B. im Textilland Vorarlberg, zum Problem wird jedoch, daß es sich überwiegend um größere Mittelbetriebe in Regionen handelt, in denen es sonst kaum andere Betriebe gibt (Telfs mit den Firmen JENNY & SCHINDLER und HERRBURGER & ROHMBERG, Landeck und einige Seitentäler).

4.3. Die Industrialisierungsphasen der Nachkriegszeit

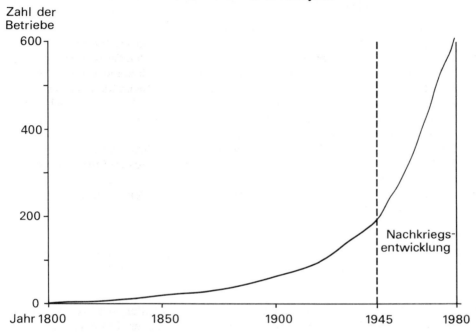

Abb. 34

tenden Industrie (55%) seit den sechziger Jahren haben inzwischen zu einem Übergewicht von Unternehmen des EBM-Bereichs im Gebirge geführt. Die jungen Betriebe sind in höherem Maße außenabhängig als die alten alpinen Industrieunternehmen. Während nur 40,7% der selbständigen und teilselbständigen Hauptbetriebe nach 1960 entstanden sind, waren es 66% aller unselbständigen Zweigwerke und 52,5% der abhängigen Tochterunternehmen.

Die älteren Industrialisierungsphasen konzentrierten sich fast ausschließlich auf die Haupttäler und inneralpinen Durchgangsräume; erst in der Nachkriegszeit kamen Betriebe auch in die Gebirgsgebiete im engeren Sinne. Die etwas grobe Zuordnung der Betriebe in Tab. 25 zeigt, daß sich bis etwa 1960 prozentual die meisten Unternehmen in den Talräumen ansiedelten. Im Berggebiet sind die Betriebe deutlich jünger, in ihrer Mehrzahl wurden sie erst in den sechziger und siebziger Jahren gegründet.

Die vorherrschenden Strukturmerkmale der jungen Industriebetriebe im Alpenraum — Kleinbetriebe der Metallbranchen mit dem Status einer unselbständigen oder

4. Die quantitative Industrieansiedlungspolitik

teilselbständigen Produktionsstätte, nicht selten etwas abseits der größeren Orte im Haupttal gelegen — unterstreichen, was in den einzelnen Beispielregionen schon deutlich wurde: die nicht unbedeutenden quantitativen Erfolge der Ansiedlungspolitik in der Nachkriegszeit sind von einigen „qualitativen" Mängeln begleitet, die sich in Einseitigkeiten der Beschäftigtenstruktur und im außenabhängigen organisatorischen Status der Betriebe äußern, aber auch in stärker raumbezogenen Aspekten. Im folgenden werden zusammenfassend einige dieser Raumprobleme aufgegriffen: Industrieräumliche Monostrukturen, Flächenengpässen und Nutzungskonkurrenzen im Gebirge, industrielle Umweltbelastung im ökologisch sensiblen Fremdenverkehrsraum und schließlich Grenzraumfragen und Probleme der politischen Geographie, die mitunter eine nicht unwichtige Rolle für das Verständnis der jüngeren Entwicklung spielen (Tessin, Alpenrheingebiet...). Ziel des Kap. 4.3. ist somit eine Zwischenbilanz industrieräumlicher Probleme im Hochgebirge aus RAUMORDNERISCHER SICHT, ehe in Kap. 5 detailliert auf Ansiedlungsmotive und Standortbeurteilungen in BETRIEBLICHER SICHT eingegangen wird.

Tab. 25: Betriebe nach Gründungsjahr

Zeitraum	1500—1900 Zahl	%	1901—18 Zahl	%	1919—45 Zahl	%	1946—60 Zahl	%	1961—70 Zahl	%	nach 1970 Zahl	%	k. A. Zahl	%
Berggeb.*	22	10	9	4	18	8	40	18	54	24	68	31	10	5
Talber.*	39	9	17	4	79	18	100	22	88	20	85	19	41	9
selbst.	49	10	20	4	76	16	111	23	95	20	101	21	30	6
abhängig	12	6	6	3	21	11	29	15	47	25	52	28	21	11
20—99	31	7	17	4	59	13	95	21	108	24	114	24	32	7
100—499	28	15	9	5	27	15	40	22	32	17	34	8	15	8
500 u.m.	2	7	0	0	11	38	5	17	2	7	5	17	4	14

Quelle: Eigene Erhebungen 1980—82

* zu den Berggebieten wurden dabei gerechnet der Kanton Graubünden, das Oberwallis, das Sopraceneri (Tessin), der Walgau in Vorarlberg, die nicht zum Unterinntal und zum Bezirk Reutte gehörigen Gebiete Tirols sowie die Gemeinden Südtirols außer den Städten Bozen, Meran und Brixen. Als „Talräume" wurden demgegenüber das Sottoceneri, das Unterwallis, das St. Gallener und Vorarlberger Rheintal inklusive Liechtenstein, der Raum Bozen (+ Meran und Brixen) sowie der Tiroler „Zentralraum" ausgegliedert. Die Betriebe verteilen sich dabei wie folgt:

	Vorarlbg.	Tirol	St. Gallen	Graubünden	Wallis	Tessin	Südtirol	Liechtenst.	INSGES.
Berggeb.	18	40	0	32	14	45	72	0	221
Talber.	109	55	72	2	31	135	28	17	449

4.3. Die Industrialisierungsphasen der Nachkriegszeit

4.3.1. Die Gefahr industrieräumlicher Monostrukturen — ein statistischer Überblick

Die regionalpolitischen Förderstrategien der Nachkriegszeit wirkten meist selektiv und lockten bestimmte Branchen, Betriebsgrößen und Betriebstypen bevorzugt ins Gebirge. Dadurch konzentrieren sich in allen Untersuchungsgebieten, wenngleich in unterschiedlichem Ausmaß, bestimmte Unternehmen, während andere weitgehend fehlen. Je kleiner die Industrie- und Arbeitsplatzregionen sind, desto größer ist die Gefahr struktureller und sektoraler Einseitigkeiten.

Legt man für die Untersuchung der BRANCHENSTRUKTUR als einfach zu handhabende Maßzahl den „Spezialisierungsindex", d.h. die Branchenausrichtung in den einzelnen Gebieten im Verhältnis zu allen Untersuchungsregionen, zugrunde[79] so wird deutlich, daß die Industrie in fast alle Regionen, abgesehen vielleicht von den jungen Betrieben im St. Gallischen Rheintal und der Tiroler Industrie mit ihrer relativ breiten Branchenentwicklung, aus nur einer oder zwei Branchengruppen besteht.

Tab. 26: Industriebeschäftigte nach Branchen in den Beispielregionen des mittleren Alpenraumes

REGION	Beschäft. insgesamt	Chemie/ Kunstst. %	S*	Steine/ Erden %	S*	Metallerzeugung %	S*	Masch./ Fahrzeuge %	S*	Sonstige Metallin. %	S*
Tessin	19 134	4,2	0,46	2,0	0,36	5,3	0,52	14,7	0,95	13,5	1,10
Wallis	10 988	40,1	4,46	1,7	0,31	14,9	1,46	10,2	0,66	15,6	1,27
St. Gallen	11 847	5,3	0,58	2,6	0,47	0,0	0,00	36,8	2,39	10,2	0,83
Graubünden	5 087	30,0	4,22	5,9	1,07	1,3	0,13	13,6	0,88	4,2	0,34
Liechtenstein	5 480	4,7	0,52	10,5	1,91	8,8	0,86	53,0	3,44	5,4	0,44
Vorarlberg	33 075	2,0	0,22	1,1	0,20	2,8	0,27	12,4	0,81	10,9	0,89
Tirol	38 935	7,7	0,86	13,3	2,42	18,9	1,85	— 15,8 —		0,57	—
Südtirol	19 313	6,3	0,70	3,2	0,58	17,0	1,67	— 1,52 —		42,1	—

REGION	Holz/ Papier %	S	Druck/ Graphik %	S	Textilindustrie %	S	Bekleidungsind. %	S	Nahrung/ Genußm. %	S	Sonstige Branchen %	S
Tessin	3,2	0,43	2,2	0,81	4,9	0,25	36,7	4,08	6,0	0,85	7,3	3,04
Wallis	4,6	0,63	2,7	1,00	0,4	0,02	2,0	0,22	4,4	0,62	3,4	1,42
St. Gallen	9,7	1,33	3,1	1,15	21,0	1,11	9,5	1,10	0,7	0,10	1,1	0,46
Graubünden	7,1	0,97	4,6	1,70	3,9	0,21	2,9	0,32	14,8	2,10	3,7	1,54
Liechtenstein	5,8	0,79	1,1	0,41	3,1	0,16	1,3	0,14	6,3	0,90	0,0	0,00
Vorarlberg	5,1	0,70	0,1	0,04	52,6	2,77	6,5	0,72	5,7	0,81	0,8	0,33
Tirol	9,2	1,26	4,9	1,81	11,7	0,61	5,7	0,63	9,9	1,41	2,9	1,21
Südtirol	12,0	1,64	3,1	1,15	— 8,0 0,29 —				7,8	1,11	0,5	0,21

* S = Spezialisierungsindex

Quellen: — Schweizer Kantone: Industriestatistik der Schweiz; — Liechtenstein: Unterlagen und Informationen der Industriekammer; — Vorarlberg: Betriebslisten der Kammer der gewerblichen Wirtschaft; — Tirol: Betriebslisten der Kammer für Arbeiter und Angestellte; — Südtirol: Zusammenstellungen von Pixner (1983) auf der Basis von Betriebslisten der wechselseitigen Krankenkasse Bozen.

---

[79] Eine an sich interessante Berechnung in bezug auf die Gesamtdaten der jeweiligen Staaten erwies sich aufgrund der sehr unterschiedlichen Organisation der Industriestatistik in Österreich, der Schweiz und Italien als nicht möglich.

Im Tessin ist dies mit einem Index von s = 4,08 die Bekleidungsindustrie mit ihren vielen Kleinbetrieben, im Wallis ebenso wie in Graubünden die Chemie (s = 4,46 bzw. 4,22). Die überragende Bedeutung der Textilindustrie in Vorarlberg ist zwar zurückgegangen, der Spezialisierungsindex liegt jedoch immer noch bei s = 2,77). Umgekehrt fehlen in vielen Untersuchungsgebieten bestimmte Branchengruppen fast völlig, so im Wallis und in Südtirol die Textil- und Bekleidungsbranche, in St. Gallen und Graubünden die Metallerzeugung, in Vorarlberg die Chemie- und Kunststoffindustrie.

Wie auch in außeralpinen Entwicklungsgebieten der Schweiz, Österreichs und der Bundesrepublik dominieren damit zwei Branchengruppen: solche, die ursprünglich auf natürlichen Ressourcen ihrer Standortregionen basierten, sowie Branchen mit vorwiegend standardisierten Tätigkeiten (Bekleidung, Textilien, Teile der Metallindustrie). Die ersteren repräsentieren meist traditionelle, alteingesessene Betriebe, letztere häufiger Unternehmen, die nach dem Krieg neugegründet wurden.

Charakteristisch neben einer oft einseitigen Branchenausrichtung sind unausgewogene BETRIEBSGRÖSSENSTRUKTUREN. Nicht selten gibt es neben kleinen teilgewerblichen Unternehmen einen oder einige wenige Großbetriebe, während leistungsfähige Mittelbetriebe fast völlig fehlen. Solche Ungleichgewichte werden exemplarisch im Tessin und in Südtirol deutlich, während in altindustrialisierten Regionen wie Vorarlberg etwas ausgewogenere Verhältnisse herrschen.

Tab. 27: Beschäftigte nach Betriebsgrößenklassen und Betriebstypen

Größenklasse	Betriebe		Beschäftigte		Betriebstyp	Betriebe		Beschäftigte	
20— 49	258	39	8 496	9	Einbetr.-U.	441	66	41 617	46
50— 99	198	29	14 215	16	Mehrb.-U.	229	34	49 053	54
100—199	114	17	15 063	17					
200—499	71	11	20 832	23	Berggebiet	221	33	22 017	24
500—999	16	02	10 101	11	Talbereiche	449	67	68 653	76
1000 u. mehr	13	02	21 963	24					

Quelle: Eigene Erhebungen 1980—82

Die BESCHÄFTIGTENSTRUKTUR der alpinen Unternehmen weist, legt man die wichtigsten Kenndaten der befragten Unternehmen zugrunde, einige für wirtschaftliche Peripherregionen typische Besonderheiten auf (vgl. TÖDTLING, 1981). Erkennen lassen sich:
— regional sehr unterschiedliche, insgesamt aber überdurchschnittlich hohe FRAUENANTEILE (30,5%),
— je nach Betriebs- und Unternehmenstyp sehr unterschiedliche AUSLÄNDERANTEILE und eine heute
— marginale, nur in wenigen Branchen (Metallerzeugung) geringfügig größere Bedeutung der HEIMARBEIT.

Die unterschiedlichen FRAUENANTEILE in den Untersuchungsregionen hängen natürlich eng mit den Branchenstrukturen zusammen. In der Bekleidungsindustrie arbeiten fast 70% Frauen, gefolgt von der Textilindustrie mit 40%. Demgegenüber erreicht die Metallerzeugung nur 12% und die Holz/

4.3. Die Industrialisierungsphasen der Nachkriegszeit

Tab. 28: Beschäftigtenstruktur in den Untersuchungsgebieten

REGION	Beschäftigte insges.		weibl. Beschäft. absolut	%	Ausländer absolut	%	Heimarbeiter absolut	%
Tessin	16 569	(86,6)*	7 190	59,3	9 825	59,3	692	4,2
Wallis	3 248	(29,6)	848	26,1	414	12,7	92	2,8
St. Gallen	12 112		2 551	21,1	3 465	28,6	218	1,8
Graubünden	4 745	(93,3)	1 036	21,8	751	15,8	53	1,1
Liechtenst.	5 107	(93,2)	1 561	30,6	2 348	46,0	24	0,5
Vorarlberg	22 141	(66,6)	7 600	34,3	6 587	29,8	450	2,0
Tirol	14 537	(37,5)	4 589	31,6	1 560	10,7	202	1,4
Südtirol	12 211	(63,2)	2 198	18,0	44	0,4	238	1,9
BRANCHEN								
Chemie/K.	9 060	(70,2)	2 053	22,7	1 344	14,8	49	0,5
St./Erden	5 449	(68,6)	1 576	28,9	1 168	21,4	8	0,1
M.-erzeug.	5 262	(35,7)	644	12,2	592	11,3	384	7,3
M.-verarb.	34 148	(85,6)	6 317	18,5	8 531	25,0	711	2,1
Holz/Papier	4 201	(39,9)	668	15,9	867	20,6	67	1,6
Druck/Gr.	1 681	(42,9)	461	27,4	192	11,4	24	1,4
Textil	11 927	(43,6)	5 438	45,6	4 301	36,1	393	3,3
Bekleidung	11 013	(84,8)	7 644	69,4	5 348	48,6	203	1,8
Nahrung	4 230	(42,0)	1 514	35,8	1 398	33,0	4	0,1
GRÖSSENKLASSE								
20— 49	8 496	—	3 099	36,5	2 239	26,4	195	2,3
50— 99	14 215	—	5 523	38,8	4 516	31,8	548	3,9
100—199	15 063	—	5 819	38,6	4 886	32,4	545	3,6
200—499	20 832	—	6 626	31,8	6 323	30,4	163	0,8
500—999	10 101	—	2 172	21,5	2 416	23,9	436	4,3
1000 u.m.	21 963	—	4 343	19,8	4 614	21,0	82	0,4
BETRIEBSTYP								
Einbetr.-U.	41 617	—	12 892	31,0	12 628	30,3	1134	2,7
Mehrb.-U.	49 053	—	14 681	29,9	12 366	25,2	835	1,7
UNTERNEHMENSTYP								
Hauptwerk/ selbst. B.	51 692	—	15 562	30,1	14 538	28,1	1631	3,2
unselbst. Zweigwerk	27 130	—	9 484	35,0	8 294	30,5	251	0,9
Tochterbetr.	11 848	—	2 527	21,3	2 162	18,2	87	0,7

* in Klammern Prozentwert der damit erfaßten Beschäftigten aller Industrieunternehmen der Untersuchungsgebiete

Quelle: Eigene Erhebungen 1980—82

Papierindustrie 16%. Entsprechend finden wir in den Textilregionen wie dem Tessin oder Vorarlberg mit 59% bzw. 34% die höchsten Frauenanteile, während in den Schweizer Teilräumen des Alpenrheintales und vor allem in Südtirol kaum entsprechende Beschäftigungsmöglichkeiten bestehen. Interessant ist auch, daß die Anteile der weiblichen Beschäftigten mit den Betriebsgrößen kontinuierlich zurückgehen, von 38% bei den Kleinbetrieben unter 100 Besch. auf unter 20% bei den Großbetrieben der Grundstoffchemie und Produktionsgüterindustrie.

AUSLÄNDERANTEILE hängen, außer von der Branche, von der Lage und staatlichen Zugehörigkeit der Untersuchungsregion ab. Erwartungsgemäß finden wir die höchsten Ausländeranteile in der Textil- und Bekleidungsindustrie (Grenzgängerinnen im Tessin), während in der Metallerzeugung und Chemie die Anteile unter 15% liegen. Teilweise lassen sich auch signifikante Unterschiede zwischen Haupt- und Zweigbetrieben erkennen. In unselbständigen Filialen steigt der Ausländeranteil auf über 30%, was mit den überwiegend ungelernten Tätigkeiten und den niedrigen Löhnen in solchen Unternehmen zusammenhängt. Damit ist die Bedeutung ausländischer Arbeitnehmer für die industrielle Produktion in den Untersuchungsgebieten sehr verschieden. In Südtirol arbeiten, aus den früher zitierten Gründen, in allen befragten Unternehmen insgesamt nur 44 Ausländer (0,4%), während im Tessin, aber auch in Liechtenstein, der Arbeitsmarkt von Ausländern dominiert oder zumindest in hohen Maße bestimmt wird. Der Ausländeranteil von 46% in Liechtenstein ist angesichts einer Fremdenpolitik, die die Ausländeranteile bei 33% einfrieren möchte (siehe Kap. 4.2.3.), immer noch sehr hoch. In den Schweizer Bergkantonen sowie in Tirol hingegen reduzieren sich die Werte auf deutlich unter 20%.

HEIMARBEITER spielen, außer in der Metallerzeugung, in keiner Branche oder Region eine mehr als marginale Rolle.

Wenn ELSASSER (1979, S. 399) auch zu Recht feststellt, daß „im Laufe der letzten Jahrzehnte monoindustrielle Regionalstrukturen in der Schweiz beträchtlich abgebaut werden konnten" und daß neue Monostrukturen im Dienstleistungssektor, vor allem im Tourismus (siehe ELSASSER/LEIBUNDGUT, 1983) heute zum entscheidenden Problem geworden sind[80], so zeigt die statistische Analyse der Beispielregionen doch, daß auch im industriellen Sektor immer noch Branchen- und Betriebsgrößendisparitäten, eng segmentierte Arbeitsmärkte, z.T. fehlende Frauenarbeitsplätze, fehlende qualifizierte Tätigkeiten, andererseits z.T. sehr hohe Ausländeranteile ein Kennzeichen der von Region zu Region sehr verschiedenen, innerhalb der Gebiete aber meist sehr einseitigen Industriestrukturen im Alpenraum darstellen.

4.3.2. Flächenengpässe und Nutzungskonkurrenzen im Gebirge

In kaum einem Landschaftsraum schränken die topographischen Verhältnisse potentielle und faktische Möglichkeiten der Flächennutzung in so starkem Maße ein wie im Hochgebirge. Der Anteil wirtschaftlich nutzbarer Flächen an den Gesamtflächen liegt meist unter 30%. Vor allem große zusammenhängende Talsohlenflächen sind Mangelware, umsomehr als sich hier auf kleiner Fläche nahezu alle Daseins-

---

80 Vgl. auch LEIBUNDGUT (1984, S. 443), der für die Alpenregionen der Schweiz im Gegensatz zu Österreich eine weniger einseitige Branchenstruktur konstatiert, die er auf die vorwiegend kleinen Betriebe mit ihrer Stammbelegschaft zurückführt. HANSER (1985, S. 185) stellt für seine spezifischen Untersuchungsgebiete sogar fest, daß die Bildung neuer Monostrukturen verhindert und die Arbeitsplatzvielfalt erhöht wurde. Positiv erwähnt er auch die im Schnitt niedrigen Ausländeranteile.

4.3. Die Industrialisierungsphasen der Nachkriegszeit

grundfunktionen konzentrieren: Verkehrsträger, Einrichtungen der Fremdenverkehrswirtschaft (z.B. Sport- und Kuranlagen), Wohnungsbau, eine oft intensive Tallandwirtschaft und schließlich auch die Industrie. In allen Alpenregionen kommt es daher sehr rasch zu Flächenengpässsen und Flächennutzungskonkurrenzen.

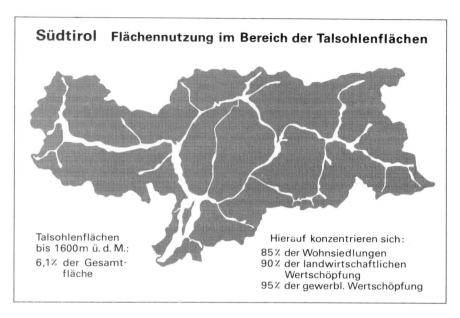

Abb. 35

So macht in TIROL der Dauersiedlungsraum (1 747 qm) nur knapp 14% der Siedlungsfläche aus, auf dem statistisch 336 Einw./qm leben. Im Falle SÜDTIROLS umfassen die Talsohlenflächen unter 1600 nur 6,1% der Gesamtfläche des Landes. Hierauf konzentrieren sich jedoch 85% der Wohnsiedlungen, 90% der landwirtschaftlichen Wertschöpfung und 95% der gewerblichen Wertschöpfung (Landesentwicklungsplan I/II, 1980).

Flächennutzungskonkurrenzen werden vor allem in Gebieten mit agrarischen Intensivkulturen neben intensiver Fremdenverkehrswirtschaft wie in Südtirol oder im Wallis evident. Abb. 36 illustriert für das Unterwallis die enge räumliche Nachbarschaft und wechselseitige Verzahnung von landwirtschaftlicher Nutzung, Siedlungsflächen, Verkehrsträgern und gewerblichen Flächen.

Die von der Entwicklungsplanung angestrebte und in Verdichtungsräumen schon vielfach erreichte räumliche Trennung gewerblich-industrieller Nutzungen von den Wohn- und Freizeitflächen läßt sich in den alpinen Tälern nur schwer verwirklichen.

Vor allem in den alten Industrieregionen wie Vorarlberg und Tirol, daneben aber auch im Tessin, liegt nur eine Minderheit der befragten Betriebe in einem Gewerbe- oder Industriegebiet (bzw. in einer entsprechenden Zone der österreichischen Flächenwidmungsplanung oder der Schweizer Zonenplanung).

146   4. Die quantitative Industrieansiedlungspolitik

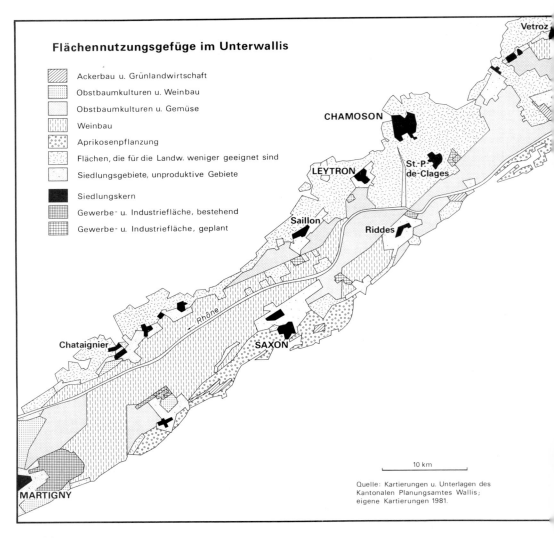

Abb. 36

In Vorarlberg sind es gerade 20%, deutlich weniger als in St. Gallen (50%) oder den beiden Bergkantonen Wallis und Graubünden (50% bzw. 60%). In Wohn- bzw. Mischgebieten liegen allerdings vorwiegend nichtstörende Textil- und Bekleidungsbetriebe (im Falle Vorarlbergs und des Tessin) bzw. Unternehmen der Décolletage (Wallis).

Tab. 29: Lage der Betriebe im Flächennutzungsplan (Angaben in %)

Fläche	Gewerbe-gebiet	Industrie-gebiet	Wohn-gebiet	Misch-gebiet	Sonst.	keine Angabe
Vorarlberg	7	13	16	54	5	5
Tirol	19	32	3	43	0	3
St. Gallen	18	32	6	39	0	5
Graubünden	9	50	15	24	3	0
Wallis	11	49	18	11	0	11
Tessin	5	34	13	36	1	11
Südtirol						
Liechtenstein	12	41	24	6	6	12

Quelle: Eigene Erhebungen 1980—82

Auch in Zukunft dürften sich Flächenengpässe und Nutzungskonkurrenzen im industriell-gewerblichen Bereich nur wenig verringern. Zwar ist in den kommenden Jahren aus den bekannten Gründen mit Neuansiedlungen bzw. Fernzuzügen kaum mehr zu rechnen, bei den bestehenden Betrieben kann jedoch von einem zusätzlichen Bedarf an Flächen aufgrund technischer Umstellungen und Rationalisierungsmaßnahmen wie auch Auskernungsmaßnahmen innerhalb der Siedlungen ausgegangen werden[81].

Die Abschätzung des zukünftigen Flächenbedarfs ist dabei auf direktem und indirektem Weg möglich. Ähnlich wie sich die Beschäftigtenentwicklung auf der Basis von Struktur- und Standorteffekten „hochrechnen" läßt, lassen sich auch branchen- und betriebsspezifische Flächendurchschnittswerte ermitteln und der regionalspezifische Bedarf daraus interpolieren (HOTTES/KERSTING, 1976, haben diesen Weg eingeschlagen). Genauer und effektiver ist es jedoch, den Bedarf für einen überschaubaren Zeitraum direkt von den Betrieben zu erfragen, wobei die Erhebungsdaten dann aussagekräftig sind, wenn das Gros der Betriebe erfaßt wurde, die Antworten ehrlich sind (d.h. nicht aus irgendwelchen

---

81 Theoretische sowie empirische Studien (MARANDON, 1980; GROTZ, 1984) gehen hier in der Tat auch bei nachlassender Konjunktur von einem steigenden Flächenbedarf aus. Als Gründe hierfür lassen sich anführen: Produktionssteigerungen, eine breitere Produktionspalette, rationellere Arbeitsabläufe, Humanisierung der Arbeitswelt, größere Lager-, Park- und Sozialflächen (HÄUSSERMANN/HEDIGER, 1977; MARANDON, 1980). Betriebliche Planung rechnet dabei mit einem zunehmend exzessiven Einsatz des Produktionsfaktors Boden bei den verschiedensten technischen und produktionsmäßigen Innovationen, ohne daß solche Erfordernisse im einzelnen genau durchkalkuliert wären. „Überlegungen zum Flächenbedarf oder zu Flächeneinsparungen haben nachrangige Bedeutung und werden nur angestellt, wenn der verfügbare Platz ein limitierender Faktor bei der Verfolgung der vorrangigen Ziele ist. So ist es zu erklären, daß bei modernen Planungen unter Berücksichtigung möglicher zukünftiger Bedürfnisse immer größere Flächenansprüche entstanden. Hinzu kam ein technischer Aspekt. Die zunehmende Technisierung brachte bisher mehr, größere und schwerere Maschinen, die ebenfalls mehr Raum beanspruchten" (GROTZ, 1984, S. 79).

Gründen hochgetrieben wurden) und in der Region nicht mit Neugründungen oder Fernzügen und damit einem zusätzlichen Flächenbedarf zu rechnen ist.

Die rein quantitative Analyse der Befragungsergebnisse ergibt, wie schon in den Regionalstudien deutlich wurde (Kap. 4.2.), per saldo in allen Untersuchungsgebieten einen deutlichen Überhang an in Flächennutzungsplänen ausgewiesenen Industrieflächen im Vergleich zum Bedarf. Wie die Daten der Tab. 30 belegen, sind die von den Betrieben benötigten Zusatzflächen insgesamt nicht sehr bedeutend, verglichen mit dem derzeitigen Bestand wie auch den zurückliegenden Erweiterungen im Jahrzehnt von 1970—80. Der zusätzliche Bedarf belief sich bei allen erfaßten Unternehmen auf insgesamt 985 970 qm (= 1472 qm pro Betrieb), was ziemlich genau den Ausweitungen zwischen 1970 und 80 mit 901 772 qm entspricht. Da die Unternehmen in solchen Erhebungen in aller Regel einen deutlich überhöhten Bedarf geltend machen, kann in Wirklichkeit sicher von einem niedrigeren effektiven Wert ausgegangen werden.

Natürlich unterscheiden sich die absoluten Flächenbilanzen in den verschieden großen Beispielregionen. 1,2 Mio. qm Industrieflächen im Wallis stehen fast 3 Mio. in Vorarlberg gegenüber. Interessant ist dabei jedoch die Relation zwischen bestehenden Flächen, Reservegelände und zukünftigem Bedarf, in der sich die verschiedene Entwicklungsdynamik und indirekt auch Innovationsbereitschaft der Betriebe widerspiegelt. Während vor allem im Schweizerischen Alpenrheintal der Wachstumsglaube noch ungebrochen erscheint (höhere Flächenerwartung als in der Vergangenheit), zeigen die relativ niedrigen Bedarfsangaben in Tirol sowie Südtirol die eher negativen Zukunfterwartungen der Betriebe (siehe Kap. 5.4.3.).

Tab. 30: Flächenbilanzen in den Untersuchungsgebieten (in qm)

REGION	Betriebsflächen in qm	Bebaute Flächen		Reservefläche/	
		qm	% d. Betr.-fl.	qm	% d. beb. Fl.
Vorarlberg (127)	2 945 328	947 875	32%	462 384	49%
Tirol (95)	2 015 718	656 828	33%	248 494	38%
St. Gallen (72)	2 026 103	497 306	25%	253 450	51%
Graubünden (34)	1 624 675	666 889	41%	294 340	44%
Wallis (45)	1 264 740	155 186	12%	148 450	95%
Tessin (180)	1 932 207	876 804	45%	339 898	39%
Südtirol (100)	2 145 664	771 368	36%	216 200	28%

REGION	Erweit. d. Flächen seit 1970 (qm)	Zukünftiger Flächenbedarf		
		qm	% d. Betr.-fl.	% d. Res.-fl.
Vorarlberg (127)	238 110	199 450	7%	43%
Tirol (95)	149 042	68 720	3%	28%
St. Gallen (72)	123 565	195 850	10%	77%
Graubünden (34)	53 494	26 600	2%	9%
Wallis (45)	34 051	85 200	7%	57%
Tessin (180)	118 028	227 150	12%	67%
Südtirol (100)	134 696	156 000	7%	72%

Quelle: Eigene Erhebungen 1980—82

Häufig befinden sich benötigte Erweiterungsflächen bereits im Firmenbesitz. Die Zahlenwerte der Flächenreserven reichen von 95% der bisher bebauten Betriebsareale im Wallis über rd. 50% betrieblicher Reserven im Alpenrheingebiet zu den deutlich niedrigeren Werten in Südtirol, was hier natürlich mit den gesetzlichen Enteignungsmöglichkeiten zusammenhängt (siehe Kap. 4.2.5). Insgesamt sind die bereits im Firmenbesitz befindlichen Reserveflächen und potentiellen Erweiterungsflächen mit 1 970 016 qm doppelt so groß wie der externe Zusatzbedarf.

Natürlich muß bei diesen Flächenbilanzen in Rechnung gestellt werden, daß nur Betriebe mit über 20 Beschäftigten befragt wurden und zwischen 30% und 50% der Unternehmen keine Antwort gaben. Überdies kann davon ausgegangen werden, daß eine Reihe von Unternehmen bewußt falsche Angaben machte, um sich bei Investitionsentscheidungen nicht „in die Karten" schauen zu lassen. Dennoch wird offenkundig, in welchem Maße die rein quantitative Flächenplanung am zu erwartenden Bedarf vorbeiplant. Bei einem Bedarf von 20 ha in Vorarlberg existieren 100 ha Reserveflächen. 16 ha nachgefragten Flächen in Südtirol stehen rund 100 ha freies Gelände in Industriezonen von Landesinteresse gegenüber (rd. 60 ha nach den neueren reduzierten Vorstellungen), einem zusätzlichen Flächenangebot von 300 ha in Graubünden (für rd. 15 000 Arbeitsplätze) entspricht gar nur ein Ersatz- und Erweiterungsbedarf der bestehenden Betriebe von rund 3 ha. Mengenmäßig kann von fast ubiquitären Verhältnissen gesprochen werden (vgl. ABT, 1980, S. 25).

Diesem QUANTITATIVEN ÜBERSCHUSS entspricht allerdings ein ebenso ausgeprägter QUALITATIVER MANGEL, d.h. es werden meist ganz andere Flächen angeboten als sie von den Betrieben benötigt werden (siehe Kap. 5.2.3.). Es ist daher nicht verwunderlich, daß die Unternehmen in allen Untersuchungsgebieten Flächenengpässe neben Arbeitskräfteproblemen als das gewichtigste Standortproblem nennen. Erfolgreiche Industrieansiedlungspolitik war im Gebirge immer auch Flächenpolitik, wie die SVRES im Wallis im den fünfziger und sechziger Jahren vorexerziert hat.

4.3.3. Industrielle Umweltbelastung im Fremdenverkehrsraum

In einem ökologisch sensiblen und touristisch intensiv genutzten Raum wie den Alpen werden bei Unternehmen der Energieversorgung (Kraftwerke) wie auch Betrieben des produzierenden Gewerbes sicher sehr viel rascher die Grenzen einer erträglichen Umweltbelastung erreicht als in altindustriellen Ballungsräumen und Schwerindustriegebieten.

Dabei stehen seit einigen Jahren allerdings weniger Fragen industrieller Umweltbeeinträchtigung im Mittelpunkt als Probleme der Umweltzerstörung durch die Anlage von SPEICHERSEEN und KRAFTWERKEN (vgl. GEBHARDT, 1984a). Obwohl es sich dabei um eine vermeintlich „saubere" und „umweltfreundliche" Energie handelt, wächst der Widerstand gegen einen weiteren Ausbau der Hydroenergie sehr rasch. Anders als Industriebetriebe sind Speicherseen heute im Alpenraum flächenhaft verbreitet. Kaum eine Hochregion, deren Gewässer nicht in irgendeiner Form reguliert oder kanalisiert sind. Dies gilt vor allem für die Schweiz, wo inzwischen über 90% der nutzbaren Gewässer in die Stromwirtschaft einbezogen sind.

Die landschaftlichen Folgen dieser Entwicklung sind offenkundig: Häßliche Schlammkrägen an abgesenkten Stauseen, wasserleere, mitunter auf Knopfdruck stundenweise für Touristen wieder in Gang gesetzte Wasserfälle und Bachläufe sowie die Landschaft weithin überziehende 220- und 380-Kilovolt-Leitungen. Manche Großprojekte der jüngsten Zeit wie der Ausbau des Maltatals in Kärnten mit seinen kaum bewältigbaren technischen Problemen und seinen immensen Kosten haben wohl erwiesen, daß die Grenzen des technisch Machbaren, ökonomisch Sinnvollen und ökologisch Vertretbaren mitunter bereits überschritten wurden.

Demgegenüber tritt die INDUSTRIE im Alpenraum nur punkthaft auf; entsprechend lokal begrenzt sind industriell bewirkte Umweltprobleme. Virulent werden sie vor allem in den alten Industrieregionen (Mur-Mürz-Furche, Bozen, Maurienne, Oisans . . .), wo Mittel- und Großbetriebe der Grundstoffindustrie direkt das Landschaftsbild beeinträchtigen und andere Nutzungen behindern (vgl. Kap. 3.2.1).

Ein berüchtigtes Beispiel stellte hier in der Vergangenheit die BOZENER INDUSTRIEZONE dar. Dem „Industrierauch in Bozen" (SOUARD, 1969) wurden schon zu einem Zeitpunkt Untersuchungen gewidmet, als Umweltprobleme noch kaum ins öffentliche Bewußtsein gedrungen waren. Vor allem der in dicken Schwaden aufsteigende Rauch des Magnesiumwerks stülpte über den Talkessel von Bozen eine immerwährende Dunstglocke, die schon rein optisch als Beeinträchtigung empfunden wurde, ganz zu schweigen von den ökologischen Folgen in einem Gebiet agrarischer Intensivkulturen. Auch die Fremdenverkehrsentwicklung in Bozen und den umliegenden Orten wurde, ohne daß sich dies eindeutig mit Zahlen belegen ließe, durch die Rauchbelastung aus der Industriezone tangiert. Inzwischen hat sich das Problem durch Einbau neuer Filteranlagen auf das „Normalmaß" eines großen Industriegebiets reduziert; Beschwerden wegen der rötlichen Emissionen aus dem alten Schmelzbetrieb des Stahlwerks, dem Magnesiumwerk und den Fluoremissionen des Aluminiumwerks gibt es allerdings nach wie vor.

Gravierende Umweltbelastungen werden meist von einigen wenigen Branchen und Betriebstypen verursacht. Zu nennen sind hier vor allem die alten, technologisch häufig rückständigen Großbetriebe der Eisen- und Stahlindustrie sowie die Aluminiumfabriken.

Im Kanton WALLIS entzündeten sich bereits recht früh, Ende der sechziger Jahre, in der Öffentlichkeit erste Kontroversen über die Umweltbelastung durch die mineralölverarbeitenden und metallerzeugenden Großbetriebe. Vor allem im Unterwallis mit seinen agrarischen Intensivkulturen und dem engen Nebeneinander von Weinbau, Obstbäumen (Äpfel, Aprikosen, Pfirsiche), Fremdenverkehr und der inmitten der Agrargebiete liegenden Industriebetriebe, häuften sich die Befunde über schädliche Einflüsse der Industrie auf die landwirtschaftliche Produktion, aber auch über Gesundheitsschäden bei den Industriearbeitern (siehe o.V.: LA VIOLENCE DES POLLUEURS: UN EXEMPLE: ALUSUISSE, 1979) und führten bereits zu einem Zeitpunkt zu einer Umweltdebatte, als in den Verdichtungsräumen der BRD hiervon noch kaum die Rede sein konnte[82].

---

82 Vgl. VIGLIANE (1956). Ende der sechziger Jahre konstituierte sich dann eine „Association de défense contre les émanations novices des usines", die durch ein umfangreiches „dossier fluor" die Öffentlichkeit auf die schädlichen Auswirkungen der Aluminiumfabriken aufmerksam zu machen suchte.

4.3. Die Industrialisierungsphasen der Nachkriegszeit

Die erste Auseinandersetzung war dabei in den sechziger Jahren um den Bau einer großen Mineralölraffinerie bei Colombey-Muraz aufgebrochen. Obwohl der flächenintensive Betrieb direkt an der Kantonsgrenze und schon außerhalb des Gebirges liegt, wehrten sich viele Walliser gegen diese Ansiedlung, umsomehr als nur verhältnismäßig wenig neue Arbeitsplätze geschaffen wurden (vgl. CHOLLET, o.J.).

Starkes öffentliches Interesse erregte in den siebziger Jahren dann die Diskussion um Auswirkungen und Schädlichkeit der Fluoremissionen aus den großen aluminiumerzeugenden Betrieben im Kanton (ALUSUISSE und ALUMINIUM-FABRIK MARTIGNY).

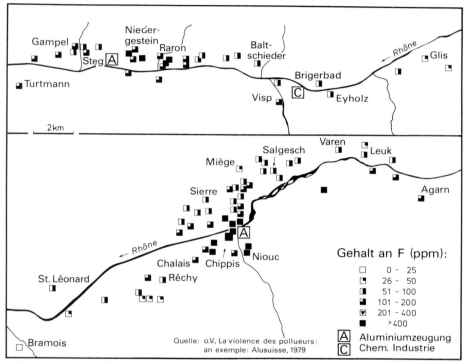

Fluorkonzentrationen in Blättern von Obstbäumen und Weinstöcken im Rhônetal

Abb. 37

Aluminiumerzeugende Betriebe geben bei den notwendigen Elektrolyseprozessen zahlreiche umweltschädliche Stoffe ab, neben Chlor und verschiedenen Stäuben vor allem Fluorgase. Für die drei alten Aluminiumbetriebe in Chippis, Steg und Martigny erwies ein „Dossier fluor" der „Association de défense contre les émanations nocives des usines" Anfang der siebziger Jahre eine sehr deutliche technologische Rückständigkeit gegenüber anderen, vergleichbaren Betrieben in der Schweiz bzw. in Mitteleuropa. In Chippis waren damals noch jahrzehntealte Elektrolysebottiche in

Betrieb, welche große Fluormengen direkt in die Hallen sowie, da entsprechende Reinigungs- oder Recyclingverfahren fehlten, in die Luft bzw. ins Brauchwasser abgaben. Das „Dossier" errechnete für die Betriebe durchschnittliche Abgabemengen von 30—40 kg/to Aluminium, was deutlich über den Werten der Hütten in Norwegen oder am Hochrhein lag (ca. 23 kg/to). Insgesamt ergab sich eine Gesamtbelastung des Kantons von 3200 to im Jahr, von denen ca. 1200 to in die Atmosphäre abgegeben wurden, weitere 1200 to ins Wasser gingen und 800 to beim Elektrolyseprozess an der Kathode bzw. Anode gebunden wurden. Zu den F-Emissionen kamen erhebliche Mengen Stäube (45—60 kg/to Aluminium, insges. 4000—5000 to im Jahr) und weitere Verschmutzungsparameter.

Die direkten und indirekten Auswirkungen dieser hohen emittierten Fluormengen sind natürlich bis heute umstritten. Fluor ist ein hochgiftiges Gas, das direkt mit der Atemluft aufgenommen wird und sich vor allem auch über die pflanzliche und tierische Nahrungskette akkumuliert. Folge kann im Extrem das Krankheitsbild der „Fluorose" sein.

Allerdings erwies eine medizinische Untersuchung einer Gruppe von Mönchen und Nonnen eines in nächster Nähe zu Chippis gelegenen Klosters (Géronde) selbst bei dieser extrem belasteten Personengruppe kaum nachweisbare Gesundheitsschäden (DUPUIS, 1978). Unverkennbar sind jedoch die Auswirkungen auf die landwirtschaftlichen Betriebe. Deutliche Fluorkonzentrationen in Blättern von Obstbäumen und in Weinstöcken lassen sich noch bis auf 20 km Distanz nachweisen. Im Bergsturzgebiet des Pfynwaldes wurden schon früh deutliche Waldschäden erkennbar (siehe o.V.: LA VIOLENCE... o.J.).

Die Ende der siebziger Jahre geführte öffentliche Diskussion um die Fluoremissionen im Kanton zwang die ALUSUISSE, in der Folgezeit umfangreiche Änderungsinvestitionen in ihren alten Produktionsstätten in Chippis und Steg vorzunehmen[83].

Angesichts der insgesamt eher punktuellen Konzentration solcher Unternehmen auf wenige Standorte handelt es sich gleichwohl bei solchen Formen von Umweltbelastung um kein in den Alpen verbreitetes Problem. Die Zweigwerkindustrialisierung der Nachkriegszeit hat in der Regel keine umweltbelastenden Betriebe ins Gebirge gebracht.

4.3.4. Grenzgänger und Grenzeinflüsse in Alpenregionen

Die Herausbildung der heutigen Alpenstaaten und die Festlegung ihrer Grenzen erfolgte überwiegend erst im 19. Jahrhundert. In einem kontinuierlichen Prozeß dehnte sich die EIDGENOSSENSCHAFT aus, wobei einige periphere Landesteile wie der Jura oder der Kanton Tessin erst im 19. Jahrhundert allmählich in den Bundesstaat integriert wurden. ÖSTERREICH entstand als fast reiner Alpenstaat nach dem Ersten Weltkrieg, die übrigen Gebirgsteile der Österreichisch-Ungarischen Monarchie fielen an das nach 1866 als Staat etablierte ITALIEN oder an den nach dem Ersten Weltkrieg neugeschaffenen Vielvölkerstaat JUGOSLAWIEN. Die alpinen Anteile FRANKREICHS, vor allem das Königreich Savoyen, gehörten zu den sehr spät, 1860, integrierten Landesteilen der französischen Republik.

Seit der Herausbildung der jungen Nationalstaaten im 19. Jahrhundert laufen Staatsgrenzen im Alpenraum nicht selten quer zu gewachsenen Kultur- und Sprachräumen. Topographische Leitlinien wie Gipfelgrate oder Flußläufe, die heute auch in

---

83 So wurden in Steg die bislang offenen Elektrolysezellen eingekapselt und mit einer automatischen Zufuhr der Rohmaterialien versehen, ferner wurde eine Trockenabsorptionsanlage zur Reinigung der Abluft eingebaut (nach Werksinformation 1981).

4.3. Die Industrialisierungsphasen der Nachkriegszeit

den Alpen die Staaten voneinander scheiden (vgl. die Grenze zwischen Frankreich und Italien, Österreich und Italien), waren nie selbstverständliche kultur- und wirtschaftsgeographische Grenzen. Traditionelle Wirtschaftsformen wie die Almwirtschaft reichen häufig über die Kammregion in die Nachbartäler, damit mitunter auch in die Nachbarländer. Die Walserkolonisation als wichtigste Binnenkolonisation erfolgte gerade von oben nach unten über die Kammregionen hinweg. In vielen Alpenregionen wurden ältere wirtschafts-, sozial- und sprachgeographische Verflechtungen zerrissen; hieraus resultieren bis heute Probleme sprachlicher und ethnischer Minderheiten.

Allerdings sind alle Alpengrenzen heute offene Grenzen[84]. Ein problemloser Grenzübertritt in Verbindung mit gewachsenen, niemals ganz abgerissenen Gemeinsamkeiten der grenznahen Bevölkerung, ließen seit dem Zweiten Weltkrieg zahlreiche grenzüberschreitende Aktivitäten entstehen: tägliche Arbeitskräftewanderungen (Grenzgänger), grenzüberschreitende Einkaufsbeziehungen und die verschiedensten Formen des „kleinen Grenzverkehrs" (siehe u.a. MEUSBURGER, 1975).

Noch wenig geklärt sind dabei bisher die wirtschaftlichen Auswirkungen nationaler Grenzen auf Industriebetriebe im Grenzraum[85]. Zwar können Grenzräume in wirtschaftsgeographischer Sicht als spezifische Ausprägung eines Peripherraums angesehen werden (siehe BOESLER, 1983, S. 68). Den für alle Peripherregionen charakteristischen Standortproblemen wie: unvollständige Verkehrsverbindungen und höhere Transportkosten, lückenhafte Infrastrukturausstattung, einseitiger Arbeitsmarkt, diverse Kommunikationshindernisse stehen jedoch eine Reihe von positiven Grenzeigenschaften gegenüber wie Häufung der Handelstätigkeit, Absatzmöglichkeiten für begehrte oder relativ preiswerte Güter im Nachbarland, Schutz vor Konkurrenz, Grenzgängerbeschäftigung . . . (siehe SPEHL, 1983, S. 200 ff.). Bestrimmte Betriebstypen werden, wie die Beispiele aus den Unteruschungsregionen gezeigt haben, von der Grenze geradezu angezogen.

Für das raumrelevante Verhalten der Unternehmer ist neben den objektiven Grenzeigenschaften (z.B. Zollbestimmungen, divergierende Geld- und Kreditsysteme, unterschiedliche Rechtsnormen . . .) auch die subjektive Perzeption und Bewertung der Grenze von Bedeutung. SPEHL (1983, S. 203) geht davon aus, daß die Einschätzung der Grenzeigenschaften bezüglich verschiedener Betriebsfunktionen (Beschaffung, Produktion, Absatz, Lagerhaltung, Finanzierung) und Betriebstypen (Einbetriebs-, Mehrbetriebsunternehmen) deutlich differiert. So ließen sich bei den

---

84 Die Kulturgeographie hat die „Raumwirksamkeit" von Staatsgrenzen als Forschungsgegenstand erst in den letzten Jahren wieder neu entdeckt (siehe z.B. BOESLER, 1983; vgl. zusammenfassend GEBHARDT, 1985). Während bis in die siebziger Jahre die meisten Arbeiten den Einfluß der Grenze auf divergierende Kulturlandschaftsentwicklungen untersuchten, gehen jüngere Studien häufig von einem verhaltensgeographischen Ansatz aus und versuchen, sozialgruppenspezifische Muster der Wahrnehmung und Bewertung von Grenzen herauszuarbeiten und typische Aktionsräume in grenznahen und grenzüberschreitenden Räumen zu erkennen.

85 Während früher vor allem negative Auswirkungen der Grenzen wie Halbierung zentralörtlicher Einzugsbereiche und unterbrochene Wirtschaftsbeziehungen gesehen wurden, betonen jüngere empirische Untersuchungen stärker die positiven Aspekte stabiler Grenzen mit unbehinderter Arbeits- und Kapitalmobilität (HANSEN, 1977).

Befragungen im Alpenrheintal Grenzwirkungen vor allem in den Bereichen Arbeitsmarkt und Absatz feststellen (siehe Kap. 4.2.2.). Von überwiegend exportorientierten Unternehmen wird die räumliche Nähe zu den Auslandsmärkten als grenzraumbedingter Standortvorteil empfunden.

Symptomatisch für die ambivalente Wirkung von Grenzen ist das GRENZGÄNGERPROBLEM. Die Intensität des Grenzgängerwesens hängt außer von der Grenznähe und den Verkehrsverhältnissen vor allem vom wirtschaftlichen Gefälle zwischen den Grenzstaaten ab. Grenzgänger spielen im Alpenraum besonders in den Nachbarstaaten bzw. -regionen der wirtschaftlich prosperierenden Schweiz eine wichtige Rolle: in der Ostschweiz (Grenzgänger aus Vorarlberg) und im Tessin (Arbeitskräfte aus der Lombardei), daneben im außeralpinen Raum in den Agglomerationen Basel (Grenzgänger aus der Bundesrepublik) und Genf (Pendler aus Frankreich). Auslösendes Motiv ist nicht nur Arbeitslosigkeit in den Quellregionen, sondern meist ein deutliches Gefälle bei Löhnen oder Sozialleistungen zwischen den Staaten, wie dies am Beispiel Vorarlberg/St. Gallen deutlich wurde (Kap. 4.2.2). Räume mit günstigen topographischen Voraussetzungen und guter Verkehrsanbindung wie das Alpenrheintal und das Tessin weisen die höchsten Grenzgängeranteile auf.

Dem Kanton Tessin mit seinen 31 430 Grenzgängern (1980; Angaben nach RATTI et al., 1981, S. 21 ff.) kommen in der Schweiz nur noch zwei andere Kantone nahe, Basel mit rund 24 600 und Genf mit 26 000 Grenzgängern (1980; vgl. JEANNERET, 1981, S. 83 ff.), wobei dies dort aber nur 11% bzw. 14% der Wohnbevölkerung entspricht, gegenüber mehr als 25% im Tessin. Anders als in den industrialisierten Großstadtagglomerationen Basel oder Genf handelt es sich im Tessin quasi um ein „inverses" Grenzgängertum, „un flux grâce à la frontière" im Gegensatz zum „flux malgre de la frontière" im Falle Basel/Genf (BOTINELLI, 1977, S. 111). Die städtischen Wachstumspole (Como) liegen im Ausland auf italienischem Boden.

Im Alpenrheintal sind die Grenzgängerströme quantitativ weniger bedeutend; ca. 7000 kommen ins St. Gallener Rheintal, 2500 nach Liechtenstein.

Die Beurteilung des Grenzgängerwesens unterscheidet sich sowohl in der Sicht der Herkunfts- wie der Aufnahmeländer, in der Sicht der Industrie wie der Öffentlichkeit.

Insgesamt überwiegend positiv wirken die Grenzgänger auf die Wirtschaft im ST. GALLENER RHEINTAL. „Die Grenzgänger bilden von ihrer leistungsbewußten Einstellung her eher eine positive Auswahl der Vorarlberger Arbeitskräfte und haben im gesamten einen wesentlich jüngeren Altersaufbau als die in Vorarlberg Beschäftigten. Im Gegensatz zu den Gastarbeitern belasten die Grenzgänger durch ihre tägliche Rückkehr nach Österreich in keiner Weise den Wohnungsmarkt oder andere infrastrukturlle Einrichtungen, wie z.B. Schulen, Krankenhäuser etc." (MEUSBURGER, 1975, S. 316).

Aus VORARLBERGER Sicht hingegen ist die Einschätzung zweischneidig. In Zeiten der Hochkonjunktur wird die Abwanderung qualifizierter Arbeitskräfte ins Nachbarland für die Betriebe zu einem gravierenden Problem. Deren Ausfall kann in der Regel auch nicht durch Gastarbeiter wettgemacht werden. Während wirtschaftlicher Krisen hingegen wirken die Grenzgänger als „Beschäftigungspuffer" und verringern die Arbeitslosenzahlen, ein Effekt, der schon in der Vergangenheit nicht unwesentlich zur Stabilisierung der Vorarlberger Wirtschaft beigetragen hat.

Im TESSIN schließlich wird das Grenzgängerwesen außer von den betroffenen Betrieben der Bekleidungsindustrie überwiegend kritisch gesehen. Als nachteilig werden vor allem die Lohndisparität Tessin—Schweiz, eine starke Segmentierung des Arbeitsmarktes (wenig attraktiv für inländische Arbeitskräfte) und eine niedrige Produktivität (aufgrund der Spezialisierung auf arbeitsintensive Tätigkeiten) empfunden (RATTI, et al., 1981, S. 79 f.).

Insgesamt läßt sich festhalten, daß durch das Grenzgängerwesen in der Regel der Arbeitsmarkt der Aufnahmeländer flexibler wird und sich die Beschäftigungssituation in den Entsendeländern entspannt. Andererseits sind auf Grenzgänger ausgerichtete Betriebe meist krisenanfällig, da ihre Produktivität unterdurchschnittlich und die Investitionsbereitschaft häufig gering ist.

5. STANDORTPROBLEME UND STANDORTBEWERTUNG

Anfang der achtziger Jahre war die Phase neuer Industrieansiedlungen fast überall im Alpenraum abgeschlossen. Angesichts einer zunehmend als krisenhaft empfundenen Konjunktursituation wuchs die Unsicherheit über die weiteren Entwicklungs- und Persistenzmöglichkeiten sowohl bei den Betrieben wie auch bei den Institutionen der Wirtschaftsförderung. Die Unternehmen begannen ihre vorwiegend von Arbeitsmarktüberlegungen während der Hochkonjunkturphasen diktierten Standortentscheidungen kritisch zu überdenken, die Regionalpolitik mußte erkennen, daß ihre Instrumente kaum mehr Betriebe anzulocken vermochten und andererseits zur Sicherung der bestehenden Unternehmen wenig taugten.

Diese Umbruchsituation bei Standortmotiven und der Wahrnehmung regionalspezifischer „Streßfaktoren" nachzuzeichnen ist Ziel der folgenden Standortanalysen. Dabei werden zunächst:
a) die ursprünglichen Standortmotive, die zur Standortwahl der Betriebe im Gebirge geführt hatten (Kap. 5.1.), untersucht, um diesen dann
b) die Perzeption und Bewertung der aktuellen Situation, die Wahrnehmung regional- und standortspezifischer Streßfaktoren, gegenüberzustellen (Kap. 5.2. und 5.3.) und schließlich
c) Anpassungshandlungen der Unternehmen und deren Innovationsfähigkeit und -bereitschaft zu analysieren.

5.1. BETRIEBLICHE ANSIEDLUNGSMOTIVE UND PERSISTENZ VON STANDORTENTSCHEIDUNGEN

Nachdem längere Zeit die Untersuchung theoretisch optimaler Indstriestandorte (BLOECH, 1970) und die Erstellung von raumwirtschaftlichen Partial- und Totalmodellen (siehe SCHÄTZL, 1979; VON BÖVENTER, 1981) im Vordergrund wirtschaftswissenschaftlicher Studien „über den Standort der Industrien" gestanden haben, wendet sich eine verhaltenswissenschaftlich orientierte Industriegeographie (siehe Kap. 1.2.) verstärkt dem Problem unternehmerischer Standortentscheidungen und dem Ablauf entsprechender Entscheidungsfindungsprozesse zu (siehe u.a. KRUMME, 1971; FORTSCH, 1973; MAIER/WEBER, 1979). Neben die Analyse der Standortwahlmotive tritt seit dem Rückgang der industriellen Mobilität in den siebziger Jahren verstärkt die Persistenzanalyse[86]: Wie sieht die Bereitschaft von Unternehmen aus, bei geänderten raumwirtschaftlichen Bedingungen den bisherigen Betriebsstandort aufzugeben oder beizubehalten und welche Anpassungshandlungen werden dabei unternommen (vgl. HAAS et al., 1983, S. 8).

---

86 Persistenz bedeutet dabei in den Wirtschaftswissenschaften das Überleben eines neu angesiedelten Industriebetriebs innerhalb eines bestimmten Zeitraumes (SCHAMP, 1981, S. 9; HAAS, et al., 1983, S. 8).

5.1. Betriebliche Ansiedlungsmotive

Die Standortwahl industrieller Unternehmen folgt nur selten der Fiktion des „homo oeconomicus", Standort- wie Persistenzentscheidungen beruhen häufig nicht auf investitionstheoretisch abgesicherten Kalkülen (vgl. HANSER, 1985, S. 96). Gerade bei kleinen und mittleren Unternehmen ist der Informationshorizont über Standortmöglichkeiten und -alternativen sehr eingeschränkt; nur wenige, besonders gravierende Einflußfaktoren werden berücksichtigt, die Entscheidung ist damit allenfalls „subjektiv rational", d.h. Unternehmer geben sich „in der Regel mit einer eher zufällig gefundenen und manchmal auch nur mittelmäßigen Lösung des Standortproblems" zufrieden (OECHSLIN, 1981, zit. bei HANSER, 1985, S. 97).

Es ist daher nicht sehr sinnvoll, in einer ex-post-Analyse der Standortwahlmotive eine Rationalität der Entscheidungen zu unterstellen, die in Wirklichkeit niemals gegeben war. Die Fallbeispiele industrieller Ansiedlungen im Alpenraum haben deutlich gemacht, in welch hohem Maße Zufälle, historische Singularitäten und einzelfallbezogene Motive die Standortwahlen bestimmt haben. Im folgenden werden deshalb wieder die quantitativen Befragungsergebnisse konterkariert durch exemplarische Analysen charakteristischer Betriebe in den Untersuchungsgebieten, anschließend werden die für die Alpen gefundenen Ergebnisse vergleichbaren Daten aus anderen Räumen bzw. Gebietskategorien gegenübergestellt, um die spezifische Standortsituation der Industrie im Gebirge herauszuarbeiten.

Historische und aktuelle Standortwahlmotive an Beispielen

Viele Industrieunternehmen im Alpenraum sind unter anderen Standortvoraussetzungen als den heutigen gegründet worden, sie sind in diesem Sinne „Reliktformen". Dies gilt für die alten, energieständigen Branchen der „houille blanche" ebenso wie für die während der Hochkonjunktur ins Gebirge gekommenen Zweigwerke außeralpiner Unternehmen.

Vor allem in alten Industrieregionen wie TIROL oder VORARLBERG lassen sich die ursprünglichen Motive für Standortentscheidungen kaum mehr rational rekonstruieren, wie die „Flucht" der Antwortenden in „persönliche Gründe" oder „Zufälle" deutlich macht (54% bzw. 19% in Tirol). Hinter solchen Nennungen verbergen sich sehr unterschiedliche, nur historisch erklärbare und durch qualitative Befragungen auslotbare Motive. Hingegen lassen Regionen wie SÜDTIROL in der Regel eindeutig nachvollziehbare Motive sowohl bei den frühen Betriebsgründungen wie auch den jungen Ansiedlungen erkennen.

In NORDTIROL verdanken fast alle größeren Industriebetriebe ihre Entstehung historischen Besonderheiten und Zufällen, sie hätten ihren Standort genausogut woanders finden können.

Selbst ein deutlich energieorientiertes Unternehmen wie die METALLWERKE PLANSEE, heute mit über 1700 Mitarbeitern einer der größten Hersteller in Europa auf dem Gebiet der Pulvermetallurgie, hatte seinen Standort keineswegs systematisch gesucht und geplant, wie die Biographie des Firmengründers belegt:
„Der Unternehmer Dr. Paul Schwarzkopf, ein in Prag geborener Altösterreicher, will seinen Betrieb von Berlin nach Tirol verlegen. Denn er braucht elektrische Energie in hohem Ausmaß. Er

Tab. 31: Gründe für die Standortwahl von Industriebetrieben in Beispielgebieten des Alpenraumes (in % der Antwortenden; Mehrfachnennungen möglich)

STANDORT- MOTIV n =	TIROL		SÜDTIROL		TESSIN		WALLIS		Alle Betr.	
	Betr. insg. (89)	nach 1970 (14)	Betr. insg. (97)	nach 1970 (39)	Betr. insg. (173)	nach 1970 (47)	Betr. insg. (44)	nach 1970 (10)	Betr. insg. (403)	nach 1970 (110)
Arbeitsmarkt	16	(50)	35	33	72	96	45	.	48	65
— Grenzgänger	1	.	—	—	52	64	16	.	24	31
— sonst. Motive	15	.	35	33	20	32	29	.	24	34
ausreich./preis- günst. Flächen	22	.	27	32	22	28	34	.	25	27
Steuerniveau/ -vergünstigungen	2	.	18	18	10	17	20	.	11	18
öffentl. Hilfe/ Förderung	—	—	32	26	11	21	20	.	15	21
Energieversorg./ techn. Infrastr.	12	.	49	51	6	6	9	.	18	22
„Persönl. Gründe"	57	(15)	11	8	49	38	45	.	41	23
„Zufall"	27	.	—	—	18	13	7	.	13	10
Sonstige Gründe	16	.	—	—	—	—	18	.	5	4

STANDORT- MOTIV n =	Einbetr.- untern. (281)	Mehrbetr.- untern. (122)	Berg- gebiet (164)	Tal- bereich (239)	überw. selbst. (302)	überw. abhäng. (101)
Arbeitsmarkt	43	60	49	48	44	60
— Grenzgänger	24	25	13	32	23	28
— sonst. Motive	19	35	36	16	21	33
ausreich./preis- günst. Flächen	25	24	27	23	25	22
Steuerniveau/ -vergünstigungen	10	16	16	8	10	16
öffentl. Hilfe/ Förderung	11	22	21	10	11	25
Energieversorg./ techn. Infrastr.	21	11	23	15	21	11
„Persönl. Gründe"	46	31	37	44	46	29
„Zufall"	13	13	9	15	12	15
Sonstige Gründe	5	6	2	8	6	6

5.1. Betriebliche Ansiedlungsmotive

STANDORT-MOTIV n =	Chemie/ Kunstst. (32)	Steine/ Erden (29)	Metaller- zeugung (9)	Masch./ Fahrzeuge (66)	Sonstige Metallin. (62)	Holz/ Papier (41)	Druck/ Graphik (17)	Textil- industrie (20)	Beklei- dungsind. (70)	Nahrung/ Genußm. (30)
Arbeitsmarkt	50	21	.	46	53	25	.	.	94	20
— Grenzgänger	19	7	.	17	23	5	.	.	70	10
— sonst. Motive	31	14	.	29	30	20	.	.	24	10
ausreich./preis- günst. Flächen	25	24	.	21	42	29	.	.	16	20
Steuerniveau/ -vergünstigungen	16	3	.	21	10	10	.	.	9	10
öffentl. Hilfe/ Förderung	19	17	.	35	11	12	.	.	3	10
Energieversorg./ techn. Infrastr.	17	27	(67)	21	15	29	.	.	7	23
„Persönl. Gründe"	47	31	.	27	52	41	.	.	40	50
„Zufall"	9	21	.	15	15	12	.	.	3	20
Sonstige Gründe	—	14	.	5	5	10	.	.	0	7

Quelle: Eigene Erhebungen 1981/82

inseriert und erhält mehrere Angebote. Eines davon vom gemeindeeigenen E-Werk Reutte... Er kennt Tirol von seinem Dienst als Offizier an der Südfront im 1. Weltkrieg. Er verwechselt nur Reutte mit Reith bei Seefeld. Erst als ihm sein Fahrer von Innsbruck immer weiter nach Nordwesten fährt, merkt er den Fehler, der aber keiner war. Denn in Reutte findet er alles, was er braucht: das Wasser des Plansees als elektrische und aufgeschlossene Mitarbeiter als geistige Energiequelle." (Aus: Erinnerungsband Paul Schwarzkopf 1971, zit. bei KELLER, o.J., Anhang 1).

Das heute zweitgrößte Unternehmen in Tirol, die Fabrik für Glaserzeugnisse von D. SWAROVSKI & Co. in Wattens (1982 mit 2450 Beschäftigten), verdankt seine Gründung der Tatsache, daß der Gablonzer Glasbläser Daniel Swarovski auf der Suche nach einem Standort für eine Glasschleiferei 1895 zufällig nach Wattens kam und in einer aufgelassenen Textilfabrik die Möglichkeit fand, mit geringen Mitteln eine eigene Produktion aufzubauen. Weit abseits böhmischer Konkurrenz expandierte das Unternehmen dann sehr rasch (siehe Kap. 4.2.5).

Nicht wenige bekannte Unternehmen in Tirol, wie z.B. die TIROLIA-Werke in Schwaz, ein Mittelbetrieb mit ca. 500 Beschäftigten (Herstellung von Küchenherden, Öfen, Kühlschränken und Sanitäranlagen), sind bis in die jüngste Vergangenheit reine Familienunternehmen geblieben[87]. TIROLIA war 1919 von einem Tiroler Kaufmann und einem Schlossermeister als kleiner Gewerbebetrieb gegründet worden. Eine 1979 herausgegebene Festschrift zeichnet eindrücklich das Auf und Ab eines solchen Privatunternehmens im Gebirge nach, das häufige Entlangschrammen am Rande des Konkurses, und belegt, daß Betriebe dieser Art im Gebirge oft nur aufgrund ihrer „patriarchalischen" Betriebsstruktur überlebten. Solche an Einzelpersönlichkeiten gebundene Firmenentwicklungen spielen in Tirol bis in die jüngste Zeit eine nicht unwichtige Rolle, wenn man z.B. an Aufstieg und Fall der bekannten Fa. KNEISSL in Kufstein denkt[88].

Einen spezifischen Typus historischer Standortentscheidungen bilden Kriegsgründungen vor und während des Zweiten Weltkrieges (siehe z.B. EMSER-WERKE in Graubünden; Kap. 4.2.). Einige Mittel- und Großunternehmen in Nordtirol haben zwar nicht ihre Entstehung, wohl aber ihr Wachstum zu Mittel- und Großbetrieben der reichsdeutschen Zeit und ihrer Rüstungswirtschaft zu verdanken (MONTANWERKE BRIXLEGG, JENBACHER WERKE ...). Vor allem die JENBACHER WERKE, ursprünglich eine kleine Gießerei, vergrößerten sich als Produktionswerk der Heinkel AG (Flugzeugbau) im Zuge von Rüstungsaufträgen sehr rasch. Ein Großteil der Belegschaft von 3000 Arbeitern waren Fremdarbeiter und Dienstverpflichtete. Nach dem Krieg wurde das Unternehmen verstaatlicht; die Friedensproduktion konzentrierte sich auf Dieselmotoren und diverse Aggregate, später vor allem auf Eisenbahnmaterial (Dieselloks, Eisenbahnwaggons). Heute arbeiten in Jenbach gut 1600 Beschäftigte.

Deutlich anders sehen Entwicklungsgeschichte und Standortmotive der größeren SÜDTIROLER Unternehmen aus, nicht nur im Falle der politisch motivierten Ansiedlungen in der Bozener Industriezone (Kap. 3.2.3.). Technisch-materielle Infrastruktur (Energieversorgung), günstige und erschlossene Flächen und vor allem Arbeitskräftepotential waren die dominanten Ansiedlungsgründe, im Falle der jungen Tochter- und Filialbetriebe spielte auch öffentliche Hilfe eine nicht unwichtige Rolle (32% der Nennungen). Südtirol scheint eine der wenigen wirtschaftlichen Peripherregionen zu sein, wo staatliche Industrieansiedlungspolitik offensichtlich eine gewisse Wirkung zeigte. Vielleicht sollte man aber besser interpretieren, wo

---

87 Die Fa. TIROLIA ist seit 1926 in alleinigem Besitz der Familie Heiss; erst 1979 erfolgte die Umwandlung der KG in eine Ges.m.b.H.
88 KNEISSL war in der Nachkriegszeit und im Zuge des Sportbooms sowie einer aggressiven Werbung bei Skiveranstaltungen zu einem der bekanntesten Skihersteller expandiert. Seit den siebziger Jahren litt das Unternehmen jedoch an Überkapazitäten und hohen Schulden und mußte 1980 Konkurs anmelden (siehe Kap. 4.2.5.).

5.1. Betriebliche Ansiedlungsmotive

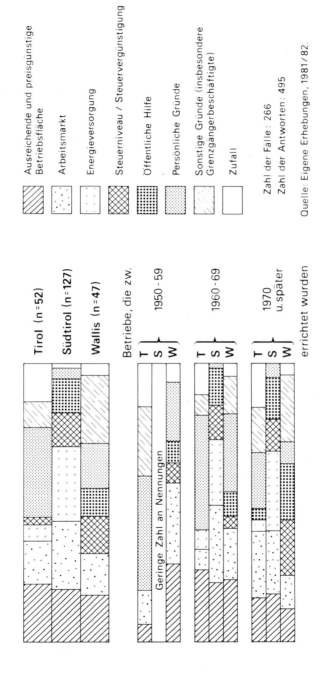

Abb. 38

staatliche Industrieansiedlungspolitik und einige die Betriebe begünstigende Faktoren temporär zusammenfielen: ein damals noch niedriges Lohnniveau, die Einbindung in den EG-Markt, die deutschsprachige Arbeitnehmerschaft und verkehrsgünstig gelegene Ansiedlungsflächen.

Schon der älteste, 1924 in Sinich bei Meran gegründete Betrieb (SMIEL SPA) hatte eine eindeutige Standortorientierung. Die Ammoniak-Synthese, der zentrale chemische Prozeß bei der Herstellung von Düngemitteln, benötigte erhebliche Mengen an elektrischer Energie, die in einem eigenen Kraftwerk erzeugt wurden. Überdies bildeten die agrarischen Intensivkulturen in Südtirol mit ihrem steigenden Düngemittelbedarf einen wichtigen nahegelegenen Absatzmarkt und die Standortwahl machte trotz ihrer primär politischen Motivation (siehe Kap. 3.2.3.) einen Sinn. Nach dem Zweiten Weltkrieg allerdings, mit dem Übergang zum MONTECATINI-Konzern bzw. zu DYNAMIT-NOBEL (1980) und der Umstellung der Produktion auf die Herstellung von hochreinem Silizium (im Verbund mit einem weiteren Zweigwerk in Novara) wurde der Standort weit im Gebirge zunehmend zum Problem. Vor allem die rein italienischsprachige Belegschaft in Sinich machte es jedoch nahezu zwingend, die Fabrik mit erheblichen staatlichen Subventionen am alten Standort zu erhalten.

    Die jungen Auslandsgründungen der sechziger Jahre hingegen suchten das deutschsprachige Arbeitskräftepotential, die staatlichen Subventionen und die großräumige Lage zwischen Mittel- und Südeuropa. Typisch hierfür sind die drei zwischen 1965 und 71 entstandenen, miteinander verflochtenen Produktionsstätten bzw. Tochterunternehmen des englischen GKN-Konzerns (Guest, Keen & Nettlefolds Limited): die BIRFIELD TRASMISSIONI SPA (240 Besch.), ein Unternehmen der Uni-Cardan AG in Lohmar (Nordrhein-Westfalen), die BOUND BROOK ITALIA (160 B.) und die 1971 gegründete VANDERWELL SPA (186 B.) (alle Angaben für Anfang 1982). Alle Betriebe stellen, in unterschiedlicher Produktionstiefe, Zulieferteile für die Automobilindustrie her (Motorenteile, Gelenke, Kardanwellen, Sinterlager...), insbes. für IVECO-FIAT, aber auch für BMW und französische Firmen. Ein Standort in den Südalpen ist damit zu den Absatzgebieten sehr günstig gelegen: von hier aus können sowohl die wichtigsten Teilmärkte in Norditalien (Fiat, Lancia) als auch die sekundären Märkte in der BRD und Frankreich bedient werden. In der Tat waren vor der Standortentscheidung systematisch mehrere Standortalternativen in Norditalien geprüft worden, u.a. in Friaul und im Trentino. Daß man sich schließlich für Südtirol und das Pustertal entschied, lag nach Firmenauskunft an der Zugehörigkeit zum deutschen Sprachraum und auch an der größeren „Rechtssicherheit" mit einer geringeren Zahl an Streiktagen als im übrigen Italien. Heute würde die Standortwahl vor allem bei der BIRFIELD und BOUND BROOK möglicherweise anders ausfallen (außereuropäischer Standort).

    Ähnliche Standortmotive bewogen auch die Liechtensteiner Fa. IVOCLAR, ihr ursprünglich reines Vertriebsbüro in Naturns bei Meran seit den sechziger Jahren zu einem Produktionsbetrieb für Zahnbedarf auszubauen: Belieferung des italienischen Marktes aus einer deutschsprachigen Region heraus, günstigeres Arbeitskräftepotential als im Hauptwerk in Liechtenstein. Die Reihe dieser Beispiele ließe sich fortsetzen.

Ebenfalls rational nachvollziehbar sind die Standortwahlen im TESSIN. 72% der Betriebe und 96% der nach 1970 gegründeten Unternehmen nennen den Arbeitsmarkt als wichtiges Standortmotiv. Darüberhinaus spiegeln die hohen Anteile an „persönlichen Gründen" und „sonstigen Gründen" hier wohl weniger als in Tirol lange zurückliegende, nicht mehr rekonstruierbare Entscheidungen als vielmehr das faktische Fehlen anderer rationaler Standortmotive neben der allein entscheidenden Grenzgängerbeschäftigung (siehe Kap. 4.2.1.). Im WALLIS spielen sehr verschiedene, im Einzelfall unterschiedliche Motive eine Rolle, ein eindeutig dominanter Faktor läßt sich hier nicht erkennen. Bei den im ALPENRHEINGEBIET persönlich aufgesuchten 20 Neugründungen seit 1970 handelte es sich überwiegend um fern-

5.1. Betriebliche Ansiedlungsmotive

orientierte Gründungen (8 Auslandsgründungen aus der Bundesrepublik Deutschland, 8 Tochterbetriebe schweizerischer bzw. österreichischer Konzerne). Standortmotive waren meist Grundstücke und Reserven für die Zukunft sowie Hilfen der Gemeinden bei der Erschließung, daneben das Arbeitskräftepotential und die relativ gute Verkehrsanbindung mit Absatzmöglichkeiten zum süddeutschen Raum bzw. Schweizer Mittelland. Im Einzelfall mögen mitunter auch eher überraschende Motive eine Rolle gespielt haben[89].

Insgesamt stimmen die quantitativen Befunde für die jüngeren Betriebe im Alpenraum weitgehend mit entsprechenden Untersuchungsergebnissen aus anderen Peripherregionen überein[90]. Auslösendes Motiv der Betriebsansiedlungen waren Push-Faktoren in den Verdichtungsräumen, die bewirken, daß eine Wahl im Gebirge überhaupt ins Kalkül einbezogen wurde. An erster Stelle ist hier der Arbeitskräftemangel (65% der Nennungen, darunter 31% Grenzgänger) zu nennen, gefolgt vom Ansiedlungsareal mit 28%. Eine etwas größere Bedeutung als in vielen anderen Regionen scheinen Steuerniveau und öffentliche Förderung zu haben, was für die Notwendigkeit staatlicher, regionaler und kommunaler Förderung sprechen würde. Allerdings fallen hier die Ergebnisse je nach Betriebstyp sehr unterschiedlich aus, wie die Aufschlüsselung in Tab. 31 deutlich macht.

Arbeitsmarktgründe spielen vor allem bei den abhängigen Betrieben bzw. den Mehrbetriebsunternehmen als Standortmotiv eine wichtige Rolle (60% Nennungen gegenüber 48% bei allen Unternehmen). Die auch von anderen Autoren festgestellte größere Rationalität der Entscheidungen dieser Betriebe drückt sich in deutlich niedrigeren Werten bei den „persönlichkeitsgebundenen" Faktoren aus (29% bzw. 31% gegenüber 46%). Gezielt wird öffentliche Förderung und Unterstützung nachgefragt oder wenigstens „mitgenommen". Umgekehrt sind Energieversorgung und Ausstattung mit technischer Infrastruktur weniger wichtig als bei den kleinen Einzelunternehmen.

Die branchenspezifischen Ergebnisse fügen sich recht gut in das erwartete Bild. Die im Schnitt hohe Bedeutung des Faktors Arbeitskräfte schwankt je nach Branche in sehr weiten Grenzen; die

---

89 Einen der spektakulärsten Ansiedlungsfälle in Vorarlberg stellt sicher die 1977 erfolgte Neugründung eines LIEBHERR-Betriebs in Nenzing zur Produktion von Schiffskränen und anderen Werfteinrichtungen dar. Diese ausgesprochen kurios anmutende Produktionsausrichtung im Gebirge läßt sich wohl nur bis zu einem gewissen Grad betriebswirtschaftlich nachvollziehen. Von Firmenseite wird die großräumig zentrale Lage im Geflecht von Zulieferungen und Absatz genannt sowie konzerninterne Abwägungen im Rahmen der betrieblichen Arbeitsteilung bei Liebherr. Die Material- und Absatzlage ist in der Tat zentral, 60% der Rohstoffe (vor allem Stahl) kommen aus Ostösterreich (VOEST), 85% der Fertigteile (Elektroteile, Hydraulik, Getriebe) aus der Bundesrepublik, der Absatz geht zu 35% in die BRD, 20% in das übrige Westeuropa, 30% nach Osteuropa. Daß angesichts der immensen Transportkosten und -probleme (kein Eisenbahnanschluß, d.h. alle Transporte über die Straße) die Standortwahl als geeignet gelten soll, muß dennoch erstaunen, auch das Argument, im Rahmen der Produktionsstandortverteilung im Alpenraum (mit Standorten u.a. in Bischofshofen in Tirol, Bulle in der Schweiz) Westösterreich verstärken zu wollen (das Werk ist der österreichischen Holding des Biberacher Gesamtunternehmens mit Sitz in Bischofshofen angeschlossen). Sicherlich haben für die Standortwahl auch Arbeitskräfteüberlegungen (möglicherweise auch Frage der Arbeitskräftementalität) eine Rolle gespielt. Anfang der achtziger Jahre waren 560 Arbeitskräfte bei Liebherr in Nenzing beschäftigt (darunter 45 Frauen und 34 Auszubildende).

90 Vgl. u.a. BREDE (1971); FÜRST/ZIMMERMANN (1973); TÖPFER (1974); KREUTER (1976); BALLESTREM (1979); DIE STANDORTWAHL DER INDUSTRIELLEN UNTERNEHMEN (1979); SCHLIEBE (1982).

5. Standortprobleme und Standortbewertung

Werte reichen von 94% Nennungen bei der Bekleidungsindustrie bis hinunter auf 20—25% in den Branchen Nahrung, Steine/Erden und Holz/Papier. Öffentliche Unterstützung kommt vor allem bei der Maschinen- und Fahrzeugindustrie zum Tragen.

Betriebliche Standortmotive haben sich seit den fünfziger und sechziger Jahren deutlich geändert. In der Vergangenheit lag, wie Tab. 32 und Abb. 39 für die Bundesrepublik zeigen, neben ausreichenden und preisgünstigen Betriebsflächen der Arbeitsmarkt mit weitem Abstand an der Spitze (40% bis 50%). Im Laufe der siebziger Jahre hingegen reduzierte sich der Einfluß des Arbeitskräftepotentials auf betriebliche Entscheidungen immer mehr und es verbreitete sich das Spektrum an Standortmotiven. Vor allem Agglomerationswirkungen im weitesten Sinne, aber z.B. auch öffentliche Förderung, gewannen an Bedeutung (vgl. SCHAMP, 1986, S. 202).

In Verdichtungsräumen der Bundesrepublik blieb für die Standortentscheidungen in allen Perioden die Verfügbarkeit an Flächen und Gebäuden wichtigste Voraussetzung. Das Arbeitskräftepotential trat mit 20—25% der Nennungen etwas in den Hintergrund, während die Lage zu Lieferanten und Absatzmärkten mit 12—17% gegenüber anderen Gebietskategorien ein relativ hohes Gewicht behielt. Im ländlichen Raum hingegen beschränken sich die Ansiedlungsmotive nahezu ausschließlich auf Arbeitskräfte (mit großem, aber abnehmendem Gewicht), Flächen (mit zunehmender Bedeutung) und öffentliche Förderung (mit leicht zunehmender Tendenz).

Tab. 32: Motive für Standortentscheidungen in der Bundesrepublik Deutschland (Angaben in % der Nennungen)

MOTIV	1968/71			1972/75			1976/79		
	Insges.	nur ländlicher R.	nur Zweigb.	Insges.	nur ländlicher R.	nur Zweigb.	Insges.	nur ländlicher R.	nur Zweigb.
Arbeitskräfte	36	40	39	30	33	35	27	31	34
Betriebsflächen	46	43	44	48	45	43	47	44	41
Absatzmöglichkeiten	10	8	8	9	8	8	10	8	10
Zulieferungen	1	2	2	2	2	2	2	2	1
öffentl. Förderung	4	4	5	6	8	9	6	7	10
sonstige Gründe	3	3	2	5	4	3	8	8	4

Quelle: SCHLIEBE (1982) auf der Basis von Daten der BFLR.

Auch im Alpenraum haben sich, wie Abb. 39 zeigt, die Standortwahlmotive in den Dekaden der Nachkriegszeit etwas gewandelt. Einem gewissen Rückgang des Arbeitsmarktfaktors und vor allem der „persönlichen" und „sonstigen" Gründe steht ein Anwachsen der Bedeutung öffentlicher Förderung gegenüber. Verglichen mit dem summarischen Motivprofil der Bundesrepublik fällt aber doch das noch höhere

5.1. Betriebliche Ansiedlungsmotive   165

Gewicht des Arbeitskräftepotentials und das erwartungsgemäß geringere der Grundstückfaktoren sowie der Lage zu Zuliefer- und Absatzräumen ins Auge. Besonders auffällig ist die nach wie vor große Bedeutung zufälliger und „sonstiger Motive", hinter denen sich im Einzelfall sehr unterschiedliche, meist aber individuelle Gründe verbergen. Einzelbefragungen und Gespräche mit Unternehmen haben immer wieder deutlich gemacht, daß solche Faktoren — ein Unternehmer findet auf der Durchreise

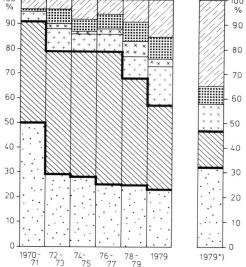

Abb. 39

zufällig den Standort für seinen Betrieb, ein rühriger Promoter interessiert Unternehmen für Zweigwerkgründungen im Gebirge, ein Einheimischer vergrößert einen Handwerksbetrieb auf industrielle Größenordnung — geradezu ein Charakteristikum der alpinen Industrieentwicklung darstellen.

Ex-post-Beurteilung der Standortentscheidungen

Die zunehmenden Arbeitslosenzahlen in Verdichtungsräumen, die die Betriebe der Notwendigkeit entheben, den Arbeitskräften auch in Peripherräume nachzufolgen, die Vereinheitlichung von Tarifverträgen und damit Nivellierung früher deutlicher regionaler Lohnunterschiede, eine steigende Bedeutung der „Fühlungsvorteile" in Agglomerationsräumen — solche veränderten Rahmenbedingungen industrieller Produktion lassen eigentlich eine sehr negative Standortbeurteilung der alpinen Betriebe in der Gegenwart erwarten.

Davon kann allerdings, wie meine Befragungen zeigten, nur bedingt die Rede sein (vgl. Kap. 5.2.). Subjektive Wahrnehmung und Bewertungen unterscheiden sich deutlich von den vermeintlich objektiven Gegebenheiten. Trotz vielfältiger Klagen bei persönlichen Betriebsbesuchen erweist sich die ex-post-Beurteilung der früheren Standortentscheidungen wie auch die Persistenzbereitschaft bezüglich des Standorts und der Produktion als ungewöhnlich hoch. Nur relativ wenige Unternehmen äußerten Stillegungs- oder Verlagerungsabsichten (siehe Kap. 5.4.).

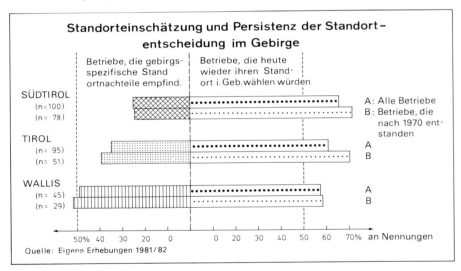

Abb. 40

Trotz der veränderten konjunkturellen und gesamtwirtschaftlichen Situation würde über die Hälfte der befragten Unternehmen auch heute nochmals dieselbe Standortwahl treffen. In Südtirol lag dieser Wert sogar bei 2/3 und in Tirol nur wenig

5.1. Betriebliche Ansiedlungsmotive

darunter. Diese Beurteilung gilt erstaunlicherweise gerade auch für die jüngeren Gründungen nach dem Zweiten Weltkrieg. Betriebsgrößen- und -typspezifische Abweichungen ergeben sich dabei kaum, nur zwischen den einzelnen Branchen differieren die Werte deutlich.

Vor allem die rohstofforientierten Branchen sehen natürlich kaum eine Alternative zum derzeitigen Standort: 84% der Unternehmen der Branche Steine/Erden und 71% der Holz/Papierindustrie würden wieder ins Gebirge kommen, allerdings auch 74% der überwiegend jungen Maschinen- und Apparateindustrie. In ihrer Mehrzahl gegen den derzeitigen Standort sprachen sich nur die Chemie/Kunststoffbetriebe aus (52%; Umweltprobleme!) sowie die sonstige Metallverarbeitung (51%).

Entsprechend der positiven Standortbeurteilung ex-post wurden auch nur von weniger als 50% der Betriebe gebirgsspezifische Standortnachteile genannt, welche die Positiva deutlich überwiegen (Tab. 33). Nur in Berggebieten der Schweiz wie Graubünden und dem Wallis wurden solche Nachteile als etwas gewichtiger empfunden (59% bzw. 49%) und es würde zum gegenwärtigen Zeitpunkt häufiger eine andere Standortwahl vorgezogen. Die Branchenstreuung reicht von nur 26% überwiegend negativen Bewertungen bei der Textil- und Bekleidungsindustrie bis zu 50% in der Branche Druck/Graphik (Absatzorientierung!).

Tab. 33: Überwiegend negative Beurteilung des Gebirgsstandorts (in % aller Betriebe)

Vorarlberg (n = 106):	26,4	Textilien/Bekleidung (n = 164):	26,2
Südtirol (n = 94):	26,6	Holz/Papier (n = 54):	27,8
St. Gallen (n = 69):	27,5	Maschinen/Apparate (n = 107):	32,7
Tessin (n = 163):	35,0	Chemie/Kunststoff (n = 51):	39,2
Liechtenstein (n = 14):	35,7	Sonstige Metallverarb. (n = 87):	41,4
Tirol (n = 87):	37,9	Nahrung/Genußmittel (n = 43):	46,5
Wallis (n = 45):	48,9	Druck/Graphik (n = 22):	50,0
Graubünden (n = 34):	58,8		

Quelle: Eigene Erhebungen 1980—82

Die Befragungsergebnisse machen insgesamt deutlich, daß die meisten Unternehmen am einmal gewählten Standort im Gebirge festhalten, obwohl die wichtigsten Gründe für die ursprüngliche Standortwahl inzwischen weggefallen sind. Die alte Erkenntnis „industry grows, but seldom moves" zeigt auch für den Alpenraum ihre Gültigkeit. Weil die Industrie in den Alpen wie in anderen „Regionen, die gegenwärtig unter Standortnachteilen leiden, gute Chancen (hat), die bereits angesiedelten lebensfähigen Betriebe zu erhalten" (HAAS et al., 1983, S. 9), werden regionalpolitische Strategien zur Persistenzsicherung durch Umstrukturierungen und Innovationen in der Tat zu einem wichtigen Thema.

Im folgenden werden die wichtigsten orts- und regionalspezifischen „Streßfaktoren" in der Wahrnehmung der Betriebe analysiert, mit der Situation in anderen Peripher- bzw. Verdichtungsräumen verglichen und, darauf aufbauend, charakteristische Anpassungshandlungen und Innovationen alpiner Betriebe diskutiert.

5.2. REGIONAL- UND STANDORTSPEZIFISCHE STRESSFAKTOREN

In verhaltens- bzw. handlungstheoretischer Sicht[91] läßt sich die Persistenz von Einzelunternehmen als Ergebnis gelungener Anpassungshandlungen gegenüber externen „Streßfaktoren" (Einflußfaktoren, Umwelteinflüssen)[92] verstehen (vgl. SCHAMP, 1981, S. 12).

Der Prozeß von Wahrnehmung, Bewertung und Verhalten (Handlung) läuft dabei vereinfacht wie in Abb. 41 ab (siehe auch Abb. 53). Neue Problemsituationen, vor die sich die Unternehmen gestellt sehen, werden als STANDORTSPEZIFISCHE oder STANDORTUNABHÄNGIGE STRESSFAKTOREN wahrgenommen. Unabhängig vom Standort sind u.a. der Einfluß der Wirtschaftspolitik, das Auf und Ab der Konjunkturzyklen sowie andere „überlokale" (regionale, nationale und supranationale) Bestimmungsgründe. Standortspezifische Streßfaktoren hingegen sind fehlende Expansionsmöglichkeiten, ein unzureichender Arbeitsmarkt (fehlende Qualifikationen), Überalterung von Produktionsanlagen, schlechte örtliche Verkehrsanbindung oder Umweltauflagen für die Betriebe.

Betriebe reagieren auf Standortstreß mit ANPASSUNGSHANDLUNGEN, wobei der Ablauf der Entscheidungsfindungsprozesse durch im einzelnen komplexe innerbetriebliche Informationsströme bestimmt wird (vgl. KRUMME, 1972) und keineswegs im Sinne eines einfachen Stimulus-

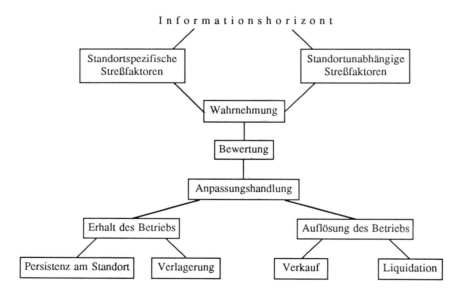

Quelle: MAIER/WEBER, 1979; SCHAMP, 1981; HAAS, 1983, verändert.

Abb. 41: Verlauf unternehmerischer Standortentscheidungen

---

91 Siehe zum verhaltens- und handlungstheoretischen Ansatz in der Geographie Kap. 1.2.
92 In der jüngeren verhaltenswissenschaftlichen Literatur hat sich der aus der Biologie stammende Begriff „Streßfaktor" eingebürgert (vgl. BADE, 1978). Die Begriffe „Einflußfaktor" oder „Umwelteinfluß" können bis zu einem gewissen Grad synonym dazu verwendet werden.

5.2. Regional- und standortspezifische Streßfaktoren

Response-Ablaufs interpretiert werden darf[93]. Ziel ist in der Regel der ERHALT des Unternehmens, seltener die Auflösung oder Stillegung. Unter den auf Firmenerhalt gerichteten Anpassungshandlungen spielen innerbetriebliche Anpassungen wie Ersatz-, Rationalisierungs- und Erweiterungsinvestitionen sicher die wichtigste Rolle. Nicht selten sind auch betriebliche Funktionsteilungen, d.h. Persistenz des alten Betriebsstandorts bei gleichzeitiger Teilverlagerung einzelner Funktionen (z.B. arbeitsintensiver Produktionen in Länder mit geringeren Lohnkosten oder forschungs- und verwaltungsintensiver Funktionen in die Verdichtungsräume; siehe Kap. 6.3.). Totalverlagerungen bilden die „ultima ratio", im Normfall wird versucht, den bisherigen Standort beizubehalten.

Standortunzulänglichkeiten im Gebirge bestehen wie in allen wirtschaftlichen Peripherräumen in bezug auf die Entfernung zu Rohstoffen und Lieferanten, den Arbeitsmarkt, die Verkehrslage und -anbindung, die Absatzmöglichkeiten sowie eine Reihe von Agglomerationswirkungen. Die Standortbeurteilung der Betriebe weist, wie meine Befragungen bei insgesamt 670 Produktionsstätten zeigen, diesen Faktoren gleichwohl ein sehr unterschiedliches Gewicht zu und rückt einige zunächst weniger beachtete Aspekte der Situation im Gebirge in den Vordergrund.

Die direkte Frage nach gebirgsspezifischen Streßfaktoren ergab dabei ein vergleichsweise diffuses und kaum generalisierbares Bild, was angesichts der überwiegend positiven ex-post-Einschätzung der Standortwahl und der hohen Persistenzbereitschaft nicht verwundert. Weniger als ein Drittel der befragten Betriebe (207) spezifizierten bei der halboffen gestellten Frage (siehe Fragebogen im Anhang) Standortnachteile im Gebirge. Da im einzelnen sehr unterschiedliche Gründe genannt wurden, fiel die Zahl der Nennungen häufig unter die Grenze statistischer Auswertbarkeit und

Tab. 34: Gebirgsspezifische Streßfaktoren (n = 207; Mehrfachnennungen; Ang. in %)

Standortnachteil im Gebirge	Vorarlberg (n = 31)	Tirol (n = 62)	St. Gallen (n = 21)	Graubünden (n = 29)	Wallis (n = 38)	Tessin (n = 98)	Südtirol (n = 48)
darunter:							
— Hohe Transportkosten	3	8	29	24	21	18	23
— Entfernung zu Kunden	13	11	5	10	13	18	10
— Entfernung zu Lieferanten	16	10	5	7	11	8	13
— Keine Fühlungsvorteile	3	5	10	3	16	10	2

Quelle: Eigene Erhebungen 1980—82

---

93 Viele verhaltensgeographische Arbeiten gehen implizit wohl von einer behavioristischen Lerntheorie aus (vgl. BECK, 1982, S. 55), also von einem letztlich sehr einseitigen, umstrittenen Modell des Lernens und Verhaltens, das auf der Basis von Reiz-Reaktionsabfolgen (Stimulus-Response) funktioniert. Menschliches Verhalten wird dabei kausal durch äußere „Stimuli" gesteuert und bekräftigt. Lerntheorien dieses „Skinner'schen Typs" (siehe z.B. B. F. SKINNER, 1974) stießen vor allem in der europäischen Verhaltenspsychologie schon früh auf heftigen Widerspruch, ihre späte Blüte im Rahmen des verhaltensgeographischen Ansatzes ist daher umso verwunderlicher. Kritisiert wird vor allem, daß die Identifizierung der Stimuli gewissermaßen „vom Schwanz" her, von den „responses" aus erfolgt und damit eine Beziehung zwischen beobachtbaren Reizen und den Reaktionen nachträglich konstruiert wird.

vermag damit allenfalls noch einen Trend anzuzeigen. Tab. 34 zeigt, daß neben Transportkosten und Verkehrsproblemen vor allem die großräumigen Lagemerkmale (Entfernung zu Kunden und Lieferanten) von manchen Betrieben als gebirgsspezifisches Problem empfunden werden. Die Angaben unterscheiden sich dabei natürlich je nach Region sehr deutlich.

Als sehr viel ergiebiger erwies sich der indirekte Weg, die Unternehmen ihren Standort im Gebirge bezüglich einer Reihe vorgegebener Standortfaktoren bewerten zu lassen[94]. Die Auswertung (Abb. 42a—c) macht in der Tat deutlich, daß die in manchen kompilatorischen Arbeiten beschworenen „gebirgsspezifischen" Standortnachteile wie ungünstige Verkehrssituation, Transportentfernungen und -kosten von den Betrieben nur noch selten als solche empfunden werden. Gerade die Verkehrslage und Verkehrsanbindung wird inzwischen sehr positiv gesehen; auch die früher oft als schwerwiegend geltenden Pendlerprobleme (Lage des Betriebs zu den Wohngebieten der Beschäftigten) scheinen heute nur noch in Einzelfällen zu bestehen. Als wichtigste Engpaßfaktoren werden auch im Gebirge mangelnde Ausdehnungsmöglichkeiten (Flächennutzungskonkurrenzen im Bereich der Talsohlenflächen) und ein qualitativ unzureichender Arbeitsmarkt genannt, selbst zu Zeiten flauer Konjunktur, während der die Erhebungen durchgeführt wurden.

Natürlich fallen Standortbeurteilungen branchen-, betriebsgrößen- und regionsspezifisch unterschiedlich aus. Die meist älteren Betriebe der Textilindustrie mit ihren geringen Transportproblemen beurteilen die Verkehrsanbindung (sowie Lage zu Lieferanten und Kunden) positiver, die Ausdehnungsmöglichkeiten an den häufig „vererbten" Standorten hingegen negativer als die übrigen Branchen (Abb. 42a). Deutlicher ausgeprägt sind Bewertungsunterschiede bei den verschiedenen Betriebsgrößenklassen. Vor allem die Extreme, Kleinbetriebe unter 50 Beschäftigten wie auch Mittel- und Großunternehmen mit über 200 Arbeitnehmern, weichen vom Mittelwert ab (Abb. 42b). Größere Betriebe tendieren zu einer schlechteren Lagebeurteilung ihrer Standorte, was Zulieferungen und Absatzbeziehungen anbetrifft, sie sind aber meist mit den mikroökonomisch wirksamen Faktoren zufrieden (Betriebsareal, Ausdehnungsmöglichkeiten, Verkehrsanbindung).

Sowohl branchen- wie betriebsgrößenspezifische Bewertungen erweisen sich indes als relativ homogen, verglichen mit den sehr ausgeprägten regionalen Unterschieden (Abb. 42c). Einer positiven Einschätzung bei fast allen Faktoren im St. Gallener Rheintal steht eine durchgängig eher negative Bewertung in Südtirol wie auch in Vorarlberg gegenüber. Die Rheintalstandorte insgesamt wiederum rücken sehr deutlich Probleme mit dem Arbeitskräftepotential in den Vordergrund, während die Bergregionen Wallis und Graubünden erwartungsgemäß zu einer tendenziell schlechteren Bewertung ihrer Lage zu Lieferanten und Absatzmarkt neigen. Relativ schlechtes „Industrieklima' wird dem Tessin und Südtirol bescheinigt.

Als wichtigste standortspezifische Streßfaktoren erweisen sich, mit etwas unterschiedlichem Gewicht in den Untersuchungsgebieten, der Arbeitsmarkt und die

---

[94] Vorgegeben waren 10 Standortfaktoren, die die Unternehmen auf einer Skala zwischen sehr gut (in hohem Maße vorhanden, positiv für den Betrieb) bis ungenügend (nicht vorhanden, unzureichend für den Betrieb) zu bewerten hatten. Die Abb. 42 a—c geben das arithmetische Mittel der Bewertungen sowie die Streuung der Antworten wider.

5.2. Regional- und standortspezifische Streßfaktoren

Standortbeurteilung von Industriebetrieben in den Alpen Regionen

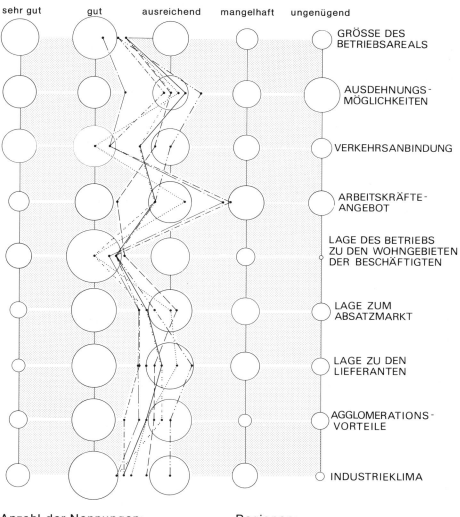

Anzahl der Nennungen:

Quelle: Eigene Erhebungen, 1980/82

Regionen:
- St. Gallen (n = 70)
- Vorarlberg (n = 125)
- Tirol (n = 93)
- Graubünden (n = 34)
- Wallis (n = 44)
- Tessin (n = 170)
- Südtirol (n = 98)

Abb. 42a

172 5. Standortprobleme und Standortbewertung

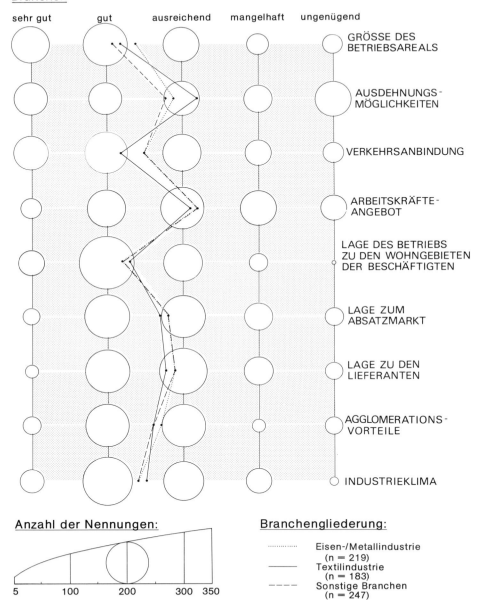

Abb. 42b

5.2. Regional- und standortspezifische Streßfaktoren

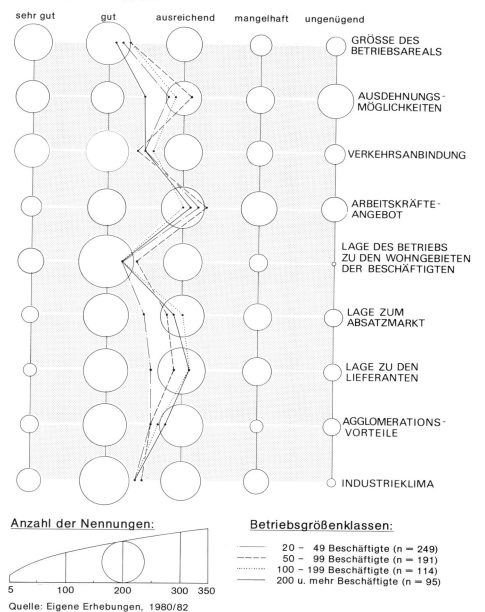

Abb. 42c

beruflichen Qualifikationen, die Entfernung zu den Verdichtungsräumen (als Sitz von Lieferanten, Kunden oder know how)[95] sowie die räumlichen Ausdehnungsmöglichkeiten.

5.2.1. Arbeitsmarkt und Ausbildungsprobleme

Die zentrale Motivation und Begründung der quantitativen Industrieansiedlungspolitik der sechziger und siebziger Jahre in Peripherregionen war, daß man durch Schaffung zusätzlicher Arbeitsplätze dem raumordnerischen Globalziel „gleicher Arbeits- und Lebensbedingungen" näher kommen wollte. Der Transfer von Arbeitsplätzen zugunsten der Peripherregionen sollte die „Arbeit zum Arbeiter" bringen („work to worker"), „jeder Erwerbstätige soll(te) in seiner Region einen seiner Qualifikation entsprechenden Arbeitsplatz finden" (HOLLENSTEIN/LERTSCHER, 1980).

Die primäre Orientierung an der ANGEBOTSSEITE, den Anbietern von Arbeitsplätzen, vernachlässigte jedoch die NACHFRAGESEITE, die Arbeitsplatzsuchenden und deren Qualifikationen. Implizit ging die Regionalpolitik wohl häufig von der Annahme aus, „daß die Qualifikationsstruktur der neu angebotenen Arbeitsplätze jener der vorhandenen Arbeitskräfte und auch ihren Ansprüchen entspreche" (BRUGGER, 1984, S. 14).

Gerade hierin liegt aber, wie die betrieblichen Standorteinschätzungen zeigen, das zentrale Problem im Gebirge. Das ARBEITSKRÄFTEPOTENTIAL, insbes. die Arbeitskräftequalifikationen, werden unter allen Standortfaktoren von den Unternehmen am schlechtesten beurteilt, sieht man von Sonderfällen wie dem Kanton Tessin mit seinen „Grenzgängerindustrien" einmal ab. Die Bewertungen liegen meist zwischen ausreichend und mangelhaft. Selbst zu Zeiten flauer bis schlechter Konjunktur, während der meine Erhebungen durchgeführt wurden, bildet der Arbeitsmarkt den zentralen Engpaßfaktor der Industrie im Alpenraum.

Am deutlichsten zeigt sich dies im ALPENRHEINGEBIET. Natürlich spielt in Vorarlberg das Grenzgängerproblem, die Tatsache, daß die Schweiz attraktivere Arbeitsplätze zu bieten hat, eine wichtige Rolle. Je näher ein Betrieb an der Grenze liegt, desto negativer fällt seine Einschätzung der Arbeitsmarktsituation aus. Doch auch auf Schweizer Seite (St. Gallen) wird über zahlreiche Schwierigkeiten geklagt, vor allem über die Probleme, qualifizierte Arbeitskräfte anzuwerben. Das St. Gallener und noch mehr das Bündner Rheintal liegen in der Optik des Schweizer Mittellandes sehr peripher; Rheintalgemeinden gelten für höherqualifizierte Kräfte als wenig attraktive Arbeitsorte, was natürlich auch durch die vergleichsweise geringerwertige Ausstattung mit Infrastruktureinrichtungen und -leistungen wie Schulen, kulturellen Möglichkeiten etc. bedingt wird.

---

95 Quantitative Motivbefragungen vermögen hier natürlich wie bei allen Untersuchungen, bei denen es um Motive, Einstellungen und Bewertungen geht, nur die Oberflächenschicht anzukratzen und die Richtung anzugeben, in der qualitativ weitergefragt werden muß. In allen Untersuchungsgebieten wurden daher auch zahlreiche Betriebe persönlich aufgesucht (insgesamt 90), daneben wurden Gespräche mit „key persons" geführt, um die aktuelle Situation und Probleme der Industrie zu eruieren..

5.2. Regional- und standortspezifische Streßfaktoren

Daß es vor allem Probleme mit den ARBEITSKRÄFTEQUALIFIKATIONEN sind, die hier durchschlagen, wird deutlich, wenn man das Arbeitskräfteangebot in seine quantitative und qualitative Komponente aufspaltet (siehe Abb. 43). Die Qualität der Arbeitsmärkte wird im Durchschnitt um eine ganze Bewertungsstufe schlechter eingeschätzt als das Arbeitskräfteangebot insgesamt, wobei die Unterschiede im schon früh industrialisierten Tirol und auch im Wallis nicht so gravierend sind wie z.B. im Tessin oder in Südtirol[96].

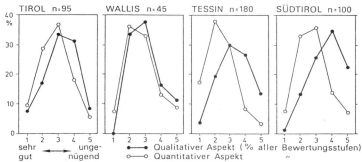

Abb. 43 Quantitative und qualitative Beurteilung des Arbeitsmarktes

Die Divergenzen in der quantitativen und qualitativen Bewertung des Arbeitskräftemarktes erklären auch den scheinbaren Widerspruch, daß die Betriebe gerade in solchen Gebirgsregionen über Arbeitsmarktprobleme klagen, wo das unausgeschöpfte Arbeitskräftereservoir und die niedrigen Löhne in der Nachkriegszeit einen wichtigen Standortfaktor für Industriegründungen dargestellt haben. Für die Betriebe ist, zumindest zu Zeiten einer ausgeglichenen Konjunktur, die Deckung des quantitativen Arbeitskräftebedarfs ein eher zu lösendes Problem, wenngleich natürlich die Konkurrenz durch das Baugewerbe und die Fremdenverkehrswirtschaft eine wichtige Rolle spielen kann. Als schwierig erweist es sich jedoch in der Regel, den Bedarf an Facharbeitern, Angestellten und Technikern zu decken.

In einer empirischen Studie untersuchten GERHEUSER/MANGOLD (1982) speziell die Probleme der Rekrutierung sogenannter „mittlerer Kader"[97]. Solche Tätigkeiten als mittlere Führungskräfte (d.h. Mitarbeiter unterhalb der Geschäftsleitung, aber über den kaufmännischen und technischen Sachbearbeitern) umfassen in der Schweiz zwar nur 5—10% der Stellen im regionalen Wirtschaftsgefüge (in Tirol bei den von mir untersuchten Betrieben nur knapp 2%), sie bilden aber für die Organisation der Produktion und die innerbetriebliche Innovation die zentralen Qualifikationen und entscheiden damit in hohem Maße über das Wohl und Wehe der Betriebe in Gebirgsräumen. Fast alle Unternehmen in Peripherregionen haben bei der Anwerbung solcher Kräfte große Schwierigkeiten. Ursache hierfür ist, daß kaum Gebietsfremde zur Arbeitsaufnahme zu gewinnen sind. In den befragten Unternehmen im Berggebiet der Schweiz stammten denn auch rund 60% der mittleren Kader aus der Gebirgsregion selbst, ein weitere Viertel aus anderen ländlichen Gebieten oder

---

96 Allerdings fällt bei letzteren die Gesamtbeurteilung, dank der Grenzgängerbetriebe (kaum qualifizierte Beschäftigte) und der beträchtlichen Arbeitskräftereserven deutlich günstiger aus.
97 Die Studie basiert auf Interviews mit 23 kleinen und mittleren Unternehmen und 69 mittleren Führungskräften in 4 peripheren Gebieten der Schweiz (darunter eines im Gebirge).

Mittelstädten, nur eine Minderheit aus einer der Agglomerationen. Die wenigen höherqualifizierten Kräfte rekrutierten sich entweder aus Rückwanderern (36%), die aufgrund von „Heimweh" oder persönlichen Beziehungen zum Arbeitgeber zurückkommen (oft kurz vor oder nach der Heirat, wo noch ein Umzug zurück in die Heimatgemeinde möglich ist; GERHEUSER, 1984, S. 237) oder aus innerbetrieblich ausgebildeten „Aufsteigern", bei denen die stark betriebsspezifischen Qualifikationen (vor allem im technischen Bereich) einen Wechsel des Arbeitgebers oder der Arbeitsmarktregion erschweren.

Insgesamt reichten diese Rückwanderer jedoch in keiner der von GERHEUSER/MANGOLD untersuchten Regionen aus, um den bestehenden Bedarf zu decken. Überall waren die Wanderungsbilanzen negativ, d.h. die Abwanderungsrate qualifizierter Kräfte aus der Region deutlich größer als die Rückwanderung.

Die Gründe für ein solches Mobilitätsverhalten liegen auf der Hand: Fehlende Aus- und Weiterbildungsmöglichkeiten in überwiegend auf andere Wirtschaftssektoren ausgerichteten Gebirgsregionen, fehlende Möglichkeiten des beruflichen Aufstiegs oder des Arbeitsplatzwechsels aufgrund des kleinen Arbeitsmarktes, schließlich auch Mängel in der öffentlichen Infrastruktur und damit der Wohnattraktivität mancher Regionen. Im Einzelfall mögen auch Mentalitäts- und Sprachprobleme hinzukommen. All diese Faktoren können durch Standortpositiva wie einen hohen Freizeitwert im Gebirge offenbar nicht aufgewogen werden.

Auf der Qualifikationsebene unterhalb der „mittleren" Kader (vor allem Facharbeiter und kaufmännische Angestellte) sind die Probleme etwas anders gelagert. Da auch hier in der Regel kaum Kräfte von außen angeworben werden können, gewinnt für die Betriebe die Frage beruflicher Ausbildung und die Möglichkeit beruflicher Weiterqualifikation innerhalb der Standortregion einen sehr wichtigen Stellenwert. In allen Gesprächen mit Firmenvertretern wurde die zentrale Bedeutung dieses Problems betont. Unternehmen, die über den Status einer „verlängerten Werkbank" hinauskommen wollen, sind gezwungen, die benötigten Fachkräfte nach und nach in eigener Regie auszubilden.

Vor allem Betriebe im engeren Berggebiet unternehmen oft erhebliche Ausbildungsanstrengungen. ELSASSER (1979) analysierte schon in den siebziger Jahren die Situation eines Unternehmens in einer extrem industriearmen Region, des Zweigwerks der Fa. LANDIS & GYR in Disentis im Vorderrheintal. Seit den sechziger Jahren wurden hier zwischen 12 und 20 Werkzeugmacherlehrlinge pro Jahr ausgebildet. Die Erfahrungen 10 Jahre danach zeigten, daß die Rekrutierung und Ausbildung im Betrieb sich ganz gut eingespielt hatte, daß aber viele fertig Ausgebildete rasch abwanderten (überwiegend nach Zürich) und daß der Besuch der Berufsschule im fernen Chur während der Ausbildung Schwierigkeiten machte (vgl. ELSASSER, 1979, S. 168 f.).

Die Befunde bei einigen von mir aufgesuchten Unternehmen sehen ganz ähnlich aus. Die SCINTILLA AG in St. Niklaus (Mattertal), ein Zweigwerk des gleichnamigen Unternehmens in Zuchwil/Solothurn[98] mit rd. 350 Beschäftigten, bildet laufend rund 25 Jugendliche in mechanischen und technischen Berufen aus (eine kaufmännische Ausbildung wird nicht angeboten). Rund 45 Betriebsangehörige haben inzwischen eine abgeschlossene Berufsausbildung. In der GERÄTEFABRIK MATREI am Brenner, einem der wenigen, 1948 aus der Konkursmasse eines Rüstungsbetriebs

---

98 An der SCINTILLA ist der Bosch-Konzern mit 80% des Aktienkapitals beteiligt. Während im Gründungsjahr erst 30 Personen beschäftigt waren, wurde zwischen 1957 und 1960 mit 420 das Maximum erreicht. Von den derzeitigen 350 Beschäftigten sind 50% Frauen (in den reinen Produktionsabteilungen 70%).

5.2. Regional- und standortspezifische Streßfaktoren

entstandenen genossenschaftlichen Unternehmen in Österreich[99], arbeiteten 1982 155 Arbeitskräfte, darunter fast 40% Facharbeiter. Auch diese wurden zu 90% im Betrieb selbst ausgebildet. Pro Jahr werden 4 bis 5 Auszubildende in den Fachrichtungen Elektriker, Betriebsschlosser und kaufmännischer Angestellter aufgenommen.

Anders als in den Talräumen haben solche Betriebe wenig Schwierigkeiten, Interessenten für Ausbildungsplätze zu finden, wenngleich die Konkurrenz durch das „schnelle Geld" im Fremdenverkehr natürlich groß ist. Der eigentliche Engpaß liegt auch nicht bei der oft qualifizierten betrieblichen Ausbildung, sondern bei der schulischen in der Berufsschule. In allen angeführten Fällen sind weite Fahrten ins nächste Mittel- und Oberzentrum nötig, nach Brig oder Sion im Falle des Wallis, nach Chur in Graubünden oder Innsbruck in Tirol. Eine räumlich breiter gestreute Berufsschulausbildung gehört denn auch zu den wichtigsten Desideraten der Betriebe praktisch in allen Untersuchungsgebieten im Gebirge.

Möglichkeiten beruflicher Ausbildung in Schule und Betrieb waren vor allem in Südtirol während meines Forschungsaufenthaltes eines der am meisten diskutierten Probleme in Gremien der Wirtschaft wie auch in der Öffentlichkeit.

Der Grund hierfür liegt in der besonders desolaten Ausbildungssituation in Südtirol mit ihren zunehmend spürbaren Folgen für die wirtschaftliche Entwicklung des Landes. Noch 1980 waren nur 1,8% aller Arbeitnehmer in der Industrie Auszubildende. Das Gros von ihnen (67%) kam zudem in den teilhandwerklichen Kleinbetrieben mit weniger als 50 Beschäftigten unter; viele Mittel- und Großbetriebe bilden bis heute überhaupt nicht aus. Eine wichtige Ursache hierfür ist in der Lehrlingsgesetzgebung und Entlohnung zu sehen, die es für die Betriebe wenig attraktiv machen, selbst auszubilden. Während der Zeit der Tätigkeit im Betrieb müssen Löhne bezahlt werden, die bei 95% der einer vollwertigen Arbeitskraft liegen.

Bei der aktuelle Diskussion um die Neuordnung und Förderung der beruflichen Ausbildung in Südtirol divergieren die Vorstellungen der deutschen und italienischen Industriellen sehr deutlich. Erstere sehen in der Ausbildung primär ein Lehrverhältnis, letztere ein Arbeitsverhältnis. Das „deutsche" Modell orientiert sich an der Ausbildung in Österreich und der Bundesrepublik mit seinem dualistischen System Berufsschule neben der Tätigkeit im Betrieb. Die italienischen Industriellen gehen von einem Vollzeitmodell aus, bei dem die Jugendlichen für wenigstens 2 Jahre nur in die Berufsschule gehen, um anschließend im Betrieb als weitgehend vollwertige Arbeitskräfte eingesetzt (und auch bezahlt) zu werden.

Vorstellungen der letztgenannten Art hätten natürlich den Vorzug, daß die räumliche Entfernung von Betrieb und Berufsschule weniger zum Problem würde. Gleichwohl scheint man vom Modell der zeitlich parallelen dualen Ausbildung hier wie auch in anderen Alpenregionen nicht abgehen zu wollen.

Einigermaßen befriedigend lösen lassen sich Ausbildungsprobleme in den wenigen ertragsstarken und innovativen Großbetrieben im Alpenraum.

Ein (allerdings seltenes) Musterbeispiel für eine effektive Ausbildungsförderung bildet das METALLWERK PLANSEE bei Reutte in Tirol. Der Betrieb ist mit einer Ausbildungsquote von 10% der Beschäftigten (gegenüber 4,2% im Durchschnitt der österreichischen Industrie; nach KELLER, o.J.) sowohl relativ wie absolut der größte Lehrlingsbetrieb Westösterreichs mit eigenen Werkshal-

---

99 Die GERÄTEFABRIK MATREI entstand aus einem vormaligen reichsdeutschen Betrieb, der während des Krieges im „sicheren" Gebirge aufgebaut worden war. Das Genossenschaftsstatut sieht vor, daß jeder Arbeitnehmer, der wenigstens 3 Jahre im Unternehmen tätig ist, auf Antrag in die Genossenschaft aufgenommen werden kann. Hierfür müssen zwischen 4000 und 15 000 Schilling Geschäftsanteile gezeichnet werden.

178   5. Standortprobleme und Standortbewertung

len für die Ausbildung sowie einer firmeneigenen Berufsschule in Reutte. In dem forschungsintensiven Unternehmen wurden auch frühzeitig standortangepaßte, höherqualifizierte Ausbildungsgänge konzipiert. So geht das heute staatliche Realgymnasium in Reutte auf eine vom Betrieb (zusammen mit einigen weiteren Unternehmen) 1951 gegründete betriebliche Mittelschule zurück. Seit 1960 existiert ein dualer Ausbildungsgang, der zum Abitur führt und zugleich eine Facharbeiterausbildung in Metallurgie (mit Lehrabschluß in 7 Berufen) einschließt. Nicht wenige der Abiturienten treten nach Beendigung eines Studiums an den Hochschulen in Leoben (Montanuniversität) oder Graz bzw. an der TH München wieder in den Betrieb ein.

So problematisch qualitative Aspekte des Arbeitskräftepotentials von den Betrieben empfunden wurden, so positiv wird inzwischen die LAGE DER WOHNUNGEN ZU DEN ARBEITSSTÄTTEN beurteilt. Offensichtlich scheinen die früheren Pendlerprobleme nurmehr eine untergeordnete Rolle zu spielen. Dank des inzwischen dichteren Netzes an gewerblichen Betrieben und Erwerbsalternativen haben sich in vielen Gebirgsregionen die durchschnittlichen Einpendlerentfernungen deutlich verringert, wie sich an zahlreichen Beispielen zeigen läßt.

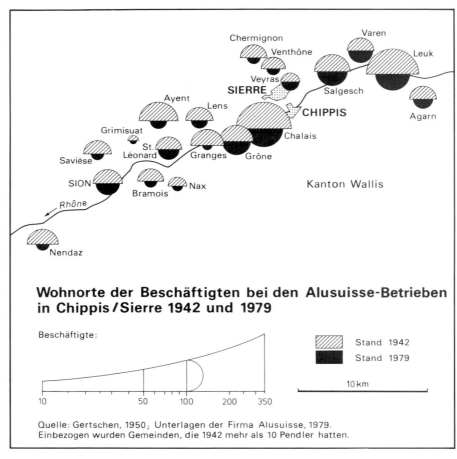

Abb. 44

5.2. Regional- und standortspezifische Streßfaktoren

Die ALUSUISSE-Betriebe im Wallis mit ihren Produktionsstätten in Sierre/Chippis und Steg wiesen 1942 deutlich höhere Pendlerzahlen und -reichweiten auf als heute. Natürlich hängt dies auch mit der inzwischen eingetretenen Reduzierung der Belegschaft zusammen, aber es fällt doch auf, daß besonders aus den verkehrsungünstig gelegenen Gemeinden abseits des Haupttals und den entfernteren Wohnorten überproportional weniger Pendler kommen als früher, trotz der inzwischen deutlich verbesserten Verkehrserschließung.

Für das untere Inntal erweist ein Vergleich der Pendlerdaten von 1970 und 1979 zwar eine deutliche Vergrößerung der Pendlerreichweiten in den tertiärwirtschaftlich dominierten Zentren (Innsbruck), aber gleichzeitig eine Stagnation bzw. Reduzierung in den reinen Industrieorten. Einpendlerzentren mit dominanter Industriearbeiterschaft wie Jenbach oder Kundl haben inzwischen die geringsten Pendlerreichweiten in Tirol überhaupt, d.h. eine räumlich eng eingegrenzten Einzugsbereich (vgl. Abb. 33).

Tab. 35: Pendler in Tirol nach Wirtschaftsabteilungen und durchschnittlichen Pendlerreichweiten (km) 1979

Bezirk	Alle Wirtschaftsabt.		Industrie		Handel		Banken/Kreditw.	
	Pendler	Entf.	Pendler	Entf.	Pendler	Entf.	Pendler	Entf
Innsbr./L.	18 978	12	5 354	10	3 279	12	1 479	10
Schwaz	6 574	15	2 870	11	748	18	325	21
Kufstein	8 224	17	3 560	13	1 023	21	441	27
Imst	4 228	25	1 170	17	438	28	218	28
Landeck	2 763	25	458	16	231	29	156	27
Innsbr./St.	2 731	16	878	21	697	13	96	31

Quelle: Kammer f. Arb. u. Angest. (Hrsg.): Pendler in Tirol 1979, S. 29 ff.

Regionale Arbeitsmärkte im Alpenraum sind natürlich kleiner als in anderen Gebietskategorien und räumlich separiert. Pendlereinzugsbereiche werden vor allem durch die Obergrenze noch tragbarer Tagespendelzeiten mit öffentlichen bzw. privaten Verkehrsmitteln begrenzt. Diese Grenzen sind im engeren Berggebiet aufgrund der Fahrprobleme, auch der Wetterunsicherheit im Winter etc. sehr eng gezogen, doch auch in den Haupttälern bedingen die bei größeren Entfernungen rasch ansteigenden Fahrtzeiten eine deutliche räumliche Eingrenzung, wie sich am Beispiel des Rhônetals im Wallis zeigen läßt (Abb. 45).

Ausgehend von einer Fahrtzeit, die 60 Minuten nicht überschreiten sollte, ergeben sich im Rhônetalbereich sechs deutlich abgegrenzte, untereinander nur wenig verflochtene regionale Arbeitsmärkte. Je nach Güte der Verkehrsanbindung reichen sie unterschiedlich weit in die Seitentäler hinein, aufgrund der topographischen Verhältnisse, insbes. der hohen Geländestufen vor den Talausgängen, bleibt jedoch der größere Teil der Seitentäler außerhalb des Arbeitskräfteeinzugsbereichs des Haupttales.

Die räumliche Ausdehnung und Regionalisierung von Arbeitsmärkten in alpinen Talräumen wird am Beispiel der Beschäftigten der ALUSUISSE deutlich (Abb. 44). Während in den Betrieben in Chippis und Sierre vor allem Pendler aus den rhôneabwärts gelegenen Talgemeinden arbeiten, stammt die Belegschaft für das Werk in Steg aus dem Oberwallis und dem Lötschental, seltener aus den weiter talabwärts gelegenen Gemeinden. In dieser sehr deutlichen Separierung der Pendlereinzugsbereiche schlägt natürlich auch die Sprachgrenze durch, stabile regionale Arbeitsmärkte sind gleichwohl auch für andere alpine Betriebe kennzeichnend.

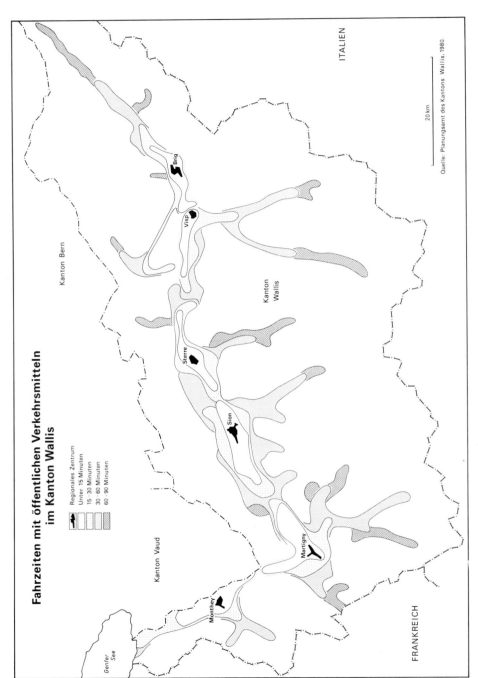

Abb. 45

5.2. Regional- und standortspezifische Streßfaktoren

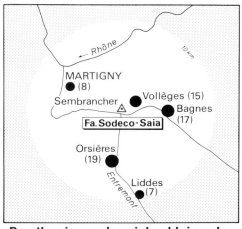
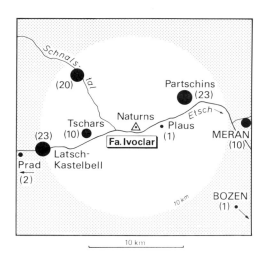

Pendlereinzugsbereiche kleiner Industriebetriebe im Gebirge
Quelle: Angaben der Betriebe, 1981 / 82

Abb. 46

Besonders stabil und gänzlich in sich abgeschlossen sind natürlich Arbeitsmärkte im engeren Berggebiet. Eine deutliche Regionalisierung wird schon durch die topographischen Verhältnisse und die Verkehrsprobleme erzwungen. Pendlereinzugsbereiche sind hier gleichsam natürlich vorgegeben und damit über längere Zeit konstant (siehe Abb. 46).

So hat sich der Pendlereinzugsbereich der SCINTILLA AG (siehe oben) gegenüber 1951 nur geringfügig verändert, einige Pendlergemeinden mit Bahnanschluß (Randa, Naters) haben an Bedeutung verloren zugunsten von besser mit dem PKW erreichbaren Orten. Insgesamt umfassen alpine Seitentäler von der Größe der Mattertaler oder des Entremont (Region zwischen Martigny und St. Bernard) im Wallis ein stabiles Arbeitskräftereservoir für Industriebetriebe von rd. 300—400 Personen. Da von außen kaum Einpendler ins Tal kommen, sind der industriellen Entwicklung auch von daher enge Grenzen gezogen. Als die SCINTILLA zeitweise über 400 Arbeitskräfte beschäftigte, mußten bis von der italienischen Region Domodossolla Grenzgänger (bis zu 80 Personen) herantransportiert werden. Die derzeitige Zahl kann nach Firmenauskunft nur aufgrund des relativ hohen Lohnniveaus und vor allem der Sozialleistungen im Rahmen des Bosch-Konzerns gehalten werden (diese liegen allerdings deutlich unter dem Niveau eines deutschen Betriebs).

Die Analyse betrieblicher Streßfaktoren im Bereich der Arbeitsmärkte ergab, trotz der deutlichen regionalen Eingrenzung und Abschottung von Arbeitsmärkten sowohl in den Haupttälern wie insbes. im engeren Berggebiet, eine überraschend positive Bewertung von Pendlerverflechtungen und Raumbeziehungen zwischen Wohnort und Arbeitsstätte. Daß periphere Arbeitsmärkte kleine Arbeitsmärkte sind, erwies sich vor allem in bezug auf die Arbeitskräftequalifikationen als Problem. Hochqualifizierte Kräfte sind kaum von außen ins Gebirge zu locken, doch auch die Ausbildung von Facharbeitern und verhältnismäßig einfachen Qualifikationen erweist sich, vor allem wegen fehlender schulischer Infrastruktur und der nach wie vor großen Abwanderungsbereitschaft gerade der ausgebildeten jungen Leute, als zentrales Problem der Betriebe.

5.2.2. Agglomerationsferne der Betriebe

Der Faktor „periphere Lage der Betriebe zu den Agglomerationsräumen im Alpenvorland" läßt sich in der betrieblichen Bewertung in mehrere Teilfaktoren zerlegen. Betrachtet wird im folgenden die Verkehrsanbindung, die Lage zu den Lieferanten und Dienstleistungen sowie die Lage zum Absatzmarkt.

Eindeutig am besten schneidet bei allen Branchen und Betriebstypen die Beurteilung der Verkehrsanbindung ab. Das in den letzten Jahrzehnten in vielen Teilen der Alpen verstärkt ausgebaute Schnellstraßennetz hat inzwischen offenbar zu einer verkehrsgeographischen Situation geführt, die von den Betrieben als gut bis befriedigend eingeschätzt wird. Etwas aus dem Rahmen fallen hier nur, wie nicht anders zu erwarten, die südlich des Alpenhauptkammes gelegenen Untersuchungsgebiete Tessin und Südtirol.

Gegenüber der inzwischen dominanten Straßenanbindung tritt der früher oft entscheidende Gleisanschluß an Bedeutung zurück. Zwar erhalten von den befragten Betrieben noch rund 40% einen wesentlichen Teil ihrer Lieferungen mit der Bahn. Diesen stehen aber bereits 59% Betriebe gegenüber, die zu 80% und mehr über die Straße bedient werden und damit praktisch keinen Bahnanschluß mehr benötigen.

Mittlere „Noten" (ausreichend und besser) erreichen die Faktoren „Lage zu den Lieferanten" und „Lage zum Absatzmarkt", wobei die Werte in den einzelnen Regionen natürlich etwas differieren. Erwartungsgemäß schneiden vor allem die südlich des Alpenhauptkamms liegenden Regionen (Tessin, Südtirol) sowie die wenig industrialisierten Bergregionen (Graubünden) etwas schlechter ab (Abb. 42a). Für die meisten Betriebe werden diese Standortkomponenten indes weniger zum Problem als man gemeinhin annimmt.

Bei persönlichen Betriebsbesuchen werden allerdings häufig verschiedene „Deglomerationsnachteile" genannt, die weniger in Zukauf- und Absatzbeziehungen als vielmehr in ausgewählten Dienstleistungsverflechtungen sowie in subjektiv empfundenen Kommunikationshindernissen (immateriellen Kontakten) liegen.

Im Gebirge fehlen die in Verdichtungsräumen in nächster Nähe vorhandenen, vor- und nachgeordneten Dienstleistungsunternehmen, auf die Industriebetriebe angewiesen sind (diverse Serviceleistungen, Firmen für Marketing, Banken, Unternehmensberater). Die zunehmende „funktionale Arbeitsteilung" und die Konzentration von NP-Tätigkeiten (nichtindustrielle Tätigkeiten und Dienste, die bei der industriellen Produktion benötigt werden; siehe Kap. 6.2.4.) in den Verdichtungsräumen führt dazu, daß die Betriebe, soweit entsprechende Leistungen nicht im Betrieb selbst erstellt werden, immer mehr auf Anbieter in fernen Verdichtungsräumen angewiesen sind.

So zeigt das Beispiel der Fa. ALUSUISSE (gegründet 1906; über 2000 Besch.), daß die prozentualen Anteile der in der Region nachgefragten Wirtschaftsdienste (siehe zum Begriff STAUDACHER, 1985) in den siebziger Jahren kräftig zurückgegangen sind und eine Nachfrage nach externen Dienstleistungen im Nahbereich (Distrikt Sierre) sowie im übrigen Kanton kaum mehr besteht.

Diese in einer Reihe von empirischen Studien belegten hohen Reichweiten von Dienstleistungsbeziehungen der Betriebe in peripheren Wirtschaftsräumen (GROTZ,

5.2. Regional- und standortspezifische Streßfaktoren   183

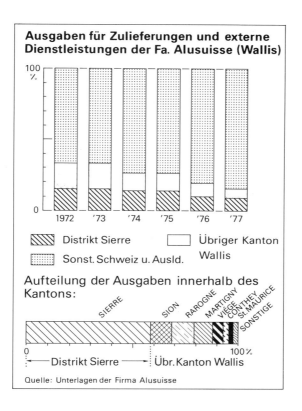

Abb. 47

1979; SCHICKHOFF, 1985; SCHAMP, 1986) muß allerdings nicht automatisch einen Standortnachteil gegenüber den Verdichtungsräumen bedingen und wird von den Unternehmen auch nicht unbedingt so empfunden. Wenn die Bedeutung der Transportkosten stetig abnimmt, die Verfügbarkeit an Informationen hingegen immer entscheidender wird für die Sicherung von Industriebetrieben, dann böten Möglichkeiten der modernen Telekommunikation prinzipiell auch Betrieben in Peripherregionen eine problemlose Teilhabe am Dienste- und Informationspotential der Oberzentren, und der Faktor „Fühlungsvorteile" bzw. „Agglomerationswirkungen" verlöre einen Teil seiner räumlichen Bedeutung (siehe Kap. 6.2.).

In der Praxis spielen gleichwohl häufig noch die subjektiven, von den Entscheidungsträgern in den Betrieben empfundenen Kommunikationshindernisse und damit die „psychologischen Entfernungen" als Barrieren eine wichtige Rolle, unbeschadet der theoretischen Kommunikationsmöglichkeiten. Unverkennbar ist das Entfernungsproblem zu außeralpinen Wirtschaftszentren auch in bezug auf die Organisation von Absatz und Marketing. Viele Betriebe haben große Schwierigkeiten,

Kontakte zu Kunden zu knüpfen und aufrechtzuerhalten, vor allem wenn ein Betrieb nicht über eigene Vertriebsbüros im außeralpinen Raum verfügt. Von Nachteil ist auch das „Image" von Gebirgsbetrieben draußen, ihre vermeintlich geringere Leistungsfähigkeit, die oft deutlich schlechter eingeschätzt wird als es den realen Verhältnissen entspricht.

5.2.3. Ausdehnungsmöglichkeiten und „Industrieklima"

Als wichtigsten Engpaßfaktor nach den Arbeitskräfteproblemen empfinden viele Unternehmen im Alpenraum das Fehlen von Ausdehnungsmöglichkeiten (siehe Abb. 42a—c). Allerdings streuen die Antworten hier beträchtlich. Einer gewissen Zahl von Unternehmen, die hierin ernste Probleme sieht, steht eine etwa gleichgroße Zahl gegenüber, für die Flächenfragen kein Thema sind.

Fehlende Ausdehnungsmöglichkeiten sind ein typischer Streßfaktor auf lokaler bzw. regionaler Ebene (vgl. HANSER, 1985, S. 136 ff.). So klagten, nach konkreten Beschränkungen ihrer Ausweitungsmöglichkeiten befragt, 63% der Betriebe in Vorarlberg darüber, während die überwiegend in jungen Gewerbe- und Industriezonen gelegenen Unternehmen im benachbarten St. Gallener Rheintal nur zu 47% entsprechende Beschränkungen empfanden.

Die negative Bewertung des Faktors Flächenreserven durch einen Teil der Betriebe erstaunt zunächst, da, wie die Flächenbilanzen in Kap. 4.3.2. erwiesen haben, in allen Untersuchungsgebieten in den Flächenwidmungs-/Zonenplänen ein Mehrfaches an Reserveflächen für Gewerbe und Industrie ausgewiesen ist, als von den Unternehmen in absehbarer Zeit benötigt wird. Jedoch kommen diese Flächen für Betriebsansiedlungen häufig gar nicht in Frage, da sie zu klein oder aufgrund der siedlungsgeographischen Lage und der topographischen Verhältnisse ungeeignet sind oder gar nicht kurzfristig zum Verkauf stehen. In Flächennutzungsplänen ausgewiesene Reserveflächen setzen sich häufig aus einer Vielzahl kleiner bis kleinster Parzellen zusammen, die für Industriebetriebe kaum geeignet sind und wohl auch von keinem anderen gewerblichen Unternehmen nachgefragt werden dürften. Industriebetriebe der meisten Branchen benötigen ebene, vom Baugrund her geeignete Ansiedlungsflächen einer bestimmten Mindestgröße ebenso wie eine Reihe von zugeordneten technisch-materiellen Infrastruktureinrichtungen (Erschließungsstraßen, Ver- und Entsorgungseinrichtungen ...). Einschlägige Untersuchungen (KOCH, 1967; STRACK, 1967; MOCK, 1971) gehen in der Regel von Mindestgrößen von 15—20 ha für ein kleines Gewerbegebiet aus; für bestimmte Branchen und Betriebstypen liegen die Werte noch deutlich höher. Areale dieser Größenordnung werden im Gebirge nur selten angeboten.

Eine industriell-gewerbliche Nutzung von entsprechend ausgewiesenen Grundstücken scheidet häufig auch schon deshalb aus, weil die Flächen gar nicht wirklich zur Disposition stehen. Nur selten befinden sich freie Parzellen im Besitz der Gemeinde oder der öffentlichen Hand, auf die potentielle oder faktische Verkaufsbereitschaft der privaten Grundeigentümer wird bei der Ausscheidung im Flächennutzungsplan oft kein Bezug genommen. Häufig werden Flächen eingezont, die unter landwirtschaftlicher Nutzung stehen und bei denen eine Aufgabe oder ein Verkauf gar nicht zur Diskussion stehen. Grundstückstausch und allfällige Arrondierungen sind in diesem Fall nur möglich, wenn sich ausreichend attraktive Flächen im Besitz der öffentlichen Hand befinden (siehe zu diesem Komplex HANSER, 1985, S. 42 f.).

Abgesehen von den Schwierigkeiten, wirklich ansiedlungsbereite Grundstücke anzubieten, fehlt nicht selten auch die Bereitschaft der Gemeinden, eine entsprechende Boden- und Erschließungspolitik in Abstimmung mit den regionalen Entwicklungsvorgaben zu betreiben. Viele Gemeinden scheuen davor zurück, da für Landkauf, Arrondierung und Erschließung beträchtliche Vorinvestitionen zu tätigen sind, bei denen unsicher ist, ob sie sich auch tatsächlich amortisieren. Vielfach fehlt auch das Geld für entsprechende Aktionen. Bereits ansässige Gewerbebetriebe scheinen ebenfalls eine aktive Industrialisierungspolitik oft weniger zu fördern als zu verhindern, um sich wachstumsstarke Konkurrenz vom Hals zu halten (vgl. MEIER, 1983, S. 48).

Im engeren Berggebiet werden anstelle von Industrieflächen meist nur Gewerbe- oder Mischzonen ausgewiesen, die in der Regel der Parahotellerie vorbehalten bleiben. Aufgrund der meist rasch steigenden Bodenpreise ist jede weitere gewerbliche Nutzung dann nahezu ausgeschlossen (vgl. das Beispiel SCINTILLA in Kap. 5.4.3).

Zum Fehlen einer aktiven Erschließungspolitik aufgrund des schwierigen Grundstückmarktes kommt oft ein schwer faßbares, aber im Einzelfall durchaus wirkungsmächtiges negatives „Industrieklima", das vor allem bei Grundstücksfragen auf Gemeindeebene virulent wird (vgl. ABT/BELLWALD/ZURSCHMITTEN, 1981, S. 23). Das „Industrieklima", d.h. Verhältnis der Öffentlichkeit und der Verwaltung für die Belange der Industrie, läßt sich nur schwer in einer schriftlichen, darüberhinaus über staatliche Stellen abgewickelten Fragebogenaktion ermitteln. Überdies muß die Sicht der Betriebe schon aus ihrer Interessenlage heraus zwangsläufig einseitig bleiben. Dennoch gaben sowohl die schriftlichen Kommentare auf die diesbezügliche, am Schluß der Interviewbogen offen gestellte Frage als auch die Gesprächsprotokolle der persönlichen Betriebsbesuche aufschlußreiche Hinweise auf die „Befindlichkeit" der Betriebe an ihrem Standort im Gebirge.

Aus BETRIEBLICHER SICHT unterscheidet sich die Bewertung des Industrieklimas in den einzelnen Befragungsgebieten nicht unwesentlich. Sehr schlecht eingeschätzt wird es u.a. in Südtirol (24% ungenügend und mangelhaft) und im Tessin (17%), was hier mit den schon an früherer Stelle angeführten Faktoren zusammenhängen mag. Eher positiv, trotz der Klage im Einzelfall, fällt die Bewertung in Vorarlberg (52% gut und sehr gut), Tirol (59%), im Wallis (60%) und vor allem in St. Gallen (65%) aus, also meist in den Regionen mit längerer industrieller Tradition.

Die umgekehrte SICHT, die DER ÖFFENTLICHKEIT gegenüber den Betrieben, wurde bisher noch kaum quantitativ untersucht. Von den Gesprächspartnern aus der Industrie wurde meist wenig Zweifel daran gelassen, daß es kaum einen Kultur- bzw. Wirtschaftsraum gibt, in dem weite Teile der Öffentlichkeit, aber z.T. auch der Verwaltung, so latent industriefeindlich sind wie in den Alpen. Andererseits macht die in Kap. 4 zitierte Studie über „Die Meinungen der Südtiroler Bevölkerung über ihre Industrie", eine der wenigen empirischen Erhebungen zu diesem Thema deutlich, daß manche Vorurteile vielleicht doch nicht mehr stimmen.

In Südtirol war in der Vergangenheit aus den bekannten Gründen die deutschsprachige Bevölkerung jeglicher Industrialisierung äußerst kritisch gegenübergestanden. Inzwischen jedoch sieht bereits eine Mehrheit von 61% in der industriellen Entwicklung des Landes überwiegend Vorteile. Natürlich ist der Unterschied zwischen deutsch- und italienisch-sprachiger Bevölkerung dabei nach wie vor signifikant (53% gegenüber 79%). Immerhin würden inzwischen alle Bewohner den Fremdenverkehr und die Industrie gleichermaßen weiter ausbauen, was den veränderten Stellenwert der Industrie im öffentlichen Bewußtsein recht eindrücklich unterstreicht.

Tab. 36: Präferenzen der Bevölkerung bezüglich des zukünftigen Ausbaus von Fremdenverkehr und Industrie in Südtirol (n = 500; Angaben in %)

	Fremdenverkehr	Industrie	beides gleich	weder/noch	unentschieden
Bev. insgesamt	24	28	34	11	3
— deutschsprach.	27	21	35	15	2
— italienischspr.	20	46	31	2	1

Quelle: o.V.: Die Meinungen der Bevölkerung Südtirols über ihre Wirtschaft und Industrie (o.J., 1981).

5.3. BETRIEBLICHE STANDORTBEWERTUNGEN IM ALPENRAUM IM VERGLEICH MIT AUSSERALPINEN PERIPHER- UND VERDICHTUNGSRÄUMEN

Standorteinschätzung und Wahrnehmung von gebietsspezifischen „Streßfaktoren" gewinnen ihre Einordnung und Interpretierbarkeit erst vor dem Hintergrund von Vergleichsdaten aus anderen Peripherregionen wie auch aus Verdichtungsräumen.

Die Standortsituation in VERDICHTUNGSRÄUMEN ist, seit Probleme der Beschäftigung von Arbeitskräften mit dem Ende der Hochkonjunktur in den Hintergrund getreten sind, vor allem durch zwei „Streßkomponenten" geprägt: durch Flächenengpässe und Umweltengpässe (vgl. CLEMENS/TENGLER, 1983, S. 8 ff.)[100].

Das Volumen an verfügbaren Gewerbeflächen hat in Verdichtungsräumen in den letzten Jahrzehnten immer mehr abgenommen, zugleich sind die Preise drastisch gestiegen. Eine Mitte der siebziger Jahre in Stuttgart durchgeführte Gewerbebefragung belegte bereits für den damaligen Zeitpunkt, daß unter den mit ihrem Standort unzufriedenen Unternehmen (Betriebe mit potentieller Verlagerungsabsicht) rd. 69% an ihrem jetzigen Standort nicht erweitern konnten bzw. in Stuttgart kein geeignetes Grundstück fanden und daß 31% unter zu hohen Grundstückspreisen litten. Über 40% beklagten das hohe Gewerbesteuerniveau, während Arbeitskräftemangel und verkehrsgeographische Probleme nur noch von 4% bzw. 7% der Betriebe genannt wurden (nach: STATISTISCHES AMT DER STADT STUTTGART, 1976).

Neben Flächenengpässen erlangten in den letzten Jahren Umweltprobleme in den Verdichtungsräumen eine überproportional gestiegene Bedeutung. Die heutige verursacherorientierte Umweltpolitik hat hier nach Meinung von CLEMENS/TENGLER (1983, S. 10) zur Folge, daß „die Belastung der Unternehmen aus umweltpolitischen Auflagen höher ausfällt als dies in wirtschaftlich weniger verdichteten Regionen der Fall ist". Als weitere verdichtungsraumspezifische Streßfaktoren nennen KAISER/HÖRNER (1977) für die Stadt Köln Kosten- und Verfügungsprobleme im infrastrukturellen

---

100 Die folgenden Daten und Beispiele zu Standortstreßfaktoren in Verdichtungsräumen stammen aus einer Untersuchung der Stadt Stuttgart (STATIST. AMT DER STADT STUTTGART, 1976) sowie aus empirischen Studien im Verdichtungsraum Dortmund (CLEMENS/TENGLER, 1983) und Köln (KAISER/HÖRNER, 1977; CLEMENS/TENGLER, 1984).

5.3. Betriebliche Standortbewertungen

Bereich (Gewerbesteuer, hohe Erschließungs- und Entsorgungskosten, mangelndes Interesse staatlicher und städtischer Stellen).

Ausgesprochen positiv hingegen bewerten alle jüngeren Standortuntersuchungen in Verdichtungsräumen die Verkehrsanbindung über Straße und Bahn (erster Rang sowohl in Dortmund wie Köln), daneben die Lage zum Absatz- und Beschaffungsmarkt und die Ausstattung mit technischer Infrastruktur. Unterschiedlich fällt je nach Untersuchungsregion die Beurteilung der Arbeitsmärkte aus. Während in der schwäbischen Metropole Stuttgart dieser Faktor kaum zum Problem wird (siehe oben) und in Köln die positiven Bewertungen die negativen noch deutlich überwiegen, haben in Dortmund, trotz einer überdurchschnittlich hohen Arbeitslosenquote, 34% der Betriebe Schwierigkeiten bei der Rekrutierung von qualifizierten Kräften, insbesondere von Facharbeitern. Betroffen davon sind vor allem kleine und mittlere Betriebe.

Der immer noch monostrukturell auf Kohle, Eisen- und Stahlindustrie ausgerichtete Raum Dortmund mit seinen einseitigen Arbeitskräftequalifikationen scheint in dieser Beziehung aber einen Sonderfall darzustellen.

Die wesentlichen Probleme in PERIPHERREGIONEN verschiedenen Zuschnitts sind anders gewichtet. Engpässe auf dem Arbeitsmarkt, daneben die Marktferne der Betriebe und gewisse Mängel in der öffentlichen Infrastruktur werden an vorderer Stelle genannt.

So kommt SCHAMP (1981) in seiner Studie über das Märkische Sauerland zu dem Ergebnis, daß vor allem Absatzprobleme und fehlende Kontaktmöglichkeiten zu anderen Unternehmen neben dem Arbeitsmarkt als Streßfaktoren empfunden werden, während HAAS et al. (1983) am Beispiel des Raumes Albstadt (Schwäbische Alb) als problematisch die mangelnde Verfügbarkeit an Arbeitskräften und die schlechte Verkehrsanbindung an das überörtliche Netz herausstreicht.

Ausgesprochene Standortpositiva lassen sich in Peripherregionen natürlich kaum erkennen. Flächenengpässe bestehen, wie das Beispiel Albstadt zeigt, oft in geringerem Umfang als in Verdichtungsräumen, das Industrieklima ist von Fall zu Fall sehr unterschiedlich. Über objektive Standortvorteile verfügen die Peripherräume, seit gesamtwirtschaftlich kein Arbeitskräftemangel mehr besteht und umgekehrt Verdichtungsschäden und Umweltprobleme in den Industrieballungen noch nicht gravierender geworden sind, derzeit sicher nicht.

Die spezifischen Standortbewertungen im ALPENRAUM denen in anderen Peripherregionen bzw. in Verdichtungsräumen quantitativ gegenüberzustellen, ist aus methodischen Gründen problematisch, da sich Art und Zeitpunkt der Befragung, Größe des Samples und weitere Befragungsparameter sehr deutlich unterscheiden. Dennoch wurde in den Abb. 49—51 in graphischer Form versucht, einige der Ergebnisse aus dem Alpenraum mit Daten aus anderen Untersuchungsgebieten zu vergleichen.

Die globale Wahrnehmung von Vorzügen und Nachteilen der Standorte in den verschiedenen Gebietskategorien divergiert offensichtlich recht deutlich. Selbst in einem krisengeschüttelten Verdichtungsraum wie Dortmund bescheinigen nur 4% der Betriebe ihrem Standort überwiegend Nachteile, 41% sehen weder eindeutige Vor- noch Nachteile (CLEMENS/TENGLER, 1983, S. 155). Demgegenüber äußerte im Alpenraum doch eine beachtliche Minderheit gebirgsspezifische Standortnachteile. Diese wurden umso deutlicher gesehen, je weiter der Betrieb im Gebirge liegt. Während im Alpenrheingebiet, in Südtirol sowie im Tessin nur 1/4 bis 1/3 der Betriebe die entsprechende Frage bejahte, waren es in den Schweizer Bergkantonen knapp unter bzw. über 50% (siehe Kap. 5.1.).

5. Standortprobleme und Standortbewertung

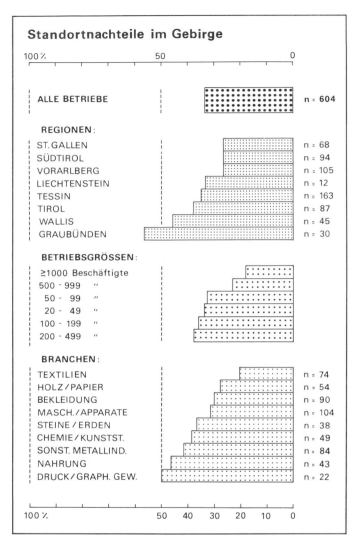

Abb. 48

Die betriebs- und branchenspezifischen Bewertungen weichen dabei nicht sehr vom Durchschnittswert ab, sieht man einmal davon ab, daß vor allem die absatzorientierten Branchen (Metallverarbeitung, Nahrung, Druck) zu tendenziell schlechteren Einschätzungen neigen.

Eine Gegenüberstellung der wichtigsten gebirgsspezifischen Standortnachteile mit entsprechenden Antworten im Verdichtungsraum Köln läßt erkennen, daß in den Alpen die Faktoren Absatz und Beschaffung erwartungsgemäß etwas deutlicher als Standortproblem empfunden werden, ebenso die Transportkosten. Die relativ neutrale Bewertungen in den Wahrnehmungsprofilen betrieblicher Streßfaktoren (Abb. 42a—c) darf nicht darüber hinwegtäuschen, daß in solchen großräumigen Lagemerkmalen natürlich immer noch gewisse komparative Standortnachteile der Gebirgsbetriebe gesehen werden müssen.

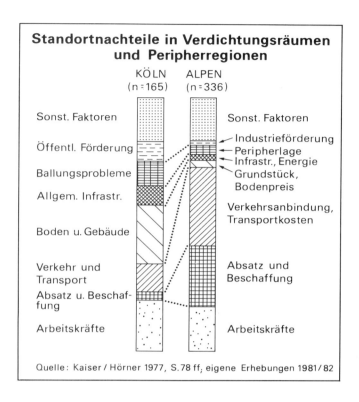

Abb. 49

Abb. 50 veranschaulicht die betriebliche Beurteilung einiger wesentlicher Standortfaktoren auf einer Wertskala von sehr gut bis mangelhaft (ungenügend) für den Alpenraum im Vergleich zum Verdichtungsraum Dortmund. Die Ergebnisse unterstreichen nochmals einige Besonderheiten im Gebirge. So fällt die Bewertung des Arbeitsmarktes, trotz der in Dortmund für einen Verdichtungsraum sehr schlechten Einschätzung, im Gebirge noch deutlich negativer aus, ebenso die Lage zum Absatz- und Beschaffungsmarkt, während die sehr positive und nahezu identische Sicht der Anbindung an das Verkehrsnetz einmal mehr die inzwischen günstige verkehrsgeographische Situation im Alpenraum belegt. Flächenengpässe bestehen, im Unterschied zu anderen Peripherräumen (vgl. HAAS et al., 1983) auch in den Alpen. Standortstreß und damit betriebliche Bewertungen sehen für den Verdichtungsraum und die Alpenregionen hier sehr ähnlich aus: Während in den Alpen Flächen aufgrund der topographischen Situation (Bergtäler) fehlen, fehlen sie in Verdichtungsräumen aufgrund der städtebaulichen Verhältnisse. Dem hohen Preisniveau aufgrund der Flächennutzungskonkurrenz durch den Fremdenverkehr im Gebirge entsprechen die sehr hohen Bodenpreise in den Verdichtungsräumen aufgrund der Konkurrenz durch tertiärwirtschaftliche Funktionen.

Betriebliche Standortbeurteilungen im Alpenraum und im Raum Dortmund

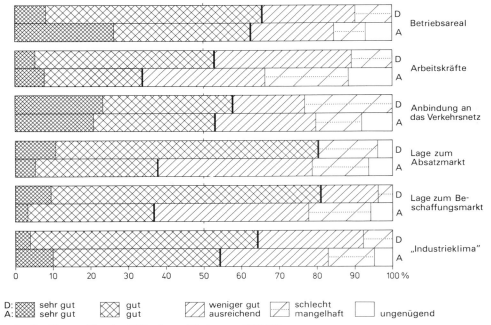

Abb. 50

Für den Schwerindustriestandort Dortmund schätzen CLEMENS/TENGLER (1983) die verursacherorientierte Umweltpolitik der letzten Jahre als relativ gewichtigen Streßfaktor ein (siehe oben). 47% der befragten Betriebe sind dort aufgrund ihrer Ansässigkeit in Misch- und Wohngebieten von Umweltschutzanforderungen betroffen, 45% haben aufgrund ihrer Produktion verschiedene Umweltauflagen zu erfüllen. Noch höher liegen diese Werte jedoch im Alpenraum. Rund 60% der Betriebe waren, meinen Erhebungen zufolge, in irgendeiner Form Umweltauflagen erteilt worden. Prozentual die meisten Auflagen betrafen den Bereich der Abwassereinleitung (40%), wobei St. Gallen und Tessin hier an der Spitze liegen und das Wallis mit 21% das Schlußlicht bildet. Auflagen bezüglich Lärmentwicklung und Luftverschmutzung haben jeweils gut 1/4 der Betriebe einzuhalten, zum Tragen kommen sie vor allem im Wallis und in Vorarlberg mit ihren vielen siedlungsnahen Gewerbezonen und Industriegebieten. Selbstverständlich sind entsprechende Auflagen stärker branchen- denn regionsspezifisch. In diesen Daten wird die ungleich höhere Sensibilität selbst gegenüber weniger gravierenden Umwelteingriffen im Gebirge deutlich, eine Haltung, die angesichts der empfindlichen Fremdenverkehrswirtschaft natürlich wenig überrascht.

5.3. Betriebliche Standortbewertungen

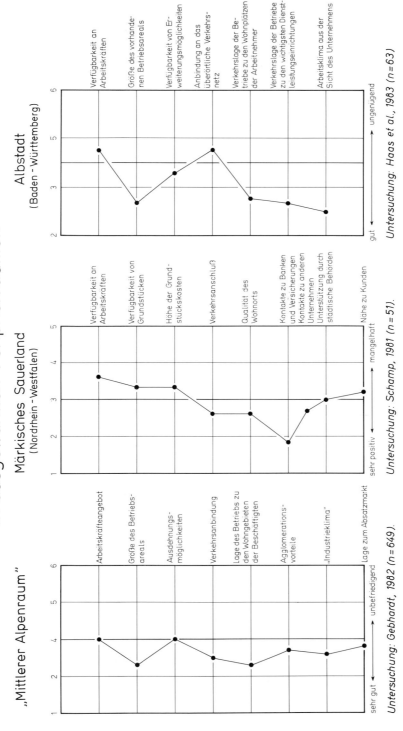

Abb. 51

Tab. 37: Umweltschutzauflagen in den Befragungsgebieten

AUFLAGEN bezüglich	Vorarlberg	Tirol	St. Gallen	Graubünden	Wallis	Tessin	Südtirol
Abwassereinleitung	30%	40%	51%	43%	21%	48%	37%
Lärmentwicklung	35%	19%	14%	29%	36%	28%	29%
Luftverschmutzung	24%	35%	14%	19%	29%	21%	32%

Quelle: Eigene Erhebungen 1980—82

Auch der Vergleich betrieblicher Standortbewertungen in unterschiedlichen Peripherregionen zeigt keineswegs ein homogenes Bild (siehe Abb. 51). Zweifellos stellen ungünstige oder einseitige Arbeitsmärkte überall das zentrale Problem dar, die Beurteilung der Betriebsareale und Ausdehnungsmöglichkeiten fällt jedoch schon sehr viel weniger einheitlich aus. Daneben wird in den Alpen und im ruhrgebietsnahen Sauerland die Verkehrsanbindung positiv beurteilt, während diese auf der Schwäbischen Alb (Albstadt) als unzureichend empfunden wird. Deutlicher als in den anderen, zum Vergleich herangezogenen Peripherregionen wird in den Alpen die Agglomerationsferne als Standortnachteil wahrgenommen.

Zusammenfassung

Die betrieblichen Standortbeurteilungen im Alpenraum zeigen insgesamt recht deutlich die Standortsituation in einem Peripherraum spezifischer Prägung. Mit anderen, abseits der Zentren von Bevölkerungsverdichtung und Wirtschaftskraft gelegenen Regionen gemein haben die alpinen Industrieregionen, daß Transportentfernungen und -kosten, Absatz- und Beschaffungsbeziehungen, also die eher „klassischen" Standortbedingungen, noch eine wichtige Rolle spielen, während in Verdichtungsräumen Grundstücksfragen, Umweltaspekte und Probleme adäquater Infrastruktureinrichtungen und -leistungen in den Vordergrund gerückt sind. Von anderen, z.b. im norddeutschen Flachland oder auch im Mittelgebirgsraum gelegenen Räumen unterscheidet sie jedoch, daß Flächen- und Umweltprobleme inzwischen eine vergleichbare Bedeutung haben wie in vielen Verdichtungsräumen. Deutlich günstiger als sonst in Peripherregionen wird auch die Verkehrssituation und generell die wirtschaftsräumliche Lage beurteilt.

5.4. ANPASSUNGSHANDLUNGEN UND INNOVATIONSFÄHIGKEIT DER UNTERNEHMEN

Die Analyse betrieblicher Standorteinschätzungen in den Kap. 5.1. und 5.2. hat eine insgesamt hohe Zustimmungsrate zum einmal gewählten Standort im Gebirge ergeben, unbeschadet der inzwischen deutlich ungünstiger gewordenen gesamtwirtschaftlichen Rahmenbedingungen. Diese große Persistenzbereitschaft, trotz deutli-

5.4. Anpassungshandlungen und Innovationsfähigkeit der Unternehmen

cher komparativer Standort- und Wettbewerbsnachteile gegenüber den Verdichtungsräumen (vor allem in den Bereichen Arbeitskräftequalifikationen, Flächen und Marktzugang) bildet eigentlich exakt die Ausgangssituation, die eine INNOVATIONSORIENTIERTE REGIONALPOLITIK, also eine auf die Unterstützung der Betriebe bei technologischen Innovationen (neue Produkte und Produktionsverfahren) sowie beim Aufbau neuer Marktpotentiale gerichtete Politik effektiv und sinnvoll machen könnte[101]. Institutionen der Wirtschaftsförderung in meinen Untersuchungsgebieten waren denn auch stark an solchen Fragen interessiert.

Die innovationsorientierte Strategie unterscheidet sich in der Tat von der traditionellen quantitativen Wirtschaftsförderung. Während letztere von einer „INVESTITIONSLÜCKE" aufgrund komparativer regionaler Produktionsnachteile ausging, sieht die innovationsorientierte Regionalpolitik vor allem eine „INNOVATIONSLÜCKE", d.h. ein „Defizit bei anpassungswichtigen Unternehmensfunktionen" (FLORE, 1976, S. 787). An die Stelle breit gestreuter finanzieller Investitionsanreize für alle potentiellen Investoren sowie des prophylaktischen Ausbaus wirtschaftsnaher Infrastruktur treten selektive finanzielle Hilfen zur Förderung technischer Neuerungen sowie eine betriebsspezifische Beratung mit entsprechenden Dienstleistungen. Die innovationsorientierte Politik setzt, im Gegensatz zu den eher kurzfristig wirksamen „incentives" traditioneller Förderung (z.B. Erstförderung der Neuansiedlung von Betrieben...) auf die langfristige Verbesserung des Wettbewerbspotentials der schon bestehenden Unternehmen, „allerdings um den Preis einer vermutlich eher geringen kurzfristigen Erfolgsbilanz im Hinblick auf neue Arbeitsplätze" (INNOVATIONSORIENTIERTE REGIONALPOLITIK, 1980, S. 11; vgl. auch HANSER/HUBER, 1982).

Im Unterschied zur STRUKTURELLEN Innovationspolitik geht die innovationsorientierte REGIONALPOLITIK davon aus, daß räumliche Unterschiede bei der Generierung und Adaption von Innovationsprozessen bestehen, interregionale Unterschiede in der Innovationsleistung, die nicht allein aus der sektoralen Zugehörigkeit eines Unternehmens oder aus seiner Größe erklärt werden können. Die zugrundeliegende Hypothese lautet, daß „strukturschwache" Räume eine Häufung von Betriebstypen mit ausgeprägten Innovationsschwächen in den Bereichen Technologie, Organisation, Marktbearbeitung, Kapitalbewirtschaftung und Kreativität aufweisen (BRUGGER, 1984, S. 17).

---

101 Vgl. INNOVATIONSORIENTIERTE REGIONALPOLITIK (1980, S. 16 ff.); BRUGGER 1981); ELSASSER et al. (1982, S. 131); DERENBACH (1984).
Innovationsorientierte Regionalpolitik ist seit einiger Zeit geradezu zur „Zauberformel" für Peripherregionen, zum „Rettungsring" (GIESE/NIPPER, 1984, S. 204) für eine in ihrer Existenz bedrohte Regionalwirtschaft geworden. Dabei blieb bis heute der Innovationsbegriff in der Wirtschaftsgeographie vielschichtig und mehrdeutig (siehe WINDHORST, 1983). Im engeren Rahmen der Industriewirtschaft und Betriebswirtschaftslehre läßt sich Innovation definieren als „die erstmalige Einführung bzw. Durchsetzung eines neuen Produktes ..., die erstmalige Anwendung eines neuen Produktionsverfahrens oder eine organisatorische Neuerung" (INNOVATIONSORIENTIERTE REGIONALPOLITIK, 1980, S. 15; GIESE/NIPPER, 1984, S. 205). Unterscheiden lassen sich dabei stärker technologisch-materiell orientierte sowie sozial-immateriell orientierte Innovationsprozesse („hardware" vs. „software"-Innovationen). Ein solcher weit gefaßter Innovationsbegriff schließt ein:
— PROZESS- bzw. VERFAHRENSINNOVATIONEN, d.h. Neuerungen mit dem Ziel einer kostengünstigeren Produktion (vgl. ELSASSER et al., 1982, S. 130),
— PRODUKTINNOVATIONEN, d.h. Einführung neuer Produkte und Dienstleistungen,
— INNOVATIONEN IM ORGANISATORISCHEN BEREICH, insbes. Verbesserung der betrieblichen Organisations- und Entscheidungsbeziehungen,
— INNOVATIONEN IM MARKETING und im VERTRIEB, also neue Wege in der Erschließung von Märkten.

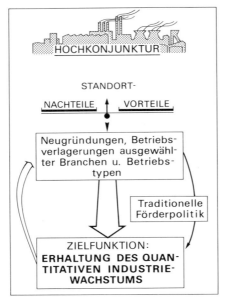 

Abb. 52: Traditionelle und innovationsorientierte Regionalpolitik

Auch in Peripherregionen sind es heute kaum mehr finanzielle oder infrastrukturelle Engpässe, die die Betriebe belasten, vielmehr Schwierigkeiten bei notwendigen Anpassungen der Produktion und ihrer Standorte an veränderte Verhältnisse. Solche betrieblichen Adaptions- oder Anpassungshandlungen können UNTERNEHMENS-INTERN ablaufen (z.B. Einführung neuer Produkte oder Produktionsverfahren, Änderung der betrieblichen Organisationsstruktur) oder sich auf UNTERNEHMENS-EXTERNE Maßnahmen konzentrieren (Wahl neuer Lieferanten, Erschließung neuer Märkte). Von geographischem Interesse sind vor allem die externen RÄUMLICHEN ANPASSUNGEN, sei es in passiver Form als Stillegung oder Verkauf von Produktionsstätten oder als aktive Adaption durch eine Teil- oder Totalverlagerung. Bei den eher betriebswirtschaftlich wichtigen internen Adaptionen und Innovationen interessieren vor allem deren Auswirkungen auf die Regionalwirtschaft.

Im folgenden werden zunächst die raumwirksamen Anpassungshandlungen (Stillegungen, Verlagerungen, Erweiterungsabsichten) analysiert. Die erst in jüngster Zeit auch in der Industriegeographie beachteten internen Adaptionen werden, da deren Vielzahl im vorliegenden Rahmen kaum systematisch erfaßt werden kann, am Beispiel der „Überlebensstrategien" von Industriebetrieben im engeren Berggebiet skizziert (Kap. 5.4.2.). Daran schließen sich Untersuchungen zur betrieblichen Innovationsfähigkeit in den Beispielgebieten und zu räumlich-strukturellen Innovationsdisparitäten an.

5.4.1. Stillegungen, Verlagerungen und Erweiterungen als unternehmerische Anpassungshandlungen

Viele junge Industriebetriebe im Alpenraum, vor allem die unselbständigen Zweigwerke des Textil- und z.T. des Metallbereichs, gehörten zumindest in der Vergangenheit zu den am wenigsten investitions- und innovationsbereiten Unternehmenstypen. Manche dieser Betriebe (z.B. Filialen im Bregenzer Wald, im Tessin, teilweise auch im Wallis und in Südtirol) waren wohl gar nicht auf Dauer an ihrem Standort interessiert, sondern wollten nur für einige Jahre die niedrigen Löhne ausnutzen oder Finanzhilfen abkassieren. In diesem Falle wurden natürlich Investitionen in eigene Betriebsgebäude nach Möglichkeit vermieden und meist eine vorhandene gewerbliche Halle angemietet oder von einem in Konkurs gegangenen Unternehmen übernommen. Neben der Décolletage und der Uhrenindustrie waren es vor allem Betriebe der Bekleidungsindustrie, die häufig mit ganz geringen Investitionen eine Produktion auch in Nebenzimmern von Gasthäusern oder ähnlichen Räumlichkeiten eröffneten. In diesen Branchen und Standortregionen finden wir folgerichtig die höchsten Anteile an Gebäudeübernahmen, während in der Chemie/Kunststoffindustrie und den meisten anderen Branchen Übernahmen selten sind.

Tab. 38: Investitionen in neue Gebäude (in %)

BRANCHE/REGION	Neubau eines Fabrikgebäudes	Übernahme vorhandener Gebäude	Sowohl Neubau wie Übernahme
Chemie/Kunststoff	67,7	16,1	16,1
Steine/Erden	72,0	16,0	12,0
Masch./Apparate	65,2	31,9	3,0
Sonst. Metallverarb.	70,9	19,3	9,8
Holz/Papier	75,0	22,2	2,8
Druck/Graphik	44,4	27,7	27,7
Textil	62,9	26,3	10,3
Bekleidung	55,8	41,1	3,0
Nahrung	75,0	14,2	10,8
Uhren	55,0	45,0	0,0
Tirol	60,3	26,0	13,7
Südtirol	73,7	22,1	4,2
Wallis	66,7	22,1	11,2
Tessin	61,0	32,2	6,8

Quelle: Eigene Erhebungen 1980—82

In diesen Branchen finden wir analog auch die höchsten STILLEGUNGSRATEN, 14,6% aller befragten Unternehmen hatten in den letzten 15 Jahren ein Teilwerk im alpinen Raum stillgelegt, weitere 36,1% machten hierüber keine näheren Angaben. Der Anteil des Textilsektors lag mit 31% aller Stillegungen absolut an der Spitze, gefolgt von der sonstigen Metallverarbeitung (17%) und dem Maschinen-/Apparatebau (15%). In Relation zu den befragten Unternehmen erreicht jedoch die Uhrenindustrie die höchste Stillegungsquote (1 Stillegung auf 2,5 Betriebe), gefolgt von der Chemie (1:4,2), der Textilbranche (1:4,6) und der Bekleidungsindustrie (1:5,3).

Aufgeschlüsselt nach Untersuchungsgebieten erreichten überdurchschnittliche Stillegungsraten Vorarlberg mit seinen temporären Filialbetrieben im Bregenzer Wald und Montafon sowie auch St. Gallen (1:5,5 bzw. 1:5,8), Schlußlicht bildete (bisher noch) das Wallis (1:9) sowie natürlich Liechtenstein. 82,5% aller Stillegungen spielten sich in derselben Region ab, in der der existierende, befragte Betrieb arbeitet, darunter 16,7% in derselben Standortgemeinde. Abgesehen vom wichtigsten Motiv für Stillegungen — Verlagerung des Betriebs in eine andere Region (39,8%) — spielen ansonsten standortbezogene Gründe nur eine untergeordnete Rolle: 8,7% der Betriebe nannten Raummangel, 5,8% die periphere Lage als Stillegungsgrund. In der Regel herrschen produktionsbezogene Gründe vor, z.B. mit 27,2% der Nennungen betriebliche Rationalisierungsmaßnahmen. Für die Zukunft läßt sich vermuten, daß in der Vergangenheit stillegungsgefährdete Branchen und Betriebstypen weiterhin eine höhere Stillegungsrate aufweisen werden.

Zukünftige Verlagerungsabsichten der Betriebe sowie geplante Erweiterungen am bestehenden Standort wurden für den Zeitraum der nächsten fünf Jahre, also einen für die Unternehmensplanung überschaubaren Zeitraum, erfragt.

VERLAGERUNGEN, vor allem Fernverlagerungen über die derzeitige Standortregion hinaus, erweisen sich naturgemäß als „ultima ratio" und werden nur in ganz seltenen Fällen ins Auge gefaßt. Umgekehrt äußerten immerhin 275 von 670 Betrieben eine potentielle ERWEITERUNGSABSICHT, in der Regel am derzeitigen Standort, was die große Standortzufriedenheit und Persistenzbereitschaft einmal mehr unterstreicht. Für 60% kommt ausschließlich der bisherige Standort in Frage (An- und Umbauten des bestehenden Betriebsareals), 28% können sich eine Verlagerung auf ein anderes Grundstück innerhalb der Standortregion vorstellen, nur noch 13,5% würden auch weiter wegziehen. Diese regionale Fixierung ist natürlich besonders groß bei den Kleinbetrieben unter 100 Beschäftigten (87% gegenüber 82% in den Größenklassen 200—499 und 60% bei den noch größeren Unternehmen). Auch zwischen engerem Berggebiet und randalpinen Bereichen zeigen sich deutliche Unterschiede. Während sich in Graubünden und im Wallis weniger als 10% der Betriebe mit Erweiterungsabsicht einen Standort außerhalb des Kantons vorstellen können, sind dies in Vorarlberg immerhin 19% und in St. Gallen 14%. Die Betriebe im Tessin stellen insofern einen Sonderfall dar, als sie zwar deutlich auf den Kanton fixiert sind, auf die Standortgemeinde jedoch nur in geringerem Maße.

Tab. 39: Standortpräferenzen bei Betrieben mit Erweiterungsabsicht (in %; Mehrfachnennungen) (n = 239)

Erweiterungs-absicht in:	Vor-arlberg	Tirol	St. Gallen	Grau-bünden	Wallis	Tessin	Süd-tirol	Liech-tenstein	INS-GES.
— nur Standortgemeinde	53	57	51	63	85	52	78	38	58
— nur Standortregion	28	29	26	31	7	39	14	50	28
— Auch anderer Standort	19	14	23	6	8	9	8	12	14

Tab. 40: Standortvoraussetzungen am neuen Standort (bei Betrieben mit potentieller Erweiterungsabsicht in einer neuen Standortgemeinde) (in%, Mehrfachnennungen) (n = 196)

Motiv/Besch.-kl.	20—49	50—99	100—199	200—499	500 u.m.
Nähe zum bisherigen Betrieb	29	33	41	42	24
Lage an einer Schnellstraße	24	21	20	15	18
Staatliche Förderung	24	26	20	19	18
Sonstige Gründe	22	21	20	23	41

Quelle: Eigene Erhebungen 1980/82

Die geringe Mobilitätsbereitschaft der alpinen Betriebe zeigt sich auch in der Tatsache, daß selbst die Unternehmen, für die eine Verlagerung auf ein neues Grundstück in Frage kommt, als wichtigste Standortvoraussetzung Nähe zum bisherigen Betrieb nennen (34,1%), gefolgt von staatlicher Förderung, Lage an einer günstigen Verkehrslinie und sonstigen Gründen. Regionale Unterschiede fallen hier weniger ins Gewicht, abgesehen von der schon früher konstatierten großen Bedeutung staatlicher Förderung in Südtirol (36,5%).

Insgesamt wird in allen Untersuchungsgebieten eine große potentielle Erweiterungsbereitschaft der Betriebe erkennbar (z.T. über 50% der Nennungen), die ganz überwiegend in den Standortgemeinden auf bereits im Firmenbesitz befindlichen Flächen und Grundstücken realisiert werden sollen. Hinter solchen Erweiterungsabsichten verbergen sich damit letztlich meist betriebsinterne Anpassungshandlungen, die auf den derzeitigen Flächen nicht realisiert werden können.

Der zukünftige Flächenbedarf erweist sich gleichwohl, wie die Durchschnittswerte pro Betrieb in Tab. 41 deutlich machen, als regions- und branchenabhängig (vgl. hierzu auch ELSASSER, 1970; HOTTES/KERSTING, 1976 und GROTZ, 1984). Deutlich vom Mittelwert aller Branchen (1472 qm Zusatzbedarf/je Betrieb) weichen allerdings nur wenige, spezielle Produktionsrichtungen ab, etwa in der Gruppe Steine/Erden die Steinbrüche oder in der Holz/Papierindustrie die Sägewerke mit ihrem exzessiven Flächenbedarf. Sehr geringe Flächenansprüche haben die Druck- und die Uhrenindustrie.

Aussagekräftig für das künftige Anpassungsverhalten der Betriebe sind vor allem die Relationen zwischen zurückliegenden Erweiterungen in den siebziger Jahren und in Zukunft geplanten. In der Vergangenheit fanden die flächenmäßig bedeutsamsten Erweiterungen (relativ zur Gesamtzahl der Betriebe) im Wallis statt, branchenspezifisch gesehen in der Metall- und der Textilindustrie. Der zukünftige Bedarf hingegen konzentriert sich, außer auf einige Sonderfälle im Bereich der Metallerzeugung, auf die Metallverarbeitung, Teile der Nahrungsmittelindustrie und die Chemie/Kunststoffbranche. Diese sind bezüglich der Flächenerwartungen zu den Wachstumsbranchen zu rechnen.

Insgesamt macht ein Vergleich der im Firmenbesitz befindlichen Reserveflächen mit dem externen Zusatzbedarf jedoch deutlich, daß betriebliche Umstrukturierungsmaßnahmen überwiegend

Tab. 41: Durchschnittliche Erweiterungen und zukünftiger Flächenbedarf (in qm)

REGION	Vorarlb.	Tirol	St. Gall.	Graub.	Wallis	Tessin	Südtirol
Zahl der Betriebe	127	95	72	34	45	180	100
Erweit. seit 1970 (Ø)	1649	1617	1279	584	6725	1022	2022
Zusätzl. Bedarf (Ø)	1570	723	2720	782	1893	1262	1560

BRANCHE	Chem./Kunst.	St./Erd.	Metallerz.	Masch./App.	sonst. Met.
Zahl der Betriebe	55	37	11	115	93
Erweit. seit 1970 (Ø)	1623	2440	2473	2101	1836
Zusätzl. Bedarf (Ø)	1419	981	9455	1613	1935

BRANCHE	Holz/P.	Druck	Textil	Bekl.	Nahr/G.	Sonst.	INSG.
Zahl der Betriebe	56	24	82	106	48	17	670
Erweit. seit 1970 (Ø)	1025	747	1676	1694	949	467	1346
Zusätzl. Bedarf (Ø)	3096	292	1227	316	1935	4005	1472

Quelle: Eigene Erhebungen 1980—82

auf bereits vorhandenen Flächen durchgeführt werden können und sollen. Der externe Bedarf an Flächen beträgt insgesamt nur zwischen 2% und 12% der derzeitigen Betriebsflächen (siehe Kap. 3.3.2.).

Die Befragungsergebnisse zu raumrelevanten betrieblichen Planungen machen offenkundig, daß viele Betriebe trotz teilweise akuter Schwierigkeiten ihre Zukunft nicht so sehr in radikalen Lösungen wie der Verlagerung oder potentiellen Stillegung sehen, sondern über weitere Investitionen am bestehenden Standort nachdenken und damit Anpassungs- und Überlebensstrategien an ihre spezifischen Standorte im Gebirge zu entwickeln suchen.

5.4.2. Überlebensstrategien von Industriebetrieben im Gebirge

Probleme betrieblicher Anpassung im Gebirge stellen sich mit besonderer Schärfe im Berggebiet im engeren Sinn sowie in den Krisenbranchen wie der Textil- und Bekleidungsindustrie. Im folgenden werden einige Fallbeispiele erfolgreicher „Überlebensstrategien" und „Anpassungshandlungen" skizziert, um daraus Hinweise für den Stellenwert von Produkt- und Verfahrensinnovationen für die Betriebe im Gebirge abzuleiten.

Anpassungen auf der Produktionsseite bedeuten im einfachsten Fall Produktanpassungen bzw. -umstellungen aufgrund veränderter Nachfrage, ferner die geschickte Nutzung von Marktnischen mit Erzeugung „intelligenter" Produkte sowie schließlich, als aufwendigste und kapitalintensivste Maßnahme, der Einsatz neuer Produktionstechnologien (z.B. numerisch gesteuerter Maschinen) und Logistik-Konzepte

5.4. Anpassungshandlungen und Innovationsfähigkeit der Unternehmen

(z.B. Just-in-Time Produktion)[102], um über deren Rationalisierungseffekte die Kosten zu drücken.

Im engeren Berggebiet finden sich, wie die im folgenden herausgegriffenen Beispielbetriebe SCINTILLA AG in St. Niklaus, SODECO-SAIA SA in Heremence und Sembrancher sowie die GERÄTEFABRIK in Matrei am Brenner, zeigen vor allem die beiden ersten Varianten:

— Aufbau einer relativ simplen, arbeitskräfteintensiven Produktion, um das unqualifizierte Arbeitskräftepotential und das tendenziell niedrigere Lohnniveau zu nutzen,

— Aufbau einer „intelligenten", flexibel der Nachfrage angepaßten Produktion in kleinen Stückzahlen.

Alle drei Betriebe gehören der metallverarbeitenden Industrie, speziell der Elektrotechnik und dem Apparatebau, an. In der Vergangenheit hatten sie wiederholt mit Schwierigkeiten zu kämpfen, die ihre Weiterexistenz in Frage stellten. Mit viel regionalpolitischem Lorbeer versehen, wie im Falle der beiden Schweizer Betriebe, deren Ansiedlung als „Hilfe für die Bergbevölkerung" (HUNZIKER/KRAPF, 1954) begrüßt wurde, erfüllten sie diese Funktion doch nur teilweise. Die Flächenengpässe am Mikrostandort zwangen jeweils zu einer raumsparenden, in mehrstöckigen Gebäuden durchführbaren Produktion[103], die regional eng eingegrenzten Arbeitsmärkte ließen nur Produktionen zu, die mit im Betrieb angelernten Kräften gefahren werden konnten (siehe Kap. 5.2.1.).

Eine Anpassung der Produktion an neue technische und vertriebsmäßige Anforderungen ohne wesentliche Änderung des technologischen Standards läßt sich vor allem bei der SCINTILLA AG, und, mit Einschränkungen, bei der SODECO-SAIA SA beobachten. Die SCINTILLA hatte 1946/47 im ehemaligen Grandhotel des Bergdorfes St. Niklaus die Produktion aufgenommen, erst in den späten sechziger und den siebziger Jahren entstanden die heutigen Produktionsstätten. Bis in die sieb-

---

102 An neuen Technologien im Produktionsbereich führen HENCKEL et al. (1986) vor allem die folgenden an:
— Numerisch gesteuerte Maschinen (NC-Technologie bzw. CNC- und DNC-Steuerung = Computer-Numerical- bzw. Direct-Numerical-Control). Diese spielen vor allem im Bereich der metallverarbeitenden Industrie eine Rolle.
— Konzepte einer neuen Produktionslogistik wie „Just-in-time-Produktion", welche bei optimalen Durchlaufzeiten eine flexible Produktion ermöglichen und dadurch Produktionszeiten und Lagerhaltungskosten reduzieren.
— Konzepte für computergestütztes Zeichnen, Entwerfen und Konstruieren im Bereich der Fertigungsplanung und verschiedenen Fertigungsbereichen.
— In Großbetrieben der Einsatz von sogenannten „Flexiblen Fertigungszellen und -systemen", welche den Automatisierungsgrad bzw. die Flexibilität von CNC-gesteuerten Werkzeugmaschinen verbessern und schließlich von Industrierobotern.

103 Sowohl die SCINTILLA AG wie die GERÄTEFABRIK MATREI liegen in Fremdenverkehrsgemeinden. Die heutigen Betriebsgebäude der SCINTILLA (siehe Foto 9) befinden sich eingeengt an einem Berghang, umgeben von Ferienhäusern und Pensionen, das Fabrikgebäude in Matrei liegt in der Nähe des Ortszentrums. Für die jüngsten Betriebserweiterungen mußten in St. Niklaus sehr hohe Grundstückspreise von 140 Franken/qm bezahlt werden, in Matrei bestehen praktisch kaum noch Ausweitungsmöglichkeiten. Das hohe Preisniveau in den Fremdenverkehrsgemeinden, daneben Probleme mit dem Ortsbild auch bei nichtstörenden Gewerbebetrieben, schließen Zukäufe in Zukunft nahezu aus.

ziger Jahre wurden hauptsächlich Elektromotoren (Spulenwicklung . . .) hergestellt, womit rund die Hälfte der (weitgehend ungelernten) Betriebsangehörigen beschäftigt war. Eine solche Produktionslinie ist charakteristisch für viele in Peripherräume ausgelagerte Herstellungsprozesse in der Nachkriegszeit, die teilweise sogar in Heimarbeit betrieben wurden. In den siebziger Jahren verringerte die Mechanisierung und Rationalisierung bei solchen Produkten die Beschäftigungsmöglichkeiten ungelernter und billiger Kräfte drastisch, inzwischen sind damit nur noch 5 Werksangehörige befaßt. An ihre Stelle trat die Herstellung von Sägeblättern verschiedener Ausführungen, die innerhalb des Bosch-Konzerns — er ist mit 80% des Aktienkapitals am Unternehmen beteiligt — ausschließlich im Betrieb in St. Niklaus produziert werden. Vorteile dieser Produktlinie sind geringe Transportkosten sowie ein vergleichsweise hoher Lohnkostenanteil. So machen die Lohnkosten bei der Gesamtproduktion der SCINTILLA nur 7% aus, in der Sägeblattfertigung jedoch 25%. Damit läßt sich die tendenziell etwas billigere Arbeitskraft im Gebirge noch am ehesten als Standortvorteil nutzen.

In den beiden Zweigwerken der SODECO-SAIA SA in Sembrancher und Heremence wurden Anfang der achtziger Jahre die akuten Probleme durch Produktionsumstellungen im Kontext mit Konzernveränderungen zu bereinigen versucht. Bis 1981 hatte das Unternehmen zum Landis & Gyr-Konzern gehört, innerhalb dessen sich die Genfer SODECO-SAIA auf die Herstellung von Bauteilen der Telephontechnik spezialisiert hatte. Mit der Umstellung der Telekommunikationseinrichtungen von überwiegend mechanischen Bauteilen auf elektronische Produkte verlor die Produktion in den Walliser Betriebsstätten rasch an Bedeutung, umsomehr als SODECO-SAIA insgesamt wohl etwas den Anschluß an die technologische Entwicklung verpaßt hatte. Für die Betriebsstätten im Gebirge wurde 1980 ein Verkauf ins Auge gefaßt; nach Verhandlungen mit verschiedenen Interessenten auch aus der Bundesrepublik (u.a. MÄRKLIN in Göppingen) wurden die Betriebe 1982 an die FEIN AG, ein schwäbisches Familienunternehmen der Kommunikationstechnik, verkauft und es entstand eine selbständige Tochtergesellschaft.

Die für die Betriebe im Entremont geplanten Produktionsumstellungen ähneln denen bei der SCINTILLA. Wie dort wurde die Erzeugung von Sägeblättern für Stichsägen ins Auge gefaßt, daneben eine Abteilung für die Fertigungsmontage vorgefertigter Teile, eine kleine Abteilung für Werkzeugbau (Vorrichtungen für elektronische Teile) sowie eine dezentrale Reparaturabteilung für Telephonanlagen (mit Zuständigkeit für die gesamte französische Schweiz).

Eine sicher sinnvolle Umorientierung weg von der Erzeugung mechanischer Teile des Telephonverkehrs (Zähler, Grundplatten . . .) hin zu elektronischen Bauteilen läßt sich aufgrund fehlender Arbeitskräfte nur mittelfristig verwirklichen. Immerhin wurden von Anfang an in einem in der Nähe von Zürich existierenden Zweigwerk von FEIN entsprechende Schulungskurse für Mitarbeiter aus dem Wallis eingerichtet.

Bei der GERÄTEFABRIK MATREI läßt sich eine andere Strategie erkennen, mit „intelligenten" Produkten in Marktnischen zu schlüpfen, die von weniger flexiblen Großunternehmen nur schwer ausgefüllt werden können. Ursprünglich umfaßte das Produktionsprogramm des Unternehmens vor allem Heiz- und Kochgeräte, die heute noch etwa 2/3 des Umsatzes ausmachen; seit Anfang der siebziger Jahre wurde zudem die Einzelfertigung von Geräten und Apparaturen im Chrom-Nickelstahl aufgenommen.

Auch die GERÄTEFABRIK MATREI hat, neben anderen Standortproblemen, mit relativ langen Transportwegen und daher hohen Kosten zu kämpfen (1/2 Mill. Schilling Transportkosten bei 100 Mill. Schilling Umsatz). Daher wird versucht, diese Nachteile durch eine weitgehend konkurrenzlose, teilweise hochspezialisierte und kaum transportkostenempfindliche Produktion aufzufangen. Zwei Produktionsbereiche sind in diesem Zusammenhang vor allem interessant:
— Auf dem Sektor Heiz- und Kochgeräte wurde ein sehr teurer, kombinierter Gas-Elektroherd für den Haushalt neu entwickelt. Aufgrund der niedrigen Stückzahlen wäre ein solches Produkt für größere Elektrogerätehersteller kaum lohnend. Die Fabrik in Matrei nutzte diese Marktnische und liefert ihre Herde ausschließlich an verschiedene untereinander konkurrierende Großhersteller. Das Produkt kommt dann unter den Markennamen SIEMENS, BOSCH oder BAUKNECHT in den Handel.
— In einem zweiten Produktionsbereich hat sich die Firma auf medizinische Geräte spezialisiert (vgl. Betriebe ähnlicher Ausrichtung im Gebirge wie HAMILTON in Bonaduz/Graubünden,

IVOCLAR in Liechtenstein und Naturns/Südtirol oder JOTA-DENTAL im St. Gallener Rheintal). Ein Markt für diese Produkte — hauptsächlich chirurgische Instrumente — konnte natürlich erst ganz allmählich erschlossen werden; einem ersten Auftrag der medizinischen Fakultät der Universität Innsbruck folgten weitere aus Graz und Klagenfurt. Heute wird auch ins Ausland, u.a. in die Bundesrepublik, geliefert.
Ein gewisser Teil der Kreativität und Flexibilität des Betriebs hängt dabei sicher an seiner Mitbestimmungsstruktur (siehe Kap. 5.2.) und der Tatsache, daß die Mitarbeiter auch finanziell am Erfolg des Unternehmens beteiligt sind. Wie bei vielen erfolgreichen mittelständischen Unternehmen liegt die Wurzel des Erfolgs aber auch an den Anstrengungen des Vertriebsleiters, des technischen Leiters etc. und damit an einzelnen Persönlichkeiten.

Der Spielraum der Betriebe für innerbetriebliche Anpassungen ist im engeren Berggebiet, wie die Beispiele gezeigt haben, insgesamt nicht sehr groß. Kaum möglich sind flächenintensive Produktionen vieler Produkte, zu deren Herstellung in nennenswertem Maße Arbeitskräfte benötigt werden, die ihre Qualifikation ausserhalb gewonnen haben. Produktinnovationen beschränken sich häufig auf Änderungen, die die immer noch niedrigeren Löhne im Gebirge nutzen, oder auf eng eingegrenzte Teilprodukte einer im wesentlichen an anderen Produktionsstätten stattfindenden Herstellung. Wie die Produktionsbeispiele gezeigt haben, werden häufig nur solche Produkte fabriziert, die sich im Sinne von Produktlebenszyklus-Vorstellungen[104] bereits in der sogenannten Reifephase oder gar in der Sättigungsphase befinden, da hierzu meist nur angelernte oder ungelernte Arbeitskräfte benötigt werden. Kreativen Innovationen setzen fehlende Experten enge Grenzen, zumindest in den Einbetriebsunternehmen. Daß sie dennoch möglich sind, machen die Beispiele von Betrieben der Feinmechanik (medizinische Instrumente etc.) deutlich.
Komplexere Anpassungsstrategien, d.h. nicht nur gewisse Produktionsumstellungen, sondern den Aufbau neuer Produktionslogistik, finden sich wohl nur in den Talräumen. Unter starkem Anpassungsdruck stehen hier vor allem die Betriebe der Textil- und Bekleidungsbranche.

In dieser Branche ist auffällig, daß neben vielen Betrieben, die im letzten Jahrzehnt kontinuierlich Beschäftigte abgebaut und Zweigwerke aufgelöst haben, im selben Standortraum auch Unternehmen zu finden sind, die kräftig expandierten.
Eines dieser wachstumsstarken Unternehmen ist die Fa. GEIGER STRICKMODEN in Vomp in Tirol. 1906 gegründet, produzierte der Betrieb bis 1968 im ehemaligen Schulgebäude in Schwaz. Ende der siebziger Jahre wurde die frühere KG in eine Ges.m.b.H. umgewandelt, im letzten Jahrzehnt erfuhr der Betrieb einen für diese Branche erstaunlichen Beschäftigtenzuwachs von 183 Mitarbeitern (1968) über 200 (1972) auf rd. 400 (1982). Die Produktionszahlen erhöhten sich von 90 000 Teilen 1968 auf 406 000 1981; in den Jahren 1980 und 81 wurden Umsatzsteigerungen gegenüber den Vorjahren um 43% bzw. 34% erreicht (nach Firmenangaben).
Für diese dynamische Entwicklung lassen sich wohl vor allem drei Gründe anführen, die teils auf der Produktions-, teils auf der Absatz- und Marketingseite liegen:

---

104 Nach diesen Vorstellungen durchläuft jedes Produkt eine gewisse Lebenszeit zwischen der Erfindung und der Entwicklung zum marktfähigen Produkt über den Verkauf des neuen Produkts in kleinen Mengen, die Massenfertigung zu hohen Preisen bis schließlich zur Massenfertigung zu niedrigen Preisen (vgl. SCHAMP, 1981, S. 72).

— Eine Produktionsumstellung weg von reiner Winterbekleidung (und Spezialaufträgen z.B. für die Bergwacht) hin zu High-Fashion-Produkten gehobenen Preisniveaus (sportliche Freizeitkleidung, insbesondere Kombinationen von Strick- und Walkwaren oder Loden und Walkwaren).
— Die Umstellung des Verkaufs mit Aufbau eines Netzes von Exklusiv-Händlern (wobei in Österreich das „alte" Image der Firma sehr hinderlich ist), daneben intensives Marketing vor allem in den USA unter Ausnutzung von „Imagewerten" des Herkunftslandes (entsprechende Werbekonzepte betonen die „exotische" Gebirgsherkunft bei gleichzeitiger Modernität und Sportlichkeit).
— Erstellung eines Neubaus 1980 unter Verwirklichung eines von der Universität Regensburg (in Verbindung mit Innsbruck) entwickelten, computergesteuerten Just-in-Time-Konzepts für die Produktion. Arbeitsvorbereitung und -ablauf sind EDV-gesteuert so organisiert, daß am Schluß ein optimaler Materialzusammenfluß der zahlreichen Bekleidungseinzelteile (die in der Regel aus verschiedenen Materialien bestehen) gewährleistet wird und keine teure Zwischenlagerung notwendig ist. Die Abläufe sind dabei so gestaltet, daß ein optimaler Auslastungsgrad der Maschinen und der einzelnen Arbeitskräfte und zugleich deren flexibler Einsatz an verschiedenen Produkten möglich ist (Zurückdrängen von „Fließband-Routinen"). Alle Strickmaschinen sind inzwischen numerisch gesteuert.

Die skizzierten Beispiele sollten, obwohl natürlich nicht repräsentativ für die Vielzahl industrieller Unternehmen im Gebirge, wie in einem Brennglas einige Möglichkeiten und Probleme betrieblicher Anpassung und Innovation aufzeigen. Daß solche Anpassungshandlungen, insbesondere die Erzeugung intelligenter Produkte und die Anwendung technologisch anspruchsvoller Verfahren, in der Industrie des Alpenraums keineswegs die Regel sind, machen die folgenden quantitativen Analysen der Innovationstätigkeit und -bereitschaft der Betriebe deutlich.

5.4.3. Innovationspotential und räumliche Innovationsdisparitäten

Regionale Innovationsdisparitäten, vor allem Anpassungs- und Innovationsrückstände in peripheren Gebieten hochentwickelter Länder, gelten als zunehmend wichtiger Engpaßfaktor der weiteren wirtschaftlichen Entwicklung dieser Räume (vgl. INNOVATIONSORIENTIERTE REGIONALPOLITIK, 1980; GIESE/NIPPER, 1984). Die Ursachen solcher regionalen Divergenzen sind gleichwohl umstritten: Neben RÄUMLICHEN URSACHEN bestimmter „Innovationslags" werden vor allem BRANCHEN- und PRODUKTIONSSPEZIFIKA, die BETRIEBSGRÖSSE — Innovationsdefizite als spezielles Problem der Klein- und Mittelbetriebe — und INDIVIDUALMERKMALE VON BETRIEBEN — Managementfehler und persönliche Eigenschaften der Entscheidungsträger — als hauptsächliche Ursachen diskutiert (siehe AREND et al., 1983, S. 3). Leitfragestellung des folgenden Abschnitts ist daher, zu prüfen, ob sich im Gebirge Innovationsengpässe und -rückstände nachweisen lassen und wenn ja, in welchem Maße diese von räumlichen bzw. regionalen Einflußfaktoren bestimmt sind[105].

---

105 Vgl. AREND et al. (1983, S. 3): „Eine erfolgreiche ‚innovationsorientierte' Regionalpolitik setzt detaillierte Kenntnisse über Ausmaß und Ursachen von Innovationslags und -disparitäten voraus." Dabei gewinnen auch die im engeren Sinne innerbetrieblichen Vorgänge (Produkt- und Verfahrensinnovationen) für den Geographen an Bedeutung, wenn ihre Auswirkungen räumlich-strukturell von Bedeutung sind (vgl. BRUGGER, 1983).

5.4. Anpassungshandlungen und Innovationsfähigkeit der Unternehmen

Innovationspotential und -bereitschaft der Betriebe lassen sich nur indirekt über Indikatoren erschließen. Hierzu zählen z.B. der finanzielle und personelle Aufwand, der für Innovationsprojekte betrieben wird, der Stellenwert, der der Erfindung eigener bzw. Nutzung fremder Patente (Lizenzen) zukommt, oder der prozentuale Umsatz an „neuen" Produkten im Vergleich zum Gesamtumsatz. AREND et al. (1983) unterscheiden dabei INPUTFAKTOREN der Innovation (z.B. Anteil der technischen Angestellten an den Gesamtbeschäftigten, Investitionen in Anlagen und Gebäuden . . .), von den OUTPUTFAKTOREN (Erschließung neuer Märkte, Einführung neuer Produkte und Leistungen, neuer Maschinen und Fertigungsverfahren). Sinnvollerweise verschränken sich in Innovationsstudien stärker statistisch orientierte Analysen der Inputfaktoren mit eher qualitativen Verfahren bei der Untersuchung von Outputfaktoren der Innovation.

Im folgenden wird versucht, das Innovationspotential von Industriebetrieben im Alpenraum sowohl über ausgewählte Input- wie Outputindikatoren zu erfassen. Materialbasis sind eigene quantitative Erhebungen sowie Sekundäranalysen jüngerer empirischer Arbeiten aus verschiedenen Teilen des Alpenraumes (Südtirol, Schweiz).

Fast alle quantitativen, empirischen Studien über das Innovationspotential im Gebirge legen in der Tat nicht unbeträchtliche Innovationsrückstände offen (siehe u.a. ZENTRUM FÜR TECHNOLOGIE . . . , 1981; AREND et al., 1983; STUCKEY, 1983; MAILLAT, 1984).

So stellte eine von der Tiroler Handelskammer bereits 1979 in Auftrag gegebene Studie über „Innovationsprobleme in TIROLs produzierender Wirtschaft" eine deutlich einseitige Produktionsausrichtung der Betriebe fest. Über die Hälfte der Unternehmen erzielt mit nur 1—2 Produktgruppen 80% des Produktionswertes; nur 25% der Betriebe sind überwiegend auf Auslandsmärkten vertreten. Viele Betriebe sind schwach forschungsorientiert, was natürlich einen offensiven Wettbewerb erschwert. Die Studie kommt zu dem Resume:

„ . . . die Entwicklung neuer Produkte läßt zu wünschen übrig. Viele Mitgliedsfirmen sehen ihre Aufgabe im Halten des derzeitigen Marktanteils mit bewährtem Produktionsprogramm" (ebd., S. 5).

Eigene Erhebungen bestätigen diese Ergebnisse. Vor allem bei den kleinen Betrieben unter 50 Beschäftigten hatte nur gut die Hälfte in den letzten fünf Jahren etwas an ihrem Produktionsprogramm geändert, gar nur 32% hatten dies in den kommenden fünf Jahren vor. Die Forschungs- und Innovationsintensität ist dabei stark betriebsgrößen- und branchenabhängig. Nur die Betriebe mit über 100 Beschäftigten treiben überwiegend eigene Forschung und haben Innovationsprojekte laufen.

Tab. 42: Änderungen des Produktionsprogrammes; Ersatz- und Rationalisierungsinvestitionen in Tiroler Industriebetrieben (Angaben in %)

Größenklasse d. Betriebs	20—49 B. (n = 31)	50—99 B. (n = 28)	100 u.m. B. (n = 36)
Änderungen d. Prod.-programms in den letzten fünf Jahren:	58	71	72
— durch Einschränkung	9	5	11
— durch Ausweitung	64	59	72
— durch Umstellung	27	36	17
Änderungen d. Prod.-programms in den kommenden fünf Jahren:	32	50	44
— durch Programmeinschränkung	20	6	13
— durch Programmausweitung	10	19	13
— durch Anpassung an neue Marktverhältnisse	60	50	33
— aufgrund technologischer Aspekte	—	12	20
— Sonstige Gründe	10	13	20

Quelle: Eigene Erhebungen 1982

Tab. 43: Produkt- und Verfahrensinnovationen bei Industriebetrieben in Tirol (n = 93; Angaben in %)

Größenklasse der Betriebe	Betriebe, die			
	eigene Forschungen betreiben	eigene Patente angemeldet haben	Lizenznehmer sind	Innovationsprojekte haben
20—49 B.	11	21	29	35
50—99 B.	30	44	19	54
100 u.m. B.	55	43	43	67
INSGESAMT	33	57	32	53

Quelle: Eigene Erhebungen 1982

Für SÜDTIROL war 1981 von der Universität Innsbruck eine ähnliche Erhebung durchgeführt worden, wobei allerdings auch andere, nur am Rande zur Industrie zu rechnende Branchen einbezogen worden waren (Bauindustrie und nichtproduzierendes Gewerbe). Dabei ergibt sich insgesamt natürlich eine noch geringere Forschungs- und Innovationsintensität. 70% der Unternehmen betreiben keine eigene Forschung und Entwicklung, bei weiteren 9% werden entsprechende Arbeiten im Mutterhaus durchgeführt oder extern vergeben. Nur 17% der Betriebe haben eigene Patente angemeldet, 9% acquirieren fremde Lizenzen. 40% der Unternehmen haben in den letzten 5 Jahren ihr Produktionsprogramm nicht geändert.

Bei den branchenspezifischen Ergebnissen, die angesichts des Ausgangssamples noch am besten verglichen werden können, unterscheiden sich die Angaben nur wenig. Relativ forschungsintensiv ist in beiden Fällen die Chemie und die Kunststoffindustrie (mit einem deutlichen Übergewicht im Norden). Innovationsrückstände ergeben sich vor allem im Textilbereich und bei den sonstigen Branchen.

Tab. 44: Forschung und Innovation in Nord- und Südtirol (Angaben in %)*

Branche	Betriebe, die							
	eigene Forschungen betreiben		eigene Patente angemeldet haben		Lizenznehmer sind		Innovationsprojekte haben	
	Nordt.	Südt.	Nordt.	Südt.	Nordt.	Südt.	Nordt.	Südt.
Metall	41	45	63	45	33	18	35	22
Textil	21	20	0		5	0	37	20
Chemie	50	62	52	23	58	31	73	31

* Betriebe mit 10 u. mehr Besch. in Südtirol, mit 20 u. mehr in Tirol.

Quelle: Zentrum für Technologie und Entwicklung (Hrsg.), 1981; eigene Erhebungen 1982.

Eine Schweizer Auftragsstudie über „Entwicklungsengpässe und Innovationsverhalten bestehender Betriebe im Berggebiet" bescheinigt den überwiegend kleinen Betrieben zwar eine vergleichsweise hohe Innovationsintensität, die sich etwa proportional zu den Aufwendungen großer Firmen verhalte[106]. Die Daten sehen gleichwohl kaum anders aus als in den österreichischen und italienischen Untersuchungsgebieten. Oft handelt es sich überdies, schon aus finanziellen Gründen, nicht um regelmäßige Innovationstätigkeit, sondern um Fall-zu-Fall-Projekte.

15% der befragten Unternehmen waren zum Zeitpunkt der Befragung mit Innovationsprojekten in irgendeiner Form befaßt, dieselbe Anzahl vergab ganz oder teilweise Innovationsaufträge außer Haus an Entwicklungsbüros sowie Technologie- und Lizenzberater. In seltenen Einzelfällen wird für Verfahrensinnovationen auch mit Hochschulen zusammengearbeitet.

Wichtigste Informationsquelle für Innovationen sind, wie in anderen Fällen auch, neben Fachzeitschriften und Messen vor allem die Lieferanten und Kunden sowie die Konkurrenz. Persönliche Kontakte spielen eine wichtige Rolle. Der Schwerpunkt der Innovationstätigkeit liegt bei Produktionsinnovationen (darunter vor allem Verbesserung bestehender Produkte und Herstellung neuer Produkte mit der vorhandenen Fertigungstechnik; siehe Kap. 5.3.2.). Verfahrens- und Absatzinnovationen treten demgegenüber zurück[107].

Trotz einer relativ großen Innovationsbereitschaft haftet betrieblicher Innovation im Berggebiet der Schweiz oft etwas Zufälliges und Unsystematisches an; in der Durchführung scheitert vieles an mangelnder Verfügbarkeit von Technikern und „Kaderleuten" (siehe Kap. 5.2.1). Auffallend ist generell „eine starke Orientierung auf Gegenwarts- und Detailprobleme. Elemente strategischer Unternehmensführung waren nur in einzelnen Fällen, vor allem bei größeren Unternehmen, sichtbar" (ABT et al., 1981, S. 14). Gegenüber einer „beamtenmäßig" organisierten, staatlichen Innovationsförderung herrscht große Skepsis (ebd., S. 61).

So offenkundig sich bei vielen alpinen Industrieunternehmen regionale Innovationsunterschiede und Innovationsdefizite feststellen lassen, so schwer ist die Frage zu beantworten, in welchem Maße tatsächlich räumlich-regionale Ursachen hierfür verantwortlich sind. Regionale Divergenzen lassen sich nicht selten auf strukturelle Ursachen wie hohe Anteile an Zweigbetrieben ohne dispositive Funktionen oder eine dominante klein- und mittelbetriebliche Struktur zurückführen (vgl. hierzu GIESE/ NIPPER, 1984), wobei vor allem die strukturell unterschiedliche Adaptionsfähigkeit von Betrieben wichtig ist, die BOCKELMANN/WINDELBERG (1984) mit dem Begriff des „aktiven oder reaktiven" Unternehmens umschreiben.

Jüngere empirische Innovationsstudien aus der Schweiz (siehe zusammenfassend AREND/STUCKEY, 1984; MAILLAT, 1984) belegen in der Tat nur schwach ausgeprägte räumlich-systematische Unterschiede zwischen den verschiedenen Gebietskategorien. Am ausgeprägtesten sind die Divergenzen noch bei einigen „Outputindikatoren" des Innovationsverhaltens. So wird in peripheren Regionen verstärkt über Nachteile bei der Einführung neuer Maschinen und Verfahrenstechniken sowie der Organisation der Arbeit geklagt. Als Innovationshindernis ersten

---

106 ABT/BELLWALD/ZURSCHMITTEN (1981). In die Untersuchung einbezogen wurde ein relativ kleines Sample von 30 Betrieben in den Kantonen Graubünden und Wallis, darunter 24 Industrieunternehmen. Nur 4 Betriebe verfügten über mehr als 100 Beschäftigte. Befragt wurden 16 weitgehend selbständige Firmen, 8 teilselbständige und 6 abhängige Unternehmen.
Die Erhebungen fanden teilweise zur selben Zeit statt wie die Befragungen des Verfassers; zwischen beiden bestand Kontakt bezüglich der Auswahl der Betriebe und Unterrichtung über die vorläufigen Arbeitsergebnisse.
107 Verfahrensinnovationen dominieren bekanntlich bei den größeren Unternehmen.

Ranges kann natürlich die schon mehrfach angeführte schwierige Rekrutierung qualifizierter Arbeitskräfte angesehen werden (siehe AREND et al., 1983, S. 115 ff.).

Für die Diffusion von Produkt- und Verfahrensinnovationen im Gebirge spielt die räumliche Entfernung zu Kommunikationszentren natürlich insofern eine Rolle, als Anstöße für betriebliche Innovationen meist von außerhalb kommen. Die postalische Umfrage, die der Untersuchung von STUCKEY (1983) zugrundeliegt, belegt die deutlich inverse Bedeutung der Lieferanten für die Einführung neuer Maschinen bzw. Fertigungsverfahren und der Abnehmer bei der Einführung neuer Produkte und Leistungen. Daneben spielen für die Diffusion von Neuerungen persönliche „face to face"-Kontakte eine wichtige Rolle. Auch „dies hat zur Folge, daß die Überwindung räumlicher Distanzen trotz geringer Kosten der nichtpersönlichen Informationsvermittlung sich als ein wesentlicher Engpaß der Neuerungsdiffusion abzeichnet" (AREND et al., 1983, S. 9).

Tab. 45: Innovationshindernisse bei Industriebetrieben in der Schweiz (in %)

Als Innovations- hindernis genannt	Zentrums- gebiete (n = 324)	Tradit. Indu- strieregionen (n = 433)	Tourismus- peripherie (n = 23)	Landwirt.- peripherie (n = 21)	INSGES. (n = 801)
zu geringe Gewinnchancen	23	23	17	24	24
zu großes Risiko	21	22	22	5	21
Mangel an Eigenkapital	17	16	17	24	17
Mangel an Fremdkapital	4	3	4	10	3
Mangel an qualifizierten Kräften	11	13	17	24	13
Mangel an unqualifizierten Kräften	10	9	4	—	9
Mangelnde Bereitschaft der Arbeitnehmer für Neues	5	4	4	5	4
Unabhängigkeitsverlust	4	4	4	—	4
Zu weit weg von Informationsquellen	2	2	—	5	2
unzureichende Förd. durch öffentl. Hand	3	3	9	5	3

Quelle: AREND et al., 1983, S. 80; AREND/STUCKEY; 1984, S. 35

Entgegen landläufiger Meinung konstatieren die Schweizer Untersuchungen eine deutlich höhere Innovationsfreudigkeit der Filial- und Zweigbetriebe gegenüber den autochthonen Einbetriebsunternehmen. Dies gilt sowohl für die Erschließung neuer Absatzmärkte wie die meisten technischen Neuerungen (siehe AREND/STUCKEY, 1984, S. 31). Ursache hierfür ist nach Meinung der Autoren, daß die Filialen an den Forschungs- und Entwicklungseinrichtungen ihres Hauptbetriebs teilnehmen, an dessen Liefer- und Abnehmerkanäle angeschlossen sind und finanziellen sowie „imagemäßigen" Rückhalt durch den Hauptbetrieb genießen.

„Die formelle (und faktische) Unterstellung der Zweig- bzw. Filialbetriebe einem Hauptbetrieb eröffnet den ersteren Partizipationsmöglichkeiten an Einrichtungen und Voraussetzungen, die ihnen ansonsten überhaupt nicht oder ohne die Vorteile der ‚economies of scale' zur Verfügung stehen würden. Die ‚Schattenseite' dieser Vorteile ist der weitgehende Entzug der Kompetenzbefugnisse und Eingliederung in ein System unternehmensinterner Arbeitsteiligkeit." (AREND et al., S. 55).

Die Untersuchungsergebnisse aus der Schweiz deuten an, daß das regionale Innovationspotential primär durch strukturelle Unterschiede der Unternehmenstypen und die interne Organisationsstruktur der Betriebe bestimmt ist und erst in zweiter Linie durch räumliche und standörtliche Faktoren (z.B. wirtschaftsräumliche Lage und Integration in das Netzwerk von Material- und Kommunikationsverflechtungen). Vor allem selbständige und unselbständige Betriebe befinden sich im Kontext der Innovationsproblematik in einer deutlich verschiedenen Situation. Die regional unterschiedliche Innovationsintensität erweist sich damit als in hohem Maße assoziiert mit der zunehmenden räumlichen Arbeitsteilung bzw. funktionalen Konzentration.

Zusammenfassung

Daß Betrieben in Peripherräumen aufgrund ihrer räumlichen Entfernung zu Lieferanten, Informanten und Wirtschaftsdiensten Standortnachteile und Innovationsrückstände erwachsen, wird häufig behauptet, ist jedoch keineswegs gesichert (vgl. Kap. 6.1.); von den Betrieben wird dies nicht selbstverständlich so empfunden (AREND et al., 1983, S. 64). In der Praxis spielen gleichwohl subjektive Entfernungen, vor allem beim Arrangement von face-to-face-Kontakten, nach wie vor eine wichtige Rolle.

Allerdings: Wenn das Innovationsverhalten industrieller Betriebe im Gebirge nur schwach räumlich-systematische Züge aufweist, sind natürlich auch die Möglichkeiten eines regionalen Ansatzes der Innovationsförderung beschnitten. Darüberhinaus erscheint eine regionale Förderung angesichts der Tatsache, daß heute viele Investitionsentscheidungen in den „fernen Zentralen" fallen, nicht sehr effektiv. Viele Unternehmen waren denn in Gesprächen auch der Meinung, daß die drängenden Probleme der Betriebe durch Außenstellen der Innovationsberatung nicht wesentlich gemildert oder gar beseitigt werden könnten.

6. ENDOGENES POTENTIAL UND ALTERNATIVE STRATEGIEN DER REGIONALPOLITIK

6.1. TRADITIONELLE UND „ALTERNATIVE" STRATEGIEN ZUR WIRTSCHAFTLICHEN ENTWICKLUNG UND SICHERUNG PERIPHERER REGIONEN

6.1.1. Die traditionelle Förderpolitik in der Krise

Die Analyse der quantitativen Industrieansiedlungspolitik im Alpenraum (Kap. 4) hat insgesamt meist beachtliche Ansiedlungserfolge, zugleich aber auch strukturelle Einseitigkeiten der Branchen und der Arbeitskräftequalifikationen aufgezeigt (Kap. 4.2.). Eine dauerhafte Lösung der Wirtschaftsstrukturprobleme im Alpenraum ist kaum irgendwo gelungen. Dies tritt seit den Konjunktureinbrüchen der siebziger Jahre wieder mit Schärfe ans Licht. Allenthalben besteht die Gefahr, daß Zweigbetriebe geschlossen, die Arbeitsplätze wieder abgebaut und Firmen verkauft und umstrukturiert werden.

Die bis in die siebziger Jahre anhaltende interregionale Mobilität von Betrieben und Kapital hat sich auch im Alpenraum drastisch verringert. Damit fehlt der „entscheidende Impulsgeber" (HAHNE, 1984, S. 36), die „Manövriermasse" an ansiedlungswilligen Unternehmen als Stimulans der weiteren Regionalentwicklung (siehe EVERS/WETTMANN, 1978; BRUGGER, 1981; HANSER/HUBER, 1982).

Neben solchen gesamtwirtschaftlichen Veränderungen trugen auch einige „systemimmanente" Mängel der traditionellen Förderstrategie zur derzeitigen Krisensituation bei: die insgesamt GERINGEN ANREIZEFFEKTE der überwiegend rein finanziellen und infrastrukturellen Hilfen, ihre stark SELEKTIVEN WIRKUNGEN sowie einige kontraproduktive NEBENEFFEKTE und VOLLZUGSDEFIZITE (siehe HANSER, 1985, S. 33 ff.).

Da technisch-materielle INFRASTRUKTURVORLEISTUNGEN (Erschließung von Industriegebieten, Straßenbau, Energieversorgung ...) heute in hochentwickelten Volkswirtschaften zum selbstverständlichen „Vorleistungsfächer" der öffentlichen Hand gehören und damit quasi ubiquitär angeboten werden (vgl. FREY, 1979, S. 108), vermögen sie die Standortentscheidung von Unternehmen allenfalls im lokalen und subregionalen Rahmen zu beeinflussen, als eine notwendige, aber nicht hinreichende Bedingung (vgl. FREY, 1972, S. 40). Umgekehrt reicht das Angebot an „humanen", haushaltsbezogenen Infrastruktureinrichtungen und -leistungen (Schulen, kulturellen Einrichtungen ...) in den Peripherräumen im Gebirge oft nicht aus, um Wohnortentscheidungen qualifizierter Arbeitskräfte und Spezialisten für einen Peripherstandort zu motivieren (siehe Kap. 5.2.1.). Der hohe Wohn- und Freizeitwert im Gebirge kommt offensichtlich erst dann zum Tragen, wenn zunächst die Einkommens- und Arbeitsplatzsituation befriedigend gelöst ist. Was Arbeitsplatzvielfalt und Aufstiegschancen anbetrifft, sind jedoch die Verdichtungsräume außerhalb des Gebirges nach wie vor konkurrenzlos. Infrastrukturförderung trägt damit nur wenig zur Kompensation von Standortnachteilen peripherer Regionen bei.

Ähnlich sieht es mit den DIREKTEN KAPITALHILFEN (Darlehen, Zuschüsse, zinsverbilligte Kredite ...) aus. Ihr häufig belegter „Mitnahmeeffekt" läßt sie allenfalls dann entscheidungswirksam werden, wenn die primären Standortvoraussetzungen (Flächen, Arbeitskräfte) erfüllt sind, „die

6.1. Traditionelle und „alternative" Strategien

Betriebe (führen) konkrete Verhandlungen um finanzielle Vergünstigungen mit den zuständigen Instanzen ... erst dann ..., wenn die Grundstücksfrage bereits gelöst ist und damit ein anderer Standort eigentlich kaum mehr in Frage kommt" (HANSER, 1985, S. 35; siehe BREDE, 1971; HANSMEYER et al., 1973; FREUND/ZABEL, 1978).

„SELEKTIVE WIRKUNGEN" der staatlichen Förderpolitik wurden in allen Untersuchungsgebieten deutlich. Ins Gebirge kamen nur bestimmte Betriebe, oft solche, die man gar nicht unbedingt anlocken wollte. Fehlende Arbeitskräftequalifikationen und die Tatsache, daß Standortinformationen bevorzugt die größeren Unternehmen erreichen, diese auch am ehesten zu überregionalen Standortentscheidungen fähig und bereit sind, begünstigten in der Regel Zweigwerkgründungen größerer Konzerne, die oft wenig zur weiteren Entwicklung der Regionalwirtschaft beitragen (siehe Kap. 6.2.2.).

Unter ZIELWIDRIGEN NEBENEFFEKTEN lassen sich mit HANSER (1985, S. 38f.) schließlich kontraproduktive Folgen der Wirtschaftsförderung verstehen, daß z.B. der Ausbau von überregionalen Verkehrswegen weniger der besseren Anbindung der peripheren Wirtschaft dient als vielmehr das Auspendeln in die Zentren begünstigt, daß die Förderung der Berufsausbildung nicht ein qualifiziertes Arbeitskräfteangebot vor Ort schafft, sondern nur die Abwanderung dieses Personenkreises in die Verdichtungsräume beschleunigt etc.

Die Einsicht, daß in Infrastrukturmängeln und fehlendem Kapital nicht (mehr) das Haupthindernis betrieblicher Ansiedlungen liegt, verbunden mit der Erkenntnis, daß die überregionale Mobilitätsneigung der Unternehmen sich drastisch verringert hat, d.h. daß es nur mehr wenig aus den Zentren in die Peripherie „umzuverteilen" gibt, schließlich auch das Gefühl, im Kontext der wirtschaftlichen Entwicklung der Verdichtungsräume in einen Sog sozio-ökonomischer und kultureller Entfremdung geraten zu sein und allmählich die regionale Eigenständigkeit zu verlieren — all dies verleiht seit einigen Jahren der Diskussion um regionalpolitische Alternativen Schubkraft, welche die Peripherräume stärker auf eigene Füße stellen wollen (siehe zusammenfassend STIENS, 1982). Solche „endogenen" Entwicklungsstrategien suchen

„Entwicklungsprobleme möglichst intraregional zu lösen und intraregional sich bietende Entwicklungschancen auch zu nutzen, ohne dabei ökologische und ökonomische negative externe Effekte zu erzeugen" (HAHNE, 1984, S. 36).

Wie immer, wenn wirtschaftliche Gesichtspunkte mit Ideologie sowie Fragen politischer und administrativer Entscheidungsmacht verknüpft werden, bleibt die konkrete Füllung der Begriffe — selektiv eigenständig, autozentrisch, endogenes Potential, regionale Identität — ziemlich inhaltsleer. Mindestens drei unterschiedliche, wenngleich inhaltlich miteinander verwobene Strategien verbergen sich hinter den zitierten Schlagworten:

1. Eine Wirtschaftspolitik der „ENTWICKLUNG VON UNTEN", die ihr Augenmerk auf eine autozentrische, primär durch innerregionale Leistungsverflechtungen geprägte Wirtschaftsentwicklung richtet und Entwicklungsimpulse aus der Region selbst, also endogen, erwartet.
2. Eine sozialökonomisch orientierte Politik der FÖRDERUNG „REGIONALER IDENTITÄT", welche die wirtschaftliche Dynamik einer Region nicht zuletzt auch von deren sozio-kulturellen Grundlagen bestimmt sieht (vgl. DORFMANN, 1983; BASSAND, 1984). Das Eintreten für die „jeweiligen Lebensinteressen" evoziert, sich fernfunktionaler Fremdbestimmung zu entziehen und regionale Besonderheiten vor übergreifender „Gleichschaltung" zu bewahren (BARTELS,

1978, S. 51). Regionalbewußtsein bildet dabei eine wichtige Voraussetzung weiterer wirtschaftlicher Entwicklung.
3. Schließlich eine INNOVATIONS- und BESCHÄFTIGUNGSORIENTIERTE REGIONALPOLITIK mit dem Ziel der Erhaltung des bestehenden regionalen Potentials, d.h. der marktgerechten Anpassung und Erneuerung von Produktionszweigen, insbesondere der Förderung von kleinen und mittleren Betrieben an ungünstigen Standorten (siehe Kap. 5.4.3.).

6.1.2. Die Strategie einer selektiv eigenständigen Entwicklung peripherer Regionen

Die traditionelle, mobilitätsorientierte Ansiedlungsstrategie brachte nicht selten eine rasche Verbesserung der Beschäftigtensituation und Wirtschaftskraft für die Periphergebiete, trug aber mittelfristig, gewollt oder ungewollt, zu einer Verstärkung ihrer „funktionalen Desintegration" bei, nicht zuletzt „durch den vorrangigen Ausbau der Verkehrswege von den Kernräumen in die peripheren Gebiete und durch Kapitalanreiz für Betriebsneugründungen oder -verlagerungen aus den Kernräumen. Das Schwergewicht lag dabei auf der Förderung von Industrieneugründungen mit EXTRAREGIONALEN ABSATZMÄRKTEN oder in der Fremdenverkehrsförderung für EXTRAREGIONALE TOURISMUSNACHFRAGE (Hervorheb. durch den Verf.) ... Die meist eng spezialisierte industrielle Außenorientierung (bei Fehlen ergänzender Industriezweige) trug zur Auflösung regionaler Wirtschaftskreisläufe bei und verstärkte ... die Labilität der Beschäftigung in ausgelagerten Zweigbetrieben" (STÖHR, 1981, S. 4).

Ziel aller „endogenen" Strategien ist damit im Gegenzug, anstelle einer „Umverteilung von Ressourcen aus hochentwickelten Kernräumen in entwicklungsschwache periphere Gebiete" (STÖHR, 1981, S. 8) vor allem die bestehenden nah- und regionalversorgenden Betriebe zu fördern und intensive INNERREGIONALE Wirtschaftskreisläufe ohne enge sektorale Spezialisierung aufzubauen.

Im Grunde wird bei solchen Konzepten eine Regionalentwicklung auch für Industriestaaten angestrebt, wie sie für die Entwicklungsländer schon seit längerem diskutiert und bis heute propagiert wird: die „zumindest partielle Abkoppelung der regionalen Wirtschaft von der größeren Volkswirtschaft mit der Folgewirkung, nunmehr mit den regionalen, vergleichsweise unergiebigen Ressourcen konkurrenzlos für den regionalen Markt produzieren zu können ..." (BARTELS, 1984, S. 12; vgl. auch STÖHR/TAYLOR, 1981; STIENS, 1982). Natürlich muß sich angesichts der vielfältigen Interdependenzzusammenhänge in Industriestaaten, in denen sich auch die Alpenstaaten befinden, eine „Dissoziationsstrategie" wie bei Entwicklungsländern sowohl hinsichtlich ihrer politischen Implikationen wie ihrer wirtschaftlichen Nebeneffekte als undurchführbar erweisen. Letztlich kann es nicht um eine nur auf innerregionale Verflechtungseffekte abstellende Wirtschaftsentwicklung gehen, sondern es müssen „die potentiellen Faktoren und Fähigkeiten, die im interregionalen Austausch vorteilhaft sein können", entwickelt werden (HAHNE, 1984, S. 36). Entwicklungsziel ist dabei die Spezialisierung auf regionale Ausstattungsvorteile, im Falle des Alpenraumes z.B. auf natürliche Ressourcen sowie das „Humankapital" der Bevölkerung, wobei die Aktivierung regionaler Potentiale meist verstanden wird als „Bestandspflegepolitik im weitesten Sinn" (HAHNE, 1984, S. 43), d.h. sie hat ohne auf interregionale Kapitalzuflüsse zu schielen, primär von den vorhandenen Möglichkeiten auszugehen.

Konkrete Ziele und Handlungsanweisungen einer solchen Regionalförderung zeichnen sich allerdings erst in Umrissen ab. Mit STÖHR (1981), BASSAND (1984) und HAHNE (1984) lassen sich im Hinblick auf die Alpenstaaten nennen:

A) Hinsichtlich der STÄRKUNG DER REGIONALEN WIRTSCHAFTSKRAFT und der EFFEKTIVEN NUTZUNG REGIONALER RESSOURCEN

— Nutzung regionaler Energie- und Rohstoffquellen (Wasser, Holz, Sonne), die ja in der Vergangenheit schon z.T. die industrielle Entwicklung bestimmt haben (metallerzeugende Industrie, auf Hydroenergie basierende Branchen). Zu achten ist jedoch auf Produktionen, die die Umweltqualität erhalten oder verbessern.
— Nutzung freier Ressourcen im Bereich des Arbeitsmarktes, insbesondere Abbau der „versteckten" Arbeitslosigkeit (u.a. beim Saisongeschäft des Fremdenverkehrs). Allerdings stehen der „Nicht-Nutzung" von Arbeitskräftepotentialen auf der anderen Seite die aufgezeigten, sehr ausgeprägten Qualifikationsmängel in bestimmten Arbeitsmarktbereichen gegenüber (siehe Kap. 5.2.1.).
— Nutzung unausgeschöpfter Expansionsmöglichkeiten vor allem bei Klein- und Mittelbetrieben, verbunden mit einem nicht genügend aktivierten Innovationspotential. Mentalitätsbedingte Innovationshemmnisse führen zu verspäteten Neuinvestitionen, unterbliebenen räumlichen Ausweitungen oder einem nur zögernden Einstieg in das Exportgeschäft etc.
— Adaption technologischer Innovationen zur Produktionsdiversifikation, Einbezug möglichst vieler wertvermehrender Schritte bei der Produktion und Verwendung energiesparender und den regionalen Bedingungen angepaßter Technologien.
— Förderung von Produkten und Dienstleistungen, deren Konkurrenzfähigkeit auf qualitativen Aspekten oder „Herkunfts-goodwill" und nicht auf günstigen Preisen beruht (arbeitsintensive, qualitativ hochstehende, individuelle Erzeugnisse wie Möbel, Spielwaren, modische Bekleidung, Kunsthandwerk ...).
— Umstrukturierung bestehender Zweigwerke in Richtung auf Betriebe mit größerer Produktionstiefe und verwaltungsmäßiger Selbständigkeit.

B) Hinsichtlich der Schaffung intensiver INNERREGIONALER WIRTSCHAFTSKREISLÄUFE:

— Aktivierung ungenutzter regionaler Nachfrageressourcen z.B. im Bereich der Fremdenverkehrswirtschaft und teilweise auch der Landwirtschaft. Diese decken ihren Bedarf oft bei Anbietern außerhalb der Standortregion, obwohl Produzenten vor Ort vorhanden wären.
— Verstärkte Etablierung eines ländlichen Produktionsverbundes mit Möglichkeiten der Jobkombination (Industrie + Fremdenverkehr, Industrie + Landwirtschaft) und Mehrfachbeschäftigung (siehe ELSASSER, 1984).
— Förderung dezentraler Versorgung mit Gütern und Dienstleistungen, um die Bedeutung der außeralpinen Verdichtungsräume auf diesem Sektor zurückzudrängen.
— Förderung von räumlichen Verbundsystemen zwischen Industrie und Dienstleistungen.

C) Hinsichtlich der Förderung und Festigung REGIONALER „IDENTITÄT":

— Aktive Beteiligung der Bevölkerung an der Zielformulierung, Maßnahmenevaluation und Entscheidung regionaler Entwicklungsstrategien.

— Formulierung „eigenständiger" Entwicklungsziele, die für verschiedene Regionen voneinander abweichen.
— Erhaltung sozio-kultureller Besonderheiten der Regionen.
— Politische und administrative Aufwertung der Regionsebene durch Dezentralisierungsmaßnahmen.

Dieser noch wenig konkret formulierte Zielkatalog macht zugleich die Grenzen einer alternativen Regionalpolitik im skizzierten Sinn erkennbar. Einige der Forderungen laufen gesamt- oder regionalwirtschaftlichen Erkenntnissen entgegen. So läßt sich eine autozentrische Entwicklung sicher nur schwer gegen die marktwirtschaftliche „Eigengesetzlichkeit" zunehmender interregionaler Arbeitsteilung mit ihren komparativen Kostenvorteilen durchhalten. Die Spezialisierung auf aktuelle regionale Ausstattungsvorteile führt zu einer Zementierung des status quo und verhindert produktivere Nutzungen in der Zukunft, die Festschreibung der bestehenden Standortspezialisierung birgt zudem wieder die Gefahr neuer Monostrukturen, zu deren Abbau die Raumordnungspolitik ja gerade beitragen will. Regionale wirtschaftliche Verbundsysteme können zu einer konjunkturanfälligen Ausrichtung führen und stützen sich oft auf nur saisonales und modeabhängiges Wachstum. Die gewollte Abkoppelung von Verdichtungsräumen bedeutet natürlich auch eine Abkoppelung von Agglomerationswirkungen, Informationsströmen und damit der Diffusion von Innovationen. Bisher fehlen jedoch weiterführende Studien, die die Reichweite und Realisierbarkeit entsprechender Konzepte empirisch getestet hätten.

6.1.3. Konsequenzen

In der derzeit diskutierten Regionalpolitik für periphere Regionen verschränkt sich das praktische Ziel der Persistenzsicherung bestehender, unter anderen Standortvoraussetzungen angesiedelter Unternehmen mit der theoretischen Prämisse einer endogenen und innovationsorientierten Politik. Der Ablauf betrieblicher Entscheidungsprozesse einerseits und regionalpolitischer Steuerung andererseits wurde in Abb. 53 in seinen wichtigsten Wechselwirkungen darzustellen versucht.

Gesamtwirtschaftliche sowie regionale Streßfaktoren, die über den Filter der Wahrnehmung in das Entscheidungsspektrum des Unternehmens (als Einzelperson oder Konzern) rücken, rufen betriebliche Anpassungsmaßnahmen hervor, die im Extremfall in die Stillegung oder Verlagerung des Betriebs münden können. Im Normalfall werden jedoch zunächst Strategien der Produktions- und Standortsicherung durch innerbetriebliche und externe Anpassungshandlungen ergriffen (siehe Kap. 5.4.). Regionale Wirtschaftspolitik sucht diese Prozesse weniger durch finanzielle als beratende Maßnahmen zu stützen, u.a. durch den Abbau von Informationsdefiziten, Anregung von bevorzugt intraregionalen wie auch intersektoralen Wirtschaftsverflechtungen und eine entsprechende Ausbildungspolitik. Ziel ist, die zunehmenden komparativen Standortnachteile in den Peripherregionen der Industriestaaten (im überregionalen Maßstab gegenüber den Billiglohnländern, im regionalen gegenüber den Verdichtungsräumen) zu mildern und den links und rechts in Abb. 53 skizzierten „circulus vitiosus" zunehmender Verschlechterung der Standortvoraussetzungen in den Peripherregionen zu durchbrechen.

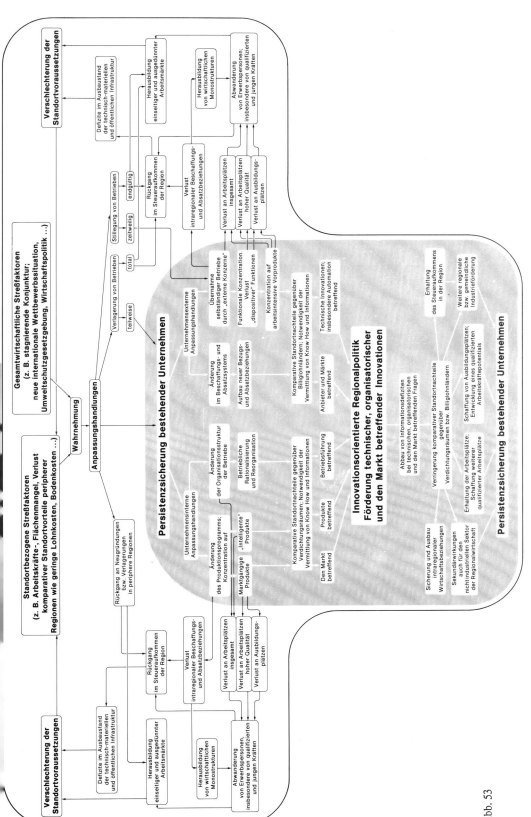

Abb. 53

Eine stärker endogen ausgerichtete Wirtschaftsentwicklung in Verbindung mit dem Abbau von Innovationshemmnissen sowie einer technologie-orientierten Förderung stellt in der Tat die „Wunschformel" sowohl der politischen Institutionen wie auch der Öffentlichkeit im Alpenraum dar. Viele jüngere Publikationen zur „Zukunft der Alpenregion" argumentieren denn auch nach diesem Muster. Gleichwohl bleiben solche Forderungen und Konzepte so lange wohlfeile Ideologie mit „beruhigender Alibifunktion" (BRUGGER, 1982, S. 164), wie ihre Reichweite und Tragfähigkeit nicht vor Ort empirisch getestet wird.

Ziel der folgenden Abschnitte ist somit, zu prüfen, ob und in welchem Umfang in der Industriewirtschaft des Alpenraumes überhaupt Ansatzpunkte für eine das endogene Potential stärkende Entwicklung bestehen und ob durch entsprechende Fördermaßnahmen das existierende Standortmuster wenigstens mittelfristig zu sichern ist.

Herausgegriffen wurde aus dem Komplex „endogene Entwicklung" vor allem der Aspekt WIRTSCHAFTSRÄUMLICHER VERFLECHTUNGEN und deren Reichweiten. Gibt es Möglichkeiten und Ansatzpunkte zur Schaffung oder Stärkung innerregionaler Wirtschaftskreisläufe, existieren im Bereich der Industriewirtschaft regionalorientierte „forward and backward linkages", die gefördert werden können? Im Mittelpunkt stehen dabei Fragen des räumlich-funktionellen Verbundes von Industrieunternehmen untereinander (Mehrbetriebsverflechtungen) sowie die räumliche Orientierung der Nachfrage nach Vorprodukten/Vorleistungen und Absatzmöglichkeiten.

6.2. INNERREGIONALE VS. INTERREGIONALE WIRTSCHAFTSKREISE

Produktionsbetriebe der Industrie existieren nicht unabhängig von ihrem wirtschaftlichen Umfeld, sie bilden vielmehr „offene Systeme", die über den Einkauf von Materialien (Rohstoffe, Fertigprodukte, Betriebsstoffe), über diverse Serviceleistungen und schließlich den Verkauf (an andere Betriebe, Händler oder den Endverbraucher) mit anderen industriellen bzw. tertiärwirtschaftlichen Unternehmen verflochten sind[108]. Art, räumliche Ausrichtung und Reichweite solcher Verflechtungen ergeben Hinweise auf die Struktur von Wirtschaftsräumen und den Grad der Integration eines Unternehmens in regionale Wirtschaftsabläufe. Vereinfacht kann dabei von der These ausgegangen werden, daß in ihren Verflechtungen nah- und mittelbereichsorientierte Unternehmen die Wirtschaftsentwicklung einer Region positiv beeinflussen, indem sie über die ursprünglich geschaffenen Arbeitsplätze hinaus zusätzliche regionale Wachstumsimpulse auslösen, weitere Betriebe anziehen, einen differenzierten und qualifizierten Arbeitsmarkt aufbauen, während fernorientierte Betriebe weitgehend unabhängig von der Regionalwirtschaft existieren und mitunter wie ein Fremdkörper in ihrer Standortregion wirken.

---

108 Vgl. MIKUS (1984, S. 53): „Wirtschaftliches Handeln impliziert vielfältige Verflechtungen im Raum mit recht unterschiedlicher Reichweite. Dazu gehören Kapitalverflechtungen ebenso wie Austausch von Gütern oder die Nutzung von Dienstleistungen an verschiedenen Standorten. Die räumliche Trennung von Angebot und Nachfrage, die sich in Verkehrsspannungen äußert, und die Zunahme arbeitsteiliger Produktion mit dem Trend zur Spezialisierung der Betriebe sind wichtige geographische Prozesse, die sich nach dem Zweiten Weltkrieg noch verstärkt haben."

6.2.1. Formen industrieller Verflechtungen

Das Netz organisatorischer und materialmäßiger Verflechtungen der Industrie ist sehr dicht und vielfältig. Unterscheiden lassen sich periodische wie permanente Kontakte und Verflechtungen, intra- wie intersektorale, nah- wie fernorientierte[109]. Neben den Kauf- und Absatzbeziehungen MATERIELLER Güter sind auch die vielfältigen IMMATERIELLEN Kontakte und Informationsströme einzubeziehen (vgl. STAUDACHER, 1984).

In nicht wenigen Branchen liegen die verschiedenen Bearbeitungsgänge bis zum Endprodukt in unterschiedlicher Hand. So werden in der Textilindustrie über Lohnveredlungsaufträge die Zwischenfabrikate (z.B. Rohgewebe) an selbständige Sub-Unternehmen zum Bleichen, Färben, Bedrucken oder Beschichten weitergegeben. In der Metallindustrie werden nicht selten Arbeiten wie Eloxieren, Lackieren, Emaillieren von darauf spezialisierten Unternehmen übernommen (vgl. SCHICKHOFF, 1983, S. 1 f.).

Enger noch ist das Netz an Serviceverflechtungen. Für die Reparatur hochwertiger Maschinen müssen auswärtige Spezialisten herangezogen werden, für die Lohnrechnung und Buchhaltung evtl. ein externes Rechenzentrum. Das Spektrum externer „Wirtschaftsdienste" (STAUDACHER, 1984) reicht von Unternehmensberatung und diversen Managementdiensten über Rechts- und Steuerberatung, geg.-falls ein externes Mahnwesen bis zur Inanspruchnahme einer Zentralküche für die Mahlzeiten der Belegschaft, zur Verpflichtung von Reinigungsdiensten (Putzkolonnen für Büros oder Fenster) oder den firmenfremden Nachtwächter eines Wach- und Schließdienstes.

Eine erste Ordnung in Formen industrieräumlicher Verflechtungen läßt sich über eine Reihe von Dichotomien (Gegensatzpaaren) bringen. Mit BATER/WALKER (1977), SCHICKHOFF (1983) und STAUDACHER (1984) lassen sich unterscheiden:
— materielle vs. immaterielle Verflechtungen
— forward vs. backward linkages
— innerbetriebliche vs. außerbetriebliche Verflechtungen (mit der Zwischenform der Mehrbetriebsverflechtungen)

Zu MATERIELLEN Verflechtungen der Industrie, vor allem den Kauf- und Absatzbeziehungen, gibt es inzwischen eine umfangreiche Literatur, auch von geographischer Seite[110]. IMMATERIELLEN Kontakt- und Informationsbeziehungen[111] wurde hingegen erst in wenigen geographischen

---

109 Mit MIKUS (1984, S. 71) lassen sich drei hauptsächliche Formen wirtschaftlicher Verflechtungen unterscheiden. Nach dem Kriterium
— der ZEIT: einmalige, temporär befristete oder permanente,
— des RAUMES: intra-, interregionale und transnationale,
— nach den WIRTSCHAFTSSEKTOREN: intra- und intersektoral ausgerichtete.
110 Siehe z.B. die bekannte Arbeit von BRÖSSE, 1971; vgl. von geographischer Seite GROTZ, 1979; SCHICKHOFF, 1983.
Einen frühen Versuch, von geographischer Seite industrieräumliche Verflechtungen zu analysieren, unternahm A. KOLB 1951. Er unterschied vier verschiedene Räume, in die jedes industrielle Unternehmen eingebunden ist: den Materialraum, den Kraftstoffraum, den Arbeiterwohnraum und den Konsumraum. Aufgabe der Industriegeographie ist es, solche Raumbeziehungen von Industrieunternehmen zu analysieren. Leider hat diese Betrachtung in der Folgezeit nur wenig Vertiefung erfahren.
111 Z.B. Bestellungen per Telephon oder Informationsaustausch in „face-to-face-Kontakten" etc.

Arbeiten ein Augenmerk geschenkt (SCHICKHOFF, 1981, 1985; SCHAMP, 1986), „was sich zweifellos auf Schwierigkeiten der Erfassung und Meßbarkeit dieser immateriellen Verflechtungen zurückführen läßt" (SCHICKHOFF, 1983, S. 12).

Als FORWARD LINKAGES (vorwärtsgerichtete Verknüpfungen) eines Industrieunternehmens werden die Output-Verflechtungen seiner Güter bezeichnet, z.B. Verkauf an andere Industriebetriebe (im Falle von Investitionsgütern) oder an den Endverbraucher (im Falle von Konsumgütern). Rückwärtsgerichtete Beziehungen (BACKWARD LINKAGES) bestehen zu den Anbietern der Inputs, stellen also Einkaufsverflechtungen dar.

In der Industriegeographie werden unter industriellen Verflechtungen in der Regel AUSSERBETRIEBLICHE Beziehungen verstanden. Verflechtungen, die sich innerhalb eines Industrieunternehmens abspielen (betriebliche Organisation mit Einrichtung von Lagern, Produktionshallen, Abteilungen für Verpackung und Versand . . .) sind Gegenstand der Betriebswirtschaftslehre. Eine auch geographisch hochinteressante Zwischenform bilden allerdings unternehmensinterne Verflechtungen zwischen MEHRBETRIEBSUNTERNEHMEN, d.h. Unternehmen mit mehreren Produktionsstätten. Der Grad betrieblicher Arbeitsteilung und die Menge zwischenbetrieblicher Transporte ist hier oft erstaunlich groß.

Von geographischem Interesse sind vor allem die RÄUMLICHEN KOMPONENTEN industrieller Verflechtungen, also die Distanzen und Reichweiten zwischen Angebot und Nachfrage bei Kauf- und Absatzbeziehungen, die räumliche Struktur von Konzernverflechtungen etc.

„Die Unternehmen können nun für den Kauf ihrer benötigten Materialien nahe gelegene oder weit entfernte Bezugsquellen in Anspruch nehmen, sie können ihre Produkte auf dem lokalen Markt absetzen oder Geschäftsbeziehungen zu weit entfernten, z.B. im Ausland gelegenen Märkten aufbauen und sie können die benötigten Dienstleistungen in der Standortgemeinde selbst oder in anderen Klein-, Mittel- oder Großstädten nachfragen" (SCHICKHOFF, 1983, S. 4).

In Abb. 54 wurden die wichtigsten Komponenten industrieräumlicher Verflechtungen systematisch zusammengestellt. Die zentralen betrieblichen Aufgaben des Ein- und Verkaufs, der Produktion und Verwaltung sind eingebettet in entsprechende materielle Beziehungen (Einkauf und Absatz) sowie Informations- und Leistungsverflechtungen (Produktion, Verwaltung).

Zu den EINKAUFSBEZIEHUNGEN werden alle Zukäufe an Rohmaterialien, Halb- und Fertigprodukten sowie „Hilfsstoffen" (z.B. Energie) gerechnet, die für die Produktion benötigt werden. Diese können zahlreich, aber von vergleichsweise geringer standörtlicher Bedeutung sein wie im Falle der Automobilindustrie, bei der zwar Zukäufe bei vielen 100 Anbietern die Regel sind, diese aber überwiegend fernorientiert und variabel aufgebaut sind (siehe GEBHARDT, 1979, S. 228 ff.). In Branchen wie der Stahlindustrie hingegen mit ihren transportkostenempfindlichen Rohstoffen Eisenerz und Kohle oder in der Textil- und Bekleidungsindustrie mit ihren verschiedenen Aufbereitungs-, Veredelungs- und Fertigungsstufen kommt den backward linkages eine gewichtige räumliche Bedeutung zu.

ABSATZBEZIEHUNGEN bestehen zu anderen Industriebetrieben, zu Groß- und Einzelhandelsunternehmen, die für den Verkauf der hergestellten Güter in Anspruch genommen werden sowie in manchen Fällen zum Endverbraucher.

Unter die PRODUKTIONSBEZOGENEN DIENSTLEISTUNGSVERFLECHTUNGEN sind Beziehungen zu Subkontraktfirmen zu rechnen sowie zu Unternehmen, von denen Maschinen, Ausrüstungsgegenstände und Ersatzteile bezogen werden wie auch zu Betrieben, die Maschinen reparieren und warten. Eine Zwischenstellung zwischen produktionsbezogenen und verwaltungsbe-

6.2. Innerregionale vs. interregionale Wirtschaftskreise

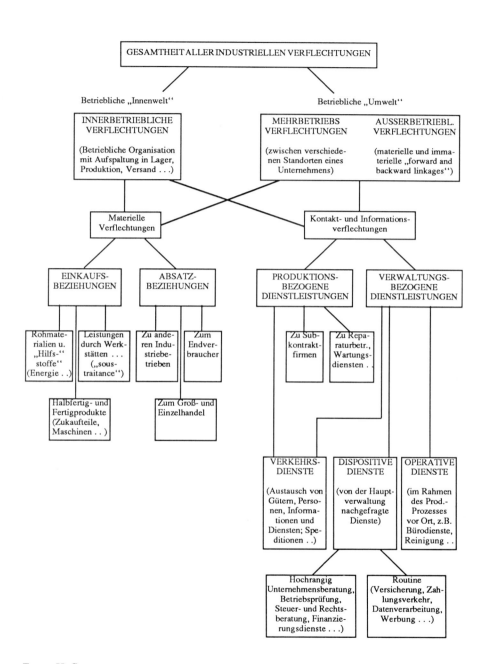

Entw.: H. Gebhardt

Abb. 54: Formen industrieller Verflechtungen

zogenen Dienstleistungen nimmt die Gruppe der Verkehrsdienste ein, unter die STAUDACHER (1984, S. 65) Transporte durch Speditionen ebenso wie den weiten Bereich des Informationsaustausches subsumiert.

Unter VERWALTUNGSVERFLECHTUNGEN schließlich werden finanzielle und kaufmännische Verflechtungen verstanden wie Inanspruchnahme von Banken, Versicherungen, Steuerberatern etc. STAUDACHER (1984) unterscheidet hier u.a. die höherrangigen, in der Regel von der Hauptverwaltung nachgefragten dispositiven Dienste (Unternehmensberatung, Betriebsprüfung) von den Routinediensten (z.B. Abwicklung des Zahlungsverkehrs, Werbung) sowie den im Produktionsalltag vor Ort nachgefragten operativen Diensten.

Aus dieser Fülle industrieller Verflechtungen werden im folgenden die beiden wichtigsten organisatorischen bzw. materialmäßigen Formen herausgegriffen und im Hinblick auf ihre räumlich-distanziellen Komponenten (Reichweitenorientierung) analysiert:
— Die MEHRBETRIEBSVERFLECHTUNGEN (Konzernverflechtungen) und Standortspaltungen und deren Auswirkungen im Alpenraum, sowie
— Räumliche Aspekte der ZULIEFER- und ABSATZBEZIEHUNGEN.

6.2.2. Mehrbetriebsverflechtungen und Probleme der Zweigwerkindustrialisierung

Charakteristisch für Peripherregionen sind sehr enge Verflechtungen der Betriebe mit den Verdichtungsräumen, im Falle industrieller Mehrbetriebsunternehmen vor allem mit den Stammbetrieben bzw. Firmen in den Zentren. Viele neugegründete Unternehmen können, besonders in der Anfangszeit, ohne know how, Vorlieferungen und Absatzorganisation einer externen Firmenzentrale nur schwer existieren. Auch in den Alpen sind die jüngeren Arbeitsstätten daher häufig unselbständige Filialbetriebe oder nur teilselbständige Tochterunternehmen, die eingebunden sind in ein dichtes Netz von Material- und Informationsverflechtungen zwischen den einzelnen Produktionsstandorten des Gesamtunternehmens. Nicht selten handelt es sich um Betriebe ohne selbständigen Einkauf und Vertrieb, ohne eigenständige Verwaltung und ohne Entwicklungsabteilungen, d.h. um reine Produktions- oder Montagebetriebe für technisch anspruchslose Fertigungsvorgänge (siehe die Beispiele in Kap. 4.2.). Nur gut zwei Drittel füllen wenigstens die Kriterien eines teilselbständigen Betriebs mit bestimmten nicht-produktiven Abteilungen[112].

Die Zweigwerkindustrialisierung im Alpenraum resultiert, wie in Kap. 3.2.4. aufgezeigt wurde, vor allem aus den Hochkonjunkturphasen der fünfziger und sechziger Jahre, als viele Unternehmen auf Standortsuche für ihre Filialbetriebe in die Alpentäler kamen. Hinzu kommt der bekannte Prozeß der Firmenkonzentration, der zu Übernahmen ehemals selbständiger Produktionsstätten durch außeralpine Konzerne führte und der bis heute unvermindert andauert. Die nur selten nahorientierte

---

112 Die Daten der Tab. 46 zeigen bei den unselbständigen Betrieben deshalb verhältnismäßig niedrige Werte, weil nur gänzlich abhängige „verlängerte Werkbänke" als Zweigwerke aufgeführt sind, nicht aber die sehr viel verbreiteteren Konzernverflechtungen verschiedener Form.

6.2. Innerregionale vs. interregionale Wirtschaftskreise

Ausrichtung der Konzernverflechtungen wird u.a. im Alpenrheingebiet deutlich, das dank seiner grenzüberschreitenden Lage die Mechanismen von Mehrbetriebsverflechtungen besonders gut verdeutlicht. Charakteristisch ist die sehr eindeutige Orientierung auf die Wirtschaftszentren der jeweiligen Staaten. Obwohl das Schweizer wie das Vorarlberger Rheintal innerhalb ihrer Staaten sehr peripher liegen und auch naturräumlich von den „Zentralräumen" ihrer Länder abgeschnitten sind (Arlberg-Barriere), weisen sie dennoch recht enge Betriebsverflechtungen auf, in Vorarlberg mit Innerösterreich, in St. Gallen und Graubünden mit dem Schweizer Mittelland. Demgegenüber bilden grenzüberschreitende Zweigwerkverflechtungen innerhalb des Alpenrheingebiets eher Einzelfälle, sieht man vom Sonderfall Liechtenstein einmal ab (siehe Abb. 23).

Tab. 46: Betriebsformen in den Untersuchungsgebieten des mittleren Alpenraums

	Betriebstyp				Betriebsart			
	Einbetriebs-unternehmen		Mehrbetriebs-unternehmen		Selbständ./teil-selbständiges Hauptwerk oder Tochterbetrieb		Unselbständiges Zweigwerk	
	Zahl	%	Zahl	%	Zahl	%	Zahl	%
Vorarlberg	81	64	46	36	84	66	43	34
Tirol	60	63	35	37	73	77	22	23
St. Gallen	44	61	28	39	52	72	20	28
Graubünden	22	65	12	35	25	74	9	26
Wallis	28	62	17	38	31	69	14	31
Tessin	131	73	49	27	135	75	45	25
Südtirol	70	70	30	30	73	73	27	27
Liechtenstein	5	29	12	71	9	53	8	47

Quelle: Eigene Erhebungen 1980—82.

Das österreichische Bundesland VORARLBERG ist allerdings als einziges Untersuchungsgebiet durch eine quasi inverse Mehrbetriebsstruktur geprägt. Viele Vorarlberger Stammbetriebe der Textilindustrie unterhalten Zweigbetriebe in Innerösterreich, vor allem in den Grenz- und Peripherräumen im Norden und Osten (Niederösterreich, z.T. Burgenland)[113]. Hinzu kommen die inzwischen deutlich reduzierten intraregionalen Verflechtungen der Textilindustrie mit temporären Zweigwerkstandorten im Bregenzer Wald (siehe Kap. 3.2.4.).

113 Hier sind vor allem die alteingesessenen, großen Textilbetriebe zu nennen. So unterhielt die Fa. B. MÄSER in Dornbirn (insges. 1300 Besch.) noch Anfang der achtziger Jahre neben 5 Betriebsstätten in Vorarlberg zwei weitere in der Steiermark (Leoben und Mürzzuschlag) sowie je eine in Ober- und Niederösterreich. J. HUBER'S ERBEN in Götzis (insges. 2250 Besch.) verfügte sogar über 13 Fertigungsbetriebe, darunter 7 in Vorarlberg, einen im Burgenland (Eisenstadt), 4 in den grenznahen Gebieten Niederösterreichs und einen in Wien. Alle diese Betriebe waren zwischen 1961 und 1969 gegründet worden, sie hatte 1981 Beschäftigtenzahlen zwischen 122 und 303.

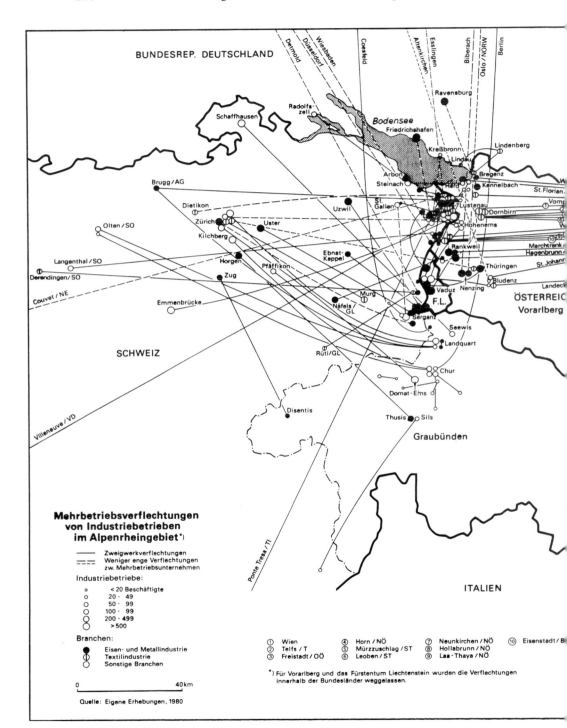

Abb. 55

6.2. Innerregionale vs. interregionale Wirtschaftskreise

Der umgekehrte Fall, Zweigbetriebe innerösterreichischer Unternehmen in Vorarlberg, tritt hingegen nur selten auf. Die wenigen Firmen, die solche Betriebe in Vorarlberg unterhalten (KÄSTLE ...), spielen mitunter mit dem Gedanken, ihre Produktion aus verkehrsgeographischen Gründen oder wegen fehlender Fühlungsvorteile ganz nach Innerösterreich zurückzulegen.

Verflechtungen von Vorarlberger Unternehmen mit der Schweiz oder der Bundesrepublik Deutschland bestehen in der Regel nur in der weniger engen Form von selbständigen Tochtergesellschaften. Im Walgau gab es in den siebziger Jahren eine Reihe von größeren Ansiedlungsprojekten, die von ausländischen Unternehmen getragen wurden (LIEBHERR, ALUWERK NENZING, HILTI; siehe Kap. 5.2.).

In den Schweizer Rheintalgemeinden sind, anders als in Vorarlberg, intraregionale Zweigwerkverflechtungen selten. Einzige Unternehmen dieses Typs sind im Kanton ST. GALLEN einige ältere Betriebe der Textilindustrie bzw. der Metallverarbeitung mit mehreren Produktionsstätten im Rheintal (und nur dort) (z.B. ROHNER AG Textilien oder WILD AG).

Hier finden wir hingegen seit den sechziger Jahren die für den Alpenraum normale Mehrbetriebsstruktur, Zweigwerkgründungen von Stammhäusern aus dem Schweizer Mittelland sowie aus der Bundesrepublik Deutschland (siehe Abb. 54). Das St. Gallener Rheintal, als Peripherraum in der Ostschweiz jahrzehntelang mit einem sehr schlechten Image bezüglich seiner Eignung als Industriestandort behaftet, erfährt dadurch eine gewisse Aufwärtsentwicklung. Symptomatisch sind hierfür gerade auch die Auslandsgründungen deutscher Unternehmen (WAGNER AG, VDO, JOTA DENTAL u. andere).

Die Industrie im BÜNDNER RHEINTAL ist, wie auch die im nordwestlich anschließenden, noch zum Kanton St. Gallen gehörigen Sarganser Land, eng und nahezu ausschließlich mit dem Schweizer Mittelland verflochten, Zweigwerke mittelländischer Unternehmen dominieren.

Aus diesem Rahmen überwiegend fernorientierter Mehrbetriebsverflechtungen der Industrie fallen nur die Betriebe im Fürstentum LIECHTENSTEIN. Fast alle großen Liechtensteinischen Betriebe haben seit den sechziger Jahren in Vorarlberg Zweigbetriebe errichtet (siehe Kap. 4.2.2.). Der Grund hierfür ist vor allem im ausgetrockneten Arbeitsmarkt zu suchen, während Vorarlberg mit seinen arbeitsintensiven Textilbetrieben, die im letzten Jahrzehnt ihren Beschäftigtenstand deutlich reduzieren mußten, recht günstige Voraussetzungen für solche Zweigwerksgründungen bot.

Im WALLIS prägt sich weniger, wie im Alpenrheingebiet, die politische Grenze in der Mehrbetriebsstruktur durch, sondern die Sprachgrenze. Während im Oberwallis fast ausschließlich Betriebe mit Stammsitz in der Deutschschweiz produzieren, kommen im französisch-sprachigen Unterwallis Beziehungen zur Welschschweiz hinzu. Werksverflechtungen bestehen, neben einigen Tochterunternehmen und Zweigwerken bekannter chemischer Betriebe (CIBA-GEIGY, LONZA) vor allem in der Metallindustrie.

Mit den meisten Zweigwerkverflechtungen weisen die jung industrialisierten Gebirgsgebiete TESSIN und SÜDTIROL auf (siehe Kap. 3.2.4.; Abb. 13 und 14), während in NORDTIROL, wo die Beschäftigtenzahlen seit dem Zweiten Weltkrieg eher stagnierten, sich fernorientierte Zweigbetriebsgründungen (insbesondere Auslandsgründungen) an den Fingern einer Hand abzählen lassen. Wie in anderen alpinen Räumen auch kam es aber im letzten Jahrzehnt verstärkt zu Übernahmen ehemals bodenständiger Unternehmen durch außeralpine Konzerne. Sehr deutlich wurde dabei die relativ enge Anbindung an Unternehmenszentralen in Wien, ein Trend, der für die übrigen, weiter östlich gelegenen Bundesländer in noch stärkerem Maße gilt (siehe TÖDTLING, 1981).

Mehrbetriebsverflechtungen im Alpenraum erweisen sich durchgängig als fernorientiert (vgl. auch MIKUS, 1979). Allenfalls in früh industrialisierten Regionen mit

6. Endogenes Potential und alternative Strategien

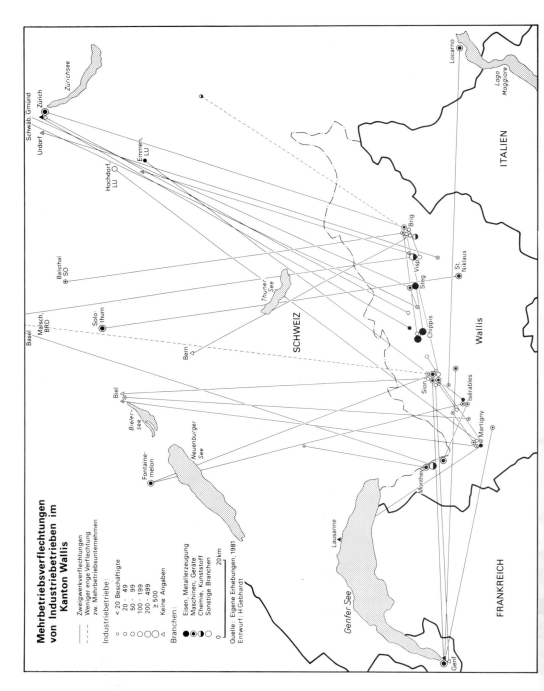

6.2. Innerregionale vs. interregionale Wirtschaftskreise

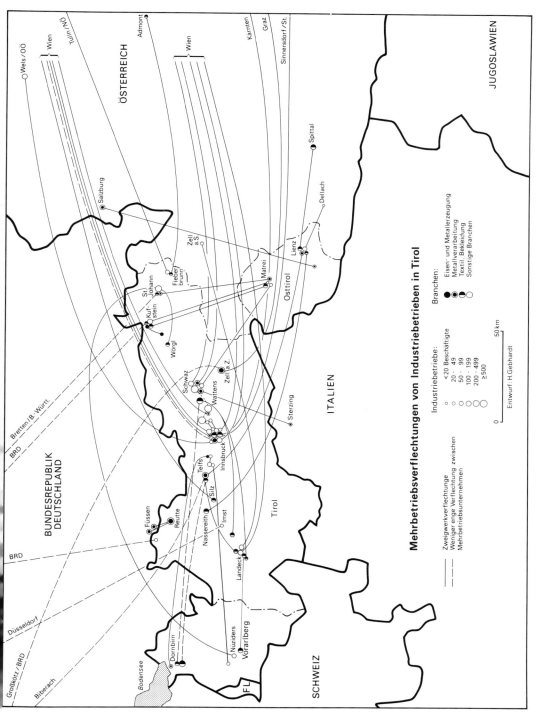

Abb. 57

spezifischer Branchenstruktur (Textilindustrie in Vorarlberg) existieren in größerem Umfang intraregionale Mehrbetriebsstrukturen (Kap. 3.2.4.). Ansonsten bestehen primär räumliche Verflechtungen zwischen Gebirge und den jeweiligen wirtschaftlichen Kernräumen der Staaten (z.B. Schweizer Mittelland) oder aber, besonders deutlich in Südtirol, zum benachbarten und sonstigen Ausland (Bundesrepublik Deutschland). Sowohl Neugründungen wie Betriebsübernahmen haben diesen Prozeß in den letzten 10 Jahren rasch vorangetrieben.

Die Gründe für STANDORTSPALTUNGEN ähneln in allen Untersuchungsgebieten denjenigen, die auch Mikus (1979) in seiner Untersuchung industrieller Verbundsysteme für Südwestdeutschland, die Schweiz und Oberitalien herausgearbeitet hat.

Tab. 47: Gründe für Standortspaltungen bei Mehrbetriebsunternehmen
(n = 108; Mehrfachnennungen möglich)

GRÜNDE	Vorarlberg	Liechtenstein	Wallis	Tessin	Tirol	Südtirol	INSGESAMT
Übernahme eines best. Gebäudes	0	1	4	2	10	0	17 (11%)
Ausschöpfen von Arbeitsreserven	8	6	5	13	10	6	52 (32%)
Günstige Absatzmöglichkeiten	3	2	0	4	8	4	23 (14%)
Niedrige Lohnkosten	2	0	1	2	3	0	8 (5%)
Sonstige Gründe	12	4	7	12	11	7	61 (38%)

Quelle: Eigene Erhebungen 1980—82

Bei den Ansiedlungsmotiven von Mehrbetriebsunternehmen, die zwischen 1970 und 1980 eine Standortentscheidung zu treffen hatten, steht an der Spitze natürlich die Hoffnung auf ein unausgeschöpftes Arbeitskräftereservoir, gefolgt vom Faktor Absatzmöglichkeiten. Die Übernahme bestehender Produktionsgebäude, die in anderen Peripherräumen mitunter eine nicht unwichtige Rolle spielt (vgl. z.B. Haas, 1970), sowie öffentliche Hilfen, treten demgegenüber zurück. Regionale Unterschiede fallen weniger ins Auge, in fast allen Gebieten erweisen sich wieder individuelle und „zufällige" Gründe als sehr wichtig.

Die regionalpolitische Bewertung der Zweigwerkindustrialisierung im Alpenraum ist bis heute kontrovers. Als negativ muß sicher die große Konjunkturempfindlichkeit und die ungünstige Qualifikationsstruktur der Arbeitsplätze angesehen werden. Allerdings halten Mikus (1979, 1981) und Elsasser et al. (1982) dem entgegen, daß vielfach andere Möglichkeiten zur Schaffung nichttouristischer Arbeitsplätze gar nicht bestehen. Nur größere gebietsfremde Betriebe besitzen in der Regel das nötige Kapital für entsprechende Investitionsvorhaben und die nötigen organisatorischen Voraussetzungen einer Produktionsaufnahme. Auch sollte der arbeitsmarktpolitische Effekt einer wenn auch nur geringen Zahl an zusätzlichen Arbeits- und Ausbildungsplätzen in alpinen Gebirgstälern nicht unterschätzt werden[114].

Die Zweigwerkindustrialisierung muß sicher je nach Branche, Region und Konzernstruktur differenziert gesehen werden. Insgesamt bleiben natürlich eine Reihe von strukturspezifischen Nachteilen, die in dieser Form nicht nur für die Alpen gelten:

— Viele Standortvorteile, die in den fünfziger und sechziger Jahren Standortspaltungen begünstigten, sind inzwischen weggefallen (z.B. Arbeitskräftereserven zu Zeiten der Hochkonjunktur, niedriges Lohnniveau im Berggebiet). Wenn es auch in keiner der von mir untersuchten Regionen bisher in stärkerem Maße zur ersatzlosen Stillegung von Zweigwerken oder Tochterbetrieben kam, so kann sich dies mittelfristig durchaus ändern.

— Unselbständige Zweigbetriebe sind meist wenig in ihre jeweiligen Standortregion verwurzelt. Qualifizierte Arbeitskräfte sind oft ortsfremd, Investitionsentscheidungen werden nach den Interessen einer weit entfernten Konzernzentrale getroffen, nicht nach regionalwirtschaftlichen Gesichtspunkten.

— Bedingt durch den Mangel an betrieblicher Autonomie und die oft niedrige Produktivität sind die Sekundäreffekte für die regionale Wirtschaft gering.

Generell bleibt festzuhalten, daß in der alpenländischen Industrie der Grad an Fremdsteuerung und Fremdbestimmung durch außeralpine Wirtschaftszentren hoch ist. Wenn man über endogene Entwicklung und innovationsorientierte Regionalpolitik im Alpenraum redet, so muß man wissen, daß nur noch in relativ wenigen Betrieben die Entscheidungsträger auch vor Ort sitzen und die Entscheidungen in der Region fallen, daß es nicht mehr allzuviele Betriebe gibt, bei denen Forschung und höherrangige Verwaltung noch im Gebirge stattfinden und daher auch vor Ort gefördert werden können.

6.2.3. Kauf- und Absatzbeziehungen

Strategien endogener Wirtschaftsentwicklung fordern neben der effektiveren Nutzung regionaler Ressourcen vor allem die Schaffung bzw. Intensivierung innerregionaler Wirtschaftskreisläufe (räumlich-funktionaler Verbundsysteme), oft ohne im einzelnen zu prüfen, ob hierfür überhaupt Ansatzpunkte und notwendige Voraussetzungen bestehen. Gerade in diesem Punkt wird m.E. ein Praxisdefizit endogenautozentrischer Wirtschaftsstrategien evident, wenn man bedenkt, daß seit 20 Jahren eine Fülle empirischer Studien[115] belegt, daß solche nahorientierten Verflechtungen in kaum einer Branche, Betriebsgrößenklasse oder Region die Regel bilden. Dies gilt sowohl für die räumliche Orientierung der backward linkages, also der Nachfrage nach Vorprodukten und Vorleistungen (Zukaufsbeziehungen) wie auch für die

---

114 Vgl. ELSASSER et al. (1982, S. 261): „Schon wenige industrie-gewerbliche Arbeitsplätze und Ausbildungsmöglichkeiten leisten ... einen wichtigen Beitrag zu einem breiteren Arbeitsplatz- und Ausbildungsspektrum".
115 Siehe u.a. die Arbeit von BRÖSSE (1971) oder die jüngeren Untersuchungen von GROTZ (1979) oder SCHICKHOFF (1983).

Ausrichtung der Absatzbeziehungen. Entfernung scheint unter den Komponenten des Nachfrageverhaltens industrieller Unternehmen heute zu den weniger wichtigen zu gehören, d.h. Preis, Verfügbarkeit und Qualität der Zulieferungen bzw. Dienstleistungen dominieren deutlich gegenüber den Kosten, die mit der Überwindung der Entfernung zum Anbieter verbunden sind (vgl. GEBHARDT, 1979 und GROTZ, 1979; SCHAMP, 1986 u.a.).

Eine deutliche FERNORIENTIERUNG der Input/Outputverflechtungen ist auch für die alpinen Betriebe unverkennbar (siehe Abb. 58 und 59). Kaum ein Betrieb bezieht seine Zulieferungen in nennenswertem Maße aus der näheren Umgebung, nur selten werden Produkte im Nahbereich abgesetzt, d.h. die Bezugs- und Absatzbeziehungen der Unternehmen laufen meist an der jeweiligen Standortregion vorbei[116]. Allenfalls manche kleineren Unternehmen (unter 100 Beschäftigte) und spezielle Branchen wie die Holz- und Druckindustrie, die Nahrungsmittelerzeugung oder mit der Baubranche verflochtene Industrien finden in nennenswertem Maße Abnehmer im eigenen Kanton (Bundesland, Provinz). Dies gilt vor allem für die relativ großen Wirtschaftsräume Tirol und Südtirol. Gegenüber Talräumen sind die engeren Berggebiete (Abb. 59) natürlich noch stärker auf ferne Lieferanten und Absatzgebiete ausgerichtet. Unabhängig von der Branche oder Betriebsgröße existieren hier innerhalb der Standortregion kaum Kauf- oder Absatzbeziehungen.

Damit sind die Materialverflechtungen insgesamt räumlich sehr ähnlich orientiert wie die Mehrbetriebsbeziehungen, die Reichweiten allerdings sind deutlich höher und reichen in manchen Branchen (z.B. Textilindustrie) bis ins außereuropäi-

---

[116] Bei empirischer Ermittlung der Materialverflechtungen gehen die vorliegenden Untersuchungen sehr unterschiedlich vor. Die aus verschiedenen Regionen bezogenen Einsatzstoffe bzw. dort abgesetzten Produkte in Geldanteilen zu erfassen, ist aufgrund der Datenlage oft nicht möglich. Ersatzweise wird in manchen Arbeiten nach den Standorten der fünf wichtigsten Lieferanten und Kunden gefragt (TAYLOR, 1973), was aber angesichts der vielfältigen Verflechtungen nur einen ersten, ganz groben Überblick vermitteln kann. Sinnvoller ist sicher, die Menge oder besser den Wert der von einem Unternehmen insgesamt bezogenen Materialien gleich 100% zu setzen und dann den Anteil zu ermitteln, den das Unternehmen aus verschiedenen vorgegebenen Regionen bezieht. Bei den Absatzverflechtungen kann analog verfahren werden (siehe zu diesem Thema den Literaturüberblick bei SCHICKHOFF, 1983, S. 39 ff.).
Räumliche Herkunft von Rohstoffen einerseits und Fertigteilen andererseits unterscheiden sich meist deutlich. Die globale Frage nach dem Bezug der benötigten Einsatzstoffe verwischt solche Unterschiede. Zumindest muß zwischen Roh- und Hilfsstoffen, den Halbfertigteilen (Zukaufteile, die im Betrieb noch weiter bearbeitet werden) und den Fertigteilen (Produkte, die ohne weitere Bearbeitung eingebaut oder benutzt werden) unterschieden werden. Gerade in geographischen Untersuchungen sind auch die Transportmittel zur Bewältigung der Materialströme von Interesse.
In meinen Erhebungen waren die befragten Industriebetriebe zunächst gebeten worden, die wichtigsten Rohstoffe, Halbfertigteile und Fertigprodukte, die sie für ihre Produktion benötigen, zu benennen. In der Anschlußfrage mußte dann die räumliche Herkunft dieser drei Gruppen nach einer Reihe von Gebietskateogrien in % des Werts aufgeschlüsselt werden. Ebenso wurde mit den Absatzgebieten verfahren.
In den Abb. 58 und 59 wurden, differenziert nach Betriebsgröße und Standort, Kauf- und Kundenbeziehungen der Betriebe in graphischer Form dargestellt. Links unten (Quadrant 4) konzentrieren sich die durchgängig fernorientierten Unternehmen, in Quadrant 1 die sowohl in den Input- wie Outputverflechtungen nahorientierten.

6.2. Innerregionale vs. interregionale Wirtschaftskreise   227

Räumliche Orientierung von Zuliefer- und Absatzverflechtungen im Alpenraum (Talbereiche)

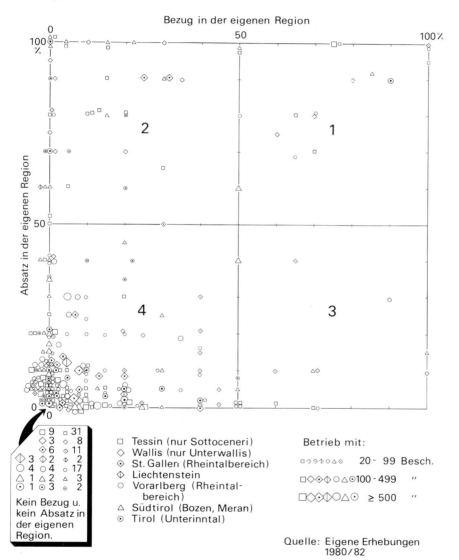

Abb. 58

228   6. Endogenes Potential und alternative Strategien

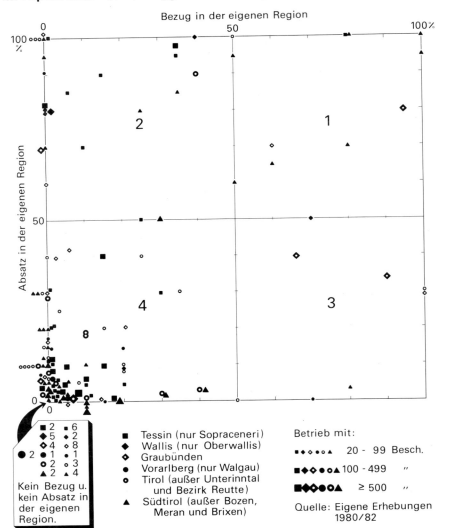

Abb. 59

6.2. Innerregionale vs. interregionale Wirtschaftskreise

sche Ausland. Unterschiede ergeben sich natürlich je nach Art und Veredelungsgrad der Einsatzprodukte. Erwartungsgemäß werden die transportkostenempfindlicheren HALBFERTIGTEILE und ROHSTOFFE aus etwas geringerer Entfernung bezogen als die FERTIGPRODUKTE, die Raumbeziehungen sehen hierbei aber je nach Branche und Produkt verschieden aus. Einflüsse der Betriebsgröße lassen sich praktisch überhaupt nicht feststellen, für die einzelnen Beispielgebiete ergibt eine vergleichende Analyse jedoch charakteristische Unterschiede.

In den Schweizer Kantonen WALLIS und TESSIN werden die Einsatzprodukte kaum aus dem eigenen Kanton, vielmehr zum überwiegenden Teil aus der sonstigen Schweiz und im Falle des Tessin teilweise auch aus Norditalien (Lombardei) bezogen. Die Zukaufbeziehungen sind vorwiegend auf den eigenen Staat bzw. die Nachbarregion gerichtet[117].

Diese räumliche Orientierung auf die übrige Schweiz zeigt sich auch in Graubünden und, mit Einschränkungen, im St. Gallener Rheintal. In GRAUBÜNDEN wird, entsprechend der Lage und der spezifischen Industriestruktur, fast alles aus dem Mittelland bezogen, in den Nachbarländern (Italien, Bundesrepublik) kaufen allenfalls einige Nicht-EBM-Betriebe ihre Rohstoffe (darunter die wenigen Textilbetriebe). Kaufbeziehungen im eigenen Kanton gibt es kaum.

Auch im ST. GALLENER RHEINTAL bestehen, analog den Mehrbetriebsverflechtungen, natürlich recht enge Kaufbeziehungen mit der Zentralschweiz. Nicht wenige Betriebe in St. Gallen decken ihren Zukaufbedarf zu 100% in der Schweiz. Kaufbeziehungen im Nahbereich, d.h. innerhalb des Kantons, sind wiederum außerordentlich selten. Dies unterstreicht, daß das Rheintal innerhalb des Schweizer Wirtschaftsraumes bis heute eine Peripherregion mit geringer wirtschaftlicher Diversifikation geblieben ist. Neben innerstaatlichen Kaufbeziehungen spielen in St. Gallen auch Zulieferungen aus der benachbarten Bundesrepublik eine nicht unwichtige Rolle (vor allem in der Metallindustrie), eine Tendenz, die in Vorarlberg noch sehr viel deutlicher wird.

Das Bundesland VORARLBERG ist, anders als die Schweizer Regionen mit ihrer engen Einbindung in die Schweizer Binnenwirtschaft, vom übrigen Österreich wirtschaftlich weitgehend abgekoppelt. Sowohl bei den Ein- wie bei den Mehrbetriebsunternehmen stammt der überwiegende Teil der Zulieferungen aus den Nachbarländern Bundesrepublik Deutschland und Schweiz, erst dann folgen Österreich selbst und die übrigen Länder. Branchenunterschiede lassen sich kaum erkennen; die größeren Betriebe sind erwartungsgemäß in stärkerem Maße fernorientiert. Unter den verschiedenen Branchen bezieht die Textilindustrie ihre Einsatzprodukte aus den entferntesten Lieferregionen, — Roh- und Halbfertigprodukte zu großen Teilen direkt aus Übersee —, während die Eisen-/ Metallindustrie vorwiegend in den Nachbarstaaten kauft. Die sonstigen Branchen lassen, da es sich um eine sehr heterogene Gruppe handelt, keine eindeutige Zuordnung erkennen. Schlüsselt man die Herkunft der aus Österreich stammenden Inputs noch weiter auf, so zeigt sich, daß zumindest bei den Mehrbetriebsunternehmen so gut wie überhaupt keine Lieferungen aus Vorarlberg stammen, d.h. daß Kaufbeziehungen im Nahbereich mit feststehenden Lieferanten/Abnehmerverhältnissen zwischen Betrieben gleicher oder unterschiedlicher Branchen praktisch nicht bestehen.

Ein ähnliches räumliches Muster der Zukaufverflechtungen wie im Alpenrheingebiet zeigt sich auch in Tirol. Nur die Halbfertigprodukte werden etwas häufiger aus dem Land selbst sowie dem übrigen Österreich bezogen. Hierin drückt sich wohl die differenziertere Branchenstruktur, die solche Beziehungen möglich macht sowie die, im Vergleich zu Vorarlberg, bessere Verkehrsanbindung an Innerösterreich aus. Das Gros der Käufe wird jedoch auch hier im Ausland getätigt, vor allem im Nachbarstaat Bundesrepublik Deutschland.

Die SÜDTIROLER Industrie schließlich ist, trotz ihrer zahlreichen Auslandsgründungen, wirtschaftsräumlich recht deutlich in den italienischen Markt eingebunden. Die Mehrzahl der Betriebe bezieht die Vorprodukte primär aus Norditalien, erst in zweiter Linie folgt das Ausland (insbesondere

---

117 In dieser Tatsache spiegelt sich nicht zuletzt auch der hohe Anteil an Zweigwerken inländischer Konzerne, die ihre Zulieferungen oft zu 100% aus dem Hauptwerk erhalten.

230   6. Endogenes Potential und alternative Strategien

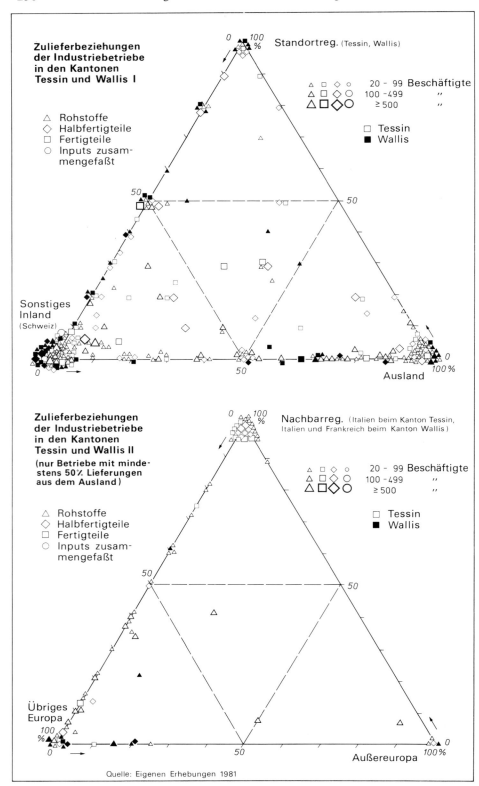

Abb. 60   Quelle: Eigenen Erhebungen 1981

6.2. Innerregionale vs. interregionale Wirtschaftskreise

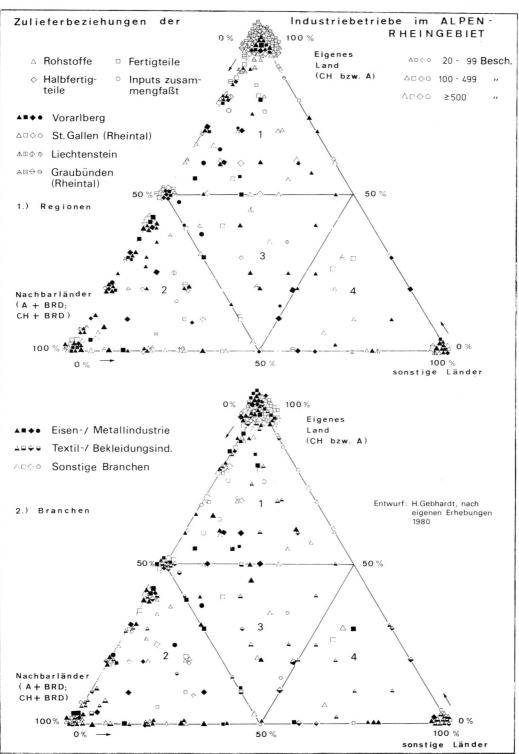

Abb. 61

232   6. Endogenes Potential und alternative Strategien

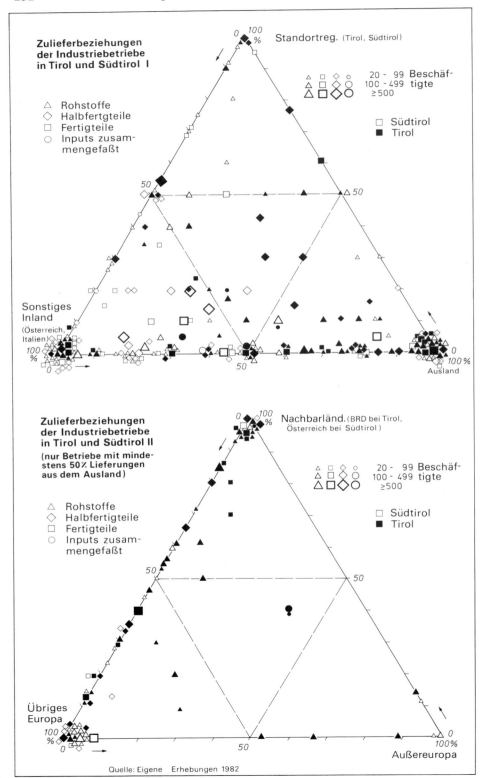

Abb. 62

Bundesrepublik Deutschland). Kauf- und Absatzbeziehungen zu Nordtirol wie auch zum übrigen Österreich existieren fast überhaupt nicht.

Ungeachtet regionaler Besonderheiten sind in allen Untersuchungsgebieten die Zulieferbeziehungen so gut wie nie auf die eigene Standortregion, sondern je nach Branche oder Untersuchungsraum auf andere Regionen desselben Staates oder das benachbarte europäische Ausland hin orientiert.

Im Kern ähnlich wie bei den Bezugsverflechtungen sieht die Situation auf der Absatzseite aus, wenngleich die wichtigsten Absatzräume etwas weniger breit gestreut sind und, abhängig von der Branche und Betriebsgröße, bestimmte Großräume bevorzugt werden.

Eine etwas stärkere Nahorientierung als im Falle der Zukaufverflechtungen ergibt sich für den Kanton TESSIN. Hauptabsatzräume sind jedoch wieder die übrige Schweiz und die sonstigen europäischen Länder, allerdings kaum das Nachbarland Italien. Gerade die Textil- und Bekleidungsindustrie findet nicht nur im eigenen Kanton, sondern auch im nahegelegenen Italien überhaupt keinen Absatzmarkt, während die übrigen Branchen etwas breiter streuen. Etwas stärker nahorientiert ist der Absatz im WALLIS, dabei handelt es sich jedoch überwiegend um kleinere Unternehmen der übrigen Branchen.

Nicht sehr viel anders sehen die Absatzverflechtungen im Alpenrheingebiet aus. In VORARLBERG werden kaum im Land hergestellte Produkte verkauft. Hierzu ist der Markt zu eng, vor allem für die heute oft stark spezialisierte Textilindustrie sowie die Eisen-/Metallindustrie. Nur wenige Branchen wie Druck/Papier und Nahrung/Genußmittel haben im Bundesland selbst ihren wichtigsten Absatzraum. Die Aufschlüsselung des Auslandsumsatzes zeigt, daß, anders als bei den Zukaufbeziehungen, die Schweiz und die Bundesrepublik als Absatzgebiete keine sehr wichtige Rolle spielen. Allenfalls bei der Eisen-/Metallindustrie ist die Ausrichtung auf den „Mittelbereich" charakteristisch. Sehr viele Textilbetriebe sind jedoch auf ferne Märkte spezialisiert, die teilweise im übrigen Europa, teilweise in Außereuropa liegen (z.B. Afrika, das verlorengegangene Absatzmärkte für Stickereiprodukte in den Industriestaaten bis zu einem gewissen Grad ersetzte)[118].

Auch in ST. GALLEN werden die dort hergestellten Produkte kaum im eigenen Kanton abgesetzt. Hier spielt der Schweizer Binnenmarkt (für die Textilindustrie und die „sonstigen" Branchen) und das Ausland (für die Eisen-/Metallindustrie) die dominante Rolle.

Bei den BÜNDNER Betrieben unterscheiden sich die Absatzgebiete je nach Branche sehr deutlich. Die Eisen-/Metallindustrie liefert vorwiegend ins Ausland, während die übrigen Branchen, darunter die alte, heute wirtschaftlich weniger bedeutsame Holzindustrie sowie die naturgemäß nahorientierte Nahrungsmittelindustrie, in den eigenen Kanton und in die sonstige Schweiz liefern. Der Auslandsumsatz geht, entsprechend der Lage des Kantons, kaum noch nach Österreich und auch nur noch teilweise nach Deutschland, hingegen bereits in stärkerem Maße nach Italien sowie in das übrige Europa.

Wie bei den Zulieferungen unterscheiden sich auch in der Absatzorientierung Tirol und Südtirol recht deutlich. Während in TIROL der Absatz etwa zu gleichen Teil ins Inland und ins Ausland geht, allerdings kaum in die unmittelbaren Nachbarländer (Italien, Deutschland), werden die Südtiroler Produkte in sehr viel stärkerem Maße im Inland verkauft sowie auch in den Nachbarländern.

Diese deutlich verschiedene Absatzorientierung der Betriebe in TIROL gegenüber SÜDTIROL hat ihre Ursache außer in der Branchenstruktur in den verschiedenen Betriebstypen sowie Betriebsgrößen, wie die Summenauswertung aller Befragungsergebnisse in Abb. 65 deutlich macht. Eindeutig

---

118 Nach Angaben von MEUSBURGER (1982, S. 37) erhöhte sich trotz vielfältiger Importrestriktionen der Anteil Afrikas an den Vorarlberger Stickereiexporten von 1% im Jahre 1960 auf 7% im Jahre 1970 und 58,4% im Jahre 1980. In manchen Monaten (z.B. erstes Halbjahr 1981) gingen sogar fast 80% der Stickereiexporte nach Afrika.

234   6. Endogenes Potential und alternative Strategien

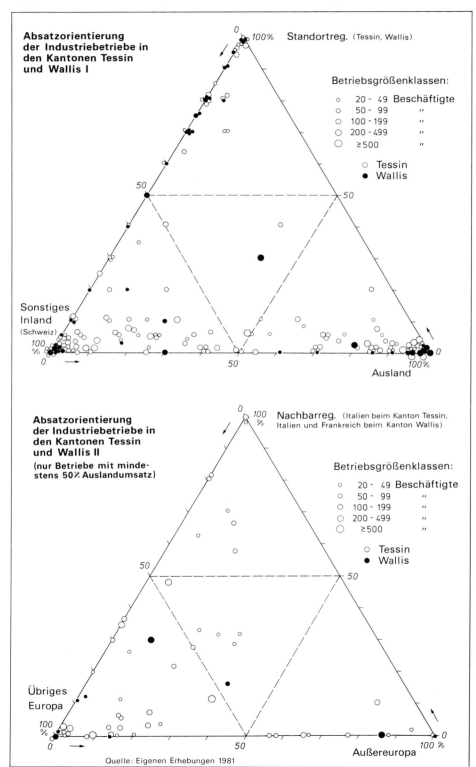

Abb. 63

6.2. Innerregionale vs. interregionale Wirtschaftskreise

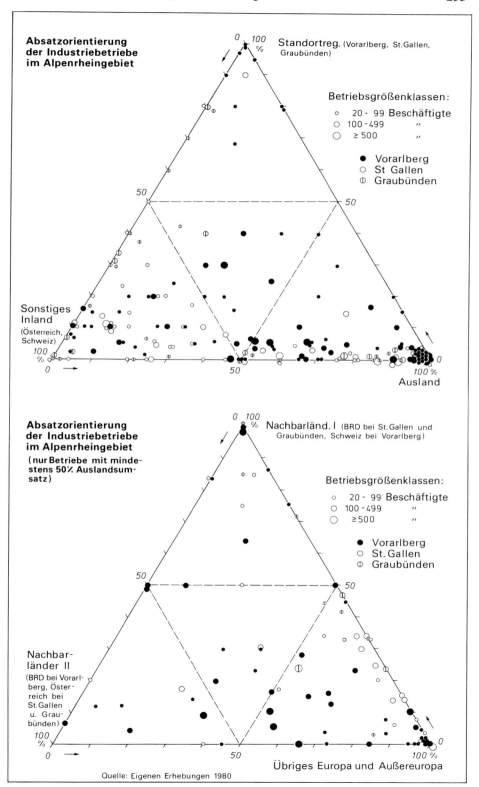

Abb. 64

regionalorientiert ist in Tirol wie auch in anderen Untersuchungsgebieten nur die Nahrungsmittelindustrie (mit gewissen Einschränkungen gilt dies auch für Südtirol), wenigstens z.T. in der Standortregion abgesetzt werden die Produkte der sonstigen Branchen (worunter vor allem Holzindustrie und EBM-Waren zu verstehen sind). Am deutlichsten national orientiert ist die Chemie-/Kunststoffbranche, international ausgerichtet ist die Metallverarbeitung, teilweise auch der Bekleidungssektor. Die Unternehmen mit über 200 Beschäftigten (für den Alpenraum die Großbetriebe) haben ihre Absatzgebiete vorwiegend im Ausland, was bei ihnen natürlich mit der niedrigen Hemmschwelle für eine Exportorientierung und dem leichteren Zugang zu fernen Märkten zusammenhängt. Wenig trennscharf sind die Unterschiede zwischen Ein- und Mehrbetriebsunternehmen. Da bei unselbständigen Filialen der Export sowieso über das Stammwerk abgewickelt wird, sind diesbezügliche Angaben sind nicht sehr aussagekräftig.

Die räumliche Organisation der Kauf- und Absatzbeziehungen ist damit in allen Beispielgebieten überwiegend fernorientiert und weist über die Standortregion hinaus. In besonderem Maße gilt dies für die wachstumsorientierten Branchen, die metallverarbeitende Industrie und teilweise auch die Chemie-/Kunststoffindustrie. Regionale Lieferanten und Märkte haben neben der Nahrungsmittelerzeugung und der wenig bedeutsamen Druckindustrie allenfalls wachstumsgehemmte Branchen wie Steine/Erden, Holz und Teile der EBM-Waren. Vor allem von den größeren Unternehmen gehen oft erstaunlich wenig wirtschaftliche Impulse für die Standortregion aus (siehe Abb. 47), es gibt kaum einen Markt für handwerkliche Betriebe der „sous-traitance", oft nicht einmal Nachfrage nach lokalen Dienstleistungen (sofern diese nicht eng standortgebunden sind). Wie in allen Peripherräumen laufen industrieräumliche Verflechtungen z.T. über sehr weite Distanzen[119]. Für eine endogene, auf die Stärkung innerregionaler Wirtschaftskreisläufe ausgerichtete Regionalpolitik ergeben sich zumindest intrasektoral wenig Ansatzpunkte; die eingangs geäußerte Vermutung eines „Zweckoptimismus" und einer „Alibifunktion" entsprechender Konzepte erhärtet sich vor diesem Hintergrund, umsomehr als auch nur in geringem Umfang an eine Inwertsetzung einheimischer Ressourcen zu denken ist[120].

6.2.4. NP-Tätigkeiten und funktionale Arbeitsteilung zwischen Gebirge und Vorlandregionen

Die Funktionsfähigkeit von Industriebetrieben hängt heute von zahlreichen nichtindustriellen Tätigkeiten und Leistungen innerhalb und außerhalb des Betriebs ab (siehe Kap. 6.2.1. und Abb. 54; vgl. SCHAMP, 1986, S. 202 f.). Auch innerhalb des industriellen Sektors ist der Anteil sogenannter „NP-Tätigkeiten" (= nicht-produkti-

---

119 In einer entsprechenden Untersuchung von GROTZ (1979) aus dem baden-württembergischen Raum wird deutlich, daß in Wirtschaftsagglomerationen die Industriebetriebe über Zulieferungen deutlich enger mit der übrigen Wirtschaft der Region verbunden sind als in Peripherregionen. Ländliche Firmen hingegen tätigen auffallend hohe Umsätze mit Firmen im nächsten Verdichtungsraum, ein Trend, der auch für die Nachfrage nach Wirtschaftsdiensten Gültigkeit hat (vgl. SCHAMP, 1986).
120 Die wenigen Ansätze zum Ausbau entsprechender Branchen wie Naturwerksteinindustrie, Möbelindustrie (inkl. Fertighäuser) und industrielle Erzeugung kunstgewerblicher Gegenstände spielen insgesamt eine eher untergeordnete Rolle.

6.2. Innerregionale vs. interregionale Wirtschaftskreise

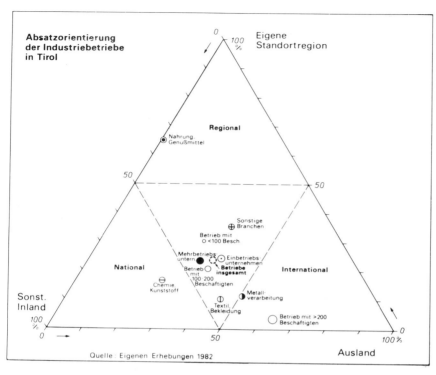

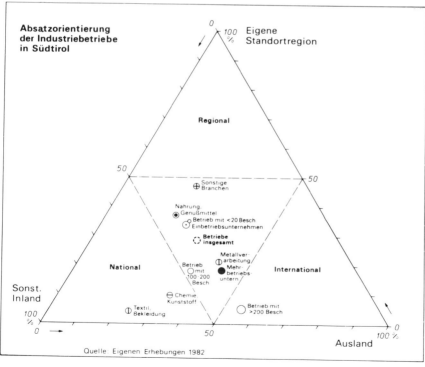

Abb. 65

industriellen Sektors ist der Anteil sogenannter „NP-Tätigkeiten" (= nicht-produktiver Tätigkeiten) in den letzten Jahrzehnten deutlich angestiegen, in der Industrie der Bundesrepublik z.B. von 28,7% der Beschäftigten 1961 auf einen Anteil von 38,3% 1982 (BADE/EICKELPASCH, 1985, S. 15; vgl. auch BADE, 1982). In ähnlicher Weise erhöhte sich der Anteil der NP-Beschäftigten in den Schweizer Betrieben von 21,1% 1955 auf 29,8% 1981 (GEILINGER, 1984, S. 132). Die höchsten NP-Anteile wurden dort 1981 in der chemischen Industrie erreicht (50%), gefolgt vom Maschinenbau mit 36%. Das Schlußlicht bilden die Textil- und die Bekleidungsindustrie mit 18% bzw. 16%.

Nichtproduktive Arbeiten können entweder im Betrieb selbst durchgeführt oder extern von anderen Unternehmen, sogenannten „Wirtschaftsdiensten' (STAUDACHER, 1985) bezogen werden. Da in beiden Fällen überwiegend höherqualifizierte Arbeitskräfte beschäftigt werden, scheint eine Konzentration sowohl der Industriebetriebe mit hohen NP-Anteilen wie auch der externen Wirtschaftsdienste in den großen Verdichtungsräumen mit ihrem differenzierten Arbeitsmarkt gleichsam vorgezeichnet[121]. Räumliche Konsequenz der „Tertiärisierung" der Industrie ist dann eine

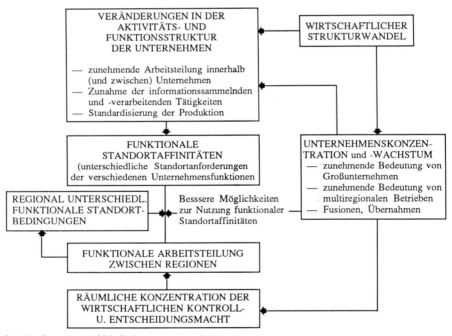

Quelle: GEILINGER, 1984, S. 4, etwas verändert

Abb. 66: Ursachen der funktionalen Arbeitsteilung zwischen Regionen

[121] Vgl. u.a. SCHAMP (1982, S. 227): „Die wichtigste Rolle in der Versorgung der Industrie im ländlichen Raum spielen offensichtlich die Oberzentren — und zwar auch dann, wenn sie in größerer Distanz zum Standort des Unternehmens liegen". Zumindest bei sachleistungsunabhängigen und seltener benötigten Diensten und NP-Tätigkeiten sind die Verflechtungen zwischen Peripherie und Oberzentren inzwischen eng.

zunehmende Funktionsspezialisierung, eine „funktionale Arbeitsteilung[122] zwischen den Standorten produktiver und unproduktiver Tätigkeiten dergestalt, daß sich „dispositive und gestaltende Unternehmensfunktionen tendenziell zunehmend in den größeren Zentren (d.h. in den hier ansässigen Zentralen expandierender Mehrbetriebsunternehmen) konzentrieren, während zugleich in den in der Peripherie lokalisierten Betriebsstandorten tendenziell zunehmend rein produktive Unternehmensfunktionen wahrgenommen werden" (MÜLLER, 1983, S. 102).

Eine neuere statistische Untersuchung aus der Schweiz (GEILINGER, 1984) belegt in der Tat die Umverteilung dispositiver, innovationsrelevanter Unternehmensfunktionen zwischen den verschiedenen Gebietskategorien[123].

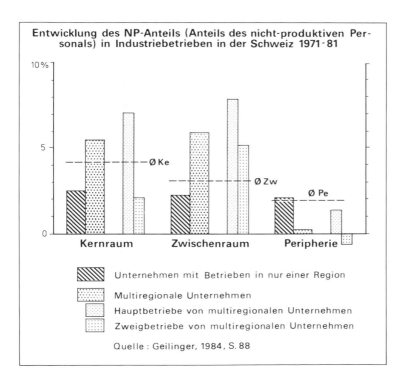

Abb. 67

122 Unter „funktionaler Arbeitsteilung" zwischen Regionen wird die räumliche Konzentration bestimmter Unternehmensfunktionen innerhalb eines Landes bzw. einer Volkswirtschaft verstanden; „la souplesse de ces entreprises (der Mehrbetriebsunternehmen; Anm. d. Verf.) face à l'éspace leur permet de choisir les localisations les plus favourables pour chacune de ces fonctions" (JEANNERET, 1984, S. 46).
123 Zugrundegelegt ist hier allerdings eine recht grobe räumliche Unterteilung in Kernraum, Zwischenraum und Peripherie.

Abb. 67 zeigt die Beschäftigtenentwicklung des nicht-produktiven Personals für die drei Gebietskategorien Kernraum, Zwischenraum und Peripherie zwischen 1971 und 1981, differenziert nach Ein- und Mehrbetriebsunternehmen sowie Haupt- und Zweigbetrieben. Während die NP-Beschäftigten, entsprechend dem gesamtwirtschaftlichen Trend, sowohl in den Zentren als auch deren Randbereichen deutlich zugenommen haben, erhöhte sich ihr Anteil in den Peripherregionen nur noch langsam. In den Kernräumen und im Zwischenraum lagen dabei die Zunahmen bei den multiregionalen Unternehmen besonders hoch (im Zwischenraum auch bei den Zweigbetrieben), während diese in den Peripherräumen nicht nur nur einen relativen, sondern teilweise sogar einen absoluten Rückgang zu verzeichnen hatten.

Die Zusammenhänge zwischen NP-Beschäftigtenentwicklung und Standortregion sind allerdings keineswegs so einsträngig, wie die mit etwas globalen Gebietskategorien arbeitende Analyse von GEILINGER (1984) suggeriert. NP-Beschäftigung hängt außer mit der Branchenstruktur (wachstumsgehemmte vs. Wachstumsbranchen) auch mit dem relativen Gewicht der Industrie gegenüber den anderen Wirtschaftssektoren zusammen. JEANNERET (1982, S. 45) konnte auf statistischer Basis recht interessante Zusammenhänge zwischen der NP-Beschäftigtenentwicklung, ausgedrückt durch einen Indexwert (1970 = 100) und relativer regionaler Bedeutung der Industrie, gemessen im sogenannten Lokalisationsquotienten, herausarbeiten. Es ergeben sich deutliche kantonale Unterschiede, die z.T. quer zu den Gebietskategorien der Raumordnung verlaufen:

— zu den Kantonen mit überdurchschnittlicher NP-Beschäftigtenentwicklung gehören sowohl die stärker industrialisierten im Mittelland, insbesondere im Norden des Landes (Basel-Stadt, Aargau, Schaffhausen; siehe Quadrant 1), als auch viele Alpen- und Voralpengebieten, in denen trotz geringen Gewichts der Industrie (Graubünden hat den niedrigsten Lokalisationsquotienten in der Schweiz) ein Rückgang industrieller NP=Tätigkeiten offensichtlich vermieden werden konnte (vgl. Wallis und Tessin).

— eine unterdurchschnittliche Entwicklung der NP-Anteile ist natürlich bezeichnend für die Krisenbranchen des Landes und die altindustrialisierten Regionen. Im Quadranten 2 (NP-Verluste bei überdurchschnittlicher Bedeutung der Industrie) finden wir die Regionen des Landes, in denen die Textil- und die Uhrenindustrie mit ihren niedrigen NP-Anteilen dominieren (Jura, Glarus). Im Quadranten 3 schließlich liegen die wichtigsten Agglomerationsräume der Schweiz (mit Ausnahme Basels). In den geringen Lokalisationsquotienten der Industrie wie auch dem Rückgang der NP-Beschäftigten spiegelt sich hier natürlich keine wirtschaftliche Krise, sondern die zunehmende Dominanz rein tertiärwirtschaftlicher, nicht mit der Industrie zusammenhängender Arbeitsplätze.

Solche leider nur für die Schweiz auf ausreichender Datenbasis durchführbare statistische Analysen machen deutlich, daß der Prozess funktionaler Spezialisierung zwar im Trend zur Abwanderung dispositiver, nicht-produktiver Tätigkeiten aus dem Gebirge führt, daß aber die Ergebnisse je nach gewählten Gebietskategorien und Referenzdaten doch recht unterschiedlich ausfallen.

Überdies sind die räumlichen Auswirkungen zunehmender funktionaler Arbeitsteilung für die Peripherregionen in der Literatur durchaus umstritten. Natürlich führt eine zunehmende Konzentration hochrangiger, dispositiver Tätigkeiten in den Fir-

Lokalisationsquotient und Entwicklung der NP-Beschäftigten der Industrie i.d. Kantonen der Schweiz

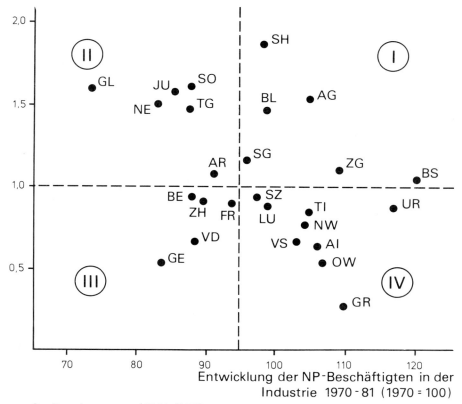

Quelle: Jeanneret (1984, S.59)

Abb. 68

menzentralen außerhalb des Gebirges zu einem Ausdünnen der dortigen Arbeitsmärkte, verbunden mit konjunktureller Arbeitsplatzinstabilität. Mit der weiteren Etablierung primär fernorientierter Kontakte und Verflechtungen reduzieren sich zwangsläufig Ansatzmöglichkeiten regionaler Liefer-, Dienste- und Absatzbeziehungen. Im Abwandern von NP-Tätigkeiten wird von manchen Autoren auch der zentrale Engpaßfaktor für die regionale Innovationsfähigkeit der Betriebe gesehen (vgl. Kap. 5.4.3.; siehe EVERS/WETTMANN, 1980; JEANNERET, 1984).

Auf der anderen Seite weist BRUGGER (1982) zu Recht darauf hin, daß gerade in stark spezialisierten Mehrbetriebsunternehmen die effizienteren Kommunikationsströme auch für kleinere Filialen verbesserte technologische Adaptionschancen bedeuten. Auch die Marktbeobachtung und -durchdringung ist im Verbund von Mehrbetriebsunternehmen sicher leichter als bei selbständigen Einheiten; damit sichern solche Verflechtungen den Bestand der Regionalwirtschaft vielleicht besser als der vielfach gepriesene endogene Weg der Wirtschaftsentwicklung.

Ein nur schwer abschätzbarer Einfluß auf die zukünftige Standortentwicklung bei den dispositiven Unternehmensfunktionen kommt hierbei den modernen Kommunikationsmedien (Telekommunikation) zu. Technisch gesehen böten sie Möglichkeiten einer Re-Dezentralisierung von Unternehmensfunktionen, die sich in der Nachkriegszeit aufgrund tatsächlicher oder vermeintlicher Fühlungsvorteile in den Verdichtungsräumen konzentriert haben. Die wenigen empirischen Daten und Befunde ergeben hier jedoch noch ein sehr uneinheitliches Bild, eine dezentralisierende Wirkung der Telematik-Nutzung wird ebensooft behauptet wie sie von anderen Autoren bestritten wird[124].

Nutzung und räumliche Ausbreitung moderner Kommunikationsmedien in der Schweiz wurden jüngst im Rahmen der sogenannten Manto-Studie untersucht (MÜDESPACHER, 1984). Für eine Stichprobe von 5518 Betrieben wurde die Verbreitung einiger Schlüsseldienste der Informationstechnologie, vor allem Nutzung von Telefax (Fernkopieren) sowie EDV-Einsatz verschiedener Art erfaßt, um Aufschluß über die Adaption und räumliche Ausbreitung moderner Kommunikationstechnologie in der Schweiz zu gewinnen.

Dabei spiegelt zwar der Anteil der Betriebe mit Telefax-Nutzung sehr deutlich die Zentrum-Peripherie-Struktur in der Schweiz wider mit einer Konzentration auf die Großzentren und ihr Arbeitsplatz-Umland sowie die Mittelzentren. Andere Dienste wie Tele-Fernverarbeitung oder der Anteil der Betriebe mit überhaupt irgend einer Form von EDV-Einsatz zeigen jedoch keinerlei Übereinstimmung mit der Zentrenstruktur des Landes[125]. Neben Oberzentren weisen besonders die touristischen Regionen, aber auch Kleinzentren und überraschenderweise Gebiete, die zur agrarisch-industriellen und -touristischen Peripherie gehören (Typisierung nach SCHULER/NEF, 1983; siehe Kap. 4.1.2.) hohe Anteile an modernen Kommunikationsmedien aus. Prinzipiell wäre aufgrund des zukünftig flächenhaften Einsatzes entsprechender Dispositions- und Kommunikationsmedien wohl auch eine Stärkung der Position peripherer Standorte möglich, wie sie sich in ausgewählten Bereichen des tertiären Sektors bereits abzeichnet[126]. Im industriellen Bereich läßt sich jedoch zum gegenwärtigen Zeitpunkt kein eindeutiges Urteil über räumliche Auswirkungen der Adaption moderner Kommunikationsmedien abgeben.

Die statistischen Analysen der NP-Beschäftigtenentwicklung in verschiedenen Regionen der Schweiz haben weder eindeutig positive noch negative Auswirkungen für die weitere Entwicklung der Peripherstandorte erkennen lassen. Sicherlich wird von einem gewissen Ausdünnen der Arbeitsmärkte für bestimmte qualifizierte Tätigkeiten ausgegangen werden müssen, was eine erhöhte regionale Mobilität dieses Personenkreises bedingt und erfordert. Auf der anderen Seite eröffnen moderne Kommunikationsmedien die Möglichkeit der Stabilisierung von NP-Tätigkeiten auch in Peripherregionen. Für rein auf regionale Wirtschaftskreisläufe ausgerichtete Entwicklungen eröffnen sich angesichts dieser Rahmenbedingungen gleichwohl nur geringe Chancen.

---

124 Vgl. MÜDESPACHER (1984), GRÄF (1985).
125 Bei der EDV-Umfrage wurde danach gefragt, ob im Betrieb EDV in irgendeiner Form genutzt wird, sei es mit einem eigenen Computer im Haus oder mittels Fernverarbeitung.
126 Z.B. Standorte von Software-Herstellern, von Versandhäusern und ähnlichem; man denke in diesem Zusammenhang auch an die Zunahme der Teleheimarbeit.

7. ZUSAMMENFASSUNG DER ERGEBNISSE

Die Alpen sind seit dem Zweiten Weltkrieg zu einem intensiv genutzten Fremdenverkehrsraum für die Metropolen und Verdichtungsräume Mitteleuropas geworden. Von Jahr zu Jahr ansteigende Touristenströme machen das Gebirge heute zur am dichtesten mit Erholungseinrichtungen und Fremdenverkehrsinfrastruktur überzogenen Landschaft Europas.

Dabei wird, aus der Sicht von Außenstehenden, gerne vernachlässigt, daß die Alpen für ca. 7,4 Mio. Einwohner nicht primär Erholungsraum sind, sondern Lebens- und Erwerbsraum. Die Interessen der Einheimischen konnten, solange der Tourismus uneingeschränkt als Segen betrachtet wurde, mit denen der Reisenden zwar durchaus identisch sein. Gerade die schweren Umweltkatastrophen in den letzten Jahren (Verwüstung des Veltlintales, Bergstürze und verheerende Überschwemmungen in vielen Teilen der Alpen) haben jedoch drastisch vor Augen geführt, wie labil das ökologische Gleichgewicht im Hochgebirgsraum ist, wie nahe man an „Überlastungsgrenzen" gekommen und wie dringlich es inzwischen geworden ist, langfristig die natürlichen Lebensgrundlagen und Erwerbsmöglichkeiten der Gebirgsbevölkerung zu sichern und wegzukommen von einer überbordenden touristischen Nutzung des Gebirges.

Damit gewinnen nichttouristische Erwerbsmöglichkeiten, vor allem in Gewerbe und Industrie sowie in Bereichen des tertiären Wirtschaftssektors, wieder einen höheren Stellenwert. Im Gegensatz zum Fremdenverkehr mit seinen meist unqualifizierten Saisonarbeitsplätzen bieten sie eine zusätzliche Palette an spezialisierten Berufen und damit die Voraussetzung, der Abwanderung von qualifizierten Arbeitskräften in die Verdichtungsräume und Zentren außerhalb des Gebirges entgegenzuwirken.

Der wirtschaftliche Stellenwert des produzierenden Gewerbes im Alpenraum wird gerne unterschätzt. Vor allem in den großen Längs- und Quertälern und in den Klein- und Mittelstädten arbeitet die Mehrzahl der Erwerbstätigen im produzierenden Gewerbe, nicht im Fremdenverkehr. Auch bekannte Fremdenverkehrsregionen wie Vorarlberg oder das Tessin bieten in der Mehrzahl Arbeitsplätze in Gewerbe und Industrie. Selbst im alten Bauernland Südtirol arbeitet heute nur noch eine Minderheit in der Landwirtschaft, eine steigende Zahl gerade auch der deutschsprachigen Südtiroler in den neuen Klein- und Mittelbetrieben der Industrie.

Neben die auch optisch auffallenden, auf der Basis von Rohstoffen und Hydroenergie entstandenen Großbetriebe der Metallerzeugung und Grundstoffchemie (französische Nordalpen, Wallis, Steiermark), neben die traditionelle Textilindustrie in den Schweizer Alpen (Glarus, St. Gallen) sowie in Vorarlberg und neben politisch motivierte Industrieansiedlungen im Italien der Zwischenkriegszeit (Aostatal, Bozen) traten nach dem Zweiten Weltkrieg Neu- und Filialgründungen, die auch in bisher kaum von Industrie besetzte Regionen gingen und dort, zwischen Wohngebieten und Infrastruktureinrichtungen eingepaßt, dem Ortsfremden wohl nur selten in den Blick geraten.

Gerade zu dem Zeitpunkt, als die Bedeutung nichttouristischer Erwerbsmöglichkeiten im Gebirge wieder zunehmend erkannt wurde, gerieten jedoch viele dieser Betriebe in die Krise. Mit dem Ende der Hochkonjunktur seit den siebziger Jahren haben sich die industriellen Standortvoraussetzungen besonders außerhalb der Verdichtungsräume deutlich verschlechtert. Von Neuansiedlungen kann kaum irgendwo mehr die Rede sein, die Erhaltung der bestehenden Betriebe und Arbeitsplätze wird allenthalben zur zentralen Aufgabe.

Die Einflußmöglichkeiten der Regionalpolitik und Wirtschaftsförderung vor Ort sind jedoch oft nicht allzu groß. Gerade in wirtschaftlichen Krisensituationen wird rasch deutlich, wie abhängig die Peripherregionen von wirtschaftlichen Entscheidungen geworden sind, die in weit entfernten Gremien und Konzernzentralen getroffen werden. Deren Folgen allerdings: Stillegung von Betrieben, Arbeitslosigkeit und Rückgang des kommunalen Steueraufkommens werden sehr rasch vor Ort sichtbar und wirksam.

Im Alpenraum mit seiner beträchtlichen Außenabhängigkeit im Bereich der Industrie wie auch der Energiewirtschaft (transnationale Verbundsysteme) und besonders im Fremdenverkehr wird die große Empfindlichkeit der Wirtschaft gegenüber „Konjunkturen" außerhalb des Gebirges zunehmend als schmerzlich empfunden und es gewinnt die Diskussion um regionalpolitische Alternativen an Schubkraft, welche die Wirtschaftsentwicklung stärker auf eigene Füße stellen wollen. Solche „endogenen" Strategien versuchen wegzukommen von der engen Außensteuerung der Wirtschafts- und Raumentwicklung, vielmehr die Probleme der Region vor Ort zu lösen und verstärkt intraregional sich bietende Entwicklungschancen zu nutzen, ohne dabei die internationale Wettbewerbsfähigkeit zu gefährden. Damit verknüpft sind in der Regel auch sozialgeographische Ziele, insbesondere die Erhaltung regionaler Besonderheiten und erwünschter räumlicher Disparitäten und damit eine Stärkung der regionalen bzw. lokalen „Identität" der Bevölkerung.

Meine Untersuchung versucht, zu dieser Problematik einen auf die gesamten Alpen bezogenen, d.h. über einzelne Regionen oder Länder hinausgehenden Beitrag zu leisten. Auf der Basis von empirischen Erhebungen vor Ort, insbesondere von knapp 700 schriftlichen Unternehmensbefragungen in verschiedenen Untersuchungsgebieten und zahlreichen Betriebsbesuchen, Gesprächen mit Unternehmern sowie Behörden- und Interessenvertretern wurde vor allem den folgenden Themen und Problemen nachgegangen:

— Versuch einer Bilanz der quantitativen Industrieansiedlung seit dem Zweiten Weltkrieg in den Untersuchungsgebieten,
— Analyse der Standortprobleme von Unternehmen, vor allem der Ansiedlungsmotive, der ex-post Beurteilung der Standortwahl und der aktuellen Wahrnehmung und Bewertung der Standortsituation im Gebirge,
— Untersuchung betrieblicher Anpassungsbedingungen auf veränderte konjunkturelle wie regionalwirtschaftliche Rahmenbedingungen,
— Analyse der Innovationsfähigkeit und -bereitschaft der Betriebe.

Unter dem Aspekt einer Förderung endogener Potentiale wurden untersucht:

— die Einbindung der Betriebe im Gebirge in das Netz von Mehrbetriebsverflechtungen (Konzernverflechtungen) und Fragen der zwischenbetrieblichen Kommunikation und räumlichen Organisation von Standorten,
— die räumliche Struktur ausgewählter Input-/Outputbeziehungen (Kauf- und Absatzbeziehungen) der Industrie unter der Fragestellung, inwieweit sie zur Stärkung innerregionaler Wirtschaftskreisläufe beitragen.

Die BILANZ DER INDUSTRIALISIERUNGSBEMÜHUNGEN der Nachkriegszeit (Kap. 4.2. und 4.3.) erbrachte unter quantitativen Gesichtspunkten ein durchaus positives Ergebnis. Das Gros der befragten Betriebe in den Beispielregionen ist erst in den letzten Jahrzehnten entstanden. Allein 44% der Betriebe wurden nach 1960 gegründet; im engeren Berggebiet abseits der wichtigen Verkehrsadern waren es sogar 55%. Auch in altindustrialisierten Räumen wie dem Wallis brachte die „nouvelle politique d'industrialisation" mehr Arbeitsplätze ins Land als in den bekannten Großunternehmen der Elektrochemie und -metallurgie (LONZA, ALUSUISSE, CIBA-GEIGY) angeboten werden; in Südtirol stehen den knapp 6000 Beschäftigten in den Bozener Großbetrieben aus der faschistischen Zeit mehr als 8500 in den jungen Klein- und Mittelbetrieben gegenüber. In viele Alpenregionen wie Graubünden oder das Tessin hielt die Industrie erst in den letzten Jahrzehnten Einzug.

Die qualitativen Erfolge der Betriebsansiedlungen vermögen jedoch weniger zu überzeugen. Ins Gebirge kamen, vereinfacht gesehen, vorwiegend teil- oder unselbständige Kleinbetriebe wenig innovativer Branchen; bestehende „Monostrukturen" (was Branchenausrichtung, Betriebsgrößen und Betriebstypen anbetrifft) haben sich kaum aufgelöst, oft sogar noch verhärtet.

Rund 43% der neuen Betriebe haben unter 50 Beschäftigte, weitere 32% gehören der Betriebsgrößenklasse von 50—99 an, Unternehmen mit über 200 Mitarbeitern (also Mittelbetriebe) oder gar jüngere Großunternehmen sind ausgesprochene Raritäten. Häufig handelt es sich bei den jungen Betrieben um unselbständige Filialen oder Tochterbetriebe, die Übernahme ehemals selbständiger Produktionsstätten im Zuge von Firmenzusammenschlüssen hat diesen Trend noch verstärkt. Nicht selten sind solche Betriebe ohne selbständigen Einkauf und Vertrieb, ohne eigenständige Verwaltung und ohne Entwicklungsabteilungen, d.h. sie stellen reine Produktions- und Montagebetriebe für technisch anspruchslose Fertigungsvorgänge dar. Der NP-Anteil an den Beschäftigten (= nicht-produzierendes Personal) ist im Gebirge relativ niedrig, er hat, wie statistische Untersuchungen aus der Schweiz belegen, im letzten Jahrzehnt darüberhinaus noch überproportional abgenommen.

Insgesamt kommen über 1/3 der Unternehmen über den Status einer reinen „verlängerten Werkbank" nicht hinaus. Besonders hoch ist deren Anteil im engeren Berggebiet (z.B. Wallis).

Noch am besten gelungen ist wohl die Diversifikation der Branchenstruktur. Betriebe der Investitionsgüterindustrie (insbesondere Metallindustrie) traten neben die älteren Unternehmen der Produktionsgüterindustrie sowie der Konsumgüterindustrie (Textilien, Nahrungs- und Genußmittel). Die überproportionale Zunahme von technologisch anspruchslosen metallverarbeitenden Betrieben seit den sechziger Jahren (58% aller neuen Produktionsstätten) hat allerdings inzwischen z.T. zu einem

Übergewicht von kleinen EBM-Betrieben im Gebirge geführt, deren Persistenz mittelfristig wohl nicht sehr viel höher sein dürfte als die der bekannten „Krisenbranchen" (Textil- und Bekleidungsbetriebe).

Natürlich ist die regionalpolitische Bewertung einer meist kleinbetrieblichen, von Filialen unterschiedlichen Selbständigkeitsgrades geprägten Industrialisierung nicht einfach und eindeutig. Unzweifelhaft ist, daß andere Möglichkeiten zur Schaffung nichttouristischer Arbeitsplätze vielfach gar nicht bestanden. Überdies konnten viele dieser Betriebe, besonders in der Anfangszeit, ohne know how, Vorlieferungen und Absatzorganisation einer externen Firmenzentrale nur schwerlich existieren. Auch bieten solche Unternehmen in der Regel genau die Arbeitsplätze, die von der (überwiegend ungelernten) Bevölkerung der Region auch kurzfristig und in Ergänzung zu touristischen oder landwirtschaftlichen Tätigkeiten besetzt werden können (Problem der „Mehrfachbeschäftigung" im Gebirge).

Auf der anderen Seite ist unverkennbar, daß Filialen aufgrund ihres Mangels an betrieblicher Autonomie und der oft niedrigen Produktivität wenig Impulse für und „Kopplungsmöglichkeiten" mit der übrigen regionalen Wirtschaft anbieten, daß qualifizierte Arbeitsplätze oft (zwangsläufig) mit ortsfremden Arbeitskräften besetzt werden und betriebliche Entscheidungen nach den Interessen einer weit entfernten Konzernzentrale getroffen werden, nicht nach regionalpolitischen Präferenzen.

Im Hinblick auf ein zentrales Problem gewerblicher Unternehmen im Gebirge, der FLÄCHENNUTZUNGSKONKURRENZ zum Tourismus wie zur Landwirtschaft, insbesondere im Bereich der raren Talsohlenflächen, erbrachten die Erhebungen zur Gewerbe- und Industrieflächensituation das überraschende Ergebnis, daß rein rechnerisch in allen Untersuchungsgebieten ein erheblicher Flächenüberschuß besteht. In den Flächenwidmungs-/Zonenplänen der Gemeinden sind meist weitaus mehr freie Ansiedlungsflächen ausgewiesen als in absehbarer Zeit benötigt werden (Kap. 4.3.2.).

Diesem quantitativen Überschuß entspricht allerdings ein ebenso ausgeprägter qualitativer Mangel in den meisten Untersuchungsgebieten. Viele der in Flächenwidmungs-/Zonenplänen ausgewiesenen Betriebsflächen kommen für Industrieunternehmen gar nicht in Frage, da sie zu klein oder von der Topographie her ungeeignet sind bzw. gar nicht tatsächlich zum Verkauf stehen. Nur selten befinden sich freie Parzellen im Besitz der Gemeinde oder der öffentlichen Hand. Viele Kommunen scheuen davor zurück, eine entsprechende Boden- und Erschließungspolitik zu betreiben, da hierfür Vorinvestitionen zu tätigen sind, von denen unsicher ist, ob sie sich auch tatsächlich amortisieren.

Flächenengpässe und fehlende Erweiterungsmöglichkeiten werden denn auch von vielen Unternehmen als wichtiger „Streßfaktor" des Standorts im Gebirge empfunden, eine gewisse Rolle bei BETRIEBLICHEN BEWERTUNGEN DES STANDORTS (Kap. 5.2.) spielen auch diverse Deglomerationsnachteile (Entfernung zu Dienstleistungsunternehmen und Serviceeinrichtungen, auch eher subjektiv empfundene Kommunikationshindernisse aufgrund der Lage im Gebirge). Demgegenüber werden die häufig beschworenen „gebirgsspezifischen" Standortnachteile wie ungünstige Verkehrssituation, Transportentfernungen und -kosten etc. von den Betrieben nur noch selten als solche empfunden. Gerade die Verkehrslage und

Verkehrsanbindung wird, seit dem Ausbau des Schnellstraßennetzes in vielen Teilen der Alpen, inzwischen sehr positiv gesehen; auch die früher oft als schwerwiegend geltenden Pendlerprobleme im Gebirge (Lage des Betriebs zu den Wohngebieten der Beschäftigten) scheinen nur noch in Einzelfällen zu bestehen.

Den mit Abstand wichtigsten Streßfaktor bilden jedoch die Arbeitsmärkte im Gebirge. Diese Einschätzung mag im ersten Augenblick überraschen, waren doch gerade das unausgeschöpfte Arbeitskräftepotential und die niedrigen Löhne ein wichtiges Standortmotiv für viele Betriebsansiedlungen. Zum Problem werden hier jedoch vor allem qualitative Aspekte der Arbeitsmärkte: Für die Betriebe ist es sehr schwierig, den Bedarf an Facharbeitern, Angestellten, Technikern und Führungskräften vor Ort zu decken. Hochqualifizierte Kräfte sind auch kaum von außen ins Gebirge zu locken, trotz des hohen Freizeitwertes alpiner Regionen. Die betriebsinterne Ausbildung von Facharbeitern und mittleren Qualifikationen erweist sich, aufgrund fehlender schulischer Infrastruktur und der nach wie vor großen Abwanderungsbereitschaft gerade der jungen Leute, ebenfalls als gravierendes Problem für die Betriebe.

Die betriebliche Wahrnehmung und Bewertung der Standortsituation im Gebirge unterstreicht die spezifischen räumlichen Verhältnisse in einem „Peripherraum im Herzen Europas" (Kap. 5.3.). Ähnlich wie in anderen Peripherregionen spielen die Lage zu Absatz- und Beschaffungsräumen, vor allem aber der Arbeitsmarkt, als Standortnegativa eine wichtige Rolle, vergleichbar mit Verdichtungsräumen und anders als sonst an der Peripherie kommt jedoch auch Flächen- und Umweltproblemen eine erhebliche Bedeutung zu. Deutlich günstiger als sonst in Periphergebieten wird die Verkehrssituation und generell die wirtschaftsräumliche Lage beurteilt.

Trotz offenkundiger komparativer Standortnachteile, die sich seit den siebziger Jahren noch verstärkt haben dürften, ist die Persistenzbereitschaft und die Akzeptanz des einmal gewählten Standorts im Gebirge außerordentlich hoch. Fast 2/3 der befragten Unternehmen (in einigen Regionen noch deutlich mehr) würden, hätten sie nochmals die Wahl, heute wieder dieselbe Standortwahl treffen, wobei diese Beurteilung erstaunlicherweise gerade für die jüngeren Ansiedlungen gilt. Diese hohe Akzeptanz mag auch mit den häufig wenig rational kalkulierten MOTIVEN DER STANDORTWAHL zusammenhängen. Eine sehr große Zahl von Unternehmen nannte, neben ökonomisch nachvollziehbaren Standortmotiven wie Suche nach freien Arbeitskräften, günstiges Ansiedlungsgelände etc. auch persönliche Präferenzen, Zufall und ähnliches als wesentlich für die Standortwahl. Solche persönlichkeitsgebundenen, nur eingeschränkt rationalen Motive können im einzelnen sehr unterschiedlich aussehen (siehe die Beispiele in Kap. 5.1.), in ihrer Gesamtheit sind sie für das Verständnis der alpenländischen Industrie jedoch sehr wichtig.

Die klassische industriegeographische Erkenntnis „industry grows, but seldom moves" zeigt auch für den Alpenraum ihre Gültigkeit. Aktueller Standortstreß wird durch BETRIEBLICHE ANPASSUNGSHANDLUNGEN zu kompensieren versucht, die in der Regel auf den Erhalt der Produktionsstätten abzielen. Nur wenige Unternehmen äußerten Stillegungs- oder Verlagerungsabsichten, wie auch schon in der Vergangenheit, abgesehen von der Textilbranche (31% aller zurückliegenden Stillegungen), solche Maßnahmen nur eine sehr geringe Rolle spielten.

Zu den Überlebensstrategien im Gebirge gehören im einfachsten Fall Produktionsanpassungen bzw. -umstellungen aufgrund veränderter Nachfrage, daneben die Nutzung von Marktnischen mit Erzeugung „intelligenter" Produkte sowie schließlich, als aufwendigste, kapitalintensivste und nur selten genutzte Methode, der Einsatz neuer Produktionstechnologien (siehe Kap. 5.4.2.).

Als nicht zu unterschätzendes Problem erweisen sich in diesem Zusammenhang jedoch INNOVATIONSRÜCKSTÄNDE und eine fehlende Innovationsbereitschaft und -fähigkeit der Betriebe, sowohl was Produkt-, Prozess- als auch Marktinnovationen anbetrifft. In der alpenländischen Industrie dominieren Produkte, die sich im Sinne von Produktlebenszyklus-Theorien bereits in der Reife- oder gar Sättigungsphase befinden, da hierzu meist nur angelernte oder ungelernte Arbeitskräfte benötigt werden. Die Entwicklung neuer Produkte läßt vielfach zu wünschen übrig, die Forschungsintensität ist oft niedrig. So planten von den Kleinbetrieben in Tirol (unter 50 Besch.) nur 32% in den nächsten Jahren eine Änderung des Produktionsprogrammes; nur 33% der Tiroler Industrieunternehmen betrieben eigene Forschungen, 37% hatten eigene Patente angemeldet und 32% waren Lizenznehmer. Diese Werte liegen für Südtirol noch niedriger.

So unstrittig solche Innovationsdefizite sind, so schwer ist die Frage zu beantworten, inwieweit hierfür tatsächlich räumlich-regionale Einflüsse verantwortlich sind und nicht vielmehr strukturelle Ursachen. Noch am deutlichsten räumlich bzw. standörtlich bestimmt scheinen einige „Outputfaktoren" des Innovationsverhaltens zu sein wie z.B. Einführung neuer Maschinen oder Neuorganisation von Verfahrensabläufen.

Eine trotz diverser Standort- und Wettbewerbsnachteile große Persistenzbereitschaft der Betriebe — dies ist eigentlich exakt die Ausgangssituation, welche regionalpolitische Einflußnahme im Rahmen einer „innovationsorientierten Regionalpolitik selektiver Eigenständigkeit" sinnvoll machen könnte. Dabei geht es im Kern darum, intraregional Faktoren und Fertigkeiten, die im interregionalen Austausch vorteilhaft sein können, zu entwickeln und regionale Ressourcen möglichst optimal zu nutzen (Kap. 6.1.). Ziel solcher Strategien ist, vor allem die bestehenden nah- und regionalversorgenden Betriebe zu fördern und intensive innerregionale Wirtschaftskreisläufe ohne enge sektorale Spezialisierung aufzubauen.

Solche Konzepte, die in jüngerer Zeit tatsächlich so etwas wie eine „Zauberformel" sowohl der politischen Institutionen wie auch der Öffentlichkeit im Alpenraum geworden sind, bleiben jedoch solange „wohlfeile Ideologie mit beruhigender Alibifunktion" (BRUGGER, 1982), wie ihre Reichweite und Tragfähigkeit nicht vor Ort empirisch getestet wird, solange nicht geprüft wird, ob und in welchem Umfang in der alpinen Industriewirtschaft überhaupt Ansatzpunkte für eine das endogene Potential stärkende Entwicklung bestehen.

Aus der Fülle industrieräumlicher Verflechtungen und deren Reichweitensystemen wurden die beiden wichtigsten organisatorischen bzw. materialmäßigen Formen herausgegriffen, die MEHRBETRIEBSVERFLECHTUNGEN (Konzernverflechtungen) sowie ZULIEFER- und ABSATZBEZIEHUNGEN.

Bei den Mehrbetriebsverflechtungen wird deutlich, daß in den meisten alpinen Regionen, vor allem in den jung industrialisierten, Firmengründer häufig von auswärts kommen bzw. die Stammhäuser außerhalb des Gebirges liegen. Im Wallis stammen nur gut 20% der neuen Betriebe von autochthonen Gründern, in Südtirol kamen zwischen 1955 und 1971 sogar überwiegend ausländische Unternehmen aus der Bundesrepublik, der Schweiz und Großbritannien ins Land. Ein Großteil der Textil- und Bekleidungsbetriebe in Grenzräumen des Tessin stammt aus der Deutschschweiz, ebenso eng ist die Industrie im St. Gallener und Bündner Rheintal an das Schweizer Mittelland angebunden (siehe Kap. 6.2.1.).

Mehrbetriebsverflechtungen im Alpenraum erweisen sich damit durchgängig als fernorientiert. Allenfalls in früh industrialisierten Regionen mit spezieller Branchenstruktur (Textilindustrie in Vorarlberg) existieren in größeren Umfang intraregionale Mehrbetriebsstrukturen. Ansonsten bestehen vor allem räumliche Verflechtungen zwischen Gebirge und den jeweiligen wirtschaftlichen Kernräumen der Staaten oder aber zum benachbarten Ausland. Sowohl Neugründungen wie Betriebsübernahmen haben diesen Prozeß in den letzten 20 Jahren rasch vorangetrieben.

Der Grad an Fremdsteuerung und Fremdbestimmung durch außeralpine Wirtschaftszentren ist in der alpenländischen Industrie in der Tat hoch. Wenn über endogene Entwicklung und innovationsorientierte Regionalpolitik im Alpenraum nachgedacht wird, so ist zu berücksichtigen, daß nur noch in relativ wenigen Betrieben die Entscheidungsträger auch vor Ort sitzen und die Entscheidungen in der Region fallen, daß es nicht so sehr viele Betriebe gibt, bei denen Forschung und höherrangige Verwaltung noch im Gebirge stattfinden und daher auch vor Ort gefördert werden können.

Strategien endogener Wirtschaftsentwicklung fordern neben der effektiven Nutzung regionaler Ressourcen vor allem die Intensivierung innerregionaler Wirtschaftskreisläufe, worunter regionale Nachfrage nach Vorprodukten (Zulieferungen) wie auch die Schaffung räumlich-funktionaler Verbundsysteme zwischen Industriebetrieben bzw. zwischen Industrie und Dienstleistungsunternehmen zu verstehen ist. Gerade von solchen „Kopplungen" erhofft man sich eine effektive Stärkung der regionalen Wirtschaftskraft.

Die Analyse der Reichweitensysteme von Zuliefer- und Absatzbeziehungen im Alpenraum macht gleichwohl deutlich, daß hierfür weitgehend die Voraussetzungen fehlen. Ähnlich wie die Mehrbetriebsverflechtungen sind Input-/Outputbeziehungen eindeutig fernorientiert (Kap. 6.2.3.). Kaum ein Betrieb bezieht seine Zulieferungen in nennenswertem Maße aus der näheren Umgebung, nur selten werden Produkte im Nahbereich abgesetzt. Ausnahmen bilden neben der Nahrungsmittelerzeugung und der wenig bedeutsamen Druckindustrie allenfalls wachstumsgehemmte Branchen wie Steine/Erden, Holz und Teile der EBM-Waren. Vor allem von den größeren Unternehmen jedoch gehen oft erstaunlich wenig wirtschaftliche Impulse für ihre Standortregion aus. In aller Regel laufen Input-/Outputbeziehungen an der eigenen Standortregion vorbei und sind je nach Branche bzw. Betriebstyp auf andere Regionen desselben Staates oder das benachbarte europäische Ausland hin orientiert.

Für eine auf die Stärkung innerregionaler Wirtschaftskreisläufe ausgerichtete Regionalpolitik ergeben sich daher zumindest intersektoral kaum Ansatzpunkte. Dies ist auch wenig verwunderlich, wenn man bedenkt, daß fast alle empirischen Studien zu diesem Thema eine deutliche Fernorientierung der backward linkages, also der Nachfrage nach Vorprodukten, wie meist auch der Absatzbeziehungen belegen. Hier zeigt sich das Praxisdefizit endogen-autozentrischer Wirtschaftsstrategien besonders deutlich.

Die Auswirkungen der Fernorientierung wirtschaftsräumlicher Verflechtungen im Alpenraum müssen jedoch keineswegs so eindeutig negativ sein, wie dies häufig in der Literatur unterstellt wird. Natürlich führt eine zunehmende Konzentration hochrangiger, dispositiver Tätigkeiten in den Firmenzentralen außerhalb des Gebirges zu einem Ausdünnen der alpinen Arbeitsmärkte und einer konjunkturellen Arbeitsplatzinstabilität. Mit der zunehmenden Etablierung primär fernorientierter Kontakte und Verflechtungen reduzieren sich zwangsläufig Ansatzmöglichkeiten regionaler Liefer-, Dienste- und Absatzbeziehungen. Auch wird im Abwandern von NP-Tätigkeiten von manchen Autoren ein zentraler Engpaßfaktor für die regionale Innovationsfähigkeit der Betriebe gesehen.

Auf der anderen Seite führen gerade in stark spezialisierten Mehrbetriebsunternehmen die effizienteren Kommunikationsströme auch für kleinere Filialen zu verbesserten technologischen Adaptionschancen, d.h. zu einem direkten Zugriff auf technologische Fortschritte in ihren Stammhäusern. Eine große, in ihrer Tragweite derzeit allerdings noch kaum überschaubare Bedeutung kommt hierbei modernen Telekommunikationsmedien (Telematik) zu, die theoretisch die Möglichkeit einer Re-Dezentralisierung von Unternehmensfunktionen böten. Im Verbund von Mehrbetriebsunternehmen ist wohl auch die Marktbeobachtung und -durchdringung leichter als bei selbständigen Einheiten; fernorientierte Kauf- und Absatzbeziehungen schließlich erleichtern gerade bei kleinen Unternehmen die Diffusion von Innovationen, als deren Vermittler Kunden und Lieferanten sicher eine wichtigere Rolle spielen als regionale Innovationsberatungsstellen. Insgesamt sichern solche Verflechtungen den Bestand der Regionalwirtschaft vielleicht besser als der vielfach gepriesene endogene Weg der Wirtschaftsentwicklung.

Globale Aufgabe der regionalen Wirtschaftsförderung bleibt es jedoch, einen dauernden Ausgleich nur schwer kompensierbarer Wettbewerbsnachteile im Gebirge anzustreben. An die Stelle der Ansiedlungsförderung ist hier für absehbare Zeit die Persistenzsicherung der bestehenden Unternehmen getreten. Dem Wirtschaftsgeographen stellen sich dabei die Streßfaktoren der Industriebetriebe im Alpenraum vor allem räumlich differenziert dar. Die Probleme in altindustrialisierten Regionen sind andere als in Gebieten junger Zweigwerkindustrialisierung, die in von Großunternehmen beherrschten Räumen andere als in solchen mit kleingewerblicher und teilhandwerklicher Struktur. Was für Region A gültig ist, muß nicht für Region B taugen.

Prinzipiell lassen sich, in Anlehnung an DORFMANN (1981), für den Alpenraum wohl drei verschiedene Entwicklungstypen unterscheiden, bei denen die Persistenzsicherung der bestehenden Betriebe unterschiedlich gewichtete Maßnahmen erfordert:

I: Regionen mit einer verhältnismäßig langen industriellen Tradition

Hierzu sind zu rechnen in Österreich die Bundesländer Vorarlberg, Tirol und die Steiermark, der altindustrialisierte Schweizer Kanton Glarus und größere Teile der französischen Nordalpen (Val d'Isère, Maurienne).

7. Zusammenfassung der Ergebnisse

Hauptproblem dieser Regionen sind gewisse Überalterungserscheinungen der Industrie, verbunden mit oft geringer Innovationsfähigkeit und -bereitschaft. Positiv ist demgegenüber das vorhandene Arbeitskräftepotential mit überwiegend differenzierten Qualifikationen, mithin eine wichtige Voraussetzung für die Implementierung innovativer Technologien und deren praktischer Bewältigung durch die Belegschaften. In solchen Räumen sollte die Förderung vor allem bei Produktinnovationen (neue marktgängige Produkte), begleitet von Prozessinnovationen, ansetzen. Stärker als bisher müßten dabei die Klein- und Mittelbetriebe einbezogen werden, deren Situation im Abseits der großen standortbeherrschenden Unternehmen oft besonders problematisch ist.

II: Regionen mit junger Zweigwerkindustrialisierung

Hierzu gehören u.a. Südtirol, die jungen Betriebe im Wallis, teilweise die Industrie im Tessin, in den Bergbereichen der Kantone St. Gallen und Graubünden sowie einige Peripherregionen der Ostalpen.

Die ursprünglichen Ansiedlungsmotive, insbes. komparative Standortvorteile gegenüber den Verdichtungsräumen wie billige Arbeitskräfte, niedrige Boden- und Umweltkosten, haben hier stark an Bedeutung verloren, gewachsen ist damit die Anfälligkeit vor allem der abhängigen „Rucksackbetriebe" mit ihrer technisch anspruchslosen Fertigung, aber auch der teilselbständigen Tochterunternehmen.

In einer solchen Situation sind zumindest kurz- bis mittelfristig nur solche Produktions- und Verfahreninnovationen sinnvoll, die auch mit weniger qualifizierten Arbeitskräften eine konkurrenzfähige Produktion erlauben (vgl. Kap. 5.4.2.). Solche Umstellungen sind allerdings fast immer mit Arbeitsplatzverlusten verbunden, unabdingbar werden daher Fördermaßnahmen in anderen vorwiegend tertiärwirtschaftlichen Bereichen (Fremdenverkehr; ausgewählte Dienstleistungen). Betroffen von dieser Entwicklung sind primär die Filialbetriebe der Metallverarbeitung und Feinmechanik (Uhren), in geringerem Maße auch die Textil- und Nahrungsmittelindustrie.

III: Regionen mit kleinindustrieller, aus handwerklichen Wurzeln hervorgegangener Produktion

Hierzu sind neben den französischen Südalpen (soweit dort überhaupt Betriebe des produzierenden Gewerbes existieren) der Kanton Graubünden und weitere Bergregionen in der Schweiz zu rechnen, Seitentäler in Südtirol und in den italienischen Alpen, teilweise auch Kärnten und die Gebirgsgebiete des Bundeslandes Salzburg.

Betriebe dieses Typs haben sich, wenn sie erfolgreich sind, in „Marktnischen" eingerichtet. Sie erzeugen Produkte, deren Konkurrenzfähigkeit nicht auf kostengünstiger Fertigung oder niedrigen Preisen beruht, sondern auf qualitativen Aspekten und „Herkunfts-Goodwill". Typische Beispiele sind Unternehmen der Sportmodenerzeugung, Skifabrikation und Möbelherstellung oder die industrielle Schnitzerei

(Grödnertal). Eine rein technisch ausgerichtete Innovationsförderung läuft hier meist ins Leere. Hingegen können bei diesem Betriebstyp noch am ehesten Strategien einer selektiv endogenen Entwicklung greifen, wobei Schwerpunkte zu legen wären auf Produktionen, die ohne weiträumige Zulieferungen mit regional vorhandenen Rohstoffen arbeiten (Natursteine; Holz; vgl. SCHWARZ, 1980; ELSASSER, 1985), ferner Produktionen, bei denen die variablen Kosten über den Fixkosten liegen, die wenig transportkostenempfindlich sind und spezielle Marktsegmente beliefern. Geeignet sind schließlich auch Produkte, die einfache Technologien nutzen, nur geringen Energieeinsatz benötigen, wenig die Umwelt belasten und damit andere Nutzungen (insbesondere Fremdenverkehr) einschränken.

Wenn die empirischen Befunde auch deutlich gemacht haben, daß endogene Ressourcen wie auch regionale Innovationspotentiale im Alpenraum eher beschränkt und Möglichkeiten regionalpolitischer Förderung damit eingegrenzt sind: Effektiver als die quantitative, rein finanzielle Industrieförderung nach dem „Gießkannenprinzip" scheinen Maßnahmen, die sich besonders auf regionale Effekte der Förderung konzentrieren und den geographischen, d.h. auch kulturellen und regionalen Besonderheiten der jeweiligen Standortregion in höherem Maße Rechnung tragen, wohl allemal.

BENUTZTE LITERATUR

1. THEORETISCHE SCHRIFTEN, ALLGEMEINE BEITRÄGE

ABLER, R./ADAMS, J. S./GOULD, P. (1977): Spatial organization. The geographer's view of the world. Englewood Cliffs (3. Aufl.).

ANTE, U. (1981): Politische Geographie. Braunschweig.

BADE, F. J. (1978): Die Mobilität von Industriebetrieben. Berlin (IIM Pap. Intern. Inst. f. Management und Verwaltung, 78—2).

BADE, F. J. (1984): Räumliche Anpassungsprozesse, Arbeitsteilung und unternehmerisches Standortverhalten. In: Brugger (Hrsg.) (1984b), S. 119—146.

BAHRENBERG, G. (1979): Von der Anthropogeographie zur Regionalforschung — eine Zwischenbilanz. In: Sedlacek (Hrsg.), S. 59—68.

BALLESTREM, F. Graf von (1979): Standortwahl von Unternehmen und Industriestandortspolitik. Berlin (Finanzwissenschaftl. Forschungsarbeiten, N.F., H. 44).

BARTELS, D. (1978): Raumwissenschaftliche Aspekte sozialer Disparitäten. In: Mittlg. der Österr. Geogr. Gesellschaft, 120, S. 227—242.

BARTELS, D. (1980): Geographische Aspekte sozialwissenschaftlicher Innovationsforschung. In: Dtsch. Geographentag Kiel, Tagungsber. u. wiss. Abh. — Wiesbaden, S. 283—298.

BARTELS, D. (1984): Lebensraum Norddeutschland? Eine engagierte Geographie. In: Bartels et al., S. 1—32.

BARTELS, D. et al. (1984): Lebensraum Norddeutschland. Kiel (Kieler Geograph. Schriften, Bd. 61).

BATER, J./WALKER, D. F. (1977): Industrial services: Literature and research prospects. In: Walker, D. F. (ed). Industrial services. — Ontario (Dep. of Geography Publication Series, No. 3, Waterloo), S. 101—125.

BECK, G. (1982): Der verhaltens- und entscheidungstheoretische Ansatz. Zur Kritik eines modernen Paradigmas in der Geographie. In: Sedlacek (Hrsg.), S. 55—89.

BLOECH, J. 1970): Optimale Industriestandorte. Würzburg/Wien.

BOBEK, H. (1962): Über den Einbau der sozialgeographischen Betrachtungsweise in die Kulturgeographie. In: Tagungsber. u. wiss. Abh. d. Dtsch. Geographentages Köln 1961. Wiesbaden, S. 148—165.

BOCKELMANN, K./WINDELBERG, J. (1982): Aktive und reaktive Unternehmen in Peripherräumen. In: Informationen zur Raumentwicklung, 6/7, S. 521—530.

BOESLER, K.-A. (1983): Politische Geographie. Stuttgart.

BREDE, H. (1971): Bestimmungsfaktoren industrieller Standorte. Berlin/München (Schriftenreihe des IFO-Instituts für Wirtschaftsforschung 75).

BRENNEISEN, R. (1961): Möglichkeiten und Grenzen der Industrialisierung ökonomischer Grenzräume unter den Bedingungen der Hochkonjunktur. In: Forschungs- und Sitzungsberichte der Akad. f. Raumforschung und Landesplanung, Bd. XVII, S. 47—63.

BRÖSSE, U. (1971): Industrielle Zulieferbeziehungen als Standortfaktor. Hannover.

BRUGGER, E. A. (1980): Innovationsorientierte Regionalpolitik. Notizen zu einer neuen Strategie. In: Geogr. Zeitschrift, 65, S. 173—198.

BRUGGER, E. A. (1981): Regionalpolitik für die achtziger Jahre. In: DISP, 64, S. 31—40.

BRUGGER, E. A. (1984): „Endogene Entwicklung": Ein Konzept zwischen Utopie und Realität. In: Informationen zur Raumentwicklung, 1/2, S. 1—20.

BUTTLER, F. et al. (1977): Grundlagen der Regionalökonomie. Reinbek bei Hamburg.

CLEMENS, R./TENGLER, H. (1983): Standortprobleme von Industrieunternehmen in Ballungsräumen. Eine empirische Untersuchung im IHK-Bezirk Dortmund unter besonderer Berücksichtigung der Unternehmensgröße. Göttingen (Beiträge zur Mittelstandsforschung, H. 93).

DANIELZYK, R./WIEGANDT, C.-C. (1986): Ansätze zu einer qualitativen Methodik in der Regionalforschung — dargestellt am Beispiel des Entwicklungszentrums Lingen im Emsland. In: Ber. zur dtsch. Landeskunde, 60, S. 71—96.

DICKEN, P./LLOYD, P. E. (1984): Die moderne westliche Gesellschaft. Arbeit, Wohnung und Lebensqualität aus geographischer Sicht. New York.

ELSASSER, H./STEINER, D. (Hrsg.) (1984): Räumliche Verflechtungen in der Wirtschaft. Zürich (Züricher Geographische Schriften 13).

EWERS, H. J. (1984): Räumliche Innovationsdisparitäten und räumliche Diffusion neuer Technologien. In: Brugger (Hrsg.) (1984b), S. 97—118.

EWERS, H. J./WETTMANN, R. W. (1978): Innovationsorientierte Regionalpolitik-Überlegungen zu einem regionalstrukturellen Politik- und Forschungsprogramm. In: Informationen zur Raumentwicklung, 7, S. 467—484.

FLORE, C. (1976): Regionale Wirtschaftspolitik unter veränderten Rahmenbedingungen. In: Informationen zur Raumentwicklung, 12, S. 775—791.

FLORE, C. (1978): Instrumente der Innovationsförderung im Rahmen der Raumordnungspolitik. In: Informationen zur Raumentwicklung, 7, S. 503—514.

FORTSCH, H.-J. (1973): Industriestandorttheorie als Verhaltenstheorie. Köln (Diss. Universität Köln).

FORTSCH, H.-J./BALLESTREM, F. v. (1976): Die Berücksichtigung regionalpolitischer Förderungsmaßnahmen bei der Standortwahl industrieller Unternehmen. Köln.

FREUND, U./ZABEL, G. (1978): Zur Effizienz der regionalpolitischen Industrieförderung in der BRD. In: Raumforschung und Raumordnung, 3, S. 99—106.

FREY, R. L. (1972): Infrastruktur — Grundlagen der Planung öffentlicher Investitionen. Tübingen/Zürich.

FREYTAG, H. L./WINDELBERG, J. (1978): Ein Ansatz für eine integrierte regionale Innovationsstrategie. In: Informationen zur Raumentwicklung, 7, S. 527—534.

FRIEDMANN, J. R. P. (1972): A General Theory of Polarized Development. In: Hansen, N. M. (ed.): Growth Centers in Regional Economic Development. New York/London, S. 82—107.

FÜRST, D./ZIMMERMANN, K. (1973): Standortwahl industrieller Unternehmen. Ergebnisse einer Unternehmensbefragung. Bonn (Schriftenreihe der Gesellschaft für Regionale Strukturentwicklung, Bd. 1).

GAEBE, W./HENDINGER, H. (1980): Industriegeographische Forschung und didaktische Umsetzung ihrer Ergebnisse. In: Praxis Geographie, 10, S. 282-287.

GAEBE, W./HOTTES, K. (Hrsg.) (1980): Methoden und Feldforschung in der Industriegeographie. Mannheim (Mannh. Geogr. Arbeiten 7).

GEBHARDT, H. (1979): Die Stadtregion Ulm/Neu-Ulm als Industriestandort. Tübingen (Tübinger Geogr. Studien 78).

GIESE, E./NIPPER, J. (1984): Die Bedeutung von Innovation und Diffussion neuer Technologien für die Regionalpolitik. In: Erdkunde 38, S. 202—215.

GOFMANN, E. (1983): The Interaction order. In: American Sociological Review 48, S. 1—17.

GROTZ, R. (1971): Entwicklung, Struktur und Dynamik der Industrie im Wirtschaftsraum Stuttgart. Eine industriegeographische Untersuchung. Stuttgart (Stuttgarter Geogr. Studien, Bd. 82).

GROTZ, R. (1979): Räumliche Beziehungen industrieller Mehrbetriebsunternehmen. Ein Beitrag zum Verständnis von Verdichtungsprozessen. In: Festschrift für W. Meckelein zum 60. Geburtstag. Stuttgart (Stuttgarter Geogr. Studien 93), S. 225—243.

GROTZ, R. (1980): Räumliche Beziehungen industrieller Systeme. In: Gaebe/Hottes (Hrsg.), S. 25—47

GROTZ, R. (1982a): Industrialisierung und Stadtentwicklung im ländlichen Südost-Australien. Stuttgart (Stuttg. Geogr. Studien 98).

GROTZ, R. (1982b): Automatisierung und Industriegeographie. (Vortrag auf einem industriegeographischen Symposium im April 1982 in Salzburg).

GROTZ, R./KOHLER, H. (1984): Macht die technologische Entwicklung neue Zweigbetriebe überflüssig? Überlegungen zum künftigen Flächenbedarf der Industrie. In: Elsasser/Steiner (Hrsg.), S. 77—94.

HAAS, H.-D. (1970): Junge Industrieansiedlung im nordöstlichen Baden-Württemberg. Tübingen (Tübinger Geogr. Studien 35).
HAAS, H. -D. et al. (1983): Industrielle Monostrukturen an Mikrostandorten. Ansätze zur Arbeitsplatzsicherung im Rahmen der Stadtentwicklungsplanung, dargestellt am Beispiel Albstadt. München (Münchner Studien zur Sozial- und Wirtschaftsgeographie, Bd. 24).
HABERMAS, J. (1971): Vorbereitende Bemerkungen zu einer Theorie der kommunikativen Kompetenz. In: Habermas, J./Luhmann, N.: Theorie der Gesellschaft und Sozialtechnologie. Frankfurt, S. 101—141.
HÄUSSERMANN, S./HEDIGER, P. (1977): Neue Arbeitsstrukturen in der Teilefertigung. In: Werkstattechnik. Zeitsch. für industrielle Fertigung, 67, S. 37—41.
HAHNE, U. (1984): Endogene Regionalentwicklung in Norddeutschland: Ansätze und Vorschläge für eine regionalisierte Raumentwicklungspolitik. In: Bartels et al., S. 33—50.
HAMILTON, F. E. I. (ed.) (1974): Spatial Perspective on Industrial Organization and Decision-making. London usw.
HANSEN, N. (1977): The Economic Development of Border Regions. In: Growth and Change, 8, S. 2–8.
HANSMEYER, K. H./FÜRST, D. (1970): Standortfaktoren industrieller Unternehmen: Eine empirische Untersuchung. In: Informationen, 20, S. 481—492.
HARD, G. (1973): Die Geographie. Eine wissenschaftstheoretische Einführung. Berlin/New York.
HARVEY, D. (1973): Social Justice and the City. London.
HOCKEL, D. (1978): Innovationsorientierte Regionalpolitik. In: Informationen zur Raumentwicklung, S. 485—488.
HOPF, C. (1979): Soziologie und qualitative Sozialforschung. In: Hopf, C./Wiengarten, E. (Hrsg.): Qualitative Sozialforschung. Stuttgart, S. 11—37.
HORN, E. J. (1976): Technologische Neuerungen und internationale Arbeitsteilung. Tübingen (Kieler Studien 139).
HOTTES, K. (1976): Industriegeographie. In: Hottes, K. (Hrsg.): Industriegeographie. Darmstadt (Wege der Forschung, Bd. 329), S. 1—18.
HOTTES, K./KERSTING, H. (1977): Der industrielle Flächenbedarf — Grundlagen und Meßzahlen zu seiner Ermittlung. In: Konzeption zur Industrieansiedlung. Essen (Schriftenreihe des Siedlungsverbands Ruhrkohlenbezirk), S. 223—278.
KAISER, K.-H./HÖRNER, L. (1977): Standortbefragung von Industriebetrieben in der Stadtregion Köln. Köln (Arbeitsbericht Nr. 9 des Seminars für Allg. Betriebswirtschaftslehre und betriebswirtschaftliche Planung; masch.-schr. vervielfältigt).
KAMBARTEL, F. (1981): Rekonstruktion und Rationalität. Zur normativen Grundlage einer Theorie der Wissenschaft. In: Schwemmer, O. (Hrsg.): Vernunft, Handlung und Erfahrung. Über die Grundlagen und Ziele der Wissenschaften. München, S. 11—21.
KOCH, T. P. (1967): Zur Mindestgröße von Industriestandorten. In: Informationen, Jg. 17, S. 691—703.
KOLB, A. (1951): Aufgabe und System der Industriegeographie. In: Land und Landschaft. Festschr. f. E. Obst. Remagen, S. 207—219.
KREUTER, H. (1974): Industrielle Standortaffinität und regionalpolitische Standortlenkung. Dargestellt am Beispiel Baden-Württembergs. Berlin (Schriftenreihe zur Industrie- und Entwicklungspolitik, Bd. 13).
KREYE, O. (Hrsg.) (1974): Multinationale Konzerne. Entwicklungstendenzen im kapitalistischen System. München.
KRIPPENDORF, J. (1975): Die Landschaftsfresser. Tourismus und Erholungslandschaft — Verderben oder Segen. Bern.
KRUMME, G. (1972): Anmerkungen zur Relevanz unternehmerischer Verhaltensweisen in der Industriegeographie. Zeitschr. f. Wirtschaftsgeographie, 16, S. 101—108.
MAIER, J. (Hrsg.) (1983): Staatsgrenzen und ihr Einfluß auf Raumstrukturen und Verhaltensmuster. Bayreuth (Arbeitsmat. zur Raumordnung u. Landesplanung)

MAIER, J./WEBER, J. (1979): Räumliche Aktivitäten von Unternehmern im ländlichen Bereich. Ein Beitrag zur industriegeographischen Strukturforschung. In: Geogr. Rundschau, 31, S. 90—101.

MAILLAT, D. (ed.) (1982): Technology: a Key Factor for Regional Development. Saint Saphorin.

MARANDON, J.-C. (1977): Ausländische Industrieansiedlungen in Grenzgebieten. Ein Vergleich Baden-Elsaß. In: Berichte zur Deutschen Landeskunde, 51, S. 173—203.

MARANDON, J.-C. (1980): Flächennutzung durch Industrie im modernen technologisch-strukturellen Wandel. In: Gaebe/Hottes (Hrsg.), S. 53—66.

MIKUS, W. (1979): Industrielle Verbundsysteme. Studien zur räumlichen Organisation der Industrie am Beispiel von Mehrwerksunternehmen in Südwestdeutschland, der Schweiz und Oberitalien. Heidelberg (Heidelberger Geogr. Arbeiten, H. 57).

MIKUS, W. (1982): Zur Bedeutung der Zweigwerkindustrialisierung. In: DISP, 66, S. 30—34.

MIKUS, W. (1984): Räumliche Verflechtungen der Wirtschaft — Kriterien, Typen, Beispiele. In: Elsasser/Steiner (Hrsg.), S. 53—76.

NIEDZWETZKI, K. (1984): Möglichkeiten, Schwierigkeiten und Grenzen qualitativer Verfahren in den Sozialwissenschaften. Ein Vergleich zwischen qualitativer und quantitativer Methode unter Verwendung empirischer Ergebnisse. In: Geogr. Zeitschrift, 72, S. 65—80.

OEVERMANN, U. et al. (1979): Die Methodologie einer „objektiven" Hermeneutik und ihre allgemeine forschungslogische Bedeutung in den Sozialwissenschaften. In: Soeffner, H.-G. (Hrsg.): Interpretative Verfahren in den Sozial- und Textwissenschaften. Stuttgart, S. 352—434.

OPPENLANDER, K. H. (1976): Das Verhalten kleiner und mittlerer Unternehmen im industriellen Innovationsprozeß. In: Die gesamtwirtschaftliche Entwicklung kleiner und mittlerer Unternehmen. München.

O. V. (1980): Innovationsorientierte Regionalpolitik. Bonn-Bad Godesberg (Schriftenreihe „Raumordnung" des Bundesmin. f. Raumordnung, Bauwesen und Städtebau, 06.042).

QUASTEN, H./SOYEZ, D. (1976): Erfassung und Typisierung industriell bewirkter Flächennutzungskonkurrenzen. In: Tagungsber. und wiss. Abh. des 40. Dtsch. Geographentages in Innsbruck. Wiesbaden, S. 188—204.

RECKER, E. (1978): Methode und Ergebnisse einer Erfolgskontrolle der Gemeinschaftsaufgabe „Verbesserung der regionalen Wirtschaftsstruktur". In: Raumforschung und Raumordnung, 1/2.

ROHR, H.-G. von (1971): Industriestandortverlagerungen im Hamburger Raum. Hamburg (Hamburger Geograph. Studien, H. 25).

SCHÄTZL, L. (1974): Zur Konzeption der Wirtschaftsgeographie. In: Die Erde, 105, S. 124—134.

SCHÄTZL, L. (1978/1981): Wirtschaftsgeographie I und II. Paderborn.

SCHAFFER, F./POSCHWATTA, W. (1983): Der ländliche Raum als Industriestandort. In: Mittlg. der Geogr. Ges. München, 68, S. 13—42.

SCHAMP, E. W. (1978): Unternehmensinterne Entscheidungsprozesse. Zur Standortwahl in Übersee am Beispiel eines deutschen chemischen Unternehmens. In: Geograph. Zeitschrift, Jg. 66, S. 38—60.

SCHAMP, E. W. (1981): Persistenz der Industrie im Mittelgebirge am Beispiel des Märkischen Sauerlandes. Köln (Kölner Forschungen zur Wirtschafts- und Sozialgeographie, Bd. XXIX).

SCHAMP, E. W. (1983): Grundansätze der zeitgenössischen Wirtschaftsgeographie. In: Geograph. Rundschau, 35, S. 74—80.

SCHAMP, E. W. (1986): Industriestandort und Wirtschaftsdienste im ländlichen Raum. Zum Reichweitenmuster der Dienstleistungsnachfrage von Industrieunternehmen in Niedersachsen. In: Berichte zur dtsch. Landeskunde, 60, S. 201—226.

SCHICKHOFF, I. (1981): Räumliches Verhalten in den Einkaufs- und Verkaufsbeziehungen von Industriebetrieben. In: Ostheider, M./Steiner, D. (Hrsg.): Theorie und quantitative Methodik in der Geographie. Zürich (Zürcher Geograph. Schriften, H. 1), S. 249—268.

SCHICKHOFF, I. (1983): Materialverflechtungen von Industrieunternehmen. Eine empirische Untersuchung am Beispiel von Industrieunternehmen am linken Niederrhein. o.O. (Habilitationsschrift zur Erlangung der Lehrbefähigung im Lehrgebiet Anthropogeographie Universität Duisburg).

SCHICKHOFF, I. (1985): Dienstleistungen für Industrieunternehmen: Einflüsse von Unternehmens- und Standorteigenschaften auf die Reichweite ausgewählter industrieller Dienstleistungsverflechtungen. In: Erdkunde, Jg. 39, S. 73—84.

SCHILLING-KALETSCH, I. (1976): Wachstumspole und Wachstumszentren. Untersuchungen zu einer Theorie sektoral und regional polarisierter Entwicklung. Hamburg (Arbeitsberichte und Ergebnisse zur wirtschafts- und sozialgeographischen Regionalforschung 1).

SCHLIEBE, K. (1982): Industrieansiedlungen. Das Standortwahlverhalten der Industriebetriebe in den Jahren von 1955 bis 1979. Bonn (Forschungen zur Raumentwicklung, Bd. 11).

SCHWEMMER, O. (1981): Wissenschaft als Lebensform? Über die Ziele der Kulturwissenschaften. In: Schwemmer, O. (Hrsg.): Vernunft, Handlung und Erfahrung. Über die Grundlagen und Ziele der Wissenschaften. München, S. 85—103.

SEDLACEK, P. (Hrsg.) (1979): Zur Situation der deutschen Geographie zehn Jahre nach Kiel. Osnabrück (Osnabrücker Studien zur Geographie, Bd. 2).

SEDLACEK, P. (1982): Kulturgeographie als normative Handlungswissenschaft. In: Sedlacek, P. (Hrsg.): Kultur-/Sozialgeographie. Beiträge zu ihrer wissenschaftstheoretischen Grundlegung. Paderborn/München/Wien/Zürich, S. 187—216.

SPEHL, H. (1983): Wirkungen der nationalen Grenze auf Betriebe in peripheren Regionen, dargestellt am Beispiel des Saar-Lor-Lux-Raumes. In: Probleme räumlicher Planung und Entwicklung in den Grenzräumen an der deutsch-französisch-luxemburgischen Staatsgrenze. Hannover, S. 199—224.

Die STANDORTWAHL der Industriebetriebe in der Bundesrepublik Deutschland. Verlagerte, neuerrichtete und stillgelegte Betriebe. Bonn 1961 ff.

STAUDACHER, (1984): Wirtschaftsdienste (producer services, business services, industrial services) als Forschungsthema der Wirtschaftsgeographie. In: Wirtschaftsgeographische Studien 12/13, S. 57—84.

STÖHR, W. (1981): Alternative Strategien für die integrierte Entwicklung peripherer Gebiete bei abgeschwächtem Wirtschaftswachstums. In: DISP, 61, S. 5—8.

STIENS, G. (1982): Veränderte Konzepte zum Abbau regionaler Disparitäten. In: Geograph. Rundschau, 34, S. 19—24.

TAYLOR, M. J. (1973): Local linkage, external economies and the ironfoundry industry of the West Midlands and East Lancashire conurbations. In: Regional Studies, 7, S. 387—400.

TENGLER, H. (1984): Der Wirtschaftsraum Köln: Industriewirtschaftliche Situation und Perspektiven. Bonn (Informationen zur Mittelstandsforschung).

THÜRAUF, G. (1975): Industriestandorte in der Region München. Geographische Aspekte des Wandels industrieller Strukturen. Kallmünz/Regensburg (Münchner Studien zur Sozial- und Wirtschaftsgeographie, Bd. 16).

TWAITHES, A. T. et al. (1982): Interregional Diffusion of Production Innovations in Great Britain. Newcastle upon Tyne (Centre for Urban and Regional Development Studies).

WEBER, J. (1980): Der Unternehmer als Entscheidungsträger regionaler Arbeitsmärkte. Bayreuth (Bayreuther Geowiss. Arbeiten, Bd. 2).

WINDELBERG, J. (1984): Innovationsorientierte Regionalpolitik zur Entwicklung strukturschwacher Peripherräume. Voraussetzungen und notwendige Komplementärelemente. In: Informationen zur Raumentwicklung, 1/2, S. 63—78.

WINDHORST, H.-W. (1983): Geographische Innovations- und Diffusionsforschung. Darmstadt (Erträge der Forschung, Bd. 189).

WIRTH, E. (1984): Geographie als moderne theorieorientierte Sozialwissenschaft. In: Erdkunde, 38, S. 73—79.

WITZEL, A. (1982): Verfahren der qualitativen Sozialforschung. Überblick und Alternativen. Frankfurt/New York (Campus Forschung, Bd. 322).

2. LITERATUR UND UNTERLAGEN ZUM ALPENRAUM UND SEINER INDUSTRIE

2.1 Gebundene Schriften

ABT, H. (1967): Wirtschaftsstruktur und Wirtschaftspolitik im Tessin. Zürich (Diss. Universität Basel).

ABT, R. (1980): Wirtschaftspotentiale im Berggebiet. In: DISP, 58, S. 16—19.

ABT, R. et al. (1981): Entwicklungsengpässe und Innovationsverhalten bestehender Betriebe im Berggebiet. Bern (Nationales Forschungsprogramm „Regionalprobleme", Arbeitsberichte 21).

AERNI, K. (1984): Alpentransversale und inneralpine Erschließung. In: Brugger, E. A. et al. (Hrsg.), S. 453—478.

AREND, M. (1984): Zum Innovations- und Anpassungspotential der Berggebietsregionen. In: Brugger et al. (Hrsg.), S. 725—738.

AREND, M./STUCKEY, B. (1984): Zu den Ursachen räumlicher Innovationsdisparitäten in der Schweiz. In: Brugger (Hrsg.) (1984b), S. 23—40.

ARMAND, G. (1974): Villes, centres et organisation urbaine des Alpes du Nord. Grenoble.

AUBELE, F. (1957): Wirtschaftskunde Nord- und Osttirols. Innsbruck (Tiroler Wirtschaftsstudien 5).

BARNICK, H. (1978): Regionale und sektorale Planung in Tirol. In: Berichte zur Raumforschung und Landesplanung, 22, S. 27—29.

BARNICK, H. (1986): Aktuelle Aufgaben der Landesentwicklung in den Österreichischen Alpen, besonders in Tirol. In: Die Alpen als Lebens-, Erholungs- und Durchgangsraum. Vortragsveranstaltung der Akad. f. Raumforschung und Landesplanung. Hannover (Arbeitsmat. der Akad. f. Raumforschung und Landesplanung, Nr. 108), S. 37—49.

BARRUET, J. et al. (1984): La politique de la montagne: entre le changement et la continuité. In: Revue de Géographie Alpine, 72, S. 329—346.

BASSAND, M. (Ed.) (1981): L'identité régionale. St. Saphorin (NFP-Regionalprobleme, Themenheft).

BASSAND, M. (1984): Dynamique régionale et identité. In: Brugger et al. (Hrsg.), S. 479—498.

BEBIE, O. (1939): Der Zusammenbruch der Stickereiindustrie und der Aufbau der neuen Industrien in der Ostschweiz. Zürich (Diss. Universität Zürich).

BELLWALD, A. (1963): Raumpolitische Gesichtspunkte der industriellen Standortwahl in der Schweiz, erläutert an den Möglichkeiten einer Industrialisierung der Oberwalliser Bergdörfer. Zürich (Staatswiss. Studien, N. F., Bd. 49).

BELLWALD, A. et al. (1981): Die wirtschaftliche Bedeutung des Tourismus im Wallis. Brig.

BERCHTOLD, H.-H. (1965): Die Industrieneugründungen 1958—1963 in Österreich (unter besonderer Berücksichtigung ihrer regionalen Auswirkungen). Wien (Diss. Hochschule für Welthandel).

BERGIER, J.-F. et al (1975): L'Alpi e l'Europa. Vol. 3: Economia e tranisti. Bari.

BEUTLER, R. (1954): Die optisch-feinmechanische Industrie im sanktgallischen Rheintal. St. Gallen.

BIANCARDI, S. (1958): L'ubicazione industriale e il Cantone Ticino. Bellinzona (DISS. BASEL).

BILLET, J. (1972): Le Tessin. Essai de géographie régionale. Grenoble.

BILLET, J./ROUGIER, H. (1984): L'évolution récente de la population des Alpes suisses. In: Revue de Géographie Alpine, 72, S. 9—20.

BIRKENHAUER, J. (1980): Die Alpen. Paderborn/München/Wien/Zürich.

BIUCCHI, B. (o.J.): Profilo storico del settore industriale Ticinese. o.O.

BIUCCHI, B./GAUDARD, G. (ed.) (1981): Régions frontalières. Saint Saphorin (Themenhefte des NFP „Regionalprobleme").

BODMER, W. (1952): Das glarnerische Wirtschaftswunder. Glarus.

BODMER, W. (1960): Die Entwicklung der Schweizerischen Textilwirtschaft im Rahmen der übrigen Industrien und Wirtschaftszweige. Zürich.

BRÜSTLE, F. (1965): Die Entstehung und Entwicklung der Vorarlberger Stickerei. Dornbirn.

BRUGGER, E. A. (1982): Unternehmerische Entscheidungsstrukturen und regionale Entwicklung. In: Brugger, E. A. et al. (Hrsg.): Wirtschaftlicher Strukturwandel aus regionalpolitischer Sicht. Diessenhofen, S. 159—178.

BRUGGER, E. A. (Hrsg.) (1984a): Arbeitsmarktentwicklung: Schicksalsfrage der Regionalpolitik. Diessenhofen (NFP „Regionalprobleme", Themenheft).
BRUGGER, E. A. (Hrsg.) (1984b): Regionale Innovationsprozesse und Innovationspolitik. Diessenhofen (NFP „Regionalprobleme", Themenheft).
BRUGGER, E. A. et al. (Hrsg.) (1984): Umbruch im Berggebiet. Die Entwicklung des schweizerischen Berggebiets zwischen Eigenständigkeit und Abhängigkeit aus ökonomischer und ökologischer Sicht. Bern/Stuttgart.
BRUN, P. (1975): Ausscheiden von Industriezonen. Zürich (Studienunterlagen zur Orts-, Regional- und Landesplanung, Nr. 24).
BRUNATI, A. (1957): Lo sviluppo economico del Canton Ticino dopo il traforo del San Gottardo. Mendrisio 1957 (Diss. Universität Bern).
BRUSATI, A. (Hrsg.) (1973): Die Habsburgermonarchie 1848—1918. Bd. 1. Die wirtschaftliche Entwicklung. Wien.
BÜHLER-CONRAD, E. (1980): Regionale Wirkungen von Maßnahmen zur Verbesserung des Ausbildungsangebotes. In: Geographica Helvetica, Nr. 4, S. 160—164.
BUZAS, H. (o.J.): Das Metallwerk Plansee AG und ihr Gründer Prof. Dr.-Ing. Dr. techn. h.c. Paul Schwarzkopf. In: Beitr. zur Technikgeschichte Tirols 1, S. 23—30.
CALONDER, G. (1976): Aus der industriellen Entwicklung Graubündens. Erfahrungen, Möglichkeiten, Grenzen. In: Terra Grischuna, H. 2, S. 74—78.
CAVADINI, A. (1966): Struttura e sviluppo del settore industriale ticinese dal 1950 al 1964. Lugano-Friburgo (Diss. Fribourg).
CAVENG, G. (1959): Probleme der Industrialisierung des Kantons Graubünden. Eine volkswirtschaftliche Studie über die Wirtschaftsstruktur des Kantons mit Berücksichtigung der industriellen Entwicklung und der Standortfaktoren. St. Gallen (Thèse Université Neuchâtel).
CHABERT, L. (1978): Les Grandes Alpes Industrielles de Savoie: évolution économique et humaine. St. Alban Leysse.
CHLUPAC, G. (1966): Die Eisen und Metall verarbeitende Industrie Österreichs (Standortprobleme, Struktur und Leistung). Wien (Diss. Universität Wien).
CHRISTL, O. (1963): Kritische Untersuchungen über die Industriezone von Bozen unter besonderer Berücksichtigung des Standortproblems. Innsbruck (wirtschaftswiss. Diss.).
DANZ, W. (1974): Die Alpen — Wirtschaftsregion mit und ohne Wachstumspole. In: Der Alpenraum als europäische Aufgabe und Herausforderung — Leitbilder zum Leben und Überleben. Wien, S. 33—48.
DANZ, W. (1979): Zur Funktion des Alpenraums in der Europäischen Raumordnung. München (Schriftenreihe des Alpeninstituts, H. 11).
DANZ, W./HENZ, H.-R. (1981): Integrierte Entwicklung der Gebirgsregionen. Der Alpenraum. Brüssel (Kommission der Europäischen Gemeinschaft, Sammlung Studien, Reihe Regionalpolitik Nr. 20).
DAVID, C.-H. (1980): Raumordnung in Großbritannien. In: Raumordnung und Raumplanung in europäischen Ländern. 1. Teil. Hannover (Beitr. der Akad. für Raumforschung und Landesplanung, Bd. 42), S. 49—57.
DAVID, J. (1980): La montagne Nord-Alpine: espace rural, espace urbanisé? In: Montagnes et montagnards. Mélanges géographiques offerts en hommage au doyen Paul Veyret par ses collèques et amis. Grenoble, S. 257—262.
DEZERT, B. (1975): Activité industrielle et vie humaine en montagne. Paris.
DORFMANN, M. (1980): Les stratégies du dévelopment des régions de montagne dans les pays de l'arc alpin. Grenoble.
DORFMANN, M. (1981): Pour une politique régionale de l'innovation industrielle et artisanale en montagne. In: DISP, 61, S. 43—49.
DORFMANN, M. (1983): Régions de montagne: de la dépendance à l'autodévelopment. In: Revue de Géogr. Alpine, 71, S. 5—34.
DUPUIS, G. (1978): Emissions fluorées et organisme humain au voisinage d'une industrie d'Aluminium à Chippis. Sierre (Thèse a l'Université de Genève)

DÜRST, E. (1951): Die wirtschaftlichen und sozialen Verhältnisse des Glarnerlandes an der Wende vom 18. zum 19. Jahrhundert. Der Übergang von der Heimindustrie zum Fabriksystem. Glarus (Diss. Universität Zürich).

EDER, F. W. (1949): Die obersteirische Eisen- und Stahlindustrie. Grundlagen, Entwicklung und heutige Bedeutung. Wien (Diss. an der Hochschule für Welthandel Wien).

EIDGEN. JUSTIZ- UND POLIZEIDEPARTEMENT. BUNDESAMT FÜR RAUMPLANUNG (Hrsg.) (1981): Erläuterungen zum Bundesgesetz über Raumplanung. Bern.

EISENHUT, G. (1960): Bergbau und Industrie der Steiermark. Eine wirtschaftsgeographische Untersuchung. Wien (Diss. an der Hochschule für Welthandel Wien).

ELSASSER, H. (1970): Industrieflächenbedarf. Zürich (Dokumente zur Orts-, Regional- und Raumplanung).

ELSASSER, H. (1972): Die regionale Verteilung der Industriegesellschaft in der Schweiz im Jahre 2000 — Trendentwicklung. Zürich.

ELSASSER, H. (1977): Räumliche Aspekte der Industrie in der Schweiz. In: Mittlg. der Österr. Geogr. Ges., Bd. 119, S. 163—182.

ELSASSER, H. (1978): Probleme und Perspektiven der Entwicklungspolitik in den Schweizer Berggebieten. In: Geogr. Zeitschr., 66, S. 61—71.

ELSASSER, H. (1979): Die Förderung von Regionalzentren — ein Beitrag zur Entwicklung von Peripherräumen? Eine empirische Untersuchung aus dem Schweizerischen Alpenraum. In: Weber, P. (Hrsg.): Periphere Räume. Strukturen und Entwicklungen in europäischen Problemgebieten. Paderborn (Münstersche Geogr. Arb., H. 4), S. 23—36.

ELSASSER, H. (1980): Zum Problem der touristischen Monostrukturen aus der Sicht der bisherigen Entwicklung. In: DISP, 57, S. 27—31.

ELSASSER, H. et al. (1982): Nicht-touristische Entwicklungsmöglichkeiten im Berggebiet. Zürich (Institut für Orts-, Regional- und Landesplanung an der ETHZ, Schriftenreihe zur Orts- Regional- und Landesplanung Nr. 29).

ELSASSER, H. (1985): Konzepte und Erfahrungen von Industrie- und Gewerbeprojekten in der Schweiz unter neuer regionaler Orientierung. In: Maier, J. (Hrsg.): Regionalpolitik in der Diskussion. Bayreuth (Arbeitsmat. zur Raumordnung und Raumplanung, H. 42), S. 19—42.

ELSASSER, H./LEIBUNDGUT, H. (1985): La contribution d'activités touristiques et non touristiques au développement endogène des régions alpines. In: Revue de Géographie Alpine, Tome LXXIII, S. 259—272.

ERLWEIN, W. (1982): Transnationale Raumplanung im Alpenraum. München (Diss.)

ETTER, W. (1939): Die Entwicklung von Wirtschaft und Bevölkerung in der Nordostschweiz seit Beginn des 19. Jahrhunderts. Zürich.

EUROPARAT (Hrsg.) (1979): Probleme der Belastung und Raumplanung im Berggebiet. o.O.

FAINI, R./SCHIANTAVELLI, F. (1982): Regional Implications of Industrial Policy; The Italian Case. In: Journal of Publ. Pol., 3, S. 97—118.

FEURSTEIN, G. (1979): Zentrale Orte und Entwicklungsachsen — Die Problematik der Anwendung dieser Prinzipien in der Alpenregion. In: Röder/Engstfeld (Hrsg.), S. 69—86.

FIORESCHY, R. v. (1958): Arbeitsbeschaffung und wirtschaftlicher Aufbau. In: Der fahrende Skolast, Sondernummer, S. 44—66.

FITZ, R. (1976): Die Stickereiindustrie Vorarlbergs mit Lustenau als Zentrum. Wien (Diss. am Inst. für Welthandel Wien).

FLÜCKIGER, H. (1970): Gesamtwirtschaftliches Entwicklungskonzept für das Berggebiet. Bern.

FREY, R. L. (1979): Die Infrastruktur als Mittel der Regionalpolitik. Eine wirtschaftstheoretische Untersuchung zur Bedeutung der Infrastrukturförderung von entwicklungsschwachen Regionen in der Schweiz. Bern/Stuttgart.

GABERT, P./GUICHONNET, P. (1965): Les Alpes et les Etats alpins. Paris.

GÄRTNER, H. (1970): Die Vorarlberger Oberbekleidungsindustrie. Innsbruck (Beitr. zur alpenländ. Wirtschafts- und Sozialforschung 97).

GANSER, K. (1978): Strategische Überlegungen zur Entwicklung des Alpenraumes. In: Informationen zur Raumentwicklung, H. 10, S. 779—813.

GAUDARD, G. (1971): Le problème des régions frontières suisses. In: Economies et Societés, 5, S. 645—670.
GEBHARDT, H. (1984a): Hydroenergie und Industrie im Alpenraum. In: Geograph. Rundschau, 36, S. 410—416.
GEBHARDT, H. (1984b): Probleme der vergleichenden Kulturgeographie von Hochgebirgen. Bericht über ein internationales Symposium. In: Erdkunde, 38, S. 63—65.
GEBHARDT, H. (1984c): Probleme industrieräumlicher Entwicklung in Hochgebirgen, untersucht an Beispielen aus dem Alpenraum. In: Grötzbach, E./Rinschede, G. (Hrsg.): Beiträge zur vergleichenden Kulturgeographie der Hochgebirge. Regensburg, S. 327—354.
GEBHARDT, H. (1985): Auswirkungen von Staatsgrenzen auf die Industrieentwicklung im grenznahen Raum. Untersucht am Beispiel des Alpenrheintales (Österreich/Schweiz). In: Aspekte landeskundl. Forschung. Festschr. für H. Grees. Tübingen (Tübinger Geogr. Studien 90), S. 347—366.
GEBHARDT, H. (1986): Les zones de contact entre moyenne montagne et avant-pays. Bericht über ein deutsch-französisches Symposium an der Universität Grenoble vom 19.—22. September 1985. In: Berichte zur dtsch. Landeskunde, 60, S. 363—366.
GEILINGER, U. (1984a): Ausmaß, Ursachen und Folgen der funktionalen Arbeitsteilung zwischen Regionen in der Schweiz. Zürich (Züricher Geogr. Schriften 12).
GEILINGER, U. (1984b): Die funktionale Arbeitsteilung zwischen Mittelland und Berggebiet — eine empirische Analyse. In: Brugger et al. (Hrsg.), S. 761—784.
GEILINGER, U.(1984c): Die funktionale Arbeitsteilung zwischen Regionen in der schweizerischen Wirtschaft — eine empirische Analyse. In: Elsasser/Steiner (Hrsg.), S. 5—22.
GERHEUSER, F. (1984): Der Arbeitsmarkt der mittleren Kader in peripheren Regionen. In: Brugger (Hrsg.) (1984a), S. 227—242.
GERHEUSER, F./MANGOLD, H. (1982): Periphere Arbeitsmärkte mittlerer Kader in der Zentrenhierarchie. Bern (NFP „Regionalprobleme", Arbeitsberichte 19).
GEROSA, P. (1979): La pianificazione delle aree industriali d'interesse cantonale. In: Rivista tecnica della Svizzera italiana, N. 7—8, S. 28—39.
GERTSCHEN, W. (1950): Die Entwicklung der Industrie des Kantons Wallis seit 1920. Bern (Diss. Bern).
GLATZ, H. (1979): Regionale Disparitäten in Österreich: Konzepte und Mängel der Regionalpolitik. In: Österr. Zeitschr. für Politikwissenschaft, S. 177—197.
GOLLOB, P. (1962): Wirtschaftliche Probleme Südtirols seit der Jahrhundertwende. Unter besonderer Berücksichtigung der Industrialisierung und des Fremdenverkehrs. Wien (Diss. an der Hochschule für Welthandel).
GRABHER, H. (1965): Die Wirtschaft der Region „Alpenrhein" im Zeitalter der europäischen Integration. Wien (Diss. an der Hochschule für Welthandel Wien).
GRIBAUDI, D. (1937): La localizzazione delle industrie in Piemonte. In: La localizzazione delle industrie in Italia. Roma (a cura del Comitato Naz. per la Geografia), S. 25—59.
GRÖTZBACH, E. (1982): Das Hochgebirge als menschlicher Lebensraum. München (Eichstätter Hochschulreden 33).
GRÖTZBACH, E. (1984): Mobilisierung von Arbeitskräften im Hochgebirge — Zur sozio-ökonomischen Integration peripherer Räume. In: Grötzbach/Rinschede (Hrsg.), S. 73—92.
GRÖTZBACH, E./RINSCHEDE, G. (Hrsg.) (1984): Beiträge zur vergleichenden Kulturgeographie der Hochgebirge. Regensburg (Eichstätter Beiträge 12).
GROSJEAN, G. (1982): Die vom Tourismus verursachte Veränderung von Landschaft und Umwelt. In: Ringeling/Svilar (Hrsg.), S. 43—60.
GRUBER, A. (1974): Südtirol unter dem Faschismus. Bozen.
GSELL, E./KELLER, T. (1942): Die Wirtschaft des St. Gallischen Rheintals. St. Gallen (Veröff. der Handelshochschule St. Gallen, Reihe A, H. 17).
GUMUCHIAN, H. et al. (1980): L'isolement en montagne: élements de réflexion. In: Revue de Géogr. Alpine, 68, S. 305—325.
GYGI, P. (1979): Wirtschaftsförderung in der Schweiz. In: Wirtschaftspolit. Mitteilungen, 35, 1979, S. 1—18.

HAENNI, M. W. (1908): Notice sur les industries et les arts et métiers en Valais. In: Journal de statistique suisse, 44. année, S. 1—18.
HÄMMERLE, H. (1964): Die Rheinebene Vorarlbergs. Eine wirtschaftsgeographische Untersuchung. Wien (Diss. an der Hochschule für Welthandel Wien).
HAGEN, R. (1979): Die Entwicklung der Hilti AG vom kleinen Gewerbebetrieb zum internationalen Konzern, unter besonderer Berücksichtigung des Standorts Liechtenstein. Wien (Diss. an der Wirtschaftsuniversität Wien).
HAIMAYER, P. (1984): Tourismus im Alpenraum. In: Geographische Rundschau 36, S. 417—423.
HANNSS, C. (1982): Das alpine Fremdenverkehrsgewerbe. In: (DISP, 65, S. 7—14.
HANSER, C. (1980): Die Infrastruktur als Instrument traditioneller regionalpolitischer Strategie. In: Geogr. Helvetica, Jg. 35, S. 153—159.
HANSER, C. (1984): Infrastrukturförderung: Entwicklungsimpulse für Industrie und Gewerbe. In: Brugger et al. (Hrsg.), S. 705—724.
HANSER, C. (1985): Erfolgskontrolle der Industrieansiedlungspolitik. Eine empirische Überprüfung der traditionellen Regionalpolitik am Beispiel dreier Regionen im schweizerischen Berggebiet. Zürich (Diss. Universität Zürich).
HANSER, C./HUBER, S. (Hrsg.) (1982): Hat die traditionelle Infrastrukturförderung für periphere Regionen ausgedient? Diessenhofen (NFP-Regionalprobleme, Themenheft).
HAUBNER, K. (1979): Die Zukunft des Alpenraumes. Konferenz des Europarates vom 18.—20. September 1978 in Lugano. In: Raumforschung und Raumordnung, 37, S. 4—10.
HAUSER, A. (1961): Schweizerische Wirtschafts- und Sozialgeschichte. Erlenbach/Stuttgart.
HELBLING, G. (1958): Grenzen der Industrialisierung des Kantons Tessin. Winterthur (Diss. Universität Bern).
HERBIN, J. (1980): Le tourisme au Tyrol ou la montagne aux montagnards. 2 Bände. Grenoble.
HERBIN, J. (1986): Die neue Berglandpolitik und das neue soziale Statut der Bergbewohner in Frankreich. In: Angewandte Sozialgeographie. Festschrift für K. Ruppert zum 60. Geburtstag. Augsburg, S. 31—42.
HERBIN, J./REMMER, J. (1984): L'évolution démographique des Alpes austro-allemandes. In: Revue de Géographie Alpine, 72, S. 21—40.
HESS, W. (1979): Regional- und raumordnungspolitische Ziele und Maßnahmen von Bund und Kantonen. Bern/Stuttgart (Publikationen des Schweizerischen Nationalfonds aus den Nationalen Forschungsprogrammen, Bd. 2).
HOENIGER, K. T. (1956): Ursprung und Entwicklung der Industrie im Tiroler Etschland bis 1918. o.O.
HÖSLI, J. (1948): Glarner Land- und Alpwirtschaft in Vergangenheit und Gegenwart. Glarus.
HOHL, J. (1952): Die Kulturlandschaft des St. Gallischen Rheintals. Zürich (Diss. Universität Zürich).
HOLLENSTEIN, H./LOERTSCHER, R. (1980): Die Struktur- und Regionalpolitik des Bundes — kritische Würdigung und Skizze einer Neuorientierung. Diessenhofen.
HUBER, S. (1984): Regionalpolitik im Berggebiet. In: Brugger et al. (Hrsg.), S. 971—986.
JANIN, B. (1968): Le Val d'Aoste. Tradition et renouveau. Grenoble (Thèse pour le Doctorat des Lettres).
JEANNERET, P. (1984): Emplois tertiaires de l'industrie et division spatiale du travail: le cas de la Suisse. In: Brugger (Hrsg.) (1984b), S. 45—72.
KAUFMANN, B. (1965): Die Entwicklung des Wallis vom Agrar- zum Industriekanton. Zürich (Staatswiss. Studien, N.F., Bd. 53).
KEINDL, J. (1965): Die österreichische Eisen- und Stahlindustrie in ihrer jüngsten Entwicklung. In: Festschrift für Leopold Scheidl zum 60. Geburtstag. 1. Teil. Wien, S. 155—165.
KERSTING, M. (1970): Industrie und Industriepolitik in Südtirol. Innsbruck (Beiträge zur alpenländ. Wirtschafts- und Sozialforschung 165).
KIESLINGER, H. (1934): Siedlungs- und Wirtschaftsgeographie von Nordtirol. Wien (Diss. Univ. Wien).
KLEMENCIC, V. (1981): Die Kulturlandschaft im nordwestlichen Grenzgebiet Jugoslawiens (SR Slowenien). In: Regio Basiliensis, 22, S. 217—231.

KNESCHAUREK, F. (1964a): Wandlungen der schweizerischen Industriestruktur seit 1800. In: Zeitschr. für Volkswirtschaft und Statistik, 1/2, S. 133—166.

KNESCHAUREK, F. (1964b): Stato e sviluppo dell'economia ticinese: analisi e prospettive. Bellinzona.

KOPP, H. (1968/69): Industrialisierungsvorgänge in den Alpen. In: Mitteilg. der Fränk. Geogr. Ges., 15/16, S. 471—489.

KRAPF, K./KUNZ, B. R. (1955): Hilfe an die Bergbevölkerung durch Ansiedlung von Industriebetrieben, dargestellt am Beispiel von Vollèges (Wallis). Bern (Sonderheft 60 der „Volkswirtschaft").

KRIPPENDORF, J. (1982): Tourismus und regionale Entwicklung — Versuch einer Synthese. In: Krippendorf, J. et al. (Hrsg.): Tourismus und regionale Entwicklung. Diessenhofen (NFP „Regionalprobleme", Themenheft).

LEFEBVRE, J. (1960): L'évolution des localisations industrielles. L'exemple des Alpes francaises. Paris (Essais et travaux de l'Université de Grenoble 12).

LEIBUNDUGT, H. (1977): Raumordnungspolitische Aspekte der Wirtschaftsförderung im Berggebiet. Zürich (ORL-Schriftenreihe, Nr. 27).

LEIBUNDGUT, H. (1980): Zum Problem der touristischen Monostrukturen aus der Sicht der künftigen Entwicklung. In: DISP, 57, S. 32—43.

LEIBUNDGUT, H. (1981): Maßnahmen zur Förderung nichttouristischer Entwicklungen im Berggebiet auf der Ebene des Bundes. In: DISP, 62, S. 27—32.

LEIBUNDGUT, H. (1982): Erwachende Opposition und Suche nach Alternativen zum heutigen Tourismus in der Schweiz. In: Ringeling/Svilar (Hrsg.), S. 91—105.

LEIBUNDGUT, H. (1984): Der Beitrag der Industrie zur Entwicklung der Berggebiete. In: Brugger et al. (Hrsg.), S. 439—452.

LEIBUNDGUT, H. et al. (1972): Die wirtschaftliche Lage im zentraleuropäischen Alpengebiet. Zürich (ORL-Arbeitsberichte, Nr. 19).

LEIDLMAIR, A. (1958): Bevölkerung und Wirtschaft in Südtirol. Innsbruck (Tiroler Wirtschaftsstudien 6).

LEIDLMAIR, A. (Hrsg.) (1983): Landeskunde Österreich. München (Harms Handb. der Geographie).

LICHTENBERGER, E. (1979): Die Sukzession von der Agrar- zur Freizeitgesellschaft in den Hochgebirgen Europas. In: Fragen geographischer Forschung. Festschr. f. A. Leidlmair. Innsbruck (Innsbr. Geogr. Arb. 5), S. 401—436.

LOCHER, B. (1970): Struktur und Strukturveränderungen der Vorarlberger Industrie. Innsbruck (Beitr. zur alpenländ. Wirtschafts- und Sozialforschung 79).

LUKSCHANDERL, L. (1983): Rettet die Alpen. Wien.

LUTZ, E.-P. (1957): Unternehmungswirtschaftliche Fragen der Industrialisierung von Randgebieten, dargestellt am Beispiel der Standortregion von Chur und Umgebung. Zürich/Oerlikon (Diss. Universität Bern).

MAILLAT, D. (1984): A propos des causes des diparités régionales en matière d'innovation en Suisse. Commentaires. In: Brugger (Hrsg.) (1984b), S. 41—44.

MARANDON, J.-C. (1977): Aspekte einer modernen Industrieansiedlung in Italien; ausländische Industriebetriebe als Initiatoren und Indikatoren regionalen Wachstums. In: Rother, K. (Hrsg.): Aktiv- und Passivräume im mediterranen Südeuropa. Düsseldorf (Düsseldorfer Geogr. Schriften 7), S. 154—170.

MARSCHNER, H./ZILGER, B. (1977): Die Textilindustrie in Vorarlberg. Innsbruck.

MEIER, R. (1980): Ziele der kantonalen Regional- und Strukturpolitik und Konsequenzen für ein nationales Leitbild. In: DISP, 57, S. 44—51.

MEIER, R./ELSASSER, H. (1979): Die Industriepolitik im Wallis. In: DISP, 53, 1979, S. 35—41.

MEUSBURGER, P. (1969): Die Vorarlberger Grenzgänger. Innsbruck (Alpenkundliche Studien 3).

MEUSBURGER, P. (1970): Die Ausländer in Liechtenstein. Eine wirtschafts- und sozialgeographische Untersuchung. Innsbruck/München.

MEUSBURGER, P. (1975): Die Auswirkungen der Österreichisch-schweizerischen Staatsgrenze auf die Wirtschafts- und Bevölkerungsstruktur der beiden Rheintalhälften. In: Mittlg. der Österr. Geogr. Gesellschaft, Bd. 117, S. 303—333.

MEUSBURGER, P. (1981): Bevölkerung und Wirtschaft. Ausländeranteil und Qualifikationsstruktur. In: Müller, W. (Hrsg.), S. 147—174.

MEUSBURGER, P. (1982): Wirtschafts- und bevölkerungsgeographische Stukturveränderungen in Vorarlberg seit dem Ende des Zweiten Weltkrieges. In: Österreich in Geschichte und Literatur, 26. Jg., S. 33—51.

MEYZENQ, C. (1984): La population des Alpes du Sud, un nouvel équilibre. In: Revue de Géogr. Alpine, 72, S. 41—53.

MIKUS, W. (1981): Einflüsse staatlicher Industrieförderung auf industrieräumliche Wandlungen in Italien. In: Pletsch, A./Döpp, W. (Hrsg.): Beiträge zur Kulturgeographie der Mittelmeerländer IV. Marburg (Marburger Geogr. Schriften 84), S. 299—320.

MINGHI, J. V. (1981): The Franco-Italian Borderland: Sovereignty Change and Contemporary Developments in the Alpes Maritimes. In: Regio Basiliensis, XXII, H. 2+3, S. 232—245.

MOCK, H. (1971): Finanzielle und organisatorische Aspekte der Planung und Realisierung von Industriezonen. Zürich (Studienunterlagen zur Orts-, Regional- und Landesplanung Nr. 8).

MÜDESPACHER, A. (1984): Die Diffusion von Innovationen der Telematik in der Schweiz. In: Geographica Helvetica, 40, S. 113—122.

MÜHLEMANN, F. (1977): Von der Berggebietsförderung zur regionalen Entwicklungspolitik. In: Wirtschaftspol. Mitteilungen 33.

MÜHLEMANN, F. (1980): Zur Beurteilung der Effizienz regionaler Wirtschaftsförderung. In: DISP, 58, S. 11—15.

MÜLLER, K. (1981): Wirtschaftlicher Strukturwandel und räumliche Entwicklung. Fallstudien und Ergebnisse zum Ausmaß sowie zu den Ursachen und Wirkungen funktionaler Konzentration in der Schweiz. Bern/Stuttgart.

MÜLLER, K. (1983): Die Schweizer Industrie im Strukturwandel. Unternehmerische Maßnahmen der Strukturanpassung und ihre regionalen Implikationen. Basel (NFP-Regionalprobleme, Arbeitsberichte 39).

MÜLLER, K. (1984): Der aktuelle industrielle Strukturwandel und seine räumliche Ausprägung in der Schweiz. In: Elsasser/Steiner (Hrsg.), S. 23—34.

MÜLLER, W. (Hrsg.) (1981): Das Fürstentum Liechtenstein. Ein landeskundliches Portrait. Bühl/Baden.

NÄGELE, H. (1949): Das Textilland Vorarlberg. Werden und Wachsen einer alpenländischen Industrie. Innsbruck.

OECHSLIN, R. (1981): Analyse regionaler Disparitäten, Aufbau eines Indikatorenkataloges zur Erfassung der regionalpolitischen Problemlage in der Schweiz. Zürich.

O. V. (1942): Geschichte der Aluminium-Industrie Aktiengesellschaft Neuhausen 1888—1938. Bd. I. Zürich.

O. V. (1951): Industrialisierung der Ostschweiz. Studien und Thesen. St. Gallen.

O. V. (1965): Die Alpen in der europäischen Geschichte des Mittelalters. Reichenau-Vorträge 1961—1962. Stuttgart (Vorträge und Forschungen, Bd. X).

O. V. (1974): Der Alpenraum als europäische Aufgabe und Herausforderung. Leitbilder zum Leben und Überleben, Symposium vom 18.—20. November 1974 in Mayrhofen, Tirol. Wien 1974 (Österr. Ges. f. Land- und Forstwirtschaftspolitik).

O. V. (1977): Erzeugung, Verkehr und Handel in der Geschichte der Alpenländer. Festschrift für Herbert Hassinger. Innsbruck (Tiroler Wirtschaftsstudien Bd. 33).

O. V. (1978): Aktuelle Probleme des Alpenraumes. Dokumentation einer Tagung der Euregio Alpina am 26. und 27. Oktober 1978 in Brixen. Innsbruck.

PAN, C./MARINELL, G. (Hrsg.) (1972): Wirtschafts- und Sozialforschung in Tirol und Vorarlberg. Festschrift für Ferdinand Ulmer zum 60. Geburtstag. Wien/Stuttgart.

PAULI, L. (1980): Die Alpen in Frühzeit und Mittelalter. Die archäologische Entdeckung einer Kulturlandschaft. München.

PENZ, H. (1984): Moderne Wandlungen im alpinen Bergbauerntum. In: Geogr. Rundschau, 36, S. 404—409.

PETRINOVIC, Z. (1975): Lo sviluppo industriale nelle zone alpine. In: Bergier, J. F. et al., S. 165—222.
PFISTER, M. (1972): Tessin zwischen gestern und morgen. Bern.
PFLAUDER, H. (1962): Ein Vergleich der industriellen Entwicklung des Trentino mit der Südtirols. Innsbruck (Diss. Universität Innsbruck).
PIXNER, A. (1983): Industrie in Südtirol. Standorte und Entwicklung seit dem Zweiten Weltkrieg. Innsbruck (Innsbr. Geogr. Studien, Bd. 9).
DE PLANHOL, X. (1968): Pression démographique et vie montagnarde. In: Revue de Géographie Alpine, 57, S. 531—551.
PLATZGUMMER, H. (1979): Die gegenseitigen ethnischen Images der Südtiroler und Italiener in Südtirol, erhoben mit dem semantischen Differential. Innsbruck (Diss. Universität Innsbruck).
PLITZKA-RICHTER, U. (1984): Regionale Unterschiede der österreichischen Industriestruktur. In: Mittlg. der Österr. Geogr. Gesellschaft, 126, S. 102—117.
PRICE, L. W. (1981): Mountains and Man. Berkeley.
RAFFESTIN, C. (1975): Les routes et les transports routiers dans l'arc alpin. In: Bergier, J.F. et al., S. 427—488.
RATTI, R. (1982): Les rélations commerciales européennes à travers les Alpes: L'espace de marché du St.-Gothard. In: DISP, 68, S. 23—31.
RATTI, R. et al. (1981): Ricerca sugli effetti socio-economici della frontiera: il caso del frontalierato nel Cantone Ticino. In: Biucchi, B./Gaudard, G. (ed.): Régions frontalieres. Saint Saphorin (NFP „Regionalprobleme, Themenheft), S. 21—81.
REBOUD, L. (1975): Le développement industriel dans les Alpes. In: Bergier, J. F. et al., S. 223—256.
REHWALD, H. (1966): Volk und Wirtschaft in Tirol. Eine Strukturanalyse. Innsbruck.
REY, A. (1983): Regionalpolitik Schweiz. Brugg.
RHOMBERG, A. A. (1957): Die Textilveredlungsindustrie Vorarlbergs. Innsbruck (Diss. Universität Innsbruck).
RIEDER, P. (1984): Werte und Wertschöpfung der Berglandwirtschaft. In: Brugger, E. et al. (1984), S. 631—643.
RINGELING, H./SVILAR, M. (Hrsg.) (1982): Tourismus — das Phänomen des Reisens. Bern (Berner Universitätsschriften 27).
RITTER, W. (1982): Liechtenstein. Wirtschaftsgeographische Skizze eines kleinen Staates. In: Österreich in Geschichte und Literatur, 25. Jg., S. 380—392.
ROCHLITZ, K.-H. (1986): Sanfter Tourismus: Theorie und Praxis — das Beispiel Virgental. In: Naturnaher Tourismus im Alpenraum — Möglichkeiten und Grenzen. Bayreuth (Arbeitsmat. zur Raumordnung und Raumforschung, H. 37), S. 1—234.
RÖDER, C./ENGSTFELD, P. A. (Hrsg.) (1979): Probleme der Alpenregion. Beiträge aus Wissenschaft, Politik und Verwaltung. München (Hanns Seidel Stiftung, Schriften und Informationen Bd. 3).
ROH, H. (1970): Structure de l'économie Valaisanne. Sion (documents de l'aménagement du territoire 4).
RUPPERT, K. (1979): Thesen zur Siedlungs- und Bevölkerungsentwicklung im Alpenraum. In: Röder/Engstfeld (Hrsg.), S. 33—42.
RUPPERT, K. (1982): Raumstrukturen der Alpen. Thesen zur Bevölkerungs- und Siedlungsentwicklung. In: Geogr. Rundschau, 34, S. 386—389.
SAUBERER, M. (1985): Jüngste Tendenzen der regionalen Bevölkerungsentwicklung in Österreich (1971—1984). In: Mittlg. der Österr. Geogr. Gesellschaft, 127, S. 81—118.
SCHAAR, F. (1947): Die Entstehung der Tiroler Industrie. Innsbruck (Diss. Universität Innsbruck).
SCHEIDL, L. (1963): Die industrielle Entwicklung Österreichs. In: Mittlg. der Österr. Geogr. Ges., 105, S. 366—386.
SCHNEIDER, A. (1968): Die Vorarlberger Textilindustrie auf Standortsuche für ihre Zweig- und Filialbetriebe. Innsbruck (Beitr. zur alpenländ. Wirtschafts- und Sozialforschung 37).
SCHNEIDERFRANKEN, I. (1936): Die Industrien im Kanton Tessin. München (Diss. Universität Basel).
SCHNETZLER, H. (1966): Beiträge zur Abklärung der Wirtschaftsstruktur des Fürstentums Liechtenstein. Winterthur (Diss. St. Gallen).

SCHULER, M. (1984): Ausländerpolitik und Mobilität der Ausländer in der Schweiz 1965—1980. In: Brugger (Hrsg.) (1984a), S. 243—268.

SCHULER, M./NEF, E. (1983): Räumliche Typologien des schweizerischen Zentren-Peripheriemusters. Bern (NFP „Regionalprobleme", Arbeitsberichte 35).

SCHWARZ, H. (1980): Das Natursteingewerbe — Ergänzung zu den Arbeitsplätzen im Tourismus im Berggebiet. In: DISP, 58, S. 20—25.

SCHWARZ, H./STEINMANN, W. (1982): Entwicklung und Merkmale der kantonalen Wirtschaftsförderung. In: DISP, 66, S. 35—42.

SEIDEL, H. (1978): Struktur und Entwicklung der österreichischen Industrie. Wien (Schriftenreihe der Bundeswirtschaftskammer 32).

SEIDEL, H. (1985): Das Ergebnis eigener Leistung? Die Charakteristika der österreichischen Wirtschaftsentwicklung. In: Kramer, H./Butschek, F. (Hrsg.): Vom Nachzügler zum Vorbild(?). Österreichische Wirtschaft 1945 bis 1985. Stuttgart.

SOFFER, A. (1982): Mountain geography — a new approach. In: Mountain Research and Development, Vol. 2, Nr. 4, S. 391—398.

SOUARD, B. (1969): Industrierauch in Bozen. Innsbruck (Beitr. zur alpenländ. Wirtschafts- und Sozialforschung).

STIGLBAUER, K. (1980): Raumordnung in Österreich. In: Raumordnung und Regionalplanung in europäischen Ländern. 1. Teil. Hannover (Beiträge der Akad. f. Raumforschung und Landesplanung, Bd. 42), S. 7—15.

STRAUB, E. (1975): Bedeutung und Lage der kleinen und mittleren Industriebetriebe in der Schweiz. Zürich (Schriftenreihe der Arbeitsgemeinschaft der Inlandindustrie, H. 9).

STRELE, G. (1951): Die Anfänge der Zementindustrie in Tirol und ihre weitere Entwicklung in Österreich. In: Tiroler Wirtschaft in Vergangenheit und Gegenwart. Festgabe zur 100-Jahrfeier der Tiroler Handelskammer, Bd. 1. Innsbruck, S. 333—352.

TICHY, F. (1985): Italien. Darmstadt (Wiss. Länderkunden, Bd. 24).

TÖDTLING, F. (1983): Organisatorischer Status von Betrieben und Arbeitsplatzqualität in peripheren und entwicklungsschwachen Gebieten Österreichs. Wien (Diss. Wirtschaftsuniversität Wien).

TÖDTLING, F. (1984a): Organisatorischer Status von Betrieben und regionale Innovationsdisparitäten in Österreich. In: Brugger, E. (Hrsg.) (1984b), S. 159—180.

TÖDTLING, F. (1984b): Regionale Unterschiede der Betriebs- und Arbeitsplatzstruktur in Österreich und ihre Beziehungen zur Regionalpolitik. In: Brugger, E. (Hrsg.) (1984b), S. 73—96.

TÖPFER, L. (1973): Die Abwanderung deutschsprachiger Bevölkerung aus Südtirol nach 1955. Innsbruck (Beitr. zur alpenländ. Wirtschafts- und Sozialforschung 159).

TSCHURTSCHENTHALER, P. (1983): Die Erholungsraumfunktion der Alpen — Nachfrageseitige Rahmenbedingungen und angebotsseitige Grenzen. In: Andreae, C. A. (Hrsg.): Die Alpen als europäischer Erholungsraum. Teil 1. Innsbruck, S. 1—112.

UHLIG, H. (1981): Gedanken zur Entwicklung der vergleichenden Hochgebirgsforschung. In: Wirtschaftliche Aspekte der Raumentwicklung in außereuropäischen Gebirgen. Frankfurt (Frankf. wirtschafts- u. sozialgeogr. Schr. 36), S. 7—19.

ULMI, K. (1962): Probleme regionaler Industrialisierungspolitik in der Schweiz. Winterthur (Diss. St. Gallen).

VALLEGA, A. (1972): Il Cuneese: un territorio di nuova industrializzazione. Genova (Universita di Genova, Publicazioni dell'Instituto di scienze geografiche).

VALUSSI, G. (1981): Grenzen und Kulturlandschaft: Der Fall Friaul — Julisch Venetien. In: Regio Basiliensis, XXII, S. 202—216.

VEYRET, P. (1970): Cent ans de houille blanche. In: Revue de Géogr. Alpine, 50, S. 5—25.

VEYRET, P./VEYRET, G. (1979): Atlas et géographie des Alpes francaises. Paris (Portrait de la France moderne).

VIGLIANO, G. (1956): La trasformazione urbanistica. In: L'economia torinese. Torino, S. 447—466.

VORWOHLT, R. (1975): Die Lebensfähigkeit von Betrieben in grenznahen Räumen. Innsbruck (Diss.).

Voss, P.-J. (1971): Die Industrie im Außerfern. Innsbruck (Beitr. zur alpenländ. Wirtschafts- und Sozialforschung 133).
Vriser, I. (1984): Die Entwicklung der Industriebetriebe in Slowenien aus historisch-geographischer Sicht unter besonderer Berücksichtigung des Alpen- und Alpenvorlandes. In: Raumstrukturen der randalpinen Bereiche Bayerns und Sloweniens. Kallmünz/Regensburg (Münchner Studien zur Sozial- und Wirtschaftsgeographie, Bd. 27), S. 29—40.
Wackermann, G. (1980): System der Raumordnung in Frankreich. In: Raumordnung und Regionalplanung in europäischen Ländern. 1. Teil. Hannover (Beiträge der Akad. f. Raumforschung und Landesplanung, Bd. 42), S. 29—48.
Walther, B./Popp, H. W. (Hrsg.): Erwerbskombinationen in der Berglandwirtschaft. Diessenhofen 1983.
Wanner, H. (1983): Aspekte sozialen Wandels in peripheren Agrarräumen eines Industrielandes. Eine sozialgeographische Untersuchung im schweizerischen Berggebiet. Zürich (Diss. Universität Zürich).
Wanner, H./Dorigo, G. (1983): Karten zur Bevölkerungsentwicklung der Schweiz 1950—80. In: Geo-prozessing Reihe, Vol 1. Zürich.
Weber, G. (1981): Überblick über das nominelle Raumordnungsrechtsystem in Österreich. In: DISP, 64, S. 5—9.
Weiss, R. (1967): Die eisen- und metallverarbeitende Industrie in Südtirol. Innsbruck (Beitr. zur alpenländ. Wirtschafts- und Sozialforschung 13).
Weiss, H. (1981): Die friedliche Zerstörung der Landschaft und Ansätze zu ihrer Rettung in der Schweiz. Zürich.
Wichmann, H. (Hrsg.) (1972): Die Zukunft der Alpenregion — Fakten, Tendenzen, Notwendigkeiten. München.
Winner, W. (1961): Das Brunecker Becken als Industriestandort. Innsbruck (Diss. Universität Innsbruck).
Würthner, H. B. (1968): Der Bregenzerwald als Industriestandort. Innsbruck (Beitr. zur alpenländ. Wirtschafts- und Sozialforschung 36).
Wurzer, R. (1971): Raumordnung Vorarlberg. Strukturanalyse des Landesgebiets. Entwurf des Landesentwicklungsprogrammes. Wien/New York (Schriftenreihe des Inst. f. Städtebau, Raumplanung und Raumordnung an der Techn. Hochschule Wien, Bd. 12).
Zanetti, J. (1959): Untersuchung über die Industrie in Südtirol. Mit besonderer Berücksichtigung der Bozener Industriezone. Innsbruck (Diss. Universität Innsbruck).
Zilger, B. (1977): Die Textilindustrie Vorarlbergs. Innsbruck (Diss. Universität Innsbruck).
Zimmermann, F. (1983): Bedeutungswandel und Strukturprobleme einer Industrieregion am Beispiel der Obersteiermark. In: Beiträge zur Lehrerfortbildung. Klagenfurt (Klagenfurter Geogr. Schriften, H. 3). S. 57—82.
Zorn, W. (1977): Gesamtdeutsche Wirtschaftsverflechtungen der östlichen Alpenländer im 19. Jahrhundert. In: Festschr. für Univ.-prof. Dr. H. Hassinger. Innsbruck (Tiroler Wirtschaftsstudien 33), S. 409—416.
Zwanowetz, G. (1972): Die Industrialisierung Tirols und Vorarlbergs bis etwa 1914. In: Veröff. des Verbandes Österr. Geschichtsvereine 19, S. 152—172.

2.2. Planungsstudien, „graue" Literatur und sonstige Schriften

Alford, V. (o.J.): Twentieth Century Economic and Social Change in a mountain commune: St. Niklaus, Valais, Switzerland. Cambridge (masch.-schriftl.).
Amt der Tiroler Landesregierung (Hrsg.) (1977 ff.): Betriebsansiedlungs- und Betriebsentwicklungs-Fachkonzept für das produzierende Gewerbe und die Industrie des Bezirkes ... (Lienz, Landeck, Imst und Reutte). Innsbruck.
Amt der Tiroler Landesregierung (Hrsg.) (1977 ff.): Raumordnungsinformation (verschiedene Hefte). Innsbruck.

ARBEITSGRUPPE INDUSTRIALISIERUNG (o.J.): 1. Untersuchung zur Frage der geeigneten Räume. Industriekonzept für Tirol. o.O. (masch.-schriftl.).

AREND et al. (1983): Innovations- und Anpassungspotential in unterschiedlichen Regionen der Schweiz. Bern (Bericht des NFP „Regionalprobleme").

AUTONOME PROVINZ BOZEN-SÜDTIROL (Hrsg.) (1981): Raumordnung und geförderter Wohnungsbau. Bozen 1981.

AUTONOME PROVINZ BOZEN-SÜDTIROL (Hrsg.) (1980): Landesentwicklungsplan I/II. Bozen.

BECK, B. (1969): Liechtenstein, ein expansionsfreudiges Industrieland im Herzen Europas. o.O. (Bern).

BECKER, B. (1858): Ein Wort über die Fabrikindustrie. Mit besonderer Hinsicht auf den Kanton Glarus. Basel.

B.I.G.A. (Hrsg.) (o.J.): Stand der industriellen Entwicklung des Kantons Wallis 1960. o.O. (masch.-schriftl.).

BONZANIGO, A. C. (1917): Cenni sulle industrie del Cantone Ticino. Berna (Publ. per cura del Comitato centrale della Pro Ticino).

BOTTINELLI, T. (1977): Région et régionalisation à travers l'analyse de quelques phénomènes de peuplement: le cas du Sottoceneri au cours des dernières 100 années. Giubiasco (Diplomarbeit in Geographie; masch.-schriftl.).

BÖCHEL, P. et al. (Bearb.) (1979): „Überfremdung" im Fürstentum Liechtenstein. Interpretation von Ursachen und Folgen. St. Gallen (Höhere Wirtschafts- und Verwaltungsschule St. Gallen, Gruppenarbeit Hauptkurs 1).

BURNAND, G. (1959): Les raffineries de pétrole. Une industrie nouvelle pour le pays (Wallis). Lausanne.

CHALOUPKA, A. et al. (1979): Die grenzüberschreitenden Wirkungen einer Industriezone in Stabio/Ti. Zürich (ORL-Schriften, masch.-schriftl.).

CHOLLET, R.-F. (o.J.; 1961): Quels sont les véritables motifs qui ont engagé le Conseil d-Etat à autoriser la construction dans la plaine du Rhône d'usine dangereuse pour la santé des hommes, des animaux et des plantes? Bex.

DEPARTEMENT DES INNEREN UND DER VOLKSWIRTSCHAFT (Hrsg.): Untersuchungen über die Industrielandreserven im Kanton Graubünden. Chur.

DINI, M. (1969): Die Wachstumsbestrebungen im Kanton Wallis unter besonderer Berücksichtigung ihrer Träger und Maßnahmen. Bern 1969 (Dipl.-arb., masch.-schriftl.).

DIP. DELL'AMBIENTE BELLINZONA (ed.) (1976): Concezione direttrice insediamenti rapporto intermedio. Bellinzona.

DIP. DELL ECONOMIA PUBLICA (ed) (1980): Aree industriali d'interesse cantonale. Lugano (masch.-schriftl.).

ELSASSER, H. et al. (1981): Entwicklungsalternativen zur touristischen Entwicklung im Berggebiet. 3. Zwischenbericht. Zürich.

ELSASSER, H. (1984): Berggebietspolitik in der Schweiz. Zürich (masch.-schriftl. Manuskript).

GMEINER, H.-J. (1978): Die Firma F. M. Hämmerle in ihrer wirtschaftsräumlichen Verflechtung. Wien (Diplomarbeit am Geogr. Institut der Wirtschaftsuniversität Wien).

HOLT-JENSEN, A. (1965): Ansiedlung neuer Industrien im Wallis. Standortprobleme eines Bergkantons. Bergen (Geografisk Institut, Norges Handelsholyskole, masch.-schriftl.).

JEANNERET, P. (1983): L'emplois tertiaire dans l'industrie suisse 1970—80. Neuchâtel (Documents d'économie appliquée No 64).

KAMMER FÜR ARBEITER UND ANGESTELLTE IN TIROL (Hrsg.) (1979): Pendelwanderung in Tirol. Innsbruck.

KAMMER FÜR ARBEITER UND ANGESTELLTE FÜR TIROL (Hrsg.) (1974): Sozial- und Wirtschaftskunde Tirols. Innsbruck.

KAMMER FÜR ARBEITER UND ANGESTELLTE FÜR TIROL (Hrsg.) (1968): 40 Jahre Arbeitsmarkt in Tirol 1928—1968. Eine Sonderuntersuchung der volkswirtschaftlichen Abteilung der Kammer für Arbeiter und Angestellte für Tirol. Innsbruck.

KELLER, W. (o.J.): Die Raumwirksamkeit eines Industriebetriebs (Metallwerk Plansee). o.O.
KOPP, H. (o.J.): Industrialisierungsvorgänge in den Alpen. Erlangen (masch.-schriftl. Staatsexamensarbeit Universität Erlangen).
LANDESPLANUNG DES FÜRSTENTUMS LIECHTENSTEIN (Hrsg.) (1980): Bericht und Analyse des Siedlungsraums. Vaduz (masch.-schriftl.).
LEIMGRUBER, W. (1979): I frontalieri nel Mendrisiotto 1978. Basilea e Berna.
LIENTSCHNIG, H. (1984): Die Industrie Österreichs unter besonderer Berücksichtigung der Industriegründungen und Industrieschließungen. Klagenfurt (Diplomarbeit am Geogr. Inst. der Univ.).
O.V. (1963): Die Standortbedingungen für die Einführung neuer Industrien im Kanton St. Gallen. St. Gallen (Schweiz. Institut für Außenwirtschafts- und Marktforschung an der Hochschule St. Gallen; masch.-schriftl. vervielf.).
O.V. (1977): Interkantonale Regionalplanung Rheintal. 3. Zwischenbericht. Rapperswil.
O.V. (1978): Kanton Wallis. Kantonales Leitbild. Vorentwurf. Sion.
O.V. (1978): Raumordnungskonzept des Kantons St. Gallen. Entwurf vom Juli 1978. St. Gallen (masch.-schriftl.).
O.V. (1979): La Violence des Pollueurs: un exemple. Alusuisse. o.O.
O.V. (1979): Studie „Echte Innovationsprobleme in Tirols produzierender Wirtschaft". Zusammenfassung. O.O. (masch.-schriftl. Manuskript der Kammer der gewerbl. Wirtschaft in Tirol).
O.V. (1981): Die Meinungen der Bevölkerung Südtirols über ihre Wirtschaft und Industrie. Ergebnisse einer repräsentativen Bevölkerungsgruppe im Frühsommer 1981. o.O. (masch.-schriftl. vervielf.).
QUARENGHI, L. (1978): L'industria orologiera ticinese e la crisi del 1975: evoluzione strutturale dal 1966 al 1974, consequenze della crisi e prospettive. Tesserete (Diplomarbeit Universität Freiburg).
ROH, H. (1960a): Féderalisme politique et décentralisation économique et industrielle. L'exemple de la Suisse et du Valais. Sion.
ROH, H. (1960b): Le Valais économique et sa nouvelle politique d'industrialisation. Sion.
ROH, H. (1976): Les résultats de la nouvelle politique Valaisanne d'industrialisation de 1951 à 1976. Sion.
ROH, H. (o.J.): La nouvelle politique valaisanne d'industrialisation. Sion.
SCHMID, M. (1915): Eine bündnerische Fabrikstatistik vom Jahre 1861. In: Bündner Monatsblatt Nr. 12.
SCHWARZ, H. (1980): Maßnahmen zur Förderung nicht-touristischer Entwicklungen im Berggebiet auf der Ebene der Kantone. Zürich (masch.-schriftl.).
SEZ. PIANIFICAZIONE URBANISTICA et al. (ed.) (1977): Legge sul promovimento delle attiavita' industriali e artigianali. Aree industriali d'interesse cantonale. Lugano.
SONCINI, C. (1977): I problemi e le caratteristiche della regione di frontiera de Locarno. Friborgo (lav. di licencza Friborgo).
STUCKEY, B. (1983): Neuerungen in der schweizerischen Industrie. Eine postalische Umfrage. Zürich (Arbeitspapier, Konjunkturforschungsstelle ETHZ).
S.V.R.E.S. (ed.) (1980): Rapport des gestion 1978—80. Sion.
TORRENTE, F. de (1927): Le développement industriel de Canton du Valais. Genève o.J.
U.R.E. (ed.) (1968): Il settore industriale ticinese. Profilo storico. Bellinzona.
U.R.E. (ed.) (1972): Note sull'occupazione nel Ticino di lavoratori frontalieri e sull'eventuale opportunita' di una sua limitazione selettiva o globale. Bellinzona.
U.R.E. (ed.) (1973): Situazioni e tendenze nel settore industriale del Cantone Ticino. Bellinzona (Quaderni dell' U.R.E. 8).
U.R.E. (ed.) (1975a): Anilisi e previsioni demografiche del Cantone Ticino 1900—1970—2000. Bellinzona (Quaderni dell' U.R.E. 10).
U.R.E. (ed.) (1975b): I frontalieri nel distretto di Lugano. Bellinzona (Quaderni dell' U.R.E. 9).
U.R.E. (ed.) (1976): Note sull'evoluzione del settore industriale ticinese dal 1970 al 1974. Bellinzona (Doc. di lavoro dell' U.R.E. 76.02).

U.R.E. (ed.) (1979a): Documentazione sulla politica strutturale e regionale del Cantone. Bellinzona 1979 (doc. di lavoro dell' U.R.E. 79.05).

U.R.E. (ed.) (1979b): Galleria autostradale del San Gottardo: Corridoro del traffico pesante nord-sud? Bellinzona (Doc. di lavoro dell' U.R.E. 79.07).

U.R.E. (ed.) (1979c): Prospettive del mercato del lavoro ticinese 1979—85. Previsione quantitativa e proposte di intervento. Bellinzona (Quaderni dell' U.R.E. 14).

U.R.E. (ed.) (1980): Il Ticino ed i traffici internazionali di transito. Bellinzona (Quaderni dell' U.R.E. 13).

U.R.E. (ed.) (1981): Régionalisation de la demande de main-d'oeuvre: résultats empiriques de l'application de différentes methodes pour le Canton du Tessin. Bellinzona (Doc. e relazioni varie 81.03).

VANINI, G. (1974): Beurteilung und kritische Würdigung des neuen zur Zeit in Diskussion befindlichen Gesetzes zur Förderung der Industrie im Kanton Tessin. St. Gallen (Diplomarbeit Wirtschaftshochschule St. Gallen).

VENZI, P. (1967/70): La theorie de la firme motrice: application au cas de la Monteforno. Friborgo (Memoire de licence; masch.-schriftl.).

WINSAUER, R. (1977): Die Industrialisierung von Nordtirol seit dem 2. Weltkrieg. Innsbruck (masch.-schriftl. Hausarbeit aus Geographie).

WÜRZNER, A. (1979): Die Kriterien einer qualitativen Industriepolitik, untersucht am Beispiel Südtirols. Wien (Diplomarbeit, masch.-schriftl.).

ZARWASCH, R. (1946): Die Textilindustrie Nordtirols. Innsbruck (Diplomarbeit; masch.-schriftl.).

ZENTRUM FÜR TECHNOLOGIE UND MANAGEMENT (Bearb.) (1980/81): Strukturuntersuchung der Südtiroler Industrie. 2 Bände. Bozen.

2.3. Statistische Unterlagen

AMT DER TIROLER LANDESREGIERUNG (Hrsg.) (1974): Sitro (Statist. Informationssystem für die Raumordnung im Lande Tirol). Strukturdaten. Innsbruck.

AMT DER TIROLER LANDESREGIERUNG (Hrsg.) (1980): Sitro. Datenkatalog. Ausgabe 1980. Innsbruck.

AMT DER VORARLBERGER LANDESREGIERUNG/HANDELSKAMMER VORARLBERG (Hrsg.) (1979 ff.): Die Vorarlberger Wirtschaft im Frühjahr (Herbst)... Berichte zur Wirtschaftslage. Bregenz.

AMT DER VORARLBERGER LANDESREGIERUNG (Hrsg.) (1979 ff.): Vorarlberger Wirtschafts- und Sozialstatistik. Bregenz (verschiedene Hefte).

BUNDESAMT FÜR STATISTIK, SEKTION INDUSTRIE (Hrsg.): Industriestatistik der Schweiz. Bern (Jahrgänge 1978, 1979, 1983).

BUNDESAMT FÜR STATISTIK, SEKTION INDUSTRIE (Hrsg.) (1979): Den Sondervorschriften unterstellte industrielle Betriebe und Arbeitnehmer. Bern (Daten für die Kantone Glarus, Graubünden, St. Gallen, Tessin, Wallis).

EIDGENÖSSISCHE BETRIEBSZÄHLUNG 1975. Bern (Stat. Quellenwerke der Schweiz, Bd. 608).

KAMMER DER GEWERBLICHEN WIRTSCHAFT FÜR TIROL, SEKTION INDUSTRIE (Hrsg.) (1977 ff.): Die Tiroler Industrie im Jahre ... Innsbruck.

KAMMER FÜR ARBEITER UND ANGESTELLTE FÜR TIROL (Hrsg.) (1980): Betriebe mit 20 und mehr Arbeitnehmern. Stichtag 1.8.1980. Innsbruck.

LIECHTENSTEINISCHE BETRIEBSZÄHLUNG 1975. Vaduz.

STATISTISCHES JAHRBUCH DES FÜRSTENTUMS LIECHTENSTEIN (1979 ff.). Vaduz.

STATISTISCHES JAHRBUCH DES KANTONS TESSIN (1979 ff.). Bellinzona.

STATISTISCHES JAHRBUCH DES KANTONS WALLIS (1960 ff.). Sion.

3. Institutionen, die unveröffentlichtes Material zur Verfügung stellten und Auskünfte erteilten:

Amt der Tiroler Landesregierung, Abteilung Landesplanung und örtliche Raumordnung, Innsbruck;
Amt der Tiroler Landesregierung, Geschäftsstelle der Organe für die Angelegenheiten der Raumordnung, Innsbruck;
Amt der Vorarlberger Landesregierung, Landesstelle für Statistik, Bregenz;
Amt der Vorarlberger Landesregierung, Raumplanungsstelle, Bregenz;
Arbeitgeberverbände Rheintal und Werdenberg-Sargans, St. Gallen und Buchs;
Autonome Provinz Bozen-Südtirol, Assessorat für Hygiene, Sozial- und Gesundheitswesen, Statistik der Landeskrankenkasse;
Autonome Provinz Bozen-Südtirol, Assessorat für Industrie, Handel, öffentliche Fürsorge, Wohlfahrt und Sport, Bozen;
Autonome Provinz Bozen-Südtirol, Assessorat für Wirtschaftsprogrammierung, Raumordnung und geförderten Wohnungsbau;
Bündner Industriekammer, Chur;
Camera di commercio, dell'industria e dell'artigianato, Lugano;
Centro di documentazione dell'arco alpino, Lugano;
Delegierter für Wirtschaftsförderung im Departement des Innern und der Volkswirtschaft, Chur;
Delegierter für Wirtschaftsförderung des Kantons Wallis, Sion;
Dipartimento dell'economia pubblica, ufficio delle ricerche economiche" (URE), Bellinzona;
Dipartimento dell'economia pubblica, sez. per il promovimento economico, Bellinzona;
Dipartimento dell'ambiente, sez. pianificazione urbanistica, Bellinzona;
Industriekammer des Fürstentums Liechtenstein, Vaduz;
Kammer der gewerblichen Wirtschaft (Tiroler Handelskammer), Sektion Industrie, Innsbruck;
Kammer der gewerblichen Wirtschaft für Vorarlberg, Feldkirch;
Kammer für Arbeiter und Angestellte für Tirol, Innsbruck;
Kantonales Amt für Industrie, Gewerbe und Arbeit, St. Gallen;
Kantonales Planungsamt des Kantons St. Gallen, St. Gallen;
Kantonales Planungsamt des Kantons Wallis, Sion;
Oberwalliser Vereinigung zur Förderung der Industrie, Brig;
Societé valaisanne de récherches économiques et sociales (S.V.R.E.S.) in St. Léonhard bei Sion;
Südtiroler Wirtschafts- und Sozialinstitut, Bozen;
Verband der Industriellen der Autonomen Provinz Bozen-Südtirol, Bozen;

ANHANG: FRAGEBOGEN

INDUSTRIEBEFRAGUNG IN TIROL

Dr. Hans Gebhardt
Geographisches Institut der Universität Köln

ALLGEMEINE ANGABEN ZUM UNTERNEHMEN

1. Name u. Anschrift des Unternehmens: ....
   ....
2. Sitz der Hauptverwaltung: ....
3. Beschäftigtenzahl des Gesamtunternehmens: ....
4. Gehören zu Ihrem Unternehmen mehrere in verschiedenen Gemeinden (auch außerhalb Tirols) gelegene Produktionsstätten?
   ☐ ja   ☐ nein

   Wenn ja, wo liegen die weiteren Standorte?

Gemeinde (Land)	Produktionsrichtung	Beschäftigtenzahl
....	....	....
....	....	....
....	....	....

   Welche Gründe sind dafür maßgebend, daß Ihr Unternehmen an verschiedenen Standorten produziert?

   ☐ Übernahme eines Unternehmens   ☐ Arbeitskräftereserven
   ☐ Nähe zu Zulieferbetrieben   ☐ Absatzmöglichkeiten
   ☐ Niedrige Lohnkosten   ☐ Steuerliche Gründe
   ☐ Zufall   ☐ Sonstiges (................)

5. Bei Ihren Produktionsstätten in Tirol handelt es sich um:

	Werk	I	II	III
— den Hauptbetrieb		☐	☐	☐
— einen selbständigen Zweigbetrieb		☐	☐	☐
— um ein unselbständiges Zweigwerk		☐	☐	☐

DIE FOLGENDEN FRAGEN BEZIEHEN SICH NUR AUF IHRE BETRIEBE IN TIROL
(Die römischen Ziffern I, II, III benennen ihre einzelnen Produktionsstätten in Tirol)

6.
Standort der Produktionsstätte (Gemeinde)	Gesamtfläche in qm	Bebaute Fläche in qm	Etagenzahl (O)	Jahr der Produktionsaufn.
I.	....	....	....	....
II.	....	....	....	....
III.	....	....	....	....

7. Neuerrichtung eines Produktionsgebäudes
   Übernahme bereits vorhandener Einrichtungen

	I	II	III
	☐	☐	☐
oder	☐	☐	☐

8. Haben Sie Ihre Betriebsfläche seit 1980 vergrößert? Werk   I   II   III

    nein   ☐   ☐   ☐

    ja, um .... m² ....

9. Besaß Ihr Unternehmen früher weitere Produktionsstätten in Tirol, die stillgelegt oder aufgegeben wurden?

Standort der Produktionsstätte	Produktions- richtung	Beschäft. (O)	Jahr der Stillegung	Grund der Stillegung
....	....	....	....	....
....	....	....	....	....

10. In welcher Form hat sich die „Mehrbetriebsstruktur" Ihres Unternehmens entwickelt?   Werk   I   II   III

   — Übernahme eines fremden Unternehmens   ☐ ☐ ☐

   — Auslagerung eines Teils der Produktion   ☐ ☐ ☐

   — Neuanlage einer Produktionsstätte   ☐ ☐ ☐

11. <u>Beschäftigte</u> in den Tiroler Betrieben

	Insg.	davon weibl.	Aus- länder	Qualifikation d. Beschäftigten			Heim arbeiter
				ungelernt/ angelernt	gelernt	Hochschul- absolventen	
I.	....	....	....	....	....	....	....
II.	....	....	....	....	....	....	....
III.	....	....	....	....	....	....	....

ZULIEFER- UND ABSATZBEZIEHUNGEN

12. Nennen Sie die wichtigsten Zulieferprodukte (Vorprodukte), die Sie für Ihre Produktion benötigen

Rohstoffe	Halbfabrikate	Fertigteile
....	....	....
....	....	....
....	....	....

13. Aus welchen Ländern stammen ihre Zulieferungen (Angaben in %)

	Tirol	sonst. Österr.	BRD	Italien	Ost- europa	sonst. Europa	Außer- europa
I.	....	....	....	....	....	....	....
II.	....	....	....	....	....	....	....
III.	....	....	....	....	....	....	....

Wieviel Prozent der Zulieferungen für die Produktionsstätten in stammen aus Betrieben des eigenen Konzerns?   .... %

14. Mit welchen Verkehrsmitteln werden die Materialien, die Sie für ihre Produktion benötigen, zum Betrieb gebracht? (in %)

	I	II	III		I	II	III		I	II	III
Eisenbahn:	☐	☐	☐	LKW:	☐	☐	☐	Sonst.:	☐	☐	☐

15. In welche Länder liefern Sie ihre Produkte? (Angaben in %)

	Tirol	sonst. Österr.	BRD	Italien	Osteuropa	sonst. Europa	Außereuropa
I.	....	....	....	....	....	....	....
II.	....	....	....	....	....	....	....
III.	....	....	....	....	....		

Wieviel Prozent der Produkte gehen in die übrigen Produktionsstätten Ihres Konzerns in Tirol?

....%

STANDORTZUFRIEDENHEIT

16. Glauben Sie, daß Ihre Betriebsstandorte in Tirol Nachteile gegenüber außeralpinen Standorten aufzuweisen haben?

    ja ☐   nein ☐

    Wenn ja, bitte nennen Sie die wichtigsten Gründe in der Reihenfolge ihrer Bedeutung

    a) .... b) ....

    c) .... c) ....

17. Welche Gründe waren für Ihre Standortwahl in Tirol maßgebend?

    ☐ ☐ ☐ persönliche Gründe   ☐ ☐ ☐ Arbeitsmarkt in Tirol
    ☐ ☐ ☐ ausreichende und   ☐ ☐ ☐ Energieversorgung
          günstige Flächen
    ☐ ☐ ☐ öffentliche Unterstützung   ☐ ☐ ☐ Zufall
          Ansiedlungshilfen
    ☐ ☐ ☐ Steuerniveau; Steuervergünstigungen
          Sonstige Gründe (..)

18. Wenn Sie heute zu entscheiden hätten, würden Sie:

	I	II	III		I	II	III
— denselben Standort	☐	☐	☐	— einen anderen Standort	☐	☐	☐

    wählen? Gründe: ....

19. Bitte beurteilen Sie Ihren gegenwärtigen Standort hinsichtlich der folgenden Standortbedingungen
    (4 = sehr gut; 3 = gut; 2 = ausreichend; 1 = mangelhaft; 0 = ungenügend)

	I	II	III
— Größe des Betriebsareals	......	......	......
— Ausdehungsmöglichkeiten für die Zukunft	......	......	......
— Verkehrsanbindung	......	......	......
— Arbeitskräfteangebot (in quantitativer Hinsicht)	......	......	......
— Arbeitskräfteangebot (in qualitativer Hinsicht)	......	......	......
— Lage des Betriebs zu den Wohngebieten der Beschäftigten	......	......	......
— Lage zum Absatzmarkt	......	......	......
— Lage zu den Zulieferanten	......	......	......
— Infrastrukturelle Erschließung (Ver- und Entsorgung des Betriebs...)	......		
— Agglomerationsvorteile (z.B. Kontakte zu anderen Betrieben, Dienstleistungen...)	......	......	......
— „Industrieklima" (z.B. Verständnis der Verwaltung für Ihre Belange...)	......	......	......

BETRIEBSUMSTELLUNGEN, ERWEITERUNGEN, INNOVATIONEN

<u>Betriebsflächen</u>   I   II   III

20. Sind Ihre Betriebsflächen z.Z. vollständig ausgenutzt? (ja/nein) ....
    Wenn nein, wie groß sind Ihre Flächenreserven (in qm)   ....

21. Beabsichtigen Sie in den nächsten 5 Jahren eine Erweiterung
    Ihrer Betriebsanlagen?   ....
    Wenn ja, ist dies auf dem derzeitigen Betriebsgelände möglich? ....

BEANTWORTEN SIE DIE FOLGENDEN FRAGEN AUF DIESER SEITE NUR, WENN SIE EINE ERWEITERUNG ANSTREBEN!

— Geschätzter zusätzlicher Flächenbedarf (qm)   ....
— Welche Standorte für eine neue Betriebsstätte kommen in Frage?

  ☐ Nur die gegenwärtige   ☐ Nur Bundesland   ☐ Standort auch
    Standortgemeinde   Tirol   im Ausland

— Welche Voraussetzungen müssen bei einer Verlagerung am neuen Standort erfüllt sein?
  (Versuchen Sie, die relevanten Voraussetzungen zu gewichten: 1./2./3.)

  ☐ Nähe zum   ☐ Lage an einer
    bestehenden Betrieb   Schnellstraße

  ☐ Staatliche Förderung u.   ☐ Sonstige Gründe
    Unterstützung   (....)

Produktionsprogramm, Innovationen

22. Hat sich in den letzten 5 Jahren Ihr Produktionsprogramm geändert? (ja/nein)   I   II   III

Wenn ja, in welcher Beziehung?

	I	II	III		I	II	III
— Einschränkung	☐	☐	☐	— Ausweitung	☐	☐	☐
— Weitgehende Umstellung	☐	☐	☐				

23. Wird in den kommenden 5 Jahren aller Voraussicht nach eine Produktionsumstellung notwendig?

    Wenn ja, aus welchen Gründen? ....
    ....

24. Sind in den kommenden Jahren in größerem Umfang Ersatz- und Rationalisierungsinvestitionen geplant? (ja/nein)

    Wenn ja, Größenordnung der Investitionen?

25. Innovationen:
    — Unterhält Ihr Betrieb eine eigene Forschungs- oder Entwicklungsabteilung?
    — Haben Sie eigene Patente angemeldet?
    — Sind Sie Lizenznehmer?
    — Werden gegenwärtig Innovationsprojekte bearbeitet?

    Wenn ja, wird der Betrieb durch externe Beratungsmöglichkeiten unterstützt?

    ☐ Organisationen der Wirtschaft   ☐ Land bzw. Staat

    ☐ Private Unternehmensberater   ☐ Sonstige
                                            (..)

    —..Falls Sie bis heute keine Innovationen betrieben haben, worin liegen die Hindernisse?
    ....
    ....

Lage des Betriebs im Flächenwidmungsplan

	I	II	III		I	II	III
— Gewerbezone	☐	☐	☐	— Industriezone	☐	☐	☐
— Mischgebiet	☐	☐	☐	— Wohngebiet	☐	☐	☐
— Sonstiges	☐	☐	☐	(..)			

26. Wurden Ihrem Betrieb in den letzten 5 Jahren Umweltauflagen erteilt?   I   II   III

    Wenn ja, welche: ....
    ....

27. Hat die staatliche Verwaltung in der Vergangenheit versäumt, die örtlichen Standortqualitäten für Industriebetriebe zu verbessern?

☐ ja   ☐ nein

28. Welche Maßnahmen zur Verbesserung der Standortsituation für Industriebetriebe scheinen Ihnen vordringlich?

....
....
....
....
....

SUMMARY

Since World War II the Alpine regions have developed into an intensively used „tourist landscape" especially for visitors from the agglomerations of Central Europe. The Alps have changed into a typical „peripheral region" depending on the economic situation of distant regions.

In the eyes of their inhabitants the Alpine valleys and mountains are not primarily a tourist area, but a „native country". The population of the Alpine regions must be interested in protecting the resources of their environment and in developing a multiple economic structure apart from the tourist monostructure.

Tourism in its present form cannot solve the economic and social problems of the Alpine regions. Behind the apparent prosperity of some parts whose economic structure is based on tourism we also find increasing interregional disparities, problems of employment as well as ecological problems (deterioration of landscape and environment). The catastrophies of the past few years (destruction of the Veltlin valley in 1987 . . .) have shown the instable ecological situation in the high altitude regions.

In this situation the non-tourist sector and alternatives to the development of tourism gain increasing importance. Tourism itself is vitally interested in conserving the actractiveness of its regions. Non-tourist development also includes more specialized employment and can be seen as a measure to counter migration.

In some major valleys and towns in the Alpine region we find older industrial traditions based on hydroenergy or other historical location factors (human labour in regions with gavelkind (Realteilung)). For example in such a well-known tourist region as Vorarlberg (Austria) or also in the Ticino valley the majority of workers is employed in manufacturing not in tourism. Especially during the sixties and the early seventies a lot of branch industries came to the Alpine valleys.

When regional policy started to realize the importance of non-tourist development, many of these existing industries entered a state of crisis. With the end of the economic boom in the late seventies the situation of industrial plants, especially of the branch industries, became worse. The economic situation of the Alps can be compared with the economic problems of other peripheral regions.

As in other peripheral regions new developing strategies are being discussed, especially the so-called „endogenous" strategies such as the „strategy of selective regional autonomy" or „the strategy tending to innovations".

In my studies I have tried to analyse the possibilities and limits of an „endogenous" regional development in Alpine valleys. On the basis of empirical research in about 700 industrial plants in Austria, Switzerland and Italy my study deals with the following problems:
- Summarizing the quantitative industrial policy in the research areas since World War II,
- Analysing the site orientation of the various enterprises, especially their location

motives and comparing their present experience with the former choice of location,
- The adaptability of firms to changing regional and economic situations,
- The ability and willingness to implement „innovations",
- The spatial structure of industrial linkages (forward and backward linkages) and problems of communication between enterprises.

The main research areas comprised Vorarlberg and North Tyrol in Austria, the Valais, Grisons and Ticino in Switzerland and South Tyrol in Italy.

The balance of industrial policy of the post-war period has brought a positive result in its quantitative aspects. Most of the enterprises in the study areas have been founded in the past 30 years (44% since 1966, among them 55% in the mountainous regions). Even in old-industrialized regions, for example in the Valais, „la nouvelle politique d'industrialisation" (new policy of industrialization) has resulted in more employment than we find in the old industry there (LONZA, ALUSUISSE, CIBA-GEIGY). The same situation can be found in South Tyrol.

But the qualitative effects of this industrialization are not very satisfactory. Most of the newly established industry is smallscale industry with traditional products (textiles, manufactures of metal, food and beverages . . .). The already existing industrial monostructures have often been intensified.

The location factors as mentioned by firms in the interviews are typical of most of the peripheral regions. Personal reasons, accidental choice and other „subjective" factors play an important role. The main bottleneck factors of industrial development are found in the lack of spatial connections with suppliers and with the market, in the lack of available properties and especially the insufficient labour market. It is difficult for firms to attract high-skilled workers, technicians and other specialists. The attractive environmental quality of the mountains and the various possibilities for leisure activities are not sufficient enough to counterbalance the lack of infrastructure and possibilities of a change of employment within the region.

Despite these obvious disadvantages the willingness of firms to stick to their once selected site is rather high. Nearly two third of the enterprises interviewed would choose the same location again. The well-known saying „industry grows but seldom moves" is also valid in the Alpine region.

Under these circumstances one of the severest problems is the lack of internal technical innovations. The ability and willingness to improve innovations is rather low especially among the branch industries. Manufacturing in the Alps is characterized by industrial plants and products which have reached the final state within product-circle-theories. The evaluation of new products and technical processes is on a low level. For example among the firms in Tyrol with less than 100 employees only 32% are planning a change of production within the next few years, a research department of their own exists in only 33% of the firms.

The strategy of selective regional autonomy should be achieved by supporting the specific regional resources and by building up a network of close intraregional industrial linkages (flow of goods, exchange of information, service demand . . .). The analysis of the range system of suppliers and markets in the study areas has shown that there are hardly any intraregional industrial linkages. Raw materials come from extra-regional suppliers, the main markets are outside the Alps. The multiplying effects of these industries – branch plants with their headquarters outside the Alps – are small, they normally don't attract other plants or influence other sectors of economy.

Altogether we can distinquish three types of industrial development in Alpine regions. For each type different measures of regional policy are necessary and different survival strategies could be successful.

1. Regions with a rather long industrial tradition

Regions of this type we find in Vorarlberg, Tyrol and Styria, in Switzerland (Glarus) and in the main parts of the Northern French Alps (Val d'Isère, Maurienne).

The main problem in these regions is the high rate of old manufacturing enterprises and the lack of technical innovations. Well-trained employees and the necessary basic infrastructure represent positive location factors. In these regions successful measures of regional policy could consist in promoting new products and technical processes, i.e. innovations especially in small-scale and middle-scale industries.

2. Regions with young branch industries

These industries can be found in South Tyrol, in the Valais and partly in Grisons and Ticino.

The former positive location factors compared with those in agglomerations (low cost, cheap labour...) haver lost their former importance with the end of the economic boom during the seventies. In this situation innovations are helpful which try to stabilize a production with lower qualified workers. This is normally connected with a decrease in jobs, i.e. regional policy must stimulate new jobs in the non-industrial economic sector.

3. Regions with small-scale industries (workshop production).

Regions of this type are Grisons and other parts of the Swiss Alps, South Tyrol apart from the main valleys and the Eastern Austrian Alps (not Styria).

Industries of this type produce goods which can't compete in price but in quality and origin. Typical products are sports wear, skis and furniture. Most of these industries are able to establish intraregional linkages. In this case a strategy of selective regional autonomy could be successful.